A JORNADA DE UM BANQUEIRO

DANIEL GROSS

A JORNADA DE UM BANQUEIRO

COMO **EDMOND J. SAFRA** CONSTRUIU UM IMPÉRIO FINANCEIRO GLOBAL

Tradução de
Alessandra Bonrruquer

4ª edição

best.
business
RIO DE JANEIRO – 2024

CIP-BRASIL. CATALOGAÇÃO NA PUBLICAÇÃO
SINDICATO NACIONAL DOS EDITORES DE LIVROS, RJ

G918j

Gross, Daniel
 A jornada de um banqueiro : como Edmond J. Safra construiu um império financeiro global / Daniel Gross; tradução Alessandra Bonrruquer. - 4. ed. - Rio de Janeiro: Best Business, 2024.

Tradução de: A banker's journey : how Edmond J. Safra built a global financial empire
ISBN 978-65-5670-026-7

1. Safra, Edmond Jacob, 1932-1999. 2. Sucesso nos negócios. 3. Banqueiros - Líbano - Biografia. I. Bonrruquer, Alessandra. II. Título.

23-82844

CDD:332.1092
CDU: 929:336.711

Meri Gleice Rodrigues de Souza - Bibliotecária - CRB-7/6439

Título em inglês: A banker's journey: how Edmond J. Safra built a global financial empire

Copyright © 2022 by the Edmond J. Safra Foundation

Todos os direitos reservados. Proibida a reprodução, armazenamento ou transmissão de partes deste livro, através de quaisquer meios, sem prévia autorização por escrito.

Texto revisado segundo o novo Acordo Ortográfico da Língua Portuguesa de 1990.

Direitos exclusivos de publicação em língua portuguesa para o Brasil adquiridos pela Best Business, um selo da Editora Best Seller Ltda.
Rua Argentina, 171 - 20921-380 - Rio de Janeiro, RJ - Tel.: (21) 2585-2000, que se reserva a propriedade literária desta tradução.

Impresso no Brasil

ISBN 978-65-5670-026-7

Seja um leitor preferencial Record.
Cadastre-se em www.record.com.br
e receba informações sobre nossos lançamentos e nossas promoções.

Atendimento e venda direta ao leitor:
sac@record.com.br

Elogios a
A jornada de um banqueiro

"A vida extraordinária de Edmond Safra é uma das histórias mais fascinantes das finanças modernas, mas é muito mais profunda que seu sucesso lendário. *A jornada de um banqueiro* captura a totalidade de um homem cuja aptidão para os negócios e a fome por aventura só se equiparavam à sua generosidade e seu senso de responsabilidade para com os outros. Seu impacto continua a ser sentido e, agora, as lições inspiradoras de sua vida chegam a uma audiência ainda mais ampla."

— MICHAEL R. BLOOMBERG, fundador da Bloomberg LP e da Bloomberg Philanthropies e prefeito de Nova York de 2002 a 2013

"A notável história de Edmond J. Safra ganha vida através da extensa pesquisa de Daniel Gross. O sucesso de Safra no mundo bancário tornou-o uma figura pública, mas sua generosidade, dignidade e integridade são o que *A jornada de um banqueiro* exibe magistralmente como qualidades pelas quais ele será lembrado."

— BRYAN BURROUGH, coautor de *Barbarians at the Gate* e autor de *Vendetta: American Express e a difamação de Edmond Safra*

"Edmond Safra foi um notável líder, criador, sonhador, filantropo e empresário dos serviços financeiros. Tive a honra de conhecê-lo e trabalhar com ele por duas décadas. No momento em que peguei o livro de Daniel Gross, literalmente não consegui mais largar. Foi uma jornada fantástica por uma vida incrível. Edmond sempre colocou empresas, funcionários e clientes em primeiro lugar. Ele se importava profundamente com sua 'família estendida' e sempre a apoiava. Também era profundamente filantrópico e financiava várias organizações religiosas. Para qualquer líder de negócios ou comunitário, este livro é leitura obrigatória. Edmond foi um dos líderes mais talentosos que já conheci, e nosso mundo é um lugar melhor por causa dele."

— SANDY WEILL, ex-presidente e CEO do Citigroup

"A narrativa graciosa e factual da vida do grande banqueiro e filantropo Edmond Safra escrita por Daniel Gross é uma alegria e uma inspiração."

— PEGGY NOONAN, *Wall Street Journal*

"A maioria dos leitores conhece Edmond J. Safra como um importante banqueiro que ajudou a definir a era econômica moderna. O vibrante relato de Daniel Gross os fará conhecer o instinto humanitário de Safra, que estava em pé de igualdade com seu gênio financeiro — um instinto que continua 'consertando o mundo' até hoje. Seu legado de profundo e irrestrito comprometimento com a família, fé e generosidade traz lições eternas para todos nós, qualquer que seja nossa jornada. Leitura absorvente e altamente recomendada."

— MICHAEL J. FOX

"Qualquer um que conhecesse meu querido amigo Edmond Safra tinha plena consciência de que ele era notável: meticuloso, receptivo, inteligente. Com esse relato definitivo de sua vida, uma audiência mais ampla poderá se maravilhar com suas realizações, lembrar suas duradouras contribuições e levar adiante as lições de uma vida vivida com propósito e humildade."

— ELTON JOHN

"Este é um livro extraordinário sobre um homem notável. Edmond J. Safra pode ser mais conhecido como o imensamente bem-sucedido financista global, mas era uma pessoa com muitas qualidades significativas: devotado à família, à fé e ao profundo valor da educação para indivíduos de todos os *backgrounds*. Ele fez doações generosas para várias universidades, e a história de sua vida é agora contada de maneira excepcional, com uma pesquisa detalhada que torna vívidos os aspectos humanos desse ser excepcional."

— NEIL L. RUDENSTINE, presidente emérito da Universidade Harvard

"Os negócios bancários foram o legado e a intensa paixão de Edmond. Em uma idade na qual a maioria de nós pensava sobre a faculdade em que queríamos ingressar, ele foi enviado, praticamente sozinho, para explorar oportunidades comerciais na Europa e na América do Norte. Construiu seus bancos, ganhou seu dinheiro e, não incidentalmente, estabeleceu seu nome à moda antiga. Mas, quando se tratava de decisões, estava à altura de qualquer empreendedor moderno. Em tudo isso, foi fortemente motivado por uma responsabilidade pessoal que não podia ser mensurada em números."

— PAUL VOLCKER, presidente do Federal Reserve de 1979 a 1987

"As lições a serem aprendidas com a carreira de Edmond Safra são notáveis. Ele modelou uma geração de banqueiros jovens, sérios e brilhantes, e este livro é imperdível para aqueles que entram no mundo bancário."

— LEONARD A. LAUDER, presidente emérito da The Estée Lauder Companies Inc.

"A vida e a carreira de Edmond Safra são únicas de várias maneiras. Empreendedor ousado e banqueiro bem-sucedido, ele criou uma rede financeira inovadora, próspera e respeitada em todo o mundo. Esteta, colecionador e grande patrono das artes, tinha uma curiosidade inexaurível em muitas áreas. Como filantropo, deixou sua marca no século XX ao se comprometer ativamente com numerosas causas, com fé, atenção e disciplina. Estou encantado porque a biografia de Daniel Gross percorre diferentes estágios da rica vida de Edmond e presta um tributo a esse homem extraordinário."

— FRANÇOIS PINAULT, fundador da Kering and Artemis

"Edmond Safra foi um gigante do mundo das finanças internacionais. Ele foi um verdadeiro pioneiro financeiro, e aprender com ele me guiou enquanto eu construía minha própria carreira. Há muito a aprender com a leitura de sua biografia para qualquer um interessado em finanças, quer esteja começando ou já seja experiente na profissão."

— HENRY KRAVIS, cofundador e copresidente executivo da KKR

"Ao conhecer Edmond Safra há cinquenta anos, fiquei imediatamente impressionado com sua completa e total dedicação à segurança dos clientes de seu banco e também com sua profunda e sincera admiração pelos Estados Unidos como terra das oportunidades. Embora muitos o considerem o maior banqueiro do século XX, ele jamais perdeu a modéstia ou a crença de que o sucesso deve ser construído com confiabilidade e compaixão. Este é um livro que precisa ser lido."

— ARTHUR LEVITT JR., presidente da Comissão de Valores Mobiliários dos Estados Unidos entre 1993 e 2001

"Edmond Safra foi verdadeiramente único, fundando quatro bancos em três continentes — todos bem-sucedidos. Fundar o Republic National Bank of New York e transformá-lo em uma instituição de sucesso em um dos mercados mais competitivos do mundo foi uma realização extraordinária, e ele repetiu esse sucesso uma vez após a outra em todo o mundo. Rara combinação de banqueiro conservador e aventureiro brilhante e meticuloso. Importava-se profundamente com sua equipe e seus clientes e, talvez, acima de tudo, mudou a vida de milhões de pessoas com o auxílio que forneceu a escolas, hospitais e outras causas.

Edmond foi uma inspiração e um exemplo para todos nós, e estou feliz por sua história finalmente estar sendo contada."

— SIR JOHN BOND, presidente do grupo HSBC Holdings entre 1998 e 2006

"'É como árvore plantada à beira de águas correntes: dá fruto no tempo certo e suas folhas não murcham. Tudo o que ele faz prospera!' Essas palavras de Salmos 1,3 foram escavadas em pedra em Somerset House como homenagem a Edmond. Um excelente trabalho filantrópico com muitas instituições e boas causas em todo o mundo foi realizado por esse homem modesto, sensível e extraordinário, *primus inter pares* dos judeus sefarditas que partiram do Oriente Médio após a Segunda Guerra Mundial para se estabelecerem, com imenso sucesso, como homens de negócios em todo o mundo. Edmond usou seu excepcional talento para criar negócios bancários que se espalharam por mais de trinta países; além disso, herdou dos pais o senso de dever e obrigação para com a comunidade judaica, que era para ele como uma família estendida. O apoio que deu a seu povo e a várias instituições é inacreditável — e, ao mesmo tempo, além de seu sucesso comercial e de sua prodigiosa generosidade, ele se tornou, sempre auxiliado pela esposa Lily, um *connoisseur* e colecionador de obras de arte de qualidade extraordinária. Estava na hora de um livro ser publicado para descrever as realizações desse homem brilhante cuja personalidade e caráter tocam todos aqueles que foram afortunados o bastante para conhecê-lo e admirá-lo. A vida notável de Edmond agora será registrada e celebrada pelas futuras gerações. É uma tristeza que sua vida tenha sido encerrada, de maneira trágica, cedo demais, mas este livro nos permitirá tornar a vida de Edmond imperecível em nossa memória. Trata-se de uma história notável e de um exemplo para todos nós."

— LORD JACOB ROTHSCHILD

*Para as notáveis, resilientes e vibrantes comunidades
judaicas na Síria e no Líbano*

Sumário

1. A jornada de um banqueiro — 15
2. Alepo (1860-1920) — 31
3. Beirute (1920-1947) — 45
4. Maioridade na Europa (1947-1954) — 65
5. Uma nova base no Brasil (1954-1959) — 85
6. O Rockefeller de Genebra (1960-1964) — 101
7. Indo para os Estados Unidos (1964-1968) — 119
8. Crescendo em público (1969-1972) — 139
9. Saltos de fé (1972-1975) — 155
10. Investindo em instituições (1976-1980) — 175
11. Buscando segurança (1981-1984) — 195
12. Novos inícios (1984-1988) — 219
13. Um ano cruel (1988-1989) — 239
14. De volta ao trabalho (1989-1991) — 255
15. Um banqueiro tradicional em uma época de mudanças (1992-1994) — 269
16. Transições (1995-1998) — 285
17. "Vendi meus filhos" (dez. 1998-dez. 1999) — 305
18. Tragédia em Mônaco (dez. 1999) — 321
19. Legado duradouro — 333

Nota do autor — 345
Notas — 353
Índice — 383

1.
A jornada de um banqueiro

Na quinta-feira, 13 de novembro de 1947, Edmond Safra foi até Lod, um pequeno aeroporto a alguns quilômetros das areias de Tel Aviv, no Mandato da Palestina. O único voo direto de Beirute até seu destino, Milão, partia aos sábados. E Edmond Safra, judeu praticante, não viajava no *shabat*.

No aeroporto, uma ex-base militar britânica nos limites de uma próspera metrópole judaica, Safra e seu acompanhante de 20 anos, Jacques Tawil, fizeram check-in para o voo da KLM até Amsterdã, com escala em Roma.

Safra e Tawil eram dois dos milhões de pessoas em movimento na Europa e na bacia mediterrânea nos anos após a Segunda Guerra Mundial. Refugiados e exilados, empresários em busca de oportunidades, emigrantes esperançosos, soldados dos exércitos ocupantes e prisioneiros de guerra voltando para casa — todos desenraizados, buscando estabilidade e um lugar para si em um mundo no qual a velha ordem fora subvertida.

O avião sobrevoou a cidade branca de Tel Aviv, o florescente lar dos refugiados da Europa. Quando o avião estabeleceu sua rota para o norte e depois para o oeste, Safra viu a distância as planícies de Alepo, local de nascimento de seu pai. Mais perto, a estrada costeira de Beirute, o lar cada vez mais tênue da família Safra, escavava um crescente no Mediterrâneo. O avião a hélice trepidou sobre os campos de desalojados de Chipre, dos quais, quatro meses antes, centenas de judeus europeus haviam feito uma tentativa desesperada e malsucedida de emigrar para Israel em um navio chamado Exodus.

Algumas horas depois, o avião pousou em Roma. Com os voos de conexão para Milão cancelados devido ao pesado manto da névoa de outono, Safra e Tawil foram obrigados a continuar a jornada de ônibus, finalmente chegando a Milão logo após o pôr do sol de sexta-feira. Assim começou, de maneira cinematográfica, a dramática carreira de Edmond Safra.

Pobre, quebrada e ainda incapaz de se manter sozinha, a Itália não parecia um bom lugar para onde um banqueiro judeu estabelecido, cosmopolita e de terceira geração como Jacob Safra enviaria o filho adolescente. Em Milão, Edmond Safra passearia pela estação ferroviária central, de cuja infame plataforma nº 21 milhares de judeus haviam sido deportados para campos de morte somente três anos antes.

Mas tudo é relativo. Em 1947, a estraçalhada Europa Ocidental se recuperava sob a proteção e ocupação dos Estados Unidos. Enquanto isso, o Levante, comparativamente estável durante a guerra, sofria uma onda de tumultos em função das aventuras coloniais britânica e francesa. Os terremotos que abalariam os três territórios caros ao coração coletivo da família Safra — Síria, Líbano e Palestina — e os transformariam em países hostis já haviam começado. Dentro de uma década, eles tornariam Beirute, a sede dos negócios da família, inabitável para os Safra.

Trinta anos antes, Jacob Safra, o pai de Edmond, deixara sua nativa Alepo pela relativa segurança de Beirute quando o colapso do Império Otomano abalara as fundações da região. Agora, Jacob Safra despachava o segundo filho — somente dois anos após seu *bar mitzvah* — para Milão a fim de criar uma empresa de comércio de ouro e câmbio internacional. E, ainda mais importante, para agir como batedor e estabelecer uma cabeça de ponte para a família e seus negócios em terreno mais estável.

Ao chegar em Roma, Edmond Safra apresentou seus documentos oficiais, que revelavam somente parte de quem ele era. Sua identidade era ao mesmo tempo definida e multifacetada. Ele era filho e irmão. Era Safra. Era aprendiz de banqueiro. Era judeu. Era libanês de Beirute. Era *halabi* (como os nativos de Alepo chamavam a si mesmos).

Suas posses tangíveis eram pouco impressionantes. Uma maleta, roupas e algumas moedas de ouro. Mas ele levava consigo uma bagagem intangível que incluía recursos e fardos. As conexões que o banco de seu pai, o Banque J. E. Safra, construíra. A compreensão da tragédia, já que sua mãe morrera no parto quando ele tinha 10 anos, além de ter perdido uma irmã aos 5 anos. Um senso de responsabilidade e dever, não somente para com o pai, mas também para com os oito irmãos, a comunidade e os judeus. Um legado, um conjunto de valores e uma ética explicitamente ensinados por seus pais, embebidos em seu DNA e absorvidos por osmose. Talvez o mais importante, suas posses incluíam sua mente, seu coração e muito bom senso.

A longa jornada de Beirute a Milão marcou o início pouco auspicioso e muito humilde da carreira de um homem que James Wolfensohn, ex-presidente do Banco Mundial, chamaria de maior banqueiro de sua geração.[1] Nos 52 anos seguintes, em uma carreira sem rivais na segunda metade do século XX, Edmond Safra deixaria um rastro brilhante, como um meteoro no céu noturno. Milão e Mônaco, onde sua vida terminou tragicamente em 1999, estavam separadas por somente 305 quilômetros. Mas, em um excepcional meio século, Safra percorreu distâncias imensas — geográfica, financeira, social e intelectualmente. Ele construiu e financiou instituições e deixou uma impressão duradoura nos muitos lugares que chamou de casa. Sua história é dramática, com tons tanto de Horatio Alger quanto de Shakespeare — uma série de empreendimentos notáveis e bem-sucedidos, seguidos por conspirações de forças hostis, conflitos familiares, uma doença debilitante e, por fim, uma morte prematura.

Os dois principais bancos que construiu, o Republic e a Safra Republic Holdings, foram vendidos ao HSBC por 10 bilhões de dólares. E, no momento de sua morte em 3 de dezembro de 1999, seu patrimônio era avaliado em mais de 3 bilhões de dólares. Mas o valor que ele produziu durante a vida e além dela ao criar empregos, proteger riquezas, fornecer crédito, facilitar o comércio e gerar dignidade e esperança através da filantropia não pode ser mensurado em dólares e centavos. A maneira como construiu sua fortuna foi única e instrutiva. Assim como a maneira como se comportou ao fazê-la, o que seu trabalho significou para outros, o que fez com o poder e os recursos que acumulou e a humildade de seu objetivo final: levar mais dignidade ao mundo.

Edmond Jacob Safra nasceu em 6 de agosto de 1932 em Aley, um resort montanhoso de verão perto de Beirute. Semanas antes, Franklin Delano Roosevelt fora indicado pelo Partido Democrata como candidato à presidência dos Estados Unidos e o Partido Nazista, sob a liderança de Adolf Hitler, conquistara a maioria dos assentos no Parlamento alemão.

Precoce, inquieto e talvez predeterminado a partir para a Itália (Edmond viajara com a família para Trieste quando tinha 5 anos), após chegar em Milão, o adolescente embarcou em uma carreira itinerante e cheia de improvisos. Nas cinco décadas seguintes, esteve envolvido em uma variedade impressionante de atividades: mercado imobiliário, fábricas, navios, financiamento de filmes, permuta de bens industriais na Europa Oriental, arte. Mas foram os negócios bancários que capturaram seu coração e permitiram que seus talentos florescessem. A arte de Edmond Safra eram os negócios bancários, e o mundo era sua tela. "Edmond tirou um talão de cheques do bolso e disse 'Vou fundar um banco'. Ele fez isso quatro vezes, e todas foram bem-sucedidas", comentou John Bond, que por muito tempo foi CEO do HSBC. "E estava prestes a fundar outra instituição financeira no dia em que morreu."[2]

Os bancos que ele fundou em três continentes se tornaram empreendimentos maciços, prosperando em uma tumultuada era de consolidação, falhas sistêmicas e crises. O Republic, uma empresa nova-iorquina fundada do zero em 1966, tornou-se o 11º maior banco americano, dando aos investidores um retorno anual composto de 23%. O Trade Development Bank (TDB), fundado em Genebra na década de 1950, similarmente apresentava um retorno anual composto de 23% quando foi vendido por mais de 500 milhões de dólares em 1982. A Safra Republic Holdings, a empresa-mãe de bancos privados baseada em Luxemburgo que Edmond criou em 1988, tornou-se um titã com 21 bilhões de dólares em ativos em seus onze anos de vida. E o Banco Safra, controlado e dirigido por seus irmãos Moïse e Joseph, ainda é uma das maiores instituições financeiras do Brasil.

Edmond Safra foi um avatar da globalização e da intermediação financeira antes que esses termos se tornassem parte da língua franca. Ele nasceu e foi criado na estufa cosmopolita de Beirute, em um mundo de redes comerciais e financeiras que se estendia de leste a oeste. E era excelente em se infiltrar nas falhas tectônicas do comércio global, trabalhando nos veios entre impérios destroçados, potências decadentes e regimes regulatórios em mutação. Desde jovem, estava instintivamente consciente da possibilidade de perda. Mas sua resposta era avançar com confiança e não se deixar vencer pelas barreiras. Pessoalmente, Edmond Safra não era um homem imponente, mas de baixa estatura e com um rosto de querubim emoldurado por grossas sobrancelhas. Prematuramente calvo, na meia-idade já tinha aparência de avô. Era simpático e de riso fácil, com olhos inquisitivos e natureza observadora. Frequentemente parecia estar analisando as coisas — e estava. Mas, como empresário, era um cavaleiro ousado nos moldes de Errol Flynn, cujos filmes financiou ainda muito jovem. Aonde quer que chegasse, ia diretamente ao centro da ação. Durante sua carreira, deu repetidos saltos de fé e encorajou outros a saltarem com ele.

No tumultuado período após chegar a Milão, o adolescente negociou ouro entre Europa, Oriente Médio e Hong Kong, para onde despachou o cunhado mais velho. Quando Beirute se tornou insustentável para os judeus na década de 1950, Edmond, então com 20 e poucos anos, organizou a mudança da família para o Brasil, um dos poucos países que concordaram em conceder visto aos Safra. Aqui, em uma economia fechada, ele se reinventou como entusiástico importador, exportador e negociante, comercializando commodities, produtos químicos, café e maquinário industrial. Viajando continuamente para a Europa, fundou um *private bank*, o TDB, em Genebra em 1959. Em 1965, foi para os EUA e, sem se intimidar com concorrentes gigantescos como Citibank e Chase, fundou um banco de *varejo* no coração de Manhattan. O Republic Bank era um banco novo — mas de quase um século, como dizia seu slogan. A nova empresa atraiu clientes oferecendo televisões e eletrodomésticos, abriu seu capital e rapidamente se transformou em um dos maiores bancos americanos. O Republic adquiriu caixas econômicas na área de Nova York e inaugurou filiais na Flórida e na Califórnia. Ao longo dos anos, as empresas de Edmond Safra abriram escritórios representativos, agências e subsidiárias de Hong Kong ao Caribe e à África do Sul. Na década de 1990, ele geria uma empresa multibilionária com 7 mil funcionários em 24 países e quatro continentes. Mesmo enquanto se expandia, ele se agarrava firmemente aos lugares que lhe eram mais importantes. Edmond jamais conseguiu se obrigar a vender o BCN, o minúsculo banco em Beirute fundado por seu pai e que sobreviveu aos piores momentos das guerras civis no Líbano.

Fluente em seis línguas, Edmond Safra viveu no Líbano, na Itália, na Suíça, na França, no Brasil, nos Estados Unidos, em Mônaco e na Inglaterra e foi visitante regular de dezenas de outros países. Um de seus talentos era a habilidade de operar simultaneamente em diferentes contextos. Ele sabia como localizar oportunidades de arbitragem. Abençoado com uma mente atenta aos detalhes e com o poder de ligar os pontos, Safra conseguia intuir a inflação a partir do preço de um sanduíche de pastrame e analisar o impacto sobre o preço dos ativos em Tóquio de uma declaração em Washington a respeito do padrão-ouro.

No mundo bancário, a rápida expansão frequentemente é o prelúdio do desastre. Mas os bancos Safra evitaram as armadilhas que capturaram muitas outras instituições porque as práticas de Edmond eram muito diferentes das dos detentores de MBAs e executivos corporativos, com seus jargões, organogramas e planos de cinco anos. Sua visão era ditada, em larga medida, pelas coisas que ele levava consigo quando descera do avião em Roma. "O livro sobre bancos foi escrito há 6 mil anos", disse ele. As instituições Safra tipicamente não eram usinas de bancos de investimentos, consultoria, *proprietary trading*, *stock picking* ou qualquer uma das tendências passageiras da indústria.

Edmond Safra cresceu em uma época e um lugar em que o Estado podia se apropriar de tudo, exércitos podiam invadir fronteiras e guerras civis podiam destruir sociedades; nos quais comunidades que eram partes confortáveis do *establishment* eram expulsas; nos quais a superinflação, a mudança tecnológica e a consolidação repetidamente destruíam riquezas. E assim, para ele, o dever primário dos bancos era proteger ativos. "O dever de um banqueiro é salvaguardar o que os clientes confiaram a ele", disse ao *Financial Times* em uma rara entrevista. "Ele é um confidente, às vezes um amigo. É o guardião dos segredos. Nossos clientes demonstram sua confiança ao nos entregar seu dinheiro. Nós o investimos com prudência, porque não nos pertence." Isso é uma simplificação. Mas, como Edmond Safra gostava de dizer, bancos são "um negócio simples e estúpido".

Uma empresa ou um governo podiam não honrar seus compromissos. Mas um Safra honrava. Ter crescido em um mundo sem proteção de depósito, bancos centrais fortes ou sistemas regulatórios o fez acreditar que ele, e não acionistas ou governos, era responsável pela segurança dos depósitos. Alguns dos episódios mais extraordinários de sua carreira foram momentos nos quais agiu de acordo com seu código pessoal, fosse instruindo seu banco em Nova York a fornecer fundos para um depositante de Beirute que não tinha documentação ou assumindo pessoalmente 700 milhões de dólares em perdas potenciais em razão da fraude cometida por um conselheiro de investimentos ligado ao Republic no fim da década de 1990. "Para ele, era mais importante fazer as coisas direito e não ganhar dinheiro que fazer algo errado e ganhar muito dinheiro", disse Maurice Levy, CEO da agência Publicis.[3]

Assim, ele era muito prudente ao investir os depósitos em ativos produtores de renda. Os bancos Safra emprestavam de maneira cuidadosa, mas sagaz, com base em reputações, relacionamentos pessoais e, sempre que possível, garantias. Ele usava suas conexões globais para casar as economias de nova-iorquinos de classe média, advogados de Beirute ou comerciantes na França com bancos centrais na Ásia ou na América no Sul e bancos, agências governamentais ou empréstimos garantidos pelo Banco Mundial. Como resultado, os bancos Safra raramente sofriam perdas. Nas raras ocasiões em que se permitiu se vangloriar, foi sobre o balanço impecável de suas organizações.

Os bancos Safra participavam de atividades que não requeriam excessiva concessão de crédito, mas eram essenciais para o funcionamento da economia global. Eles eram grandes participantes do financiamento do comércio — como o fomento mercantil e os descontos de títulos —, da vital, embora pouco lucrativa, movimentação de cédulas pelo mundo, assim como do nicho em que sua família estava ativa havia gerações: o ouro.

Ele conseguiu evitar as armadilhas em que caíram tantas outras instituições financeiras e bancárias, em parte porque herdara não somente o negócio da família, mas também seu código e seu sistema operacional. As sementes que carregava podiam florescer no solo alpino da Suíça, na balbúrdia dos bancos de varejo em Nova York ou na estufa protegida do Brasil. Os bancos Safra jamais precisaram ser socorridos por qualquer governo. No âmago desse fato estava um senso de responsabilidade pessoal e recíproca entre banqueiro e cliente. Estivesse emprestando ou tomando, não eram somente o dinheiro, a assinatura em um pedaço de papel ou um conjunto de ativos que estavam em jogo. Eram o nome e a reputação do banqueiro e o nome e a reputação de sua família — seus pais, irmãos e filhos. Edmond Safra sempre achou que banqueiros precisavam ser irrepreensíveis. Ele insistia para que o serviço ao cliente fosse formal, discreto e atencioso, e fazia questão de exatidão e profissionalismo em seus funcionários. Havia uma maneira certa de se vestir (ternos italianos azuis), de se relacionar com os clientes (com grande cortesia, independentemente do tamanho da conta) e de se comportar (um banqueiro jamais seria visto em um cassino, por exemplo). Edmond Safra prestava notável atenção aos detalhes, como a mobília das agências, o design de cinzeiros e cartões de visita, a comida na cafeteria. Mas não deixava que a tradição prejudicasse o progresso: seus bancos continuamente adotavam novas maneiras de fazer negócios, fosse em inovações de marketing ou empregando tecnologias de comunicação e sistemas computacionais para obter vantagens.

Em todos os lugares em que esteve e em todos os negócios de que participou, Edmond Safra foi apoiado por uma rede de relacionamentos familiares e de parentesco e apoio comunitário. Estivesse fundando um *private bank* em Genebra ou um banco de varejo em Nova York, ele podia contar com uma base leal de depositantes entre os judeus sefarditas, particularmente sírios e libaneses. Tinha uma rede instantânea de contatos, tomadores e contrapartes em uma dúzia de capitais financeiras. E transformou em hábito a prática de contratar familiares, amigos e "conhecidos" porque estavam relacionados a algum membro de sua família estendida.

Confortável nos conselhos do poder, em palácios e sedes corporativas, Safra valorizava acima de tudo sua afiliação à comunidade de judeus libaneses e sírios. Onde quer que morasse ou para onde viajasse, havia uma sinagoga na qual podia se sentir em casa e, mais tarde, ser recebido como herói: na Europa, na América do Sul, no Oriente Médio, em Nova York e em Israel. De fato, entre os sefarditas na diáspora, Edmond era visto como fonte de proteção — um *moallem*, que pode ser traduzido do árabe como "líder" ou "professor". As comunidades judaicas de Beirute e Alepo tinham organizações e lideranças formais. Quando elas se dissolveram e começaram a se reconstituir na América do Sul, na Europa e nos Estados Unidos, Edmond Safra frequentemente oferecia orientação e apoio. No mundo sefardita, não havia aristocratas judeus como aqueles que haviam surgido na Europa no século XIX. Mas Edmond era visto como líder natural — "nossa própria coroa", como disse um membro da comunidade após sua morte.

Ainda jovem, ele assumiu o papel de *pater familias*. Com o pai idoso cada vez mais debilitado após ter se mudado para o Brasil na década de 1950, Edmond assumiu a responsabilidade pela educação e integração profissional dos irmãos mais novos, matriculando-os em escolas na Inglaterra e conseguindo estágios no Brasil. "Eu fui criado por você, Edmond", disse seu irmão mais novo, Joseph, em 1997. "Você é meu pai, meu irmão querido, meu professor."[4] Esse senso de responsabilidade familiar se estendeu à comunidade de judeus libaneses e sírios. Uma vez após a outra, quando pessoas fugiam para o Brasil, os Estados Unidos ou Israel, Edmond fornecia emprego e apoio financeiro e moral — como um anjo dos céus, explicou um rabino que partiu do Líbano em 1977. Ele usou sua influência para proteger um cemitério judaico no Egito, recuperar rolos da Torá em Beirute e comprar passagens de avião para os últimos reféns judeus na Síria na década de 1990.

A caridade era parte do ritmo de sua vida, fosse fazendo uma doação pela honra de ser chamado para ler a Torá durante o serviço religioso em uma manhã de sábado ou enviando fundos para a organização associada ao sábio da Torá, o rabino Meir Baal HaNess. "Se eu não der, quem dará?", perguntou ele certa vez. Edmond fez sua primeira doação registrada em 1948, para a École Normale Israélite Orientale, parte da Alliance Israélite Universelle em Paris.

Para ele, sempre houve uma conexão explícita entre o sucesso nos negócios e a caridade. Vezes sem conta, ele apoiou pessoalmente os esforços para criar novas instituições comunitárias para os judeus sefarditas no Brasil, na Suíça, em Nova York e em muitos outros lugares. Seu senso de caridade era intensamente pessoal, mas, com a idade, evoluiu para algo mais institucional. As doações sempre foram feitas em nome da família, em homenagem aos pais. Ele financiou a primeira cátedra de História Judaica Sefardita em Harvard na década de 1970 e ajudou a fundar a Fundação Internacional de Educação Sefardita (ISEF), uma organização que fornece bolsas de estudo de nível superior para judeus sefarditas em Israel. Os nomes dos pais de Edmond, Jacob e Esther Safra, aparecem em livros de oração em sinagogas de todo o mundo, em *yeshivás* [instituições de estudos religiosos] e em uma praça pública de Jerusalém. Os esforços filantrópicos de Edmond encontraram expressão máxima na criação da fundação que leva seu nome e que foi financiada com a venda de dois de seus bancos em 1999. Sob a orientação de sua esposa e parceira, Lily Safra, a fundação que Edmond criou e financiou auxilia, há mais de duas décadas, centenas de organizações em mais de quarenta países, em áreas que ele priorizou durante a vida: educação, auxílio médico e vida religiosa judaica, assim como assistência social e auxílio humanitário.

Embora doar estivesse no âmago de seu etos judaico, não era um substituto. O judaísmo era a força que ditava o ritmo de sua vida — colocar os filactérios para as orações matutinas, observar os aniversários de morte dos pais, liderar o *seder* de Pessach — e a maneira como se conduzia como empresário e ser humano. Bilionário que viajava por todo o mundo, ele continuou sendo filho do quarteirão judaico de Alepo e do bairro judaico Wadi Abu Jamil em Beirute. Embora fosse friamente racional nos negócios, Safra era um homem supersticioso. Em um bolso especialmente costurado do paletó — invariavelmente um terno azul de três peças, como os que o pai costumava usar —, ele carregava um *nazar* [olho turco] para afastar o mal. Na cultura muçulmana e judaica do Oriente Médio e do Norte da África, o número 5 tem significado particular. Assim, ele sempre carregava uma *hamsá*, que é uma joia ou amuleto em forma de mão (*hamsá* significa "cinco" em árabe). Ele fazia questão de que seus ramais terminassem em 555 e que sua placa fosse EJS-555. Certa vez, esperou até o dia 18 para assinar um de seus maiores contratos, acreditando que a data seria auspiciosa. Embora as práticas dos judeus sefarditas frequentemente pareçam exóticas para os *outsiders*, incluindo os asquenazes, essa mentalidade era tanto natural para Edmond quanto perfeitamente compatível com a ampla e influente cultura judaica no Oriente Médio, no Norte da África e em Israel.

Em uma área vital, Edmond se afastou das tradições de sua comunidade. Ele viera de um mundo no qual as pessoas tradicionalmente se casavam jovens e no interior de seus próprios círculos, frequentemente com familiares, em casamentos arranjados. Mas Edmond escolheu outro caminho, e isso fez toda a diferença. Solteiro até então, aos 43 anos ele se casou com Lily Monteverde, uma viúva brasileira cujos pais haviam emigrado da Europa. Loira, asquenaze, fluente em seis línguas, Lily possuía refinamento, cosmopolitismo e independência. Eles desenvolveram um forte vínculo e um amor duradouro. Edmond amava os filhos e, mais tarde, os netos dela como se fossem seus. E ela abriu seus olhos para um mundo social mais amplo, para um entendimento mais profundo da arte, da cultura e da educação. Em seus 25 anos juntos, Lily foi o amor de sua vida, seu leme e, quando ele envelheceu e ficou doente, sua consoladora e cuidadora. Depois de sua morte, ela se tornou a guardiã de seu legado.

Edmond e Lily tinham belas casas em Genebra, Londres, Paris, Nova York, Mônaco e na Riviera francesa — a última, Villa Léopolda, ex-propriedade do rei da Bélgica. Com seu olho para a qualidade e o valor, eles reuniram uma coleção de pinturas e esculturas de qualidade internacional — obras de Miró, Picasso, Modigliani —, além de móveis, relógios e tapetes. Edmond forjou um relacionamento pessoal com Yitzhak Rabin e Yitzhak Shamir, Henry Kissinger e Margaret Thatcher, Robert Kennedy e os Reagan. Ele habitava uma atmosfera rarefeita, frequentando jantares na Casa Branca, fazendo negócios com os Rothschild e oferecendo cintilantes recepções na Galeria Nacional de Arte. Mas estava igualmente em casa em uma pequena sinagoga em Rodes ou no Brooklyn, em mercearias em Londres ou Nova York e na casa de seus amigos de infância em Beirute. Ele tinha a capacidade de lidar com pessoas de uma notável variedade de *backgrounds*, a despeito das barreiras culturais e políticas: nova-iorquinos de classe média, xeiques sauditas, presidentes de bancos centrais na Ásia ou na África do Sul, CEOs no Brasil. Edmond Safra não via as diferenças pessoais como barreiras. E via as outras barreiras da vida como obstáculos, e não muros.

Assim como estava destinado à carreira como banqueiro, de certa maneira ele também estava destinado a ser incompreendido por seus contemporâneos, rivais, críticos, jornalistas e historiadores. Mesmo que seus bancos tivessem capital aberto, publicando relatórios trimestrais detalhados e explicando precisamente como haviam ganhado dinheiro, Edmond era visto como um *outsider* cheio de segredos. Ele não mantinha diários. Não dava longas entrevistas, não participava de correspondências detalhadas nem aparecia na televisão. Seus meios favoritos de comunicação eram os telefonemas e as conversas presenciais. Ele geria empresas de capital aberto, mas era um homem privado — a essência de um banqueiro de *private banking*. Sua reticência, combinada a suas origens, seu sotaque e seu *modus operandi*, pareceu estabelecer a fundação para rumores e teorias da conspiração.

Edmond tinha muito em comum com os titãs do mundo financeiro: motivação, ambição, talento para os números, memória fantástica. Mas também havia nele uma humildade essencial, nascida de sua criação e de seu legado. No mundo de Edmond Safra, você partia desta vida não com posses, mas com atributos e relacionamentos: seu bom nome, o *shem tov*, sua família, sua reputação e seu legado. Como via os negócios como empreendimento altamente pessoal, ele levava muito a sério os ataques a sua reputação. Ele tinha uma atitude calma, a menos que sua integridade fosse questionada. Isso tornou o episódio pelo qual recebeu maior publicidade ainda mais irritante.

Nos anos após a venda do Trade Development Bank para a American Express, uma rixa com a empresa compradora levou a eventos bizarros que permanecem difíceis de entender mesmo décadas depois. Os executivos da American Express orquestraram uma sórdida campanha para insinuar que Safra estava envolvido com tráfico de drogas e lavagem de dinheiro. Esse esforço teve um enorme custo pessoal, porque foi um ataque à obra de sua vida e a seu bom nome. É digno de nota que, quando a American Express pediu desculpas publicamente, medida que o *Washington Post* chamou de "extraordinário ato de contrição corporativa", Safra não pediu reparação por danos — ele forçou a empresa a fazer doações no valor de 8 milhões de dólares para a Cruz Vermelha Internacional, o hospital universitário de Genebra (Hôpital Cantonal), a United Way of America e a Liga Antidifamação da B'nai B'rith.[5]

Edmond Safra era um homem para o qual todo negócio era, por definição, familiar. Banqueiro de quarta geração, ele grandiosamente estabeleceu o objetivo de "construir um banco que dure mil anos". Em uma visão de mundo patriarcal, o negócio era a obra de vida do indivíduo, de seus irmãos, filhos e sobrinhos. Mas, como se casou tarde, ele não tinha filhos para criar e instruir. Por mais que suas empresas crescessem, ele ainda se via somente como o elo em uma corrente maior. Jacob Safra o ensinara a julgar a confiabilidade de um homem olhando-o nos olhos. "Eu converso com meu pai todos os dias", disse ele em 1997. "Peço conselhos. E, quando não aprovo um acordo, digo a mim mesmo: meu pai não teria aprovado."

Nas décadas desde que a família se estabelecera no Brasil, seus irmãos Elie, Moïse e Joseph haviam escolhido os próprios caminhos — frequentemente paralelos — no mundo dos negócios bancários e dos investimentos. Ao longo dos anos, no entanto, os relacionamentos se desgastaram e eles foram incapazes de chegar a um acordo sobre como manter os bancos de Edmond sob a direção de membros da família Safra. Esse desafio se tornou mais pronunciado no fim da década de 1990, quando ele foi diagnosticado com uma devastadora doença degenerativa. O Parkinson é o mais inclemente dos males. Quando a doença progrediu e cobrou um preço de seu expansivo senso de possibilidade, ele reconheceu que seria difícil manter o ritmo. "Por favor, *chérie*, não permita que eu perca a dignidade", disse ele a Lily. E assim, em 1999, aos 66 anos, ele iniciou um esforço para organizar seus negócios.

Quando o Republic, que em meados da década de 1990 era o 11º maior banco dos EUA, foi vendido juntamente com a Safra Republic Holdings para o HSBC em maio de 1999 por quase 10 bilhões de dólares, a fortuna de Edmond Safra foi solidificada e monetizada. Mas, em vez de vê-la como cimalha de uma carreira brilhante, ele teve um momento de tristeza. Em sua mente, os bancos não eram construídos para serem vendidos a conglomerados internacionais, mas para serem geridos pela família durante gerações. "Vendi meus filhos", disse ele a uma amiga de longa data quando ela o parabenizou.

Embora estivesse doente e debilitado, sua mente se mantinha lúcida e já criara novas empresas de investimentos e uma fundação de caridade que presidiria. Mas, em dezembro de 1999, ele morreu em seu apartamento em Mônaco, depois que um funcionário criou um incêndio na esperança de ser visto como herói correndo para o resgate. Alguns dias antes de o século XX chegar ao fim, encerrou-se um dos maiores capítulos da história bancária. Não haveria — nem poderia haver — nenhum herdeiro dos negócios bancários Safra, nenhum sucessor, nenhum imitador.

Inevitavelmente, as circunstâncias de sua morte inspiraram insinuações e rumores difamatórios que continuaram a circular por anos. O caso American Express, relembrado no best-seller *Vendetta*, e a morte de Edmond em Mônaco foram contados e recontados. Mas não foi contada, até agora, a história mais atraente de sua vida. O que muitas pessoas sabem sobre Edmond Safra é como sua reputação foi atacada e como ele morreu. Como ele viveu é menos conhecido.

O que se segue é a história de vida e o legado de um empreendedor, banqueiro e indivíduo *sui generis*.

E ela começa em Alepo.

2.
Alepo (1860-1920)

"Acho que Deus se assegurou de que eu nasceria em um local específico e me tornaria banqueiro porque meu pai era banqueiro",[1] disse Edmond Safra a um colega na década de 1990. Quando criança, ele ouvira histórias sobre seus antepassados, que haviam sido comerciantes e cambistas de moedas. Graças ao exemplo explícito e implícito do pai, Jacob, que, por sua vez, aprendera com os tios, Edmond sabia que a honestidade, o trabalho duro e a reputação eram as chaves do sucesso. Os pais lhe ensinaram as disciplinas gêmeas dos negócios bancários e da caridade — ganhar dinheiro e doá-lo. E ele absorveu os valores de uma família e uma comunidade judaica unidas. Uma profissão, uma rede de conexões, um código de ética, um senso de responsabilidade pela comunidade (e, aparentemente, o desenho do couro cabeludo) foram importantes atributos e características que Edmond Safra herdou do pai. E, embora não tivesse filhos biológicos que pudesse batizar em homenagem ao pai e à mãe, como é feito comumente entre os judeus sírios, ele veria os negócios e as empresas que criara e as instituições que financiara como manifestações do legado familiar.

Para entender a vida e a carreira de Edmond Safra e aquilo que o motivava, primeiro precisamos entender o mundo de seu pai e sua mãe. E esse era o mundo de Alepo, que agora está em ruínas e já não é uma comunidade judaica. Embora pobre em recursos naturais, Alepo era rica em talentos e capital humano e abençoada com uma localização geográfica que se mostrara muito útil até o século XX. Era em Alepo, a terceira maior cidade do Império Otomano, que os Safra viviam havia muitas gerações. Lá eles trabalharam e prosperaram, fundaram seus negócios financeiros e, no fim do século XIX, emergiram no mundo moderno.

Edmond nascera perto de Beirute em 1932, doze anos depois de o pai se mudar para a capital libanesa. Mas Alepo teve imensa influência em sua vida, através das redes e visões de mundo lá formadas, das línguas que ele falava e de sua grande lealdade e duradoura conexão com a família e os colegas no Brasil, em Genebra e em Nova York que traçavam suas origens até Alepo — ou Halab, como ela é conhecida em árabe. Um século depois de seus antepassados deixarem a cidade, as pessoas continuavam a se identificar não como sírias, mas como *halabis*.

A história e os costumes, especialmente o uso da tradição oral, tornam difícil reconstruir uma genealogia judaica no Oriente Médio. No Império Otomano, cada comunidade religiosa registrava seus principais eventos, e muitos registros judeus foram destruídos nos séculos XIX e XX. O que sobrevive geralmente são listas incompletas e difíceis de analisar, com nascimentos (masculinos), casamentos e mortes de 1850 a 1920.[2]

Na ausência de documentação sólida, certa mitologia se infiltra na história de toda família. A história de Rav Safra, uma figura do século IV, tem ligações com Edmond Safra que são ou prenúncios notáveis ou coincidências misteriosas. Erudito e mercador de vinho na Babilônia, Rav Safra visitou parceiros comerciais em Cesareia, Palestina, onde se envolveu na importação de mercadorias. Textos judaicos o descrevem como homem "conhecido por sua escrupulosa honestidade". Rav Safra era tão devoto, diz a história, que, certa vez, quando um cliente quis negociar, Safra, absorvido em suas preces, não respondeu. Interpretando o silêncio como negativa, o cliente dobrou o preço, jogou o dinheiro na mesa e foi embora. Mais tarde, Safra o procurou e devolveu a diferença, já que o preço não fora justo.[3]

Nenhuma evidência liga o Rav Safra da antiga Babilônia aos Safra de Alepo. Mas contemporâneos da Alepo do século XIX eram capazes de intuir muito sobre a história e os hábitos comerciais de alguém somente por seu nome e sobrenome. Entre os judeus da região, os primogênitos recebiam o nome dos avós, ao passo que os filhos mais novos frequentemente recebiam o nome dos tios. Os sobrenomes muitas vezes estavam ligados a profissões, que também passavam de geração para geração. Nomes comuns para judeus na Síria incluíam Dabbah (açougueiro) e Haddad (ferreiro).

Os judeus estavam em Alepo desde a época do Segundo Templo. Ela era conhecida pelos habitantes judeus como Aram Tzova, uma cidade citada no Gênesis. No Livro de Samuel, aprendemos que Joabe, um general de David, conquistou Aram Tzova. A tradição diz que ele estabeleceu as fundações da Grande Sinagoga de Alepo. Uma das mais antigas casas de culto da história, a Grande Sinagoga contém uma placa de pedra datada do ano 241, e provavelmente foi construída após o século V. Destruída durante a subjugação de Alepo por Tamerlão em 1400, ela foi reconstruída em 1418. O vilarejo próximo de Tedef Al--Yahud continha um santuário para o profeta bíblico Ezra. A Grande Sinagoga abrigava, no século IX, o Códice de Alepo, o mais antigo manuscrito sobrevivente da Torá, dos livros dos profetas e de textos incluindo vocalizações e cantilenas, que os *halabis* nativos viam como a "mais preciosa posse dos judeus". (Uma parte do Códice de Alepo foi contrabandeada em 1947 e terminou em Israel.)[4]

No início dos anos 1500, muitos judeus espanhóis que haviam fugido da Inquisição se estabeleceram em Alepo, assimilando-se à comunidade. A cidade ganhou proeminência durante o Império Otomano, que, no momento da morte de Solimão, o Magnífico, em 1566, incluía a península Arábica ao sul, os Bálcãs ao norte, o Iraque a leste e o Norte da África a oeste. Os governantes otomanos davam aos súditos judeus o status de *dhimmi*, que originalmente fora designado aos cristãos pelo Pacto de Umar no século VII. Se pagassem uma taxa e aceitassem a superioridade do islã, eles podiam praticar seus ritos livremente — "cidadãos de segunda classe, mas cidadãos", como disse o historiador Bernard Lewis.[5]

Embora não estivesse em um grande canal ou perto da costa, Alepo ocupava uma localização importante em uma das pontas da Rota da Seda, funcionando como ligação entre a Ásia Central, a Índia, o Extremo Oriente e a Europa. Durante séculos, caravanas cruzando de leste para oeste paravam em Alepo, carregando seda persa, algodão sírio, produtos agrícolas e ouro. "Seu marido foi para Alepo", diz a primeira bruxa no primeiro ato de *Macbeth*. Com o passar do tempo, a cidade se tornou uma conexão vital entre três grandes impérios: Otomano, Britânico e de Habsburgo. Em 1580, quando a rainha Elizabeth fez um pacto com o sultão Murad III — os chamados tratados de capitulação — dando aos países europeus direitos de comércio e a seus súditos isenção de impostos no Império Otomano, o primeiro cônsul britânico foi morar em Alepo. A Companhia do Levante, fundada em Londres em 1581, tinha sede na cidade. O comércio cresceu e passou a incluir o envio de seda, algodão, sabão e azeite de oliva para a Europa e a importação de bens processados.

No século XVIII, judeus europeus, especialmente os de Livorno, na Itália, seguiram o caminho comercial até Alepo. "Eles passaram a ser chamados de francos, frequentemente adotando esse sobrenome, e dominaram o comércio local e internacional com o uso dos direitos de capitulação derivados de seus países de origem", disse o historiador Stanford Shaw. Rafael de Picciotto (1742-1827), um judeu de Livorno, tornou-se cônsul austríaco em Alepo, e outros membros de sua família e descendentes representaram as potências europeias na cidade durante todo o século XIX, tornando-se parte da comunidade.[6]

Em meados do século XIX, Alepo era a terceira maior cidade do Império Otomano, depois de Istambul e do Cairo, com uma população de 100 mil habitantes em 1860.[7] Mas, na segunda metade do século XIX, uma série de revoluções e transformações perturbou a economia global e, em particular, a região de Alepo. No curto prazo, a combinação dessas forças trouxe novas oportunidades, mas, no longo prazo, as pressões desencadeadas fizeram com que a cidade ficasse para trás e provocaram conspirações para expulsar os judeus. Uma diáspora vital para os *halabis* tomaria forma em Beirute e na Europa, no Extremo Oriente, na América do Sul e nos Estados Unidos. Os Safra estariam entre os exilados — e usariam essas redes com grande sucesso.

A primeira transformação ocorreu com a Revolução Industrial, que tornou os produtores de linho e de tecidos feitos à mão no Oriente Médio incapazes de competir com as fábricas de Manchester. A mudança ajudou a inverter o fluxo do comércio vindo do Oriente Médio e atraiu um pequeno número de judeus de Alepo para a Inglaterra. A abertura do canal de Suez em 1869 praticamente encerrou o comércio de caravanas. Mas, conforme o vapor substituía o vento como meio de propulsão e o tempo de viagem entre o Oriente Médio e a Europa diminuía, o fluxo de mercadorias entre a Ásia, a Europa e o Oriente Médio cresceu a grandes saltos. O tráfego de navios de carga, antes espalhado por pequenos portos mediterrâneos, migrou para grandes portos como Alexandria e Beirute, que emergiram como centros rivais de atração financeira e comercial.[8]

Embora ferrovias tenham começado a ser construídas na região para conectar os centros comerciais, o primeiro trem só chegou a Alepo no século XX. A emergência do telégrafo como tecnologia de comunicação — especialmente no Império Britânico — aproximou ainda mais o mundo. O resultado desses desenvolvimentos foi um salto quântico no volume e na velocidade do comércio. Empresas familiares que se especializavam em finanças e comércio subitamente se viram com uma capacidade muito maior de fazer negócios em todo o mundo. Na Europa, os Rothschild e os Warburg enviavam familiares para estabelecer cabeças de ponte em cidades muito distantes de suas bases alemãs. No século XIX, a família Sassoon, conhecida como "os Rothschild do Oriente", espalhou-se de Bagdá para Bombaim e então seguiu o Império Britânico para a Malásia, a China, Hong Kong e a Inglaterra. Outra família mercante judaica de Bagdá, chamada Kadoorie, expandiu-se para a Índia, a China e o Egito.

Conforme o mundo se conectava através de telegramas e ferrovias, também ficava cada vez mais interligado por redes pessoais e familiares que se sobrepunham e entrecruzavam. Muitas delas foram forjadas por judeus com um alto nível de confiança entre seus correligionários e que criavam laços ainda mais profundos através do casamento. Dadas as conexões existentes entre Alepo e Livorno, não era incomum que mercadores de Alepo se mudassem para a Itália, e uma comunidade sefardita surgiu em Milão, a capital financeira do norte do país.[9]

Uma revolução social e educacional se seguiu à industrial. Cada vez mais livres de limitações geográficas na segunda metade do século XIX, os judeus de Alepo também se viram liberados de parte das restrições sociais e culturais que impediam seu desenvolvimento. Em fevereiro de 1856, quando o sultão Abdul Mejide I concedeu a todos os não muçulmanos plena igualdade legal, o imposto especial foi cancelado.[10]

Ao mesmo tempo, os judeus recém-emancipados e empoderados da Europa agiram para melhorar a vida de seus correligionários no Norte da África e no Oriente Médio. Em 1860, judeus franceses abastados formaram a Alliance Israélite Universelle (AIU). Considerando seu dever aliviar a pobreza e promover a educação, seu objetivo era criar uma rede de escolas de ensino fundamental e médio, no estilo europeu, com aulas em francês sobre temas modernos. As primeiras instituições foram em Damasco e Bagdá, e a AIU, apoiada por um filantropo judeu alemão, o barão Maurice de Hirsch, passou a operar mais de cem instituições para homens e — crucialmente — mulheres na maioria das cidades otomanas nas décadas de 1860 e 1870. Em 1869, a AIU criou uma escola para meninos em Alepo; a escola para meninas foi inaugurada em 1889. Os níveis de alfabetização na comunidade judaica em Alepo era mais altos que em qualquer outro lugar da província síria.[11]

A AIU ofereceu aos judeus do Oriente Médio uma nova entrada para o mundo europeu. Ela estabeleceu novas redes ao colocar líderes locais em contato com os judeus asquenazes que haviam fundado e apoiado suas escolas. E transformou o francês na segunda língua dos judeus no Norte da África e no Oriente Médio, o que permitiu que se mudassem sem problemas para grande parte da Europa. "Um professor da AIU relatou a Paris, mais tarde naquele século, que, dos 300 mil judeus do império, até 100 mil sabiam francês e somente mil entendiam turco", comentou Stanford Shaw. A sobreposição influenciou a maneira como eles se vestiam e os nomes que davam aos filhos e às empresas.[12]

Viver em Alepo no fim do século XIX, portanto, era viver em múltiplos mundos ao mesmo tempo. Empresários se correspondiam e conduziam negócios em várias línguas e em vários países da Europa e da Ásia, lançando mão das últimas tecnologias enquanto formavam redes comerciais e sociais cada vez mais amplas. Ao mesmo tempo, suas vidas pessoais eram restritas a um círculo relativamente pequeno ou mesmo fechado e intimamente conectado ao passado. Os negócios eram conduzidos por membros da família. Os judeus tendiam a viver no mesmo bairro e socializar quase exclusivamente entre si. Os rabinos eram tratados com grande deferência, e a vida revolvia em torno dos preceitos e feriados judaicos. Os casamentos geralmente eram arranjados entre primos.

Foi nesse mundo que os Safra surgiram no papel pela primeira vez. Em 29 de março de 1858, o bisavô de Edmond, Yaacov Safra, casou-se com Garaz Hacohen em Alepo.[13] Há pouca documentação sobre a vida e o trabalho de Yaacov e seu filho Elie, avô de Edmond. Em sua literatura promocional, o Republic National Bank of New York alegava que os Safra eram "uma antiga e estabelecida família de banqueiros e comerciantes de ouro em Alepo que financiava caravanas de camelos pela Rota da Seda" e tinha postos avançados no Extremo Oriente, em

Istambul e em Alexandria. Juntamente com outros cambistas judeus, os Safra operavam no eixo comercial entre a Europa e a Ásia. Todo o comércio que passava pela região precisava de lubrificação — financiamento e liquidez, cartões de crédito, ouro, câmbio de moedas. Na ausência de um sistema bancário integrado, esse trabalho era feito por indivíduos. Um sistema financeiro moderno estava nascendo na Inglaterra e nos Estados Unidos no fim do século XIX, mas tal coordenação ainda era relativamente primitiva no Oriente Médio.

Os Safra compravam moedas do Banco Central otomano e as revendiam em Alepo com lucro. Eles financiavam o comércio internacional que entrava e saía da cidade, fornecendo empréstimos e cartões de crédito a fim de que os mercadores pudessem negociar seda, especiarias, frutas, sementes, tecidos e sabão entre o Oriente Médio, o Extremo Oriente e a Europa.[14] E comercializavam ouro (em árabe, *safra* significa amarelo ou dourado). O fato de que dois rabinos presidiram o casamento de Yaacov e Garaz — um deles, Ezra Attie, membro de uma importante dinastia rabínica de Alepo — sugere que a família já possuía status significativo.

Yaacov e Garaz tiveram quatro filhos: Ezra (o mais velho), Joseph, David e Eliyahu (ou Elie em francês). Na década de 1880, esses filhos institucionalizaram seu negócio ao fundar uma empresa de câmbio que batizaram com um nome francês: Safra Frères & Cie. Os quatro filhos se casaram e tiveram filhos. Elie se casou com Sabbout Husni, e seu primeiro filho (após duas filhas) nasceu em 19 de dezembro de 1889. Seguindo a tradição, ele recebeu o nome do pai de Elie, Yaacov — Jacob em francês. Como também era comum, os pais registraram a data oficial do nascimento como 1891, tentando evitar que o menino fosse convocado para o Exército otomano.[15]

Elie Safra morreu quando Jacob era criança. Os irmãos de Elie assumiram a responsabilidade por sua criação e sustento. Embora o dever do pai — ou dos tios, nesse caso — fosse garantir que as famílias dos filhos tivessem um lugar no mundo, entre os irmãos era responsabilidade do mais velho garantir que os mais novos encontrassem seu lugar.

Ezra Safra passou a cuidar de Jacob. Após a morte de Elie, Ezra e seus dois irmãos se concentraram no comércio de ouro e criaram novas linhas de negócios. Eles usaram suas conexões pessoais com outros sefarditas na Europa e na Ásia e se ligaram a mercadores muçulmanos e cristãos no Império Otomano, no Irã e na Ásia Central.[16]

Desde jovem, Jacob Safra estava consciente de quem era, qual era seu lugar e o que estava destinado a ser. Praticamente todas as empresas em seu canto do mundo eram, por definição, empresas familiares. Elas compartilhavam uma cultura de honra e confiança baseada em relacionamentos pessoais e acordos verbais, não em contratos ou cheques. Essa é uma das razões pelas quais há tão pouca documentação sobre essas gerações dos Safra. A confiança que permitia que o sistema funcionasse era baseada em parte na conduta e em parte no sobrenome. As empresas deviam permanecer na família, e por isso era comum que os homens se casassem com as primas. (De modo geral, as mulheres não podiam herdar propriedades.)

Ainda menino, Jacob Safra tinha profunda consciência de suas responsabilidades com a família e a comunidade. Joseph Sutton, um historiador da diáspora de Alepo que nascera lá em 1907, comentou: "A classe e a posição eram baseadas na proeminência religiosa e na riqueza, ou seja, na escolaridade e na destacada devoção e generosidade para com as instituições religiosas, apoio aos rabinos indigentes e orfanatos e assistência ao grande número de pobres. Além disso, o judeu de Alepo levava em consideração a respeitabilidade da família e o parentesco — *adamiyeh* e *ayleh* — por várias e ininterruptas gerações."[17]

Alepo tinha 24 bairros, que eram essencialmente vilarejos autocontidos. O censo de 1900 demonstra uma população de quase 108 mil pessoas, das quais 70% eram muçulmanos, 24% cristãos e aproximadamente 7% judeus — 7.306 judeus, precisamente. A maioria da população judaica vivia no bairro Bahsita, na parte noroeste da Cidade Velha, onde estava a Grande Sinagoga. Alguns judeus das classes média e alta viviam fora dos muros, no bairro Jamiliya e nos bairros de al-Sabil e al-Saghi, construídos no fim do século XIX. A casa de Jacob não tinha água corrente, eletricidade ou telefone.

Como filho de uma família abastada, Jacob provavelmente frequentou a escola local da Alliance Israélite Universelle, que ficava no bairro Jamiliya. Ele sabia andar pelos mercados árabes, onde muitos clientes da Safra Frères mantinham barracas ou operações, e pelo centro da cidade. O Bab al-Faraj ou "muro da libertação" ficava na praça central, onde também estavam localizados o correio, o telégrafo, o Hotel Baron e a loja de departamentos Orosdi-Back, fundada por dois judeus austro-húngaros e conhecida como "a Harrods do Oriente".

A torre do relógio, uma das estruturas mais altas de Alepo, mostrava tanto o horário europeu quanto o oriental, o que enfatizava as complexidades da vida na região. No mundo de Jacob Safra, coisas que os outros podiam ver como contradições eram normais. Dois sistemas, duas crenças e duas maneiras de olhar o mundo coexistiam. Os Safra viviam no Oriente Médio e falavam árabe em casa, mas conduziam seus negócios em francês. Eles mantinham um negócio familiar, mas seus familiares moravam em cidades distantes. Eles mantinham relações comerciais com pessoas na Europa, na Índia e na Ásia, mas se casavam com as primas. Eles adotavam as novidades do mundo moderno, mas se agarravam às antigas tradições. Eles se modernizavam e aproveitavam a educação e as oportunidades sem abandonar aquilo em que acreditavam ou quem eram. Eles se sentiam confortáveis no mundo, mas se identificavam mais intensamente com a comunidade local.

Ao se aproximar da idade do *bar mitzvah*, Jacob aprendeu mais sobre os conselhos informais — formados por rabinos e líderes laicos — que coletavam fundos e os distribuíam para escolas, organizações de caridade, orfanatos e associações que facilitavam o casamento de homens pobres e mulheres sem dote. Após trabalhar no escritório nos fins de semana e feriados, Jacob foi empregado formalmente pela empresa da família aos 14 anos, no início de um longo aprendizado.

As areias continuaram a se movimentar conforme Jacob Safra crescia na empresa. Pouca coisa mudara em Alepo durante a maior parte do período otomano. Mas, nas décadas de 1900 e 1910, uma série de forças conspirou para perturbar os arranjos existentes e colocar as pessoas em movimento. No entanto, embora a influência de Alepo como cidade estivesse declinando, estavam sendo estabelecidas as fundações para que a influência de seus habitantes aumentasse.

Após a Revolução dos Jovens Turcos de 1908, conforme grupos de reforma tentavam centralizar o poder e modernizar o Estado, o Império Otomano encerrou a prática de isentar as minorias do serviço militar. Os judeus de Alepo, portanto, uniram-se às legiões do Oriente Médio e da Europa que começavam a migrar. Alguns foram para Manchester, na Inglaterra, onde se envolveram com a indústria têxtil. Outros foram para o Extremo Oriente. Aqueles que tinham menos ou nada a perder foram para ainda mais longe. Um fluxo de judeus de Alepo embarcou, na década de 1890, em navios a vapor para Nova York, Brasil, França e Cidade do México. Outros permaneceram na região, mas foram para Beirute, Cairo ou Alexandria, unindo-se às dezenas de milhares de sírios que encontravam oportunidades nas movimentadas cidades portuárias. O fluxo aumentou nas primeiras décadas do século XX. Por toda parte, os judeus formavam comunidades, frequentemente levando rabinos de Alepo para liderá-los. Em Jerusalém, um rabino *halabi*, Ezra Attie, dirigia a *yeshivá* Porat Yosef, a principal instituição rabínica sefardita, na Cidade Velha. Como alfinetes preenchendo um mapa mundial, a diáspora de Alepo começou a ganhar forma.

Alguns habitantes de Alepo podiam se dar ao luxo relativo de pensar mais estrategicamente sobre a realocação. Um método efetivo de diversificar e aumentar a influência da família era enviar membros para criar operações em cidades mais dinâmicas. Com isso em mente, os diretores da Safra Frères começaram a se dispersar, embora a empresa permanecesse uma entidade única. Ezra permaneceu em Alepo, mas os outros irmãos migraram para centros com mais oportunidades no interior do Império Otomano. David foi para Istambul, e Joseph, para Alexandria. Em 1913, Jacob, então com 24 anos, foi para Beirute.

Beirute se provou um falso paraíso. Quando a Primeira Guerra Mundial começou, o Império Otomano se aliou aos alemães, e os residentes da região se viram sujeitados a uma potência engajada em uma longa e furiosa guerra contra a França, a Itália e a Inglaterra. A escassez de comida se disseminou quando as autoridades otomanas começaram a requisitar suprimentos e um bloqueio aliado impediu o comércio e os transportes. Estima-se que 500 mil pessoas tenham morrido na província síria durante a guerra.[18]

Para além da morte e da destruição, a Primeira Guerra Mundial pôs fim à frágil ordem política que governava a região de Alepo. Quando o Império Otomano ruiu e foi substituído por novos regimes separados, o andaime que mantivera a paz e fornecera certa prosperidade a muitas gerações também ruiu, e as suposições sobre as quais se apoiavam a Safra Frères e tantos outros negócios na região deixaram de vigorar. Quando o Império Otomano se dividiu, a Grã-Bretanha e a França essencialmente repartiram o Oriente Médio entre si. Um mandato da Liga das Nações designou a Palestina, a Jordânia e o Iraque para a Grã-Bretanha, e a Síria e o Líbano para a França.[19]

Essa nova geografia foi desafiadora para a Safra Frères. Previamente, ela mantivera postos avançados em quatro cidades otomanas que podiam negociar livremente entre si. Agora, as operações eram governadas pela Turquia (Istambul), Inglaterra (Alexandria) e França (Alepo e Beirute), e a Turquia estava ávida para criar novas barreiras comerciais contra seus antigos domínios. Subitamente, ter um negócio familiar com ramificações em Alepo, Istambul e Alexandria passou a fazer menos sentido.

O fim da guerra e a dissolução do Império Otomano também geraram perigosos sentimentos nacionalistas. Após o genocídio armênio na Turquia, milhares de armênios cristãos fugiram para Alepo, modificando sutilmente o equilíbrio demográfico. A chegada do domínio colonial britânico e francês inspirou incipientes movimentos nacionalistas na Síria, no Líbano e em outros locais. E a Declaração de Balfour, o anúncio do governo britânico feito em 1917 que favorecia a criação de uma pátria judaica na Palestina, inflamou os sentimentos antissemitas. Ao passo que os fatores que levaram ao declínio econômico de Alepo haviam se materializado ao longo de várias décadas, esses impulsos sociais e políticos aparentemente se materializaram da noite para o dia após o fim da Primeira Guerra Mundial.

Até onde se sabia, era a primeira vez que Alepo enfrentava conflitos sectários. Em uma era de recursos escassos, em fevereiro de 1919 os muçulmanos que se ressentiam com a presença de armênios cristãos da Anatólia atacaram campos de refugiados em Alepo, matando 48 armênios. No inverno seguinte, o cônsul americano concluiu que a cidade estava "prestes a explodir".[20] Estava claro que Alepo, que abrigara a família Safra por tanto tempo, já não era segura para a nova geração. Eles teriam que se unir à crescente diáspora. Assim, Ezra Safra, o irmão mais velho, chamou a família para uma reunião. Nela, os irmãos e seu sobrinho Jacob decidiram dissolver a empresa e buscar individualmente suas fortunas.

Jacob não estaria sozinho nessa empreitada. Em 1918, ele se casara com sua prima Esther Safra, filha de seu tio Joseph. Como havia trabalhado e morado em Beirute anteriormente, ele e Esther decidiram retornar. A cidade mediterrânea ficava 370 quilômetros a sudoeste de Alepo, mas, de algum jeito, a distância que as separava era mais vasta. Mais dinâmica e menos provinciana, situada na costa mediterrânea, Beirute tinha um clima muito mais europeu que Alepo, e era a capital política do Líbano. Ela abrigava muitos grupos étnicos e religiosos que, de modo geral, coexistiam em paz. Mas não tinha a forte e coesa comunidade judaica de Alepo. No fim do Império Otomano, a maioria dos judeus em Beirute era de imigrantes bastante recentes; a população judaica da cidade crescera de 908 pessoas em 1900 para 3.431 em 1912. A infraestrutura que definira a vida dos Safra em Alepo — sinagoga, organizações filantrópicas, redes locais que eles conheciam havia gerações e uma empresa familiar estabelecida — ainda não existia em Beirute. Mesmo assim, o jovem casal se esforçou para construir sua nova vida e criar um legado para a família na cidade.

3.

Beirute (1920-1947)

A estadia da família Safra em Beirute durou 32 anos, de 1920 a 1952, e Edmond deixou a cidade em 1947. Mas a conexão perduraria e se provaria enormemente influente. Beirute fora o local no qual Jacob Safra emergira como força nos assuntos comerciais e comunitários, onde seus muitos filhos haviam nascido e onde sua esposa morrera. Beirute foi onde Edmond Safra, ainda notavelmente jovem, absorveu o conhecimento e desenvolveu a mentalidade que o sustentariam no mundo mais amplo. Durante toda a vida, Edmond Safra permaneceu ligado a Beirute — às pessoas que vinham de lá, ao banco do pai, à *ideia* da cidade —, muito depois de já não parecer economicamente racional ou seguro fazer isso.

Beirute já era uma grande cidade quando Jacob Safra começou a trabalhar por lá em 1913, com uma população de 200 mil pessoas. Quando ele se estabeleceu em 1920, foi em meio a transformações. Em setembro daquele ano, o alto comissário francês, general Henri Gouraud, proclamou a criação do Grande Líbano. Da linguagem falada nos escritórios governamentais aos nomes das ruas, em seus ambiciosos projetos de renovação urbana e em sua orientação na direção do Mediterrâneo e da Europa, Beirute rapidamente começou a assumir a aparência de uma moderna cidade francesa. Enquanto Alepo lutava para crescer e sair do século XIX, Beirute, a capital política e comercial do Líbano, com um porto movimentado e sete universidades, adotou enfaticamente o século XX, com "água potável, iluminação pública a gás, bondes, serviços postais e telegráficos, escolas, hospitais, gráficas e editoras".[1] Mais conscientemente europeia que qualquer outra cidade do Oriente Médio, talvez com exceção de Alexandria, Beirute era um lugar em que diferentes grupos religiosos viviam confortavelmente em uma *entente* claramente definida. Ao passo que a maioria das cidades do mundo otomano era predominantemente muçulmana, Beirute abrigava uma grande e influente população cristã. O poeta francês Alphonse de Lamartine chamara o Líbano de "Suíça do Levante", não somente por causa de suas montanhas recobertas de neve, mas também pelo senso de coexistência e pela comparativa neutralidade de sua capital, facilitada pelo comércio.

A comunidade judaica em Beirute não tinha a longa história da comunidade judaica de Alepo, mas, em 1920, encontrava-se em uma situação muito melhor e estava pronta para crescer. A Alliance fundara uma escola para meninos em 1869 e uma escola primária para meninas em 1878. No fim do século XIX, os judeus haviam começado a se mudar para o bairro Wadi Abu Jamil, perto dos edifícios governamentais otomanos. Conforme a comunidade prosperava, alimentada por um fluxo contínuo de judeus de Damasco, Alepo e outros lugares, os resorts montanhosos de verão predominantemente judaicos de Aley e Bamdoun começaram a tomar forma, inclusive com suas próprias sinagogas. Em Beirute, os judeus não eram simplesmente tolerados; eles eram aceitos e encorajados. O período entre 1920 e a década de 1940 foi uma era dourada para a comunidade judaica na cidade. Jacob e Esther Safra, que chegaram quando ela começava a se modernizar e criar instituições, rapidamente assumiram um papel de liderança.

Em Beirute, Jacob fundou um banco de nome grandioso, Banque Jacob E. Safra, em 1920. Na verdade, tratava-se de uma empresa pequena, "um armazém no porto", segundo a evocativa descrição fornecida por um contemporâneo, Ezra Zilkha. (O Banque Zilkha, fundado em Bagdá no século XIX, abrira uma filial em Beirute em 1904, participara de empréstimos com Jacob Safra e vendera ouro em seu nome em

Bagdá.) O Banque Jacob E. Safra, que não tinha licença para operar como banco, era fonte de liquidez para fazendeiros que compravam e vendiam produtos agrícolas e para mercadores que comercializavam tecidos com Manchester. De sua base na rue Allenby, perto de muitas outras empresas, Jacob descontava notas — uma forma de dívida de curto prazo —, oferecia crédito e, mais tarde, também contas de poupança.[2] A empresa atuava como a Safra Frères, embora passasse a ser mais conhecida por comercializar metais preciosos. Em Beirute, onde o ouro era negociado livremente, Jacob podia comprar moedas de ouro e enviá-las a Alepo, Iraque, Arábia Saudita, Kuwait e Dubai. A demanda era alta entre joalheiros e mercadores. Do golfo Pérsico, os mercadores moviam o ouro até mercados restritos como a Índia. Nos voláteis mercados das décadas de 1920 e 1930, ele também fazia câmbio de moedas para mercadores envolvidos no comércio internacional.[3]

Jacob tinha muitos dos atributos físicos e profissionais que mais tarde surgiriam em Edmond. Ficando calvo cedo e muito rapidamente, Jacob parecia mais velho do que realmente era. Infalivelmente discreto e sempre usando terno azul, ele tinha talento para converter múltiplas moedas quase instantaneamente. Por ter sofrido perdas significativas e passado por deslocamentos ainda jovem — ficando órfão muito cedo e sendo forçado a sair de sua cidade natal —, ele estava atento às perdas e aos ganhos. "Sempre escolha o que é garantido", aconselhava ele aos filhos.

As evidências documentais sobre sua empresa são notavelmente poucas, em grande parte porque Jacob era conhecido por tomar poucas notas. O conhecimento de que precisava sobre contrapartes e clientes não residia em um balanço ou livro-razão; estava em sua mente e diante de seus olhos. Os negócios frequentemente eram conduzidos de maneira verbal, garantidos pela reputação pessoal. Ele podia conseguir crédito com seus tios no Egito, na Síria e na Turquia e forjou elos com bancos judaicos na Europa, como Mocatta & Goldsmid e N. M. Rothschild em Londres.[4]

E mantinha laços estreitos com outros ex-habitantes de Alepo. Muitos empresários proeminentes haviam se mudado para Beirute e outras cidades após a queda do Império Otomano, entre eles os Picciotto, os Nehmad e os Dwek. Jacob circulava com facilidade entre cafeterias, mercados árabes e lojas de Beirute, fechando negócios com um aperto de mão. Como não havia proteção de depósito e comparativamente pouca regulamentação bancária, o caráter e a cautela de ambos os lados da transação eram vitais. Os negócios financeiros não eram uma questão de assumir riscos, mas de geri-los.

Jacob e Esther levavam a sério seu relacionamento com a comunidade judaica em Beirute, que estava em rápida ascensão. Em 1918, de acordo com um relatório contemporâneo, não havia "hospital, casa para idosos, orfanato, sopão nem uma instituição para vestir os pobres" na comunidade judaica local, nem tampouco uma sinagoga apropriada.[5] Mas isso começou a mudar sob o mandato francês. Em 1926, os franceses criaram uma nova república constitucional no Líbano, um sistema democrático no qual a liberdade de religião e a igualdade eram resguardadas pela lei, e as diversas comunidades, de muçulmanos xiitas e sunitas, drusos, cristãos maronitas, caldeus, judeus e outros, tinham o poder de supervisionar casamentos, educação e outras questões. Sob a liderança de Joseph David Farhi, um mercador de tecidos de Damasco que atuava como presidente da comunidade, o corpo governante judaico, o *conseil communal*, cresceu e se expandiu. Ele tinha um presidente eleito, mais de uma dúzia de oficiais e discretos comitês para educação, saúde, serviços fúnebres, combate à pobreza e fornecimento de café da manhã para crianças necessitadas. As iniciativas eram formalmente financiadas através do *aricha* ("arranjo" em hebraico), um imposto pago pelos judeus adultos do sexo masculino. A noção por trás do *aricha* era a de caridade compulsória. Em uma comunidade de 4 ou 5 mil pessoas, sabia-se muito bem quem tinha dinheiro e quem não tinha.

As instituições judaicas começaram a prosperar. Em 1921, um jornal judaico, o *'Al-'alam 'al-Isra'ili*, foi fundado. Em 25 de agosto de 1926, ocorreu a consagração da Magen Avraham, a sinagoga central. A imponente estrutura, com janelas abobadadas e interior cavernoso, foi fundada por Moïse Abraham Sassoon, um mercador sírio abastado que vivia em Calcutá, em memória de seu pai. Ela era um marcado contraste com as sinagogas muito menores e dilapidadas da vizinhança. A Magen Avraham ocuparia um lugar proeminente em Beirute e na vida dos Safra.[6]

Jacob e Esther rapidamente criaram raízes na cidade. Elie, o primogênito, chegou em 1922. Depois vieram Paulette em 1923 e Eveline em 1924. E eles começaram a construir uma vida que revolvia em torno de uma pequena área: o gracioso duplex no nº 26 da rue Georges Picot, a escola da Alliance na mesma rua e a recém-construída sinagoga na esquina; o banco na rue Allenby, a menos de 1 quilômetro; e a casa de verão em Aley, 14 quilômetros montanha acima.

Juntamente com os Attie, Elias, Farhi, Saadia e Harari, os Safra estavam entre as famílias-chave da comunidade. Em uma época na qual os judeus tinham a opção de se assimilarem mais agressivamente, Jacob se mantinha estreitamente ligado à sua religião. Os contemporâneos lembravam dele como presença constante nas sinagogas em Aley e Beirute. Importante doador da bem-sucedida escola da Alliance em Beirute, onde também participava do comitê gestor, ele financiou um *beit midrash*, um salão onde os homens estudavam o Talmude. "Sua generosidade para com a comunidade não conhecia limites", disse um contemporâneo. As sinagogas costumavam leiloar honrarias como uma *aliyah*, uma leitura da Torá, e Jacob era conhecido por oferecer os lances mais altos. Mas ele não doava de maneira indiscriminada. Um frustrado administrador escolar mais tarde escreveria à AIU em Paris reclamando que Jacob era "sovina".[7]

Como esperado, sabemos menos sobre Esther Safra. "Ela era conhecida por seu bom coração", lembrou Emile Saadia, vizinha de Edmond e Jacob. De 1922 até sua morte em 1943, Esther teve nove filhos, assumiu a responsabilidade por sua criação e dirigiu um agitado domicílio. Ela também esteve intensamente envolvida nas interconectadas organizações filantrópicas judaicas que funcionavam como rede de segurança comunitária. A Malbishe Aroumim oferecia roupas, vestidos de casamento e dotes para mulheres jovens, a fim de que pudessem se casar. Havia um banco de alimentos na Magen Avraham. Outra organização, a Matane Ba-seter ("presentes em segredo"), fornecia assistência financeira. Esther — chamada de "mãe dos pobres" — dava moedas e alimentos para as pessoas que iam até sua casa e então as enviava ao escritório de Jacob para obter assistência.[8]

Foi nesse mundo de expectativas, rituais e responsabilidades que Edmond Jacob Safra nasceu, em 6 de agosto de 1932, em um hospital de trinta leitos em Aley — o evento rompeu com a tradição. A ele se seguiriam três irmãs e dois irmãos: Arlette em 1933, Moïse em 1934, Huguette em 1936, Gaby em 1937 e, finalmente, Joseph em 1938.[9]

Jacob crescera bastante seguro, em um sentido, e em um mundo de perdas e perigos, em outro. Em comparação, Edmond gozou de uma infância idílica e privilegiada. A família tinha acesso à praia particular perto do elegante Hotel St. George. No verão, eles iam para Aley, um vilarejo druso em uma montanha íngreme, frequentemente encoberto pela névoa. Lá, Edmond e os irmãos corriam livremente pelo campo, assistiam a filmes na cidade ou iam tomar sorvete em Baroudi. O refúgio de verão seria uma referência para Edmond, fazendo-o lembrar de momentos leves e prazerosos. Mais tarde, quando comprou um barco que se tornaria seu refúgio de verão, ele o chamou de Aley.[10]

Simplesmente por ser quem era, viver onde vivia e fazer o que fazia, Edmond aprendeu muito cedo o que significava ser parte da liderança de uma comunidade. Ele estava consciente de ter uma situação financeira melhor e da responsabilidade de ajudar os outros. Aprendendo árabe em casa, nas ruas e nos mercados; francês na escola e no comércio; e hebraico na sinagoga, ele passou a inserir expressões das três línguas em suas conversas. As múltiplas identidades com as quais nascera eram relativamente fáceis de combinar. Ser judeu em Beirute na década de 1930 não gerava estigma — antes o oposto. A cidade essencialmente fechava durante os principais feriados judaicos. Representantes do governo e das comunidades muçulmana e cristã iam até Magen Avraham para uma recepção comunitária durante o *Pessach*.

BEIRUTE (1920-1947)

Quando o patriarca maronita, o monsenhor Antoine Arida, visitou a comunidade judaica em abril de 1937, Wadi Abu Jamil foi enfeitado com bandeiras libanesas e francesas e folhas de palmeira, e Edmond, então com 5 anos, provavelmente fazia parte de um dos grupos de jovens que se perfilaram nas ruas que levavam à Magen Avraham.[11]

As expressões de boa vontade não eram somente da boca para fora. Quando agitadores como o nacionalista palestino Mufti Haj Amin Husseini criaram problemas na década de 1930 e durante eventuais tumultos antissemitas, as autoridades municipais protegeram a comunidade judaica. Os judeus tendiam a se aliar ao partido Kata'ib, a organização em estilo paramilitar, majoritariamente maronita, parcialmente inspirada nos movimentos de Franco na Espanha e de Mussolini na Itália. Uma fotografia dessa época mostra Jacob Safra e outros líderes comunitários, incluindo o rabino Benzion Lichtman, com o líder do partido Kata'ib, Pierre Gemayel.[12]

Edmond era precoce, travesso e sabia o que queria. No fim de 1937, Jacob e Esther acharam que tinham deixado Edmond em casa com os irmãos mais novos quando entraram em um barco com destino a Trieste. Eles estavam indo para Viena, um centro de pesquisas sobre pólio, para buscar tratamento para a poliomielite debilitante de Paulette. Seu itinerário também incluía Veneza, Milão, onde Jacob tinha contatos comerciais, e Carlsbad, um resort no oeste da Boêmia. Quando já estavam por várias horas no mar, um passageiro clandestino de 5 anos saiu de um armário. Era Edmond, desesperado para não ser deixado para trás. Quando o barco chegou a Trieste, Jacob correu para fazer um passaporte para o filho.

É impossível dizer se Edmond e sua família viram qualquer sinal do crescente antissemitismo na Europa. Mas eles apreciaram as belezas que encontraram. Uma fotografia mostra Edmond, de shorts, posando entre os pombos. Infelizmente, a busca por uma cura para Paulette não teve sucesso. Ela já tinha dificuldades para respirar, e os médicos de Viena não conseguiram reverter seu declínio. Paulette morreu naquele ano.

É provável que Edmond tenha começado a frequentar a escola da Alliance após os feriados judeus no outono de 1938, quando tinha 6 anos. Localizada na rue Georges Picot, perto do apartamento da família, a Alliance era uma instituição de sucesso. Em 1935, sob a direção de Emile Penso, a escola tinha 673 alunos, com meninas e meninos em prédios separados. Em 1936, ela inaugurou uma pré-escola com um auditório para 250 pessoas. Como seu irmão e sua irmã mais velhos já haviam se formado, Edmond frequentemente era levado à Alliance pelo faz-tudo da família, Shehadeh Hallac. (Cinquenta anos depois, Edmond ficou extático ao descobrir que seu novo assessor, Jimmy Hallac, era neto de Shehadeh.)[13]

A Alliance levava a sério a missão de fornecer influência modernizante. Muitos professores vinham da École Normale Israélite Orientale em Paris. A maior parte dos alunos aprendia um pouco de hebraico e tinha aulas em árabe e inglês. Mas a instrução era feita em francês. O objetivo era preparar os alunos para o *Brevet élémentaire*, o exame oficial que, de modo geral, marcava a transição do ensino formal para o trabalho. Edmond e os colegas aprenderam história, geografia, literatura e política francesas, além de física e matemática.[14]

Entre os professores, o veredito quase universal era de que o jovem Edmond não era um aluno modelo. Querido e conversador, ele era descrito por colegas como *boute-en-train* ("a alma da festa") e *grand blagueur* ("piadista") que raramente tinha problemas por causa do status de que ele e os irmãos gozavam. "Nossas famílias eram abastadas e acredito que, na Alliance, os professores nos davam um tratamento especial", disse Maurizio Dwek, um amigo de longa data. Ocasionalmente, Edmond de fato recebia tratamento especial. Seu colega Albert Zeitoune recebeu ordens de um professor para se sentar no fundo da sala, ao lado de Edmond, e lhe ensinar matemática, e um professor muito querido pela turma, Joe Robert, pegava leve com ele. Essas gentilezas não seriam esquecidas. Em um padrão que se repetiria muitas vezes durante a vida de Edmond, anos mais tarde, quando Joe Robert fugiu de Beirute, ele encontrou emprego no banco de Edmond no Brasil. Albert Zeitoune se tornou um de seus mais confiáveis funcionários.[15]

No entanto, alguns professores mais exigentes tinham pouca paciência para alunos desobedientes, mesmo que fossem Safra. O professor de hebraico batia nos dedos de Edmond com seu bastão, e o diretor da escola fez o mesmo em várias ocasiões. E Edmond ganhou certa reputação entre professores e pais que confundiam sua falta de interesse com falta de ambição. Anos mais tarde, quando Joseph, o irmão mais novo de Edmond, fez bagunça na sala, a professora, sra. Tarrab, exclamou: "Joseph, você vai virar carroceiro como seu irmão."[16]

Ao mesmo tempo, alguns professores viam a inteligência de Edmond como imensa vantagem. Um de seus professores na Alliance, o sr. Abraham, certa vez repreendeu os alunos: "Quando Edmond decidir fazer algo, ele será o melhor, melhor que todos vocês." Fora da escola, Edmond continuamente se provava esperto e ambicioso. No verão de 1940, ele convenceu o motorista do pai a deixá-lo dar carona para os homens de negócios que passavam pelo carro — cobrando pelo peso do passageiro.[17]

Os meninos começavam um estágio no negócio da família assim que eram capazes — no caso de Edmond, por volta dos 8 ou 9 anos. Após a escola, durante feriados e férias de verão, que começavam na segunda semana de junho e iam até os feriados judaicos no outono, Edmond ia para o escritório e seguia Jacob em sua rotina. No mercado árabe, Jacob enviava o filho para avaliar o inventário dos clientes. Eles tinham a quantidade de rolos de tecido que haviam informado? O chefe da família estava bem vestido? Essas coisas eram importantes porque a única maneira de fazer empréstimos em Beirute na década de 1930 era com base no caráter. Jacob sempre dizia aos filhos que eles deviam descobrir quantas vezes por semana um cliente potencial tomava banho. "Se tivermos que pedir que ele nos pague o que deve, teremos que beijar seus pés, e quero ter certeza de que estarão limpos."[18]

Jacob sabia que havia algo especial no segundo filho. "Uma hóspede dos Safra em 1940 ficou cativada com a precocidade de Edmond, então com 8 anos, que conversava sem parar sobre o banco, ouro e as longas caminhadas que fazia com o pai nos mercados árabes", relatou o jornalista Bryan Burrough. "Quando caminho com Edmond", disse Jacob à visita, uma recém-casada de Aden, "não preciso falar. Há certa eletricidade entre nós. Ele sabe o que eu estou pensando e eu sei o que ele está pensando." E, embora tivesse dificuldades com figuras de autoridade na escola, ainda muito jovem Edmond desenvolveu pelo pai uma devoção intensa e reverente que duraria toda a vida. Anos depois, Albert Nasser encontrou Edmond em Nova York e sugeriu que ele não trabalhasse tanto porque, afinal, não poderia levar nada consigo. A resposta: "Albert, eu não trabalho para Edmond Safra. Trabalho para Jacob Safra, meu pai."[19]

Edmond aprendeu importantes lições sobre caridade com a mãe. Era importante oferecer somas generosas pela honra de ler a Torá e trabalhar no conselho comunal, como fazia Jacob. Mas o jovem Edmond também acompanhava Esther durante a *mitzvah* [boa ação] de *bikur cholim* — visitar os pobres e os doentes. E aprendeu que parte vital da *tzedakah* [mitzvah da justiça social] era ouvir aqueles que buscavam ajuda, encorajá-los em suas vidas e proteger sua dignidade.

O ritual desempenhava um papel importante no ritmo de vida dos Safra. Todo *shabat*, eles frequentavam a sinagoga Magen Avraham ou a sinagoga Ohel Yaacov em Aley. No *Shavuot* [Pentecostes], quando os homens ficam acordados a noite toda estudando a Torá, Jacob convidava dezenas de pessoas para seu apartamento. Os meninos Safra recebiam treinamento religioso adicional e Jacob frequentemente convidava rabinos para ensinar Edmond.[20]

Naquele mundo, as crianças seguiam, sem questionar, os caminhos estabelecidos pelos adultos. E, para as crianças Safra, isso significava se casar relativamente cedo, muitas vezes em um casamento arranjado com alguém que era de Alepo ou cujas raízes remontavam à cidade. Em 5 de janeiro de 1940, Eveline, a irmã mais velha de Edmond, então com 15 anos, casou-se com Rahmo Nasser, um cirurgião renomado de Alepo, muitos anos mais velho, que atendia tanto em Beirute quanto em Alepo. Eles podiam morar em Beirute, mas os Safra ainda eram *halabis*. E eles e os outros habitantes de Alepo continuariam a se agarrar a esse senso de identidade durante décadas, em todos os continentes. "Não existe comunidade judaica na diáspora que se assemelhe à de Alepo em termos de proximidade entre os membros", observou Yigal Arnon, advogado de Edmond em Israel. "É como um grande clã. Até hoje, eles estão todos conectados."[21]

Ao passo que Jacob, nativo de Alepo, tivera que se adaptar a sua nova casa, Edmond era um produto natural de Beirute: agitado, confiante, aberto, polímata. O antigo centro comercial, onde eles viviam e trabalhavam, fora construído em torno de amplos bulevares: a rue Allenby (onde ficava o banco), a rue Foch e a rue Weygand, todas contornando a água. A Corniche, na orla, recoberta de palmeiras, parecia a Promenade des Anglais em Nice. Mas ali perto ficava a confusão dos mercados e lojas árabes. Não era incomum que alguém conduzisse um pequeno rebanho de ovelhas pelos trilhos do bonde na rue Georges Picot. As pessoas podiam querer se casar entre si, mas Beirute tolerava e aceitava diferenças. Edmond tinha um profundo senso de pertencimento à multiétnica e multirreligiosa cultura libanesa. Beirute, como descreveu Philip Mansel, era um lugar onde as pessoas "colocavam os negócios acima dos ideais". Albert Hourani, um historiador libanês, resumiu: "Ser do Levante é habitar dois mundos sem realmente fazer parte de nenhum." Edmond e os outros judeus de Beirute conseguiam fazer isso sem nenhuma dissonância cognitiva.[22]

A cordialidade evidente em Beirute era ainda mais distintiva considerando-se o que acontecia na Europa durante a década de 1930. Na Alemanha, o lar do Iluminismo, um país no qual os judeus haviam sido emancipados fazia muito, o fascismo se enraizava, disseminando ódio e preconceito pelo continente e destruindo as aspirações nacionais de seus vizinhos. Conforme os exércitos alemães rumavam para leste e oeste nas terras europeias, a maquinaria do genocídio os seguia. Mas o Líbano e seus judeus foram poupados do pior. Em junho de 1940, depois que a Alemanha derrotou a França, o regime de Vichy assumiu o controle do Líbano e da Síria. As tropas de Vichy ocuparam Beirute, um grande centro de fornecimento, e prenderam membros de várias comunidades libanesas, incluindo muitos judeus. Em junho de 1941, os Aliados iniciaram a Operação Explorador. Quando retomaram Beirute e Damasco, a França Livre e as tropas aliadas suspenderam as restrições contra os judeus. Os territórios ocupados agendaram eleições para 1943, quando deveria ocorrer a independência do Líbano. Mas Beirute permaneceu sob ocupação aliada durante o restante da guerra.

Em meio ao tumulto, Jacob Safra foi um líder para o qual muitos da comunidade se voltaram, não simplesmente porque ele tinha recursos e poder, mas também porque era acessível e aceitava seu papel como garantidor da dignidade. Indivíduos que precisavam de estágios, empregos, empréstimos ou desconto de promissórias procuravam Jacob, e não outros banqueiros judeus na cidade. Meir Ashkenazi, que cresceu em Beirute, lembra que, durante a guerra, seu pai trabalhava em uma empresa farmacêutica que copiara um medicamento produzido por uma empresa alemã. Em uma sexta-feira, as autoridades fecharam a fábrica e prenderam os funcionários. Quando a esposa de Meir pediu que Jacob pagasse a fiança para tirá-lo da cadeia, Jacob pegou o carro, foi conversar com o juiz e assinou uma garantia de que o homem retornaria, a fim de que ele pudesse passar o *shabat* em casa.[23]

Os Safra evitaram o infortúnio comunal que atingiu tantos judeus da região durante a guerra, mas não foram imunes à tragédia pessoal. Esther Safra tinha uma saúde muito frágil, uma das consequências de ter nove filhos em dezoito anos. Ela engravidou novamente em 1942 e, em fevereiro, entrou em trabalho de parto e foi para um hospital em Beirute. Em 14 de fevereiro de 1943, a despeito dos esforços do médico, um professor de Medicina francês, tanto Esther quanto o bebê morreram.

A morte de Esther foi um golpe para a família, incluindo o jovem Edmond, e para a comunidade. Em sinal de respeito pelo status da família, todos os alunos da turma de Edmond na Alliance foram ao cemitério e à casa dos Safra durante o *shivá* [luto de sete dias].

Edmond, que acabara de entrar na adolescência, já sofrera com a morte de uma irmã mais velha, e agora a mãe — perdas pessoais que seriam determinantes para o que se tornaria um pessimismo endêmico. Embora para muitos que o conheciam ele parecesse um brincalhão que não se importava muito com as coisas e estava disposto a assumir riscos, ele já aprendera a temer o pior e planejar de acordo. É provável que essas devastadoras perdas ainda na juventude tenham permitido que ele aceitasse as inevitáveis perdas financeiras que ocorrem nos negócios e ajudado a mantê-las em perspectiva. E, assim como passaria a vida adulta trabalhando para o pai, Edmond aceitaria o fardo de levar adiante as boas obras da mãe. "Minha mãe disse que um dia não estaria aqui e eu teria que cuidar dos outros", disse ele. Na juventude e na vida adulta, Edmond relutou em formar relacionamentos próximos e nunca teve pressa de iniciar sua própria família, talvez por temer a possibilidade de abandono e perda.[24]

Em muitas famílias, era comum que uma irmã mais velha ou cunhada assumisse o controle da casa. Elie, o filho mais velho, casara-se com Yvette Dabbah em 1943. Nascida em 1927, ela era jovem demais para ser mãe substituta dos Safra mais jovens. Eveline, filha mais velha e mãe de uma recém-nascida, saiu de sua casa em Alepo e voltou para o apartamento da família em Beirute a fim de cuidar dos irmãos mais novos. Urgido por Eveline a se casar de novo, Jacob relutantemente começou a procurar uma nova parceira. Nem todo mundo concordava com esse plano. Quando Jacob começou a namorar uma jovem de Aley, Edmond convocou irmãos e irmãs para colocar baldes d'água sobre a porta da frente. Após alguns banhos indesejados, a jovem perdeu o interesse por Jacob.[25]

Edmond também começou a aprontar na escola. Em junho de 1943, ele obteve o *Certificat d'études* francês e libanês, concedido ao fim do ensino primário. Mas, quando as aulas recomeçaram, começou a faltar. Ele recebia licença especial por ser filho de um proeminente apoiador da Alliance. Mas, de modo geral, era uma presença difícil na escola. Finalmente, em setembro de 1945, depois que discutiu com uma professora, a sra. Alalou, a administração indicou que seria melhor que ele buscasse outras opções.[26]

Assim, Jacob o matriculou no St. Joseph d'Antoura, um colégio interno a 20 quilômetros de Beirute, dirigido pela ordem católica lazarista — e que Elie também frequentara. Fundado em 1651, o St. Joseph era o mais antigo colégio francês do Oriente Médio e um destino popular para os filhos da elite libanesa, assim como para cristãos, judeus e muçulmanos de toda a região, incluindo o Iraque e o Egito. Para atender ao requerimento de fluência em três línguas, Edmond continuou a estudar inglês (e possivelmente italiano), o que se provaria inestimável no futuro. Ele claramente estava em um caminho acadêmico mais construtivo. Mas, em Beirute, ele passeava pela cidade e gostava de fazer parte do mundo comercial do pai e de um grande clã.

No St. Joseph, ele fez amizade com um colega judeu, Maurice Mann. (Os pais de Mann nem sempre foram entusiásticos sobre a influência daquele aluno medíocre sobre o filho. A mãe de Maury certa vez o insultou em árabe: "Como você vai virar homem se continuar andando com Edmond Safra?")[27] Edmond expressou sua frustração em cartas para a irmã mais velha, e ela, por sua vez, convenceu Jacob a permitir que ele retornasse a Beirute. Quando retornou à Alliance, o drama continuou. Ele não passou no *Brevet élémentaire* na primeira tentativa. Mas, com a ajuda de seu amigo Albert Zeitoune, que lhe ensinava matemática, e de seus professores, os senhores Robert e Levy e a senhora Tarrab, conseguiu passar no teste na primavera de 1947.[28]

O fim do ensino formal certamente foi um alívio para Edmond e seus professores. E ele estava pronto para trabalhar em tempo integral com o pai. No entanto, enquanto Edmond e a família lidavam com a turbulência da adolescência, o ambiente em Beirute e na região mudava rapidamente. O Líbano e sua população judaica haviam sido protegidos da devastação e da violência que destruíra grande parte da Europa e da bacia do Mediterrâneo. Mas o fim da guerra colocara em movimento forças que, primeiro, aumentariam a população judaica em Beirute e, em seguida, a obrigariam a partir. Lentamente no início, essas forças abalaram as fundações sobre as quais se apoiavam o Banque Jacob E. Safra e a vida confortável da família Safra em Beirute.

Em 1943, o Líbano obteve sua independência e emergiu como democracia. O novo presidente libanês, Bechara el-Khoury, um cristão maronita cuja família estava ligada aos Safra, fez um acordo que dividiu os cargos no governo e no Parlamento entre os grupos religiosos e étnicos do censo de 1932, em uma proporção de seis cristãos para cinco muçulmanos. O cargo de presidente foi para os maronitas, o de primeiro-ministro para os sunitas e o de presidente da Câmara para os xiitas. Os judeus dividiam uma minoria de assentos do Parlamento com grupos cristãos menores: católicos de rito latino, jacobinos sírios, católicos sírios, nestorianos e caldeus.

No Líbano, sob a aparente harmonia sectária, havia antigos conflitos entre facções que discordavam sobre como o poder devia ser dividido no país. Com as enfraquecidas França e Inglaterra cedendo seus mandatos, novas nações — e novos nacionalismos — tomaram forma no Iraque, na Síria, no Egito, na Jordânia e na Palestina entre 1945 e 1948. A diversidade do Líbano se provaria um problema. Entre os muçulmanos sunitas, havia o desejo de fazer parte de um Estado pan-arábico (as minorias não muçulmanas gozariam da mesma proteção que sob os otomanos). Os cristãos maronitas, por sua vez, viam o Líbano como nação europeia.[29]

O crescimento do sentimento nacionalista foi complicado e agravado por eventos no sul do Líbano — na Palestina. Após a Segunda Guerra Mundial, refugiados se movimentavam pela região. Eles incluíam milhares de judeus, sobreviventes do Holocausto, que abriam caminho até a Palestina para se unir aos assentamentos cada vez mais numerosos e fornecer mais ímpeto ao movimento pela criação de um Estado judeu. Pública e oficialmente, o conselho comunal de Beirute não era sionista. Mas os membros da comunidade se comoviam com a luta de seus correligionários. Durante e após a guerra, organizações de jovens como Maccabi e B'nai Zion ajudaram judeus a se mudarem clandestinamente da Europa e da Turquia para a Palestina, passando pela fronteira de Naqoura, e um pequeno número de judeus libaneses se uniu às forças judaicas de autodefesa na Palestina.

Os nacionalismos rivais criaram uma mistura tóxica. Embora Beirute permanecesse segura, em novembro de 1945 dez judeus foram mortos em tumultos antissemitas em Trípoli. Em 1946, as forças estrangeiras saíram do Líbano e da Síria, permitindo que os impulsos nacionalistas florescessem. Em abril de 1946, a Síria declarou independência. Naquele ano, enquanto os tumultos aumentavam, judeus começaram a ser demitidos de empregos governamentais. Conforme a segurança se deteriorava, cerca de 6 mil judeus fugiram da Síria para o Líbano.

Jacob Safra já testemunhara e sobrevivera ao fim de um império ao trocar Alepo por Beirute. Agora, 27 anos depois, ele enfrentava o fim da presença colonial europeia no Oriente Médio. Na primavera de 1947, enquanto Edmond se preparava para os exames, iniciaram-se conversações nas Nações Unidas para dividir a Palestina em dois Estados, um para os judeus e um para os árabes. Subitamente, o futuro dos judeus em Beirute começou a parecer muito incerto.

Jacob tinha que tomar decisões importantes em relação ao futuro. Qual seria o melhor lugar para seus filhos e netos crescerem? Como ele podia garantir a sobrevivência de seu banco e seus ativos, dada a inevitável turbulência? Jacob não queria sair de Beirute. Mas estava claro que, como ele e os tios já haviam experimentado, era prudente e necessário buscar climas mais hospitaleiros para os negócios e retirar parte da riqueza familiar do Líbano. Mas onde? E como?

Os Safra tinham recursos e conexões, mas não tantos que pudessem ser exceção. Quando a situação no Oriente Médio se tornou mais desafiadora, um pequeno número de judeus de Alepo e Beirute, motivado em parte pelo medo e em parte pela oportunidade, migrou para países que concediam vistos. Eles foram para o Irã, as Filipinas, Hong Kong e o Japão; foram para todos os países da América do Sul e da América Central e para o México. Os Estados Unidos, que já abrigavam milhares de judeus de Alepo, haviam essencialmente fechado a porta para a imigração vinda da Síria e do Líbano.[30] Quanto a Londres, o histórico centro financeiro europeu era uma sombra do que fora antes da guerra. O mercado de ouro londrino ainda não reabrira. Amsterdã, poupada de bombardeios pesados, apresentava uma significativa barreira linguística. Restava Milão.[31]

Entre as capitais comerciais da Europa, Milão era a mais atraente. Milão e, de modo mais amplo, todo o norte industrial da Itália haviam permanecido praticamente intocados pelas campanhas militares de 1944 e 1945. No fim de 1947, suas indústrias têxtil e automobilística voltaram a funcionar. Financiamento comercial e moedas conversíveis estavam em alta demanda. Milão era um centro de produção joalheira e, portanto, um entreposto essencial para o comércio de ouro. Talvez ainda mais importante, era comparativamente fácil para moradores de Beirute obterem vistos italianos.

Jacob Safra não podia simplesmente pegar os filhos e partir para Milão. A escolha natural seria enviar Elie. Aos 25 anos, ele já era casado. Ele e Yvette em breve teriam o primeiro filho. E se presumia que Elie, educado na Alliance, em Antoura, e no Banque Jacob E. Safra, e já mostrara ser um promissor comerciante de ouro, assumiria a empresa da família. Mas havia fortes razões para Jacob ignorar a tradição e escolher o precoce segundo filho, Edmond.[32]

Embora Edmond não negociasse sozinho, havia a sensação generalizada de que o estudante indiferente era um prodígio comercial. Sua inteligência, sua perspicácia e seu intenso interesse pelos negócios eram evidentes para todos, assim como seu espírito independente. Embora se mostrasse relativamente desinteressado por química e línguas, ele estava ávido para aprender sobre o mundo. Aos 12 ou 13 anos, conversava com visitantes vindos do exterior para obter informações sobre o mundo e perseguia os funcionários do Banque Jacob E. Safra para que o ensinassem a calcular taxas de desconto e negociar ouro. Jacob e Edmond tinham um relacionamento único de compreensão mútua, e Edmond estava pronto para iniciar sua carreira.[33]

Havia outras razões para Jacob pensar em enviar o teimoso filho para Milão em 1947. Viúvo desde a morte de Esther em 1943, Jacob agora estava noivo de Marie Douek. Nascida em Alepo em 1911, filha e neta de rabinos proeminentes, a "tia Marie" era uma mulher charmosa e vivaz que, aos 30 e poucos anos, não tinha filhos. Ela se dava bem com os filhos de Jacob — com exceção de Edmond, que, de modo egoísta, mas compreensível, resistia a qualquer uma que tentasse ocupar o lugar da mãe. Edmond, por sua vez, apaixonara-se por uma colega da Alliance que Jacob desaprovava.

Enviar Edmond para Milão, portanto, solucionaria vários problemas. Assim, no outono de 1947, Jacob chamou Edmond e lhe deu a notícia. Dessa vez, ele não teria que ser passageiro clandestino para ir à Itália, pois estava sendo enviado a Milão para iniciar operações de venda de ouro e câmbio de moedas estrangeiras.

Pedir que um garoto de 15 anos deixasse a segurança da família e a única casa que conhecia e levasse adiante as esperanças e expectativas da família foi uma decisão significativa. E, para um homem mergulhado na tradição e nas obrigações, colocar o segundo filho acima do primeiro foi tanto pouco ortodoxo quanto emocionalmente difícil. A decisão teria ramificações significativas para a família.

Em um nível, a mudança — e o conflito inevitável com o irmão Elie — deixou Edmond desconfortável. Colocou em seus ombros um fardo que ele teria que carregar pelo resto da vida. Mas ele também era motivado por um forte senso de dever e profunda autoconfiança. Ele estava pronto, e não partiria sozinho. Jacques Tawil, um funcionário de 20 anos do banco de Jacob, já conquistara a confiança da família. Jacob fora seu *sandak* [padrinho] — aquele que tem a honra de segurar o bebê durante o *brit milá* [ritual da circuncisão]. E, uma vez em Milão, Edmond e Jacques poderiam contar com uma pequena comunidade sírio-libanesa. Igualmente importante, haveria recursos financeiros esperando por eles. Jacob transferira uma quantidade substancial de ouro para um banco de Roma, a fim de ser usado como capital e poupança emergencial para a família — uma fonte sugere que Jacob transferiu 5 milhões de dólares para bancos italianos. Ele também criou para Edmond uma linha de crédito de 1 milhão de dólares na Banca Commerciale Italiana, um banco de origem judaica.[34]

Quando a divisão da Palestina foi formalmente anunciada em 29 de novembro de 1947, cerca de 2 mil pessoas celebraram na Magen Avraham em Beirute. Mas, dessa vez, Edmond não fez parte da multidão. Três semanas antes, ele e Jacques Tawil haviam atravessado de carro a fronteira entre o Líbano e a Palestina. Depois de passarem duas noites em Tel Aviv, haviam embarcado em um voo da KLM para Roma.

4.
Maioridade na Europa (1947-1954)

A viagem para Milão, cerca de 2,4 mil quilômetros que deveriam ter levado algumas horas de avião, foi uma odisseia. Como o voo direto de Beirute para Milão partia no sábado, quando eles não podiam viajar, Edmond e Jacques Tawil foram até Lod de carro. De lá, pegaram o voo semanal da KLM para Amsterdã, que chegou a Roma após seis horas. O plano de pegar um voo de conexão para Milão foi frustrado quando um espesso cobertor de névoa fez com que todos os voos fossem cancelados. Assim, eles pegaram um ônibus para Milão, uma jornada de 580 quilômetros que durou excruciantes dezessete horas. Não conseguindo encontrar o apartamento que Jacob alugara, eles se hospedaram em um hotel.[1]

Uma névoa também encobria a Europa. Milão, naquela época como agora, era a capital financeira, têxtil e industrial da Itália, e desempenhava importante papel no que restara da economia europeia. A guerra terminara trinta meses antes, mas grandes porções do continente haviam sido destruídas pelos bombardeios e ataques mecanizados. Cidades grandes e pequenas haviam sido reduzidas a ruínas. Mais de 36 milhões de pessoas haviam morrido. Centenas de milhares de pessoas desesperadas estavam em movimento, sem casa e sem pátria, em busca de refúgio e de um novo lar. A Itália estava pontilhada por campos de pessoas deslocadas.

Edmond Safra e Jacques Tawil não eram refugiados nem imigrantes. Por mais bizarro que parecesse para um estranho, os dois, com 15 e 20 anos, pouca experiência e sem falar italiano muito bem, eram empresários. Como tantos outros, chegaram com poucas posses. Mas, ao contrário de muitos, tinham significativo capital esperando por eles, juntamente com uma rede de conexões e uma missão meio vaga: "Ver se era possível fazer negócios", nas palavras de Tawil.

Os dois jovens estavam agudamente conscientes de terem chegado a uma cultura nova e diferente. Desde que chegaram, Safra e Tawil improvisaram o tempo todo. Cancelando o aluguel do apartamento, eles se hospedaram em um hotel. Os dois sobreviveram de serviço de quarto até que Tawil aperfeiçoou a desafiadora habilidade de enrolar espaguete no garfo em público. Edmond não podia registrar sua empresa ou alugar um escritório até receber o visto de residente. Assim, a fim de criar a impressão de que era algo mais que um jovem de 15 anos em um quarto de hotel, ele contratou uma secretária para datilografar ruidosamente ao fundo enquanto ele falava ao telefone.[2]

Como faria repetidamente em qualquer lugar a que chegasse, ele foi direto ao centro da ação. Usando o terno azul-marinho que se tornaria sua marca registrada, ele ficava no saguão do maior hotel de Milão, o Principe di Savoia, que servira como sede nazista durante a guerra e agora era ponto de encontro de homens de negócios, incluindo judeus sírios e libaneses. Sua pasta não continha contratos, mas jornais e pistaches — um de seus lanches favoritos. Edmond ficou mortificado quando, certo dia, o conteúdo da pasta se espalhou pelo chão do saguão art déco.[3]

O papel de Tawil era de acompanhante e colega. "Eu era uma espécie de tutor", lembrou ele mais tarde. E ensinou seu aluno a se manter atento e só falar quando necessário. Antes de uma entrevista com a polícia milanesa sobre seu status como imigrante, Tawil lhe disse: "Simplesmente responda às perguntas que o policial fizer. Não faça sugestões. Você não está aqui para ser útil. Se o policial perguntar 'Você entrou neste edifício pela janela?', responda 'Não'. Não diga 'Eu

MAIORIDADE NA EUROPA (1947-1954)

entrei pela porta'. A resposta é 'Não', porque essa é a resposta certa para a pergunta que ele fez."[4]

Quando Edmond e Tawil chegaram, um grupo de famílias de judeus sírios já estava em Milão, e outros passavam pela cidade. "Em Milão, conhecíamos cinco ou seis famílias de Beirute ou Alepo: Nehmad, Matalon, Stambouli", lembrou Tawil. Na diáspora síria, uma comunidade podia ser formada por um pequeno grupo, com quase todos os membros relacionados ou conectados pelo casamento ou pelos negócios. Era típico que os casais tivessem sete ou oito filhos. Assim, uma pessoa podia ter dezenas de primos e estar conectada a centenas de outros pelos vários casamentos. Entre elas em Milão estava Nessim Dwek. Nessim, que não era parente da madrasta de Edmond, era um de sete irmãos de uma família que se especializara no comércio global de tecidos. Ele costumava tomar café com Jacob em Beirute. Em Milão, Edmond e Jacques Tawil jantavam com os Dwek nas noites de sexta-feira ou domingo ou almoçavam com eles no sábado. Nessim Dwek se tornaria uma espécie de pai substituto para Edmond. Após a morte dele, Edmond colocaria fotografias suas nos escritórios do banco.[5]

A despeito das barreiras iniciais de língua e cultura, Milão era uma cidade hospitaleira. E Edmond demonstrou a habilidade instintiva de se misturar. Ele conseguia encontrar mentores, guias e pares entre homens dez ou vinte anos mais velhos. Em Milão, entrou facilmente no círculo de empresários judeus italianos, cada um com suas próprias e importantes conexões familiares. Umberto Treves, membro de uma distinta família judaica da Lombardia, era um conhecido corretor local. Seu pai, um banqueiro, fora deportado para um campo de morte nazista pelas tropas alemãs em 1943, e ele estava relacionado pelo casamento a Camillo de Benedetti, primo do industrial italiano Carlo de Benedetti. Treves apresentou Edmond aos empresários milaneses. Talvez tão importante quanto, ele ensinou Edmond a se vestir como os locais; pelo resto da vida, ele só compraria camisas da Corbella Milano e sapatos da Morandi.[6]

Os negócios demoraram a engrenar. Nos primeiros meses, Edmond e Tawil fizeram somente alguns poucos câmbios. Seu status como *outsiders*, todavia, representava uma vantagem na hora de negociar metais preciosos, especialmente ouro.[7]

Valorizado como moeda, reserva de valor e material para joias; significativo como base monetária; e em constante demanda para propósitos religiosos e sociais, o ouro era, de fato, uma moeda global e indestrutível. E, com rígidas fronteiras separando os países, a integração europeia sendo um sonho distante, a expansão soviética alimentando a incerteza na Europa e revoluções surgindo no Oriente Médio e na Ásia, moedas estáveis eram raras. "Sempre que há desconfiança da moeda, as pessoas se voltam para o ouro", comentou Edward "Jock" Mocatta, dos negociantes de ouro londrinos Mocatta & Goldsmid.[8]

Na Europa em 1947, não havia muito mercado para ouro. Primeiro, o preço estava essencialmente congelado. Na conferência de Bretton Woods de 1944, o Fundo Monetário Internacional atrelara a maioria das moedas globais ao dólar americano, a moeda mais estável, e estabelecera o preço do ouro em 35 dólares por onça [a onça equivale a 28,35 gramas]. Além disso, o ouro era escasso. Na época, 75% do ouro monetário mundial e metade do ouro minerado da história estavam nos cofres americanos, a salvo das convulsões mundiais. Mas havia exceções. No Líbano, por exemplo, o ouro continuava a ser comercializado livremente. A regulamentação permitia que entrasse na Europa o ouro a ser usado em joias, por exemplo, o chamado "ouro manufaturado", a ser vendido com lucro de 3 dólares ou mais por onça. Edmond Safra estava em posição única para minerar os veios da economia global e seus impérios em colapso a fim de lucrar com o metal precioso. E a maior fonte de ouro da Europa estava ali ao lado.[9]

Durante a guerra, a neutra Suíça emergira como uma espécie de cofre para a riqueza pessoal dos nazistas, grande parte dela em ouro; a Suíça também vendera munição e outros suprimentos para a Alemanha durante a guerra, novamente em troca de ouro. Em 1945, bancos suíços como o Union de Banques Suisses (UBS) e o Swiss Bank Corporation

(SBC) retinham o equivalente a 1,6 bilhão de francos suíços (18,25 bilhões de dólares americanos em valores de 2021) em ouro. "Comprar ouro na Suíça", escreveu Timothy Green, um historiador do mercado do ouro no pós-guerra, "era como ir à padaria comprar pão." Assim, Edmond e Jacques Tawil foram para Zurique.[10]

É difícil imaginar um ambiente mais diferente de Beirute que Zurique. Beirute era ensolarada, voltada para o mar, caracterizada pela socialidade fácil e pela informalidade mediterrânea. Em contraste, a germanófona Zurique ficava em uma região isolada, cercada por montanhas, e abrigava bancos intensamente privados e grandes instituições. Mesmo assim, Edmond entrou na cidade com uma autoconfiança sempre merecida. Embora se provasse um *savant* das línguas, seu alemão era rudimentar. Ele entrou em uma farmácia (*apotheke* em alemão) com a certeza de se tratar de um banco hipotecário (*hypothek* em alemão) somente para ver seu interlocutor ficar confuso quando ele pediu uma hipoteca. Mesmo assim, ele falava a língua que a maioria entendia em Zurique: o comércio. Edmond abriu uma linha de crédito no UBS. E gostou mais da francófona Genebra, que mais tarde se tornaria uma das bases da família.[11]

Edmond e o pai, que se falavam por telefone e telégrafo, rapidamente encontraram oportunidades de arbitragem. O táler de Maria Teresa era uma moeda de prata austríaca estampada com a face da imperadora Maria Teresa, uma Habsburgo do século XVIII. Em um primeiro e ignorado exemplo de globalização financeira, o táler de Maria Teresa foi usado em toda a Europa, Oriente Médio e África durante a década de 1950, frequentemente como moeda oficial. Mas Edmond sabia que, no mundo árabe, moedas que mostravam o rosto de uma mulher valiam um pouco menos que na Europa. Assim, Jacob Safra usou sua rede para comprar táleres de Maria Teresa no Oriente Médio e os enviou para a Europa, onde eram trocados, em equivalência um a um, por moedas com o rosto do imperador Franz Josef. Esse era um negócio essencialmente sem risco, do jeito que os Safra gostavam. Mas só podia ter sucesso se houvesse a infraestrutura necessária para trabalhar simultaneamente em múltiplos contextos. Edmond trabalhava com corretores búlgaros — agentes de reencaminhamento — em Milão para localizar táleres Franz Josef em Londres, Paris e Bruxelas.[12]

Altos lucros podiam ser obtidos levando grandes quantidades de ouro de lugares onde seu preço era fixo (ou seja, a Europa) para áreas onde era livremente comercializado e lugares onde pessoas que queriam importar ouro clandestino para seus mercados fechados pagavam um ágio significativo. No pós-guerra, a demanda por ouro era constante no Oriente Médio, Índia e Extremo Oriente. Na China, uma guerra civil tivera início em 1948. A Grã-Bretanha, que ainda controlava Hong Kong, banira a importação de ouro. Mas os comerciantes britânicos de ouro em Hong Kong podiam enviar ouro para Macau, controlada por Portugal, onde contrabandistas chineses pagavam um alto preço, trituravam o ouro, escondiam o pó em cascas de amendoim e levavam as cascas de volta a Hong Kong ou para a China. Ouro vendido a 38 dólares a onça na Europa podia valer 55 dólares em Xangai ou Beijing.[13]

Os Safra, juntamente com outros em seu círculo, já tinham uma maneira bem estabelecida de levar ouro de Beirute para o Kuwait (para ser vendido na Índia e além). Primeiro, diz a lenda, eles haviam usado caravanas de camelos; mais tarde, o ouro passara a viajar de trem através de Bagdá. Após a guerra, os importadores de ouro de Beirute passaram a trazer ouro da Europa de avião, frequentemente em linguetes de 12,5 quilos, passá-lo pela alfândega, reembalá-lo em suas próprias caixas e enviá-lo, também de avião, para o Kuwait ou Dubai. Os Safra também conheciam empresas em Londres que desempenhavam importante papel no comércio europeu de ouro. Depois de algum tempo, um grupo de empresários judeus originários de Alepo, incluindo Jacques Douek, o irmão da tia Marie, formaram um consórcio para lidar com essa movimentação de carga. O volume de ouro passando por Beirute disparou de 335 quilos em 1946 para 12,5 mil quilos em 1947 e 89 mil quilos (quase 100 toneladas) em 1951. No início da década de 1950, comentou a historiadora Kirsten Schulze, cerca de "30% do comércio internacional privado de ouro passava por Beirute".[14]

MAIORIDADE NA EUROPA (1947-1954)

Mas, para fazer isso em grande escala, os Safra precisavam de alguém de confiança na outra ponta. E, embora um punhado de judeus sírios estivesse ativo no Extremo Oriente, nenhum deles era suficientemente próximo para ser considerado de confiança. Edmond estava em Milão. Elie, seu irmão mais velho, trabalhava na Europa, era casado e estava prestes a ter o primeiro filho. Assim, eles se voltaram para uma pessoa improvável: Rahmo Nasser, o marido de Eveline.

Era raro que as famílias incluíssem genros e cunhados nos negócios. E Rahmo Nasser já era um sucesso por conta própria. Ele estudara Medicina na Universidade de Lyon e fora cirurgião-chefe do Hospital Americano em Beirute durante muitos anos. Era pai de dois filhos, Camille e Ezequiel, os primeiros netos de Jacob e primeiros sobrinhos de Edmond, e, em 1947, preparava-se para abrir uma clínica em Alepo. Mas, em 30 de novembro de 1947, duas semanas depois de Edmond ter chegado a Milão e um dia depois da Assembleia Geral da ONU ter criado o Estado de Israel, multidões invadiram as ruas de Alepo, destruindo lojas judaicas e incendiando sinagogas, incluindo a Grande Sinagoga. A presença judaica em Aram Tzova, que persistia havia mais de dois milênios, subitamente se tornou tênue. Rahmo abandonou seus planos de voltar a morar com a família em Alepo, e ele e Eveline decidiram ficar permanentemente com Jacob na rue Georges Picot. No fim daquele ano tumultuado, metade dos 30 mil judeus da Síria já partira.[15]

Embora não tivesse experiência negociando ouro ou fazendo negócios financeiros de qualquer tipo, Rahmo era perspicaz e meticuloso. Ainda mais importante, era da família. Rahmo concordou com a sugestão de Jacob Safra de se mudar para Hong Kong e receber 50% dos lucros que conseguisse. Em 14 de maio de 1948, o dia em que Israel proclamou formalmente sua independência, Nasser iniciou a árdua e solitária jornada até Hong Kong, deixando a mulher e os filhos para trás.[16] Em Hong Kong, onde as moradias eram escassas, ele se hospedou com um primo.[17]

Entrar no comércio de ouro era como jogar xadrez em um tabuleiro internacional. Enquanto Jacques Tawil ficou em Zurique, Edmond foi para Amsterdã, um histórico mercado financeiro que reabrira enquanto o mercado de ouro em Londres ainda estava fechado (como permaneceria até 1954). Lá, Edmond comprou 1 milhão de dólares em ouro (cerca de 14 milhões de dólares americanos em 2021) dos Rothschild. Enquanto viajava, Edmond continuamente encontrava pessoas conhecidas ou que já tinham ouvido falar de sua família. Em 1948, Ezekiel Schouela, um sírio de Alepo que se mudara primeiro para o Egito e depois para Milão, estava na sala de estar do Banco Central holandês em Amsterdã quando viu um jovem dizer à recepcionista que seu nome era Edmond Safra. "Você por acaso é parente de Jacob Safra?" O jovem respondeu: "Sim, ele é meu pai." Quando Schouela perguntou o que ele estava fazendo em Amsterdã, Edmond respondeu: "Estou comprando ouro para meu pai."[18]

Em seguida, ele foi para Paris, em abril de 1948, em busca de mais ouro. Em vez de ficar por somente algumas semanas, como fizera em Zurique e Amsterdã, Edmond permaneceu em Paris por vários meses. O plano Marshall, implementado em 1948, começara a enviar auxílio financeiro para a França e outros países europeus. Ali, como em Milão, Edmond foi para o centro do mundo comercial e do *establishment* financeiro, à margem direita do rio Sena.

O governo francês diminuía sua venda de ouro ao mesmo tempo que a demanda do setor privado crescia. Edmond rapidamente viu que, a despeito das limitações, o ouro em Paris era negociado por um preço mais alto que em Zurique ou Amsterdã, o que apresentava a oportunidade de pegar ouro em Zurique e outros lugares. Movimentar ouro pela Europa, percebeu Edmond, podia ser tão lucrativo quanto enviá-lo da Europa para o Extremo Oriente.[19]

Dada sua fluência na língua e a presença de muitos bancos franceses em Beirute, Edmond achou Paris um lugar amigável. Emile Saadia, um professor de Direito de Beirute que virara banqueiro, estava na sede de sua empresa, a BCNI, no boulevard des Italiens. "Encontrei

Edmond Safra, de Milão, no banco, para conhecer pessoas e fazer contatos", lembrou ele. Saadia atestou a honestidade de Edmond. Como em Milão, um grupo de judeus sírio-libaneses, de sua idade e mais velhos, estudavam e negociavam — ou, no caso de Maury Mann, colega de quarto de Edmond no colégio interno em Antoura, gastavam sua herança no Pigalle, o bairro da boemia.

Edmond e Mann dividiam um quarto no Grand Hotel, perto dos principais bancos franceses e estrangeiros. O Café de la Paix, no térreo do hotel, atraía a elite financeira da cidade. Não havia fronteira entre a vida profissional e social, e o grupo de amigos de Edmond funcionava como família substituta. Nessim Dwek chegara de Milão, e seu filho Cyril Dwek estudava em um colégio interno em Paris. Os outros amigos parisienses de Edmond incluíam Leon Aslan Sassoon, apelidado de "Sir Philip" por causa de Sir Philip Sassoon, o aristocrático herdeiro de uma dinastia banqueira sefardita. Sem casas ou escritórios formais, eles trabalhavam e passavam o tempo livre em restaurantes, cafés e escritórios comerciais e bancários. Ali perto ficava o Cercle Haussmann, um cassino na Place de la Madeleine que era popular entre os libaneses. Embora não fosse abstêmio, Edmond sabia se controlar, mesmo durante a adolescência. Ele não gostava de jogar e tomava um ou dois drinques, mas jamais bebia em excesso.[20]

Paris era onde ficava a sede da AIU e a École Normale Israélite Orientale (ENIO), sua academia de treinamento. Como uma fraternidade com filiais em muitas cidades, a instituição conectava seus alunos em uma rede de familiaridade, dando-lhes não somente conhecimentos sobre a língua francesa, mas também um *background* comum e um senso de solidariedade. Assim, quando Edmond precisou de uma permissão de trabalho para fazer negócios em Paris, ele foi até a ENIO, onde um amigo de Beirute, Isaac Obersi, estudava e perguntou "se a Alliance o ajudaria com alguns documentos". Quando a administração o ajudou e os documentos ficaram prontos, Edmond respondeu de duas maneiras características de sua abordagem dos negócios. Ele levou Obersi e outro amigo adolescente a um clube noturno muito elegante — "Poderíamos muito bem estar usando calças curtas, de tão jovens que éramos", lembrou Obersi — e, em reconhecimento de sua crença (e de Jacob) na ligação entre sucesso nos negócios e obrigações filantrópicas, perguntou se havia algo de que a escola precisava. Quando a administração indicou que um refrigerador comercial seria bem-vindo, Edmond se ofereceu para comprá-lo. A administração, sem saber se podia ou não levá-lo a sério, telefonou para a Alliance em Beirute e perguntou sobre Edmond Safra. A resposta foi que ele era sério. (Em 2011, a Alliance rebatizou sua academia de treinamento para Centre Alliance Edmond J. Safra.)[21]

Esse não foi o único esforço filantrópico que seus pares e associados notaram. Em certa noite de 1948, de acordo com Mann, Edmond pegou o sobretudo que comprara naquele dia e o deu a um sem-teto. (Mann brincara: "Edmond, dê meu sobretudo a ele e eu ficarei com o seu.")

Durante a adolescência, Edmond ocupou simultaneamente o mundo descontraído de adolescentes como Mann e o mundo sério dos adultos. Em 1948, Rahmo Nasser enviou um telegrama pedindo que ele recebesse o embaixador do Panamá em Hong Kong, que estava prestes a visitar Paris. Sem ter carteira, ele pediu que Mann fosse seu motorista, comprou um Buick e viajou com o embaixador para o sul da França: Cannes, Monte Carlo e Nice. Durante a viagem, o carro foi parado pela polícia, e Mann, que dirigia embriagado, passou uma semana na prisão.[22]

Mann deixava Edmond exasperado. Quando Edmond lhe deu dinheiro para fazer uma doação para a agência judaica da embaixada israelense em Paris em 1948, Mann perdeu o dinheiro no jogo. No fim do ano, depois de ter gastado grande parte de sua herança e testado mais de uma vez a boa vontade de Edmond, Mann se mudou para Israel. Mas os dois permaneceram em contato. Quando Mann enfrentou dificuldades financeiras mais tarde, Safra passou a lhe enviar uma mesada.[23]

A primeira visita de Edmond ao sul da França evidentemente causou uma boa impressão. Ele retornaria várias vezes à região, e ela se tornaria uma de suas bases de verão. Quanto ao embaixador, o contato seria útil décadas depois, quando Safra tentou criar um escritório representativo de seu banco na cidade do Panamá e quando tentou conseguir passaportes para refugiados judeus da Síria.

A jornada de Edmond em Paris chegava ao fim. Quando o preço do ouro se estabilizou na Europa, no fim de 1948, ele retornou a Milão e Tawil voltou para Beirute. Safra foi morar no nº 3 da via Giuseppe Mazzini, perto do Duomo, e passou a frequentar a sinagoga Oratorio Sefardita Orientale na via Guastalla. Em 1949, provavelmente através de suas conexões em Beirute, ele recrutou vários xeiques árabes para serem clientes do banco de Jacob. Entre as transações que fez, houve um acordo de 25 milhões de dólares para enviar ouro da Arábia Saudita para a Grécia.[24]

Ouro e metais preciosos se moviam em todas as direções, e Edmond, ainda adolescente, comprava sacos de todo tipo de moeda de ouro: vrenelis suíços, liras turcas, napoleões franceses, soberanos britânicos. Ele enviava as moedas turcas para o Líbano e as britânicas para o Extremo Oriente. Samy Cohn, um ex-funcionário da Força Aérea israelense que negociava commodities na Europa, lembra-se de ter conhecido Edmond em 1947 ou 1948, durante um almoço em Milão com um grupo de homens mais velhos. A conversa girou em torno das moedas de ouro húngaras. "Ele era comerciante porque tinha uma astúcia especial [...] que lhe permitia farejar negócios a quilômetros de distância", lembrou Cohn. Quando as condições de mercado mudaram, Edmond passou a fundir as moedas e transformá-las em lingotes.[25]

Para fazer isso, todavia, ele precisava de uma licença de exportação, então foi ao Ministério das Finanças italiano e empregou o que chamava de "técnica *buongiorno*":

> Você tem que ir até lá pessoalmente. Você não conhece ninguém. Você diz *buongiorno* para o porteiro. Ele responde *buongiorno* e você vai embora. No dia seguinte, você volta e diz *buongiorno*. Talvez encontre a moça do café. Você diz *buongiorno*, ela responde *buongiorno*, e você vai embora. No terceiro dia, você volta. Você

vê um assistente do ministério e diz *buongiorno*. Garanto que, no quarto dia, você será convidado a se reunir com o ministro.

Funcionou. Edmond rapidamente obteve sua licença de exportação.[26] Em Paris, ele empregou uma variação do tema, a "técnica do colchão". Ele foi até o escritório de Wilfrid Baumgartner, o governador do Banque de France. "Você tem que colocar um colchão na frente da porta do ministro e estar preparado para dormir nele." A despeito de Baumgartner ser trinta anos mais velho e ter se formado no Instituto de Estudos Políticos de Paris, eles iniciaram uma amizade que durou até a morte de Baumgartner em 1978.

Enquanto viajava, Edmond demonstrava uma habilidade sobrenatural para conhecer pessoas, iniciar amizades e relacionamentos mutuamente benéficos e arquivá-los em sua poderosa memória. Em Genebra, ele conheceu Victor Smaga, um auditor nascido em Alexandria que trabalhava para organizações judaicas e conhecera o primo de Edmond, Edgar Safra, no Egito. "Eu lembro muito bem que ele tinha 16 anos e ainda usava calças curtas", disse Smaga, que se tornaria seu amigo para toda a vida. Ainda que um garoto de calças curtas, Edmond se apresentava como igual, casualmente sugerindo termos contratuais para homens com o dobro da sua idade. Em Milão, ele conheceu Rahmo Sassoon, um comerciante nascido em Alepo que se mudara para o Japão e se especializara em importação e exportação. Quando Sassoon, que tinha idade para ser pai de Edmond, foi a Milão em 1949 à procura de uma mulher síria para se casar, Edmond pediu que ele o apresentasse a seus contatos em Xangai, no Japão e em Bangcoc, concordando em dividir a comissão. E Edmond sempre sabia quem estava do outro lado da negociação, mesmo que não houvesse conexão direta. Albert Hattena, um judeu sírio que trocara o Cairo por Hong Kong em 1948, trabalhava com comércio de commodities e metais preciosos. Como parte de seu trabalho, ele regularmente enviava registros dos carregamentos para o escritório de Edmond em Milão. Quando eles se conheceram anos depois, Hattena recorda que "ele sabia meu nome e disse estar impressionado com o fato de eu lhe passar o *compte-rendu*, o relatório contábil completo".[27]

Edmond não via fazer negócios como "trabalho". Mesmo que operasse sob imensa pressão financeira e familiar, as fotos desse período o mostram à vontade. Para ele, fazer negócios era uma atividade intensamente social. Amigos, familiares, clientes, contrapartes, todos faziam parte do mesmo e amplo círculo. Os negócios podiam ser conduzidos em um escritório, ao telefone, em um café ou em casa, de dia ou de noite, durante a semana ou nos feriados. "Ganhar dinheiro era muito importante. Para ele, era puro prazer", disse Rahmo Nasser.[28]

A equanimidade de Edmond era ainda mais impressionante considerando-se como as apostas estavam aumentando. Ele não estava simplesmente tentando ganhar dinheiro; estava tentando levar adiante o trabalho de Jacob e sustentar uma família cada vez maior, com necessidades cada vez mais complexas.

Até 1947, a família Safra repousara sobre duas sólidas fundações: Alepo e Beirute. Em 1949 e 1950, Milão começava a substituir Alepo, e a situação em Beirute era cada vez mais perigosa. Ao mesmo tempo, a vida da família estava mais complicada.

Em Beirute, os Safra ainda gozavam de seu refúgio na rue Georges Picot, da Alliance, da Magen Avraham, Aley e do banco. A comunidade judaica, da qual eram uma âncora, estava protegida. Edmond sempre mantinha um pé em casa. Um amigo de infância lembrou de ir ao banco de Jacob no fim da década de 1940 e ser instruído a descontar seu título com Edmond, mesmo que a taxa de juros fosse meio ponto percentual mais alta. Certa noite em Beirute, a cantora do clube noturno de um amigo seu, Jean-Prosper Gay-Para, ficou doente. Edmond chamou uma médica, pagou a conta — e então conquistou a médica como cliente.[29]

Mas, em 1949 e 1950, primeiro lentamente e depois de supetão, os pilares que sustentavam a visão de Edmond sobre como a família devia funcionar e qual era seu lugar em Beirute começaram a ruir. O primeiro pilar a cair foi a unidade familiar. O relacionamento de

Edmond com o irmão mais velho, Elie, o primogênito dez anos mais velho, fora problemático desde que ele partira para a Europa. Em 1948, Elie e Yvette haviam tido seu primeiro filho, Jacqui, batizado em homenagem a Jacob. No cenário típico, o filho mais velho se conforma aos desejos parentais e o filho do meio se rebela. Mas, no caso dos Safra, foi o oposto. Elie estava em Milão e na Suíça, e os irmãos cooperaram em um punhado de negociações de moedas de ouro.[30] Ambicioso e independente, Elie não ficara feliz quando Jacob fornecera a seu irmão mais novo um significativo capital. "Elie também era inteligente, mas, às vezes, ficava fixado em suas ideias", lembrou Rahmo Nasser. Em 1949, acreditando que o preço subiria, Elie comprou muito ouro e perdeu dinheiro quando o preço caiu. Edmond, por sua vez, protegera sua posição. No outono de 1949, Elie brigou com o pai e, aos 27 anos, pediu sua herança, precipitando uma espécie de divórcio familiar. Em 21 de outubro, Jacob comprou a parte de Elie na empresa familiar por 300 mil dólares, em reconhecimento "a todos os esforços e negócios que fiz em nome de meu pai até hoje, em Beirute e na Europa". Elie se mudou para Genebra, onde permaneceria na órbita mais externa da família até o fim da vida. A divisão só serviu para reenfatizar para Edmond que os negócios que ele conduzia e o capital que geria eram de toda a família.[31]

Enquanto isso, o estabelecimento de Israel e a chegada de um grande número de refugiados palestinos começaram a perturbar a frágil *entente* que permitia que a sociedade multiconfessional do Líbano funcionasse. E os judeus de Beirute, "caminhando na corda bamba", como disse a historiadora da comunidade Gabrielle Elia, eram atingidos por ventos cada vez mais fortes. Quando o governo sírio se voltou contra a população judaica — todos os funcionários públicos judeus foram demitidos em maio de 1948 e ninguém se preocupou em reprimir as subsequentes manifestações antissemitas —, a comunidade judaica de Beirute cresceu com os recém-chegados, tornando o Líbano o único país árabe no qual a população judaica aumentou após 1948. Havia tumultos ocasionais, incluindo uma explosão no bairro judaico em

1948 que feriu onze pessoas. Mas a ordem foi restaurada em março de 1949, quando Israel e Líbano assinaram um acordo de armistício. Policiais militares vigiavam a entrada do bairro judeu, mas a vida seguia como sempre. Todas as manhãs, Jacob ia trabalhar no banco na rue Allenby e os irmãos mais novos de Edmond faziam a curta caminhada até a escola.

Na manhã de 22 de janeiro de 1950, uma poderosa bomba-relógio que fora programada para as 8 horas explodiu na escola da Alliance em Beirute, matando a sra. Esther Penso, diretora da escola feminina. Duas semanas depois, Eveline decidiu que estava na hora de partir. Ela, seus filhos e seu cunhado, Albert Buri Nasser, embarcaram em um navio para Gênova e se juntaram a Edmond em Milão.[32]

Eveline e Edmond sempre haviam tido uma ligação especial, que se fortalecera após a morte da mãe. Em questão de meses, Eveline estava ao lado do marido em Milão. As oportunidades de arbitragem de ouro no Extremo Oriente começavam a declinar. Em meados de 1950, a China fechara suas fronteiras e a Grã-Bretanha começara a confiscar carregamentos de ouro para Hong Kong. Em julho de 1950, tivera início a Guerra da Coreia. Alguns dias após o começo da guerra, Rahmo embarcara em um navio com destino à segurança da Itália. Após permanecer vários meses em Milão, Rahmo e Eveline partiram para Bogotá, na Colômbia, onde os primos dele viviam em uma pequena comunidade síria. Edmond ficou novamente sozinho em Milão. Mais significativamente, os Safra haviam criado um posto avançado na América do Sul, que em breve se tornaria o refúgio de toda a família.[33]

Jacob amava Beirute, onde era membro importante do *establishment*. Na primavera de 1950, ele ainda trabalhava no conselho comunal. Bechara el-Khoury, um amigo da família, era o presidente. A fim de manter a estabilidade, os aliados maronitas aconselhariam Jacob a permanecer na cidade, argumentando que outros judeus imitariam suas ações. Conscientes das crescentes ameaças, maronitas proeminentes alertavam Jacob a não voltar ao bairro judaico em certas noites. Em 27 de abril de 1951, a comunidade judaica fez a usual celebração de

Pessach [Páscoa judaica], com notáveis das comunidades muçulmana e cristã entre os 3 mil convidados. Em 10 de junho de 1951, a comunidade celebrou o 25º aniversário da sinagoga Magen Avraham; naquele outono, Joseph Safra, o mais novo dos oito filhos sobreviventes de Jacob, celebrou seu *bar mitzvah*.

Mas Beirute se tornava progressivamente inóspita mesmo para os membros mais bem conectados da comunidade. No início de 1952, o elegante apartamento dos Safra na rue Georges Picot foi invadido e revirado. Essa foi a gota d'água para Jacob. "Ele concluiu que precisava de um lugar mais estável, longe das guerras", lembrou Edmond. E assim, com grande ambivalência e a crença de que a partida seria temporária, Jacob fez planos de deixar Beirute e se unir a Edmond em Milão — mesmo que isso significasse dividir a família. Ativos foram transferidos para bancos italianos. Moïse, então com 18 anos, mudou-se para Milão a fim de trabalhar com Edmond. Arlette Safra se casou.[34] Joseph, de 14 anos, matriculou-se no Whittingehame College, um colégio interno judaico em Brighton, na Inglaterra. Com aspirações de ser o "Eton judaico", naqueles anos Whittingehame atraía dezenas de estudantes sefarditas, incluindo alguns amigos de Joseph em Beirute.

No fim de 1952, Jacob, Marie e suas filhas Gaby e Huguette se uniram a Edmond e Moïse em Milão. Jacob deixou para trás 32 anos de trabalho e memórias, além do banco que levava seu nome. Ainda acreditando no futuro do Líbano e relutante em abandonar o trabalho de uma vida, ele deixou o Banque Jacob E. Safra nas mãos capazes de seus gerentes.

Agora ao lado da família, Edmond, então com 20 anos, continuou buscando oportunidades de arbitragem. O Extremo Oriente já não era um bom destino para o ouro. Assim, ele voltou sua atenção para a Índia, onde o ouro sempre tivera imensa importância religiosa e social. Convertendo o peso das barras de ouro de quilos para tolas, ele enviava ouro através do Kuwait.[35] Também se envolveu em um arranjo mais complicado. Em Hong Kong, comerciantes podiam arbitrar a diferença no câmbio dólar/libra esterlina de Londres e Hong

Kong no pós-guerra. Eles compravam metais ou produtos de algodão em Londres, pela taxa de câmbio oficial, ostensivamente para serem enviados a Hong Kong. Mas, ao passarem por Singapura, os navios iam diretamente para os Estados Unidos e vendiam suas mercadorias pela taxa de câmbio não oficial que prevalecia em Hong Kong.[36]

Edmond comprava platina em Londres ou Amsterdã, pela taxa de câmbio oficial dólar/libra esterlina, e a enviava ao Kuwait juntamente com suas barras de ouro — e então vendia a platina pelo câmbio não oficial praticado no Kuwait.

Em seus primeiros anos na Europa, Edmond quase não fez negócios bancários clássicos, a saber, usar o patrimônio da família para oferecer crédito a outros. Mas, em 1952, ele começou a usar as extensas redes de judeus sefarditas e suas conexões na Alliance para injetar capital de risco em um negócio famosamente desafiador: os filmes. Edmond Cohen-Tenoudji, um produtor e distribuidor argelino que também era membro da AIU, possuía os direitos de distribuição na França de um filme intitulado *La Fille du Regiment* [A garota do regimento]. Edmond Safra se uniu a Cohen-Tenoudji e outros investidores, incluindo seus associados Leon Sassoon e Raffaele Pinto, da Posa Films, para colocar o filme no mercado. Mas *La Fille du Regiment* foi um fracasso. "Você teve sorte por encontrar alguns pontos de venda e limitar suas perdas", disse Pinto a Edmond, que sofreu um prejuízo de 50 mil dólares. "Muitos na indústria cinematográfica começam com milhões e perdem até a última camisa." Um ano depois, Edmond financiou o ator de capa e espada Errol Flynn, que tentava um quixotesco retorno filmando uma ambiciosa versão de *Guilherme Tell*. Flynn colocou 500 mil dólares próprios na produção e Edmond forneceu a ele e a sua produtora, a Pakal Film, o restante do orçamento a uma taxa de juros de 10%.[37] Mas Flynn ficou sem dinheiro após alguns meses de filmagem em Courmayeur, o vilarejo alpino onde construíra um set extravagante. O filme jamais foi terminado. E assim se encerraram as aventuras de Edmond no mundo do cinema. (Seu sobrinho Jacqui, filho de Elie, se tornaria um produtor de sucesso.)[38]

Esse deve ter sido um período desorientador para Jacob Safra. Com 63 anos e começando a sentir os efeitos de uma série de doenças, ele deixara para trás o mundo franco-levantino que conhecera durante toda a vida. Com Beirute ao menos temporariamente no espelho retrovisor, cabia ao jovem Edmond criar uma estratégia de longo prazo para a família e os negócios. Eles deviam estabelecer raízes mais profundas na Itália? Ou procurar oportunidades em outros lugares? Cada vez mais, as conversas nos cafés e sinagogas da Europa revolviam em torno das possibilidades da América do Sul.

Nos anos anteriores à Segunda Guerra Mundial, um pequeno número de judeus sírio-libaneses se unira à onda de emigração judaica para a América do Sul. Em 1947, a comunidade judaica na Argentina chegava a 250 mil membros. Muitos países sul-americanos ofereciam vistos de residência automáticos para judeus sírios e libaneses.

Rahmo Nasser e Eveline haviam se estabelecido em Bogotá em 1951, onde Rahmo negociava com metais preciosos. Mas ele rapidamente começara a buscar um lar mais hospitaleiro e viajara pela América do Sul entre 1951 e 1952.[39] Em maio de 1952, nascera seu terceiro filho, batizado em homenagem ao avô materno: Jacob ou Jacky. No verão, Jacob enviou Edmond a Bogotá para conhecer o mais novo membro da família. Em 4 de agosto de 1952, Edmond chegou de avião a Nova York, fazendo sua primeira visita ao hemisfério ocidental e aos Estados Unidos, e então partiu para a Colômbia. Ele não registrou suas primeiras impressões da região. Mas é provável que tenha retornado cheio de informações sobre a América do Sul e, em particular, o Brasil.

Durante aqueles anos, a família Safra parecia se voltar cada vez mais para a América do Sul. Dois primos de Alexandria estavam a caminho da região: Jose Safra para o Uruguai, e Elliot, futuro marido de Gaby, irmã de Edmond, para a Argentina.[40]

O interesse de Edmond foi despertado. Após vários anos de experiências comerciais bem-sucedidas, ele desenvolvera uma habilidade que não podia ser ensinada. Sabia como encontrar oportunidades; descobrir os mecanismos, logísticas e relacionamentos humanos para transformar essas oportunidades em sucesso; recuar ou seguir adiante, sem excessivo sentimentalismo, quando as coisas paravam de funcionar; e então reiniciar o ciclo. Assim, ele passou a achar que Milão talvez já não servisse como base, ao menos por ora. Muitos dos atributos que haviam tornado a cidade atraente em 1947 já não eram tão proeminentes em 1952 e 1953. O estímulo do Plano Marshall diminuía e o crescimento desacelerara. Já não havia tanta necessidade de estar perto de Beirute agora que a família deixara a cidade. Com o mercado de ouro de Londres prestes a reabrir em 22 de março de 1954, grandes comerciantes entrariam no mercado, e o potencial de arbitragem no continente diminuiria.

Assim, em 29 de março de 1954, Edmond embarcou em um avião para a América do Sul. Ao chegar ao Rio de Janeiro, ele se hospedou no Hotel Serrador. Na mesma semana, seu cunhado Rahmo Nasser se uniu a ele.[41]

5.

Uma nova base no Brasil (1954-1959)

Como Beirute, o Rio de Janeiro era uma cidade cosmopolita situada entre o mar e dramáticas montanhas. Em rápido crescimento, o Brasil, com seu clima mediterrâneo e cultura descontraída, era, como o Líbano, uma espécie de dicotomia. Sinônimo de diversão — o carnaval e a bossa nova ditavam o ritmo da vida —, o Brasil recebera bem os imigrantes da Europa e do Oriente Médio. Mas fora hospitaleiro tanto para os judeus quanto para aqueles que eram hostis aos judeus. Muitos ex-nazistas haviam encontrado refúgio no país, por exemplo. Mas os 50 mil judeus no Brasil, a maioria asquenazes, viviam com dignidade e em paz. O brasileiro Oswaldo Aranha liderara a Assembleia Geral da ONU na qual a divisão entre Israel e Palestina fora aprovada. Também havia sírios no país, a maioria de Damasco, mas alguns de Alepo. Uma família judaica de origem síria, os Choueke, chegara uma geração antes, prosperara com imóveis e outros negócios e encorajara outros a segui-los.[1]

Com uma população de 63 milhões de habitantes, o Brasil tinha uma elite relativamente pequena e porosa. Demorando para adotar a manufatura moderna, na década de 1950 o país passava pela industrialização. Tudo isso o tornava um campo fértil para pessoas com capital, conexões internacionais, expertise em manufatura e habilidades comerciais. Os Safra chegaram ao Brasil de maneira metódica e planejada. Jacob Safra, que chegou no verão de 1954, era um homem rico que deixara para trás um banco em Beirute e algo parecido com um escritório familiar em Milão. Em setembro de 1954, Eveline, Rahmo e os filhos chegaram a São Paulo.[2] A família tinha acesso a um pequeno quadro de profissionais que formava seu círculo de confiança e apoio. Nessim Dwek, que fora mentor de Edmond por muito tempo, chegara ao Brasil no início de 1954. Então havia os quatro irmãos Khafif. De Alepo e Beirute, eles haviam inicialmente se dispersado pela Itália. Menahem Khafif, que trabalhara para os Safra em Milão, chegou ao Brasil em 1954 e continuou com eles. Após terminar seus estudos na Escola de Economia de Londres em 1954, Moïse Khafif recebeu de Edmond a oferta de uma posição no Brasil e chegou em 1955.

Naquela era, a maioria dos que partiam de Beirute se estabelecia de maneira permanente em outro lugar. A frase *j'ai quitté* [fui embora] permeava conversas, correspondências e memórias dos judeus do Oriente Médio. Mas Edmond Safra não necessariamente partira de Beirute, de Milão ou da Europa por sentir medo. Ele buscava um lugar no qual pudesse estabelecer o pai idoso e os irmãos mais novos com conforto, obter cidadania e criar uma nova base para conduzir seus negócios. O Brasil se tornou outra tela na qual ele podia praticar sua arte.

Ao deixar Beirute pelo Brasil, os Safra trocaram um conjunto de limitações e tensões por outro. Embora o Brasil fosse uma sociedade aberta aos imigrantes, a economia era fechada. Seria difícil, se não impossível, para Jacob e Edmond Safra continuarem seus negócios, baseados no conhecimento pessoal e na confiança. Poucas pessoas procurariam os Safra para descontar duplicatas no Rio de Janeiro ou em São Paulo. Somente cidadãos brasileiros podiam ser donos de bancos, então a operação formal de financiamento teria que esperar. E o governo monopolizava o comércio de ouro. O Brasil tinha sua própria e frágil *entente* social, baseada não na etnia, mas na divisão de classes e na cisão política entre esquerda e direita. No verão de 1954, logo depois de Edmond chegar, a inflação alta e a violência nas ruas levaram o presidente eleito Getúlio Vargas, um ex-ditador, a renunciar ao cargo e se suicidar.

Como fizera na Europa sete anos antes, Edmond foi para o centro da ação. Ele alugou um apartamento na avenida Atlântica, no bairro do Leme, e começou a aprender português por osmose e ouvindo rádio. Embora não abandonasse a ideia de conduzir operações bancárias internacionais através de sua rede familiar, ele rapidamente se reinventou como importador e exportador capaz de nutrir o crescimento da jovem economia industrial brasileira. Na década de 1950, o Brasil seguia uma política de "substituição dos importados" que encorajava os fabricantes domésticos e desencorajava a importação. Isso significava que as fábricas brasileiras precisavam de matéria-prima e maquinário que o Brasil não podia produzir. Ao mesmo tempo, o país produzia commodities como café e algodão que, nas circunstâncias certas, podiam encontrar mercados lucrativos do outro lado do oceano.

Quase imediatamente após sua chegada, em julho de 1954, Edmond criou uma sociedade privada chamada Algobras Indústria e Comércio de Algodão Limitada e, com apenas 24 anos, começou a operar na avenida Rio Branco, a principal via comercial do Rio de Janeiro. Edmond forneceu 90% do capital inicial da empresa; o irmão de Rahmo Nasser, Ezra, foi um dos investidores menores. Como implicava o nome, o objetivo era exportar algodão. Uma subsidiária baseada em São Paulo, chamada Brascoton, definia-se como importadora e exportadora. Em setembro, a Algobras abriu seu capital e se tornou a Expansão Comercial Sul Americana S.A. (ECSA), com Edmond como gerente-geral.[3]

Então ele retornou à Europa para amarrar as pontas soltas e abrir novas contas. No outono de 1955, estava de volta a Milão, em sua residência/escritório na Piazza Missori, vendendo os bens da família. Em 2 de novembro de 1955, dezoito pacotes com itens pessoais dos Safra foram embarcados no SS Athina, que partiu de Gênova com destino a Santos. Em 24 de novembro de 1955, Edmond deixou Milão e partiu para o Brasil.[4]

Ao chegar, ele imediatamente começou a acessar suas redes e contatos na Europa. Máquinas e produtos químicos, escassos no Brasil, eram abundantes na Alemanha Ocidental, Hungria e Iugoslávia, cujos governos precisavam de dinheiro vivo. A despeito das barreiras da Guerra Fria, empresários do Líbano e da Europa podiam viajar livremente para a Europa Oriental e se reunir com oficiais-chave do governo. Edmond e sua rede de contatos já eram experientes nas transações com ouro através das fronteiras, do Extremo Oriente à Europa. E ele estava em contato constante com pessoas envolvidas em transportes, tecidos e eletrônicos. Assim, em pouco tempo, a ECSA se tornou uma voraz compradora de mercadorias. "Tínhamos que descobrir para que servia o material", lembrou um dos funcionários de São Paulo. "Era uma loucura, mas [Safra] os comprava muito barato, e era conveniente assumir o risco e trazer o material para cá." Em agosto de 1955, Edmond criou uma nova empresa, a Safra S.A. Importação e Comércio. A importação envolvia um complexo conjunto de leilões em moedas estrangeiras, nos quais bens eram divididos em cinco categorias; os leilões eram realizados em várias cidades ao mesmo tempo. Isso permitia que um agente astuto com escritórios em várias cidades arbitrasse entre as taxas de câmbio em cada categoria de bens. Com escritórios no Rio de Janeiro e São Paulo, Edmond tirava vantagem dessas ineficiências de mercado.[5]

No Brasil, mudanças estavam em curso. Com planos para a criação de uma nova capital no Centro-Oeste, em Brasília, o centro de gravidade econômico começava a migrar para São Paulo, a capital industrial e financeira do país. Em rápida expansão, São Paulo comemorou seu quadricentenário em 1956 com a inauguração do grande parque projetado por Oscar Niemeyer, o Ibirapuera. O parque foi um motor econômico em uma região com visão de futuro na qual a manufatura substituíra a agricultura como força motriz. Entre 1945 e 1960, o setor manufatureiro no Brasil cresceu quase 10% ao ano.[6] Fábricas de tecido, polpa de celulose e papel surgiram na região e atraíram trabalhadores do exterior. Edmond mudou a família para um duplex no nº 810 da avenida Paulista, um elegante bulevar cujas mansões haviam sido substituídas por altos edifícios, no coração comercial e cultural de São

Paulo. Eles montaram seu escritório no primeiro dos sete andares de um edifício com vista para a praça da República e, mais tarde, na rua Líbero Badaró, n° 93.

Enquanto construía instituições no Brasil, Edmond também lançava raízes em Genebra. Em fevereiro de 1956, ele fechou formalmente o escritório de Milão e enviou Leon Aslan Sassoon ("Sir Philip") para Genebra. "Estou sempre ocupado com os negócios de Edmond", escreveu Sassoon a um colega. Ele foi morar no Hotel des Familles, na movimentada rue de Lausanne, onde Edmond também se hospedava. (Seu endereço telegráfico era SIRPHILIP-GENEVE.) Em outubro de 1956, Edmond criou a Sudafin Société Financière et Commerciale S.A. em um pequeno escritório na rue du Stand, com capital de 500 mil francos suíços. A Sudafin era irmã das empresas em São Paulo e Beirute — uma empresa não regulamentada de financiamento, especializada em comércio internacional e transações financeiras que servia de veículo para as ideias e ambições de Edmond. Os lucros eram reinvestidos na empresa, e seu capital chegaria a 2,5 milhões de francos suíços em 1959.[7]

Os livros contábeis e as correspondências da Sudafin e da ECSA nos primeiros anos revelam uma vertiginosa variedade de mercadorias negociadas e transportadas ao redor do mundo. Além do produto tradicional dos Safra, os metais preciosos, havia óxido de titânio, parafina, alumínio e latão. Havia grandes máquinas industriais, como colheitadeiras, e agulhas alemãs específicas para as fábricas têxteis. Ele negociava relógios suíços com uma empresa húngara e comercializava itens básicos como aveia e camarões congelados, que eram enviados de Hong Kong para os EUA. Edmond não se importava de entrar em mercados que outros achavam arriscados e opacos demais, fazendo a compensação de transações cambiais entre o Banco da Hungria e contrapartes financeiras na Índia ou Dinamarca.[8] Safra e seus colegas também faziam "operações de troca", tirando vantagem do valor diferencial das moedas europeias contra o dólar. Eles enviavam mercadorias para portos temporários na Hungria e na Iugoslávia, e então as revendiam para a Inglaterra e o Brasil. E, como experientes negociantes do Oriente Médio, eram habilidosos no escambo — o que o Brasil permitia no caso de certas mercadorias, seguindo acordos bilaterais com vários países europeus, especialmente no Leste Europeu. Por exemplo, em função das muitas tardes que passou em cafeterias e cafés do continente europeu, Edmond sabia que os italianos amavam os grãos suaves do café arábica, ao passo que os franceses preferiam o mais amargo robusta.[9]

Edmond conseguia conduzir um volume tão grande de negócios porque contava com um grupo-chave de funcionários — todos judeus com raízes na Síria. Quando Menahem Khafif morreu em um acidente de carro em 1956, Moïse Khafif estava na Iugoslávia e Hungria prospectando mercadorias para importação. Ele retornou e assumiu o cargo do irmão. Rolando Laniado, que trocara o Egito pela Itália durante a adolescência e chegara a São Paulo em 1953, começou a trabalhar para Edmond aos 18 anos, na importadora de produtos químicos e metais. Em 1958, Umberto Treves chegou de Milão para se unir à equipe.

Em cada um desses casos, Edmond pedira que alguém desse um voto de confiança a sua empresa e adotasse um novo papel profissional em um cenário estrangeiro. Treves, por exemplo, não falava português. Mas Edmond inspirava seus funcionários ao expressar sobrenatural confiança em suas habilidades. Durante dezoito meses, Laniado foi ao porto de Santos todos os dias testar o café que Edmond estava vendendo. "Por que estou testando café? Não sei nada sobre isso", disse Laniado. "Não se preocupe", respondeu Edmond. "Vá até lá e verá que é fácil." Se investissem seu tempo e seu esforço, Edmond os recompensava, especialmente em tempos de crise.[10]

No Brasil ou em Genebra, prevalecia um forte senso de solidariedade em relação às comunidades de Alepo e Beirute. Sempre que fundavam uma nova base, os Safra e seus amigos se aclimatavam, mas não se assimilavam — nem com a cultura nem com a comunidade judaica local. De todas as mercadorias que ele transportava pelo mundo, um carregamento enviado por Edmond da Europa para o Brasil foi particularmente valioso. Na primavera de 1956, o SS Provence partiu de Gênova com destino a Santos com uma carga preciosa para Gaby Safra em São Paulo: utensílios de vidro, um refrigerador e vários alimentos da cozinha síria que não estavam disponíveis no Brasil, incluindo dezesseis paletes de pistache, 1 quilo da mistura de especiarias zátar, uma caixa de suco de romã e 5 quilos de pinhão.[11]

A saúde de Jacob Safra estava em declínio, e Edmond, ainda com 20 e poucos anos, assumiu o papel de *pater familias*. Ele usou sua conta no Banque pour le Commerce Suisse-Israélien, um banco asquenaze em Genebra, para pagar as mensalidades de Joseph no Whittingehame College (142,4 libras britânicas) em junho de 1956. Quando Joseph se formou em 1957, Edmond escreveu para a Universidade da Pensilvânia, onde Cyril Dwek (filho de Nessim) estudava: "Meu pai, o presidente do Banque Jacob Safra de Beirute (Líbano), está ansioso para que meu irmão estude finanças bancárias. Será que ele pode frequentar sua faculdade pelos próximos dois anos, que é o máximo de tempo que pode ficar ausente?" O diretor de Wharton disse que não,[12] e Joseph retornou ao Brasil e começou a trabalhar para as empresas da família antes de obter treinamento nos Estados Unidos vários anos depois. Moïse Safra, que terminara seus estudos, ajudava Edmond a negociar com as fábricas de tecido no Brasil. E o próprio Edmond se viu gerindo as necessidades da família do irmão mais velho, enquanto torcia para que Elie permanecesse envolvido com os interesses dos Safra.[13]

Edmond assumiu outro papel que fora de Jacob em Beirute, o de líder da comunidade. Em São Paulo, Genebra e todas as outras cidades onde pequenos grupos de judeus sírios e libaneses se estabeleciam, não havia nada parecido com os conselhos, comitês, escolas da Alliance e sinagogas que formavam a espessa rede de assistência mútua e solidariedade em Beirute. A imigração sefardita do Líbano e da Síria para o Brasil começara na década de 1920. Naquela década, São Paulo só tinha trinta famílias judias vindas de Alepo. Em 1950, havia cerca de 26 mil judeus no estado de São Paulo, com uma pequena minoria sefardita; muitos deles moravam na capital, nos bairros Bom Retiro e

Higienópolis. Em 1929, judeus gregos e turcos abriram uma sinagoga na rua Abolição, que, embora fosse sefardita, seguia ritos diferentes dos sírio-libaneses. Lentamente, na década de 1950, em pequenos e grandes grupos, chegaram imigrantes do Líbano, da Síria e, após a crise de Suez em 1956, do Egito. Muitos eram ex-alunos francófonos da Alliance, que conheciam a família Safra ou já tinham ouvido falar dela. Sem instituições próprias e frequentemente empobrecidos por terem deixado tudo para trás ou porque o governo confiscara seus bens, eles se voltavam uns para os outros em busca de auxílio. Edmond ficava feliz em socorrê-los, fornecendo financiamento de curto prazo e ajudando a movimentar ativos e conseguir empregos.[14]

Rolando Laniado se lembra de que em 1956, sua mãe e seu tio, que tinha câncer e acabara de fugir do Egito, chegaram a Genebra. Edmond então colocou um motorista à disposição e cuidou deles. Quando uma prima distante, filha de Garaz Mizrahi (tia de Jacob), perdeu um olho e foi hospitalizada na Argentina, com uma conta hospitalar de 20 mil pesos (500 dólares), naturalmente foi Edmond, então com 24 anos, que assumiu a responsabilidade de pagá-la.[15]

A caridade era um compromisso tanto pessoal quanto institucional. Edmond, como Jacob antes dele, tinha particular respeito pelo rabino Meir Baal HaNess, um estudioso romano do Talmude cuja sepultura em Tiberíades se tornara um santuário para judeus asquenazes e sefarditas e cujo nome se acreditava estar imbuído de poderes místicos de proteção. Uma organização de caridade com seu nome oferecia refeições no *shabat* e nos feriados, cuidava de viúvas e órfãos e fornecia auxílio financeiro e cuidados médicos emergenciais. Uma *yeshivá* (instituição para estudos religiosos) com seu nome foi construída em Tiberíades. Desde que passara por Tel Aviv em 1947, Edmond nunca mais visitara Israel, principalmente porque a viagem era impossível para um cidadão libanês. Mas, no verão de 1956, ele fez sua primeira doação registrada para as organizações filantrópicas Rabi Meir Baal HaNess, seguindo o exemplo de vida inteira de seu pai. No ano seguinte, ele doou 200 francos suíços para ajudar uma sinagoga sefardita em Tel Aviv. Na década de 1950, tornou-se apoiador regular da Porat Yosef, uma proeminente escola rabínica sefardita em Jerusalém com fortes laços com Alepo, e iniciou um relacionamento com a Ozar Hatorah. Instituição similar à Alliance, a Ozar Hatorah fora fundada por famílias sírias para oferecer educação a crianças no Oriente Médio, no Norte da África e, mais tarde, na Europa.[16]

Embora estivesse frequentemente no exterior, Edmond se esforçou para criar raízes no Brasil. Exibindo novamente a autoconfiança necessária para entrar em contato com o *establishment* e fazer amigos em posições elevadas, ele expandiu seu círculo para incluir pilares da indústria midiática (Roberto Marinho, diretor do grupo de mídia Globo; Adolpho Bloch, diretor da Bloch Editores S.A.), do *establishment* legal (Francisco Roberto Brandão Campos Andrade, advogado), da elite política (Roberto de Oliveira Campos, diretor do BNDES [Banco Nacional de Desenvolvimento Econômico e Social]) e do *establishment* financeiro (Walter Moreira Salles, banqueiro). Para além de sua amizade, Edmond oferecia a esses homens a opção de investir e fazer parte do conselho de suas empresas. A proeminência de Edmond no Brasil era ainda mais impressionante, visto que, geralmente, ele só permanecia no país entre abril e junho, o período entre *Pessach* e *Shavuot*.

Ter sucesso no Brasil exigia ajustes constantes, especialmente depois que o governo brasileiro aboliu o complexo sistema de leilão de moedas em 1957. O *modus operandi* de Edmond sempre fora investir em oportunidades de arbitragem, mantendo a posse de moedas, ouro, metais e produtos industrializados somente pelo tempo necessário para ter lucro. Mas, no Brasil, ele começou a investir em estruturas mais permanentes e negócios operacionais. Juntamente com Nessim Dwek, Edmond e Moïse investiram em uma fiação de algodão que passava por problemas e importaram maquinário moderno para exportar fios para a Europa Oriental. A fiação mais tarde operaria sob o nome Sacaria Paulista, produzindo sacas de juta para o transporte de grãos de café. Safra usou fundos do banco de desenvolvimento brasileiro para financiar a construção de uma fábrica de papel, que operava em sociedade com a Champion, uma empresa americana.[17]

Ele também encontrou valor nos veículos de transporte comerciais. Em 1958, Edmond e Joe Michaan, um empresário de Alepo baseado em Nova York que se tornaria parceiro de muitas iniciativas, uniram-se para comprar seis cargueiros "Liberty" da época da Segunda Guerra Mundial. Eles carregavam os navios com equipamentos ferroviários e outros metais e os enviavam para ferros-velhos na Itália.

Edmond também investiu no mercado imobiliário, o que não era natural para ele, particularmente no Brasil, que sofria com alta inflação. No fim da década de 1950, os Dwek e Edmond se uniram para criar uma empresa chamada Imofina, cujo propósito era investir em propriedades comerciais e residenciais na França. Nesse período, Edmond também financiou propriedades em grandes cidades, incluindo prédios de apartamentos em Milão e Paris e edifícios comerciais em Berlim Oriental.[18]

Ele finalmente recebeu cidadania brasileira em 31 de janeiro de 1958, e logo conseguiu um passaporte (nº 307478). Na foto do documento, o empresário de 27 anos tem uma expressão otimista, com um leve sorriso e o rosto estreito e bonito adornado por grossas sobrancelhas. Tinha boas razões para se sentir otimista. Seus negócios no Brasil eram um sucesso. A ECSA, sua empresa de capital público, crescia rapidamente e se mostrava consistentemente lucrativa desde 1957. Em 1960, a ECSA teve um lucro de 7,7 milhões de cruzeiros (817 mil dólares americanos em valores de 2021). "Era muito fácil ganhar dinheiro no Brasil naquela época, e Edmond achava mais fácil que a maioria", disse Moïse Khafif. Tanto a ECSA quanto a Safra S.A. migraram na direção do negócio natural dos Safra, fornecer crédito e comercializar ouro e moedas estrangeiras. Armado com a recém-adquirida nacionalidade brasileira, Edmond foi capaz de transformar a Safra S.A. em Safra S.A. Financiamentos e Investimentos, oferecendo financiamento para as indústrias brasileiras. Foi essa entidade que, ao longo dos anos, evoluiu e se transformou no Banco Safra.[19]

O Brasil realmente se mostrava hospitaleiro. A família se reconstituíra, em certa medida. Nas noites de sexta-feira, eles se reuniam na casa de Jacob para o jantar de *shabat* e, no sábado, após a sinagoga, almoçavam na casa de Eveline e Rahmo. Edmond frequentemente se hospedava com o pai ou a irmã, fazendo questão de comprar presentes na Europa para os sobrinhos. Certa vez, passou um trem elétrico pela alfândega a fim de presentear o sobrinho Jacques Nasser.[20]

Com o passar do tempo, os judeus originários de Alepo e Beirute que haviam chegado a São Paulo assumiram o controle da sinagoga sefardita na rua Abolição. Em 1958, por sugestão de Edmond, eles começaram a discutir sua expansão. Rahmo Shayo e Rahmo Nasser reuniram duas dúzias de homens em um domingo, na presença de Isaac Dayan, um rabino de Alepo, e conseguiram promessas para cerca de metade do investimento total, com o entendimento de que Edmond forneceria o restante. Essa iniciativa se expandiu lentamente e passou a incluir uma sinagoga, uma escola talmúdica e um salão de festas. No outono de 1959, Edmond escreveu para Isaac Shalom em Nova York a fim de informar, entre outras coisas, que esperava "ansiosamente pelo projeto da sinagoga de São Paulo."[21]

A saúde e o estado mental de Jacob Safra preocupavam a família. Ele se mostrava temperamental, esquecido e, de modo geral, deprimido. Em 1957 e 1958, ele consultara médicos em Milão, Genebra, México e Nova York, que discordavam sobre o diagnóstico. Alguns sugeriam tumor no cérebro, outros achavam que ele sofria de aterosclerose. Em 1958, quando Eveline e Moïse levaram Jacob para uma consulta com o chefe de neurologia do Hospital Monte Sinai em Nova York, Edmond os encontrou lá, hospedando-se no Hotel Sherry-Netherland.[22]

Para Edmond, que era uma espécie de nômade, era normal passar alguns dias em Nova York. Em 1957 e 1958, ele ainda tinha uma base em Milão, onde ocasionalmente frequentava a sinagoga e comprava roupas para si mesmo e para o pai. Em julho e agosto, ele ia para Juan-les-Pins, no sul da França, hospedando-se frequentemente no Hotel Provençal. Edmond gostava de esqui aquático e de passear de lancha pelo Mediterrâneo. Mas não era muito bom em descansar. Passava grande parte do tempo ao telefone ou tentando conseguir ligações. Na época, tinha que ir até o hotel e esperar meia hora para completar a ligação para o Brasil ou marcar uma hora para se conectar com Nova York.

Edmond também ia a Beirute frequentemente. Com saudades da comida libanesa, difícil de conseguir na Europa e na América do Sul, ele ia diretamente do Aeroporto Internacional de Beirute para o Al--Ajami, um icônico restaurante libanês inaugurado em 1920 perto do Banque Jacob E. Safra, antes de se hospedar no Hotel St. George. Às vezes, ficava no Hotel Palm Beach, porque era amigo do proprietário, Jean-Prosper Gay-Para. Beirute, a despeito das contínuas tensões, era um bom lugar para fazer negócios, socializar e recrutar trabalhadores. E ele precisava estar presente para garantir a saúde financeira do banco do pai. (Uma história conta que, quando Edmond soube que haveria uma corrida de saques na década de 1950, pegou emprestado 1 milhão de dólares do Banque Zilkha, conseguiu montanhas de notas miúdas com o Banco Central e as empilhou sobre as mesas da recepção. Quando as pessoas esperando na fila viam que as primeiras a entrar saíam com dinheiro, comprovando sua disponibilidade, elas dispersaram e Edmond rapidamente devolveu os fundos ao Zilkha.)[23]

Mesmo assim, o banco era um sucesso. No fim de 1957, seu capital era de cerca de 1,6 milhão de libras libanesas e seu balanço patrimonial era de 43,7 milhões de libras.[24] A economia do Líbano estava em crescimento, mesmo em meio à instabilidade causada pela chegada de centenas de milhares de refugiados palestinos. O oleoduto trans--arábico que a Standard Oil construíra para levar petróleo bruto da Arábia Saudita para a costa mediterrânea em Sidon, passando pela Síria, fora completado em 1950. Em 1956, o Líbano aprovara uma nova lei de sigilo bancário que o tornava um destino mais atraente para depósitos. Única capital árabe onde a imprensa era livre, Beirute mantinha um ambiente acolhedor para empresários e empresas de todo o mundo. Enquanto os judeus saíam do Norte da África na década de 1950, partiam de Marrocos atraídos pelo governo israelense ou eram expulsos do Egito pelo presidente Gamal Abdel Nasser, a comunidade judaica em Beirute, a despeito da partida dos Safra, perseverava em relativa paz. Em 1956, a comunidade ainda tinha mais de 5 mil membros, e cinco escolas da Alliance em todo o Líbano ensinavam 1.443 alunos.[25]

Mas viver e trabalhar em Beirute era como andar na corda bamba. O verão de 1958 foi uma época de grande agitação no mundo árabe. O Egito e a Síria se uniram para formar a República Árabe Unida. No Líbano, onde o pacto nacional ainda mantinha uma frágil trégua entre as várias etnias, os impulsos nacionalistas começaram a engendrar uma espécie de golpe contra o presidente Camille Chamoun, em meados de julho. Em 14 de julho, Dia da Bastilha, oficiais em Bagdá planejaram a derrubada e o assassinato do rei Faisal II. No mesmo dia, Chamoun pediu que os EUA interviessem para preservar o *status quo* no Líbano. Em 15 de julho de 1958, fuzileiros navais começaram a chegar a Beirute.

Em 14 de julho de 1958, Edmond estava em Beirute. Em meio aos fogos de artilharia, Emile Saadia, conhecido banqueiro e professor de Economia, saiu com seu Peugeot de sua casa em Aley a fim de se encontrar com Edmond no Hotel George.[26] Sem se sentir desencorajado pelo tumulto, Edmond queria falar de negócios: tinha planos de abrir o capital do Banque Jacob E. Safra e transformar a Sudafin, em Genebra, em banco suíço — ambos os bancos poderiam cooperar com suas empresas no Brasil. E ele queria a ajuda de Saadia.

Outros em Beirute estavam menos otimistas em relação ao futuro. Na semana após a reunião, Jacques Douek, irmão da madrasta de Edmond que já fora bancário em Beirute, escreveu pedindo conselhos: "Os últimos dois meses e meio foram de guerra civil, tiros, explosões e salvas de canhão. A situação é insustentável, especialmente para chefes de família com crianças pequenas." Com a família escondida em um hotel, "o futuro parece sombrio". Muitos judeus pensavam em partir. "Você acha que eu me daria bem no Brasil? Ou a Argentina seria melhor? Ou você tem alguma outra sugestão?" Edmond respondeu algumas semanas depois, dizendo que voltaria a Beirute no outono.

"Poderemos discutir o assunto pessoalmente e analisar diferentes soluções."²⁷

Alguns meses depois, Douek se mudou para Genebra a fim de trabalhar com Edmond. Outros faziam planos. Uma matéria do jornal libanês *Filastin* publicada em setembro de 1959 dizia que 32 empresários judeus estavam encerrando suas operações em Beirute e se mudando para o Brasil. O rabino-chefe Ben Zion Lichtman partiu para Israel em 1959. Foi substituído por Chahoud Chrem em 1960.²⁸

Ainda havia certa informalidade nas operações do Banque Jacob E. Safra, mas a atualização das leis, a crescente sofisticação do sistema financeiro global e as ambições de Edmond o fizeram perceber que precisava se adaptar. Além disso, embora sua base de funcionários e clientes permanecesse predominantemente judia, a mudança na demografia do país e as novas realidades políticas sugeriam que uma mudança estratégica era necessária. Em 1959, ele contratou a empresa de auditoria Russell & Co. para fazer um balanço de seu patrimônio e preparar os formulários e documentos necessários para transformar a empresa familiar em sociedade anônima, a ser chamada de Banque de Crédit National (BCN). Para dirigi-lo, Edmond precisava de um profissional.

E encontrou o candidato perfeito em Henry Krayem. Nascido em Damasco, Krayem trabalhara para o Banco Central da Síria até 1948, quando fora demitido juntamente com outros funcionários judeus e se mudara para Beirute, onde trabalhava no Banque Zilkha.²⁹ Em junho de 1959, Edmond lhe ofereceu o cargo de diretor-adjunto e um contrato de cinco anos.³⁰

Em agosto de 1959, uma carta de Beirute informou que o sr. Assaf, do Ministério da Economia Nacional, concordara com a mudança de nome da instituição para Banque de Crédit National. Em 8 de agosto, Jacques Ades, funcionário de longa data dos Safra, disse a Edmond que eles haviam liquidado o balanço de patrimônio do banco antigo e iniciado um novo, e que a construção do escritório na rue Allenby estava avançada. Uma nova caixa-forte e um conjunto de caixas de depósito haviam sido instaladas, juntamente com os telefones.³¹

UMA NOVA BASE NO BRASIL (1954-1959)

Em 1959, Edmond, ainda com 27 anos, estava no âmago de um amplo grupo de entidades modernizantes com bases em três países. Ele ainda operava de maneira geralmente informal e direta, mantendo um olho nas dezenas de transações, conversando com centenas de clientes e contrapartes, cuidando dos irmãos e do pai, apoiando instituições de caridade e comunidades carentes em todo o mundo e negociando por conta própria. Fazia isso despendendo uma enorme quantidade de tempo ao telefone, no telex e em conversas pessoais. "Boa tarde, aqui é Edmond Safra" foi o início de uma explosão de telexes entre ele e William Feingold, um importador de Nova York, barganhando sobre a quantidade (50 mil sacas) e o preço (42,50 dólares por saca) do café a ser comprado no Paraguai, com a qualidade verificada por Moïse e enviada para a empresa de Feingold em Nova York, a Schwabach & Company.[32]

Edmond fazia tudo isso com grande desenvoltura. Mas sentia cada vez mais intensamente que suas operações precisavam ser ainda mais integradas e profissionais. Dado o escopo de suas empresas e suas ambições, as decisões não podiam ser tomadas bebendo um cafezinho ou com base no instinto e no conhecimento pessoal. E não podiam ser todas tomadas por ele. Em maio de 1960, o BCN em Beirute criou um comitê de crédito formal, composto por George Rabbath, Henry Krayem, Selim Shehebar, Elie Tawil e Jacques Ades, para discutir propostas e o que fazer com clientes inadimplentes. O balanço de patrimônio do BCN foi publicado e enviado a contrapartes e clientes, a fim de que se sentissem mais seguros — para além do fato de estarem negociando com um Safra. E seus funcionários tinham que se sentir confortáveis operando em múltiplos contextos. Em maio de 1960, Edmond escreveu a George Rabbath após saber que um novo funcionário do banco em Beirute não falava árabe. "Precisamos de pessoas que falem ao menos duas línguas, francês e árabe, se não inglês", disse ele. "Eu imploro, caro sr. Rabbath, que não interprete o conteúdo desta carta como censura, mas simplesmente como recomendação feita no interesse do futuro desenvolvimento do Banque de Crédit National."[33]

Isso era muito distante dos julgamentos de Jacob sobre a confiabilidade de um mercador com base no número de rolos de tecido em sua barraca ou em quem era seu pai. Edmond achava que a modernização do banco e a imposição de um modo mais formal de fazer negócios eram essenciais não somente para a sobrevivência, mas também para o crescimento das empresas da família Safra. Pois, mesmo enquanto administrava o BCN, ele já trabalhava em seu próximo e importante projeto: criar uma operação bancária no mais formal de todos os ambientes empresariais.

6.

O Rockefeller de Genebra
(1960-1964)

Edmond era visitante regular de Genebra desde 1948. As mesmas forças que haviam levado a família para o Brasil e impulsionado a prosperidade de Beirute tornavam a cidade de Calvino um lugar atraente para fundar um banco em 1960. Os ricos do mundo — xeiques sauditas do petróleo, industriais italianos, sul-americanos sofrendo com a inflação e a instabilidade política, mercadores franco-argelinos preocupados com os tumultos — estavam ansiosos para proteger seu patrimônio. Graças à neutralidade política da Suíça, seu estrito regime de segredo bancário e sua pétrea estabilidade, Genebra atraía muito "capital em fuga".

Muitos dos que buscavam segurança no fim da década de 1950 e início da década de 1960 estavam na órbita de Edmond Safra. Quando os judeus começaram a sair do Oriente Médio — do Líbano, do Egito e do Marrocos; alguns com muito, alguns com quase nada —, havia comparativamente poucos lugares nos quais eles confiavam. Os bancos judaicos na Europa eram muito pequenos e atendiam principalmente os asquenazes. Gigantes como o UBS na Suíça não recebiam bem os mercadores de tecido do Cairo.

Desde sua fundação em setembro de 1956, um mês após a crise de Suez, a empresa de Edmond, a Sudafin, crescera em seu escritório na rue du Stand, fortificada pelos lucros das atividades comerciais e pelos ativos dos poucos correntistas. Para assegurar sua integração à cena local, Edmond recrutara para o conselho suíços politicamente conectados: François Lugeon, cônsul honorário no Brasil e importador de café que fizera negócios com a ECSA; o advogado e parlamentar Marcel Guinand; e François Boissier, filho de um administrador da Cruz Vermelha que trabalhara no Líbano e na Síria na década de 1920. Quando mais pessoas passaram a confiar seus ativos a Edmond, ele começou a dar os passos necessários para transformar a Sudafin em banco. Primeiro, recrutou associados confiáveis em Beirute. Jacques Douek chegou em fevereiro de 1959, assim como seu acompanhante dos dias de Milão, Jacques Tawil. Em 21 de abril de 1960, Safra recebeu licença bancária, e a Sudafin se transformou no Banque pour le Développement Commercial ou Trade Development Bank (TDB).[1]

Abrir um banco no feudo histórico dos *private banks* foi uma iniciativa audaciosa para um judeu libanês de 27 anos com passaporte brasileiro. Consciente de ser novamente um *outsider*, ele pediu ajuda a um local. Os bancos suíços eram controlados por uma comissão federal que delegava a supervisão a seguradoras e empresas de auditoria como a Ofor. Roger Junod, membro da Ofor, forneceu consultoria sobre as minúcias da lei e, por fim, uniu-se ao TDB como funcionário em tempo integral. Junod disse a Edmond que não ganharia dinheiro para ele, mas o ajudaria a navegar pelas estritas regras e regulamentações bancárias do país. Os dois não poderiam ser mais diferentes: Junod gostava de ordem e regras, ao passo que Edmond parecia perfeitamente confortável em meio ao caos. "Fiquei horrorizado", lembrou Junod. "Vi contas sendo abertas com cartões-postais assinados 'beijos'." Quando Junod comentou que tais processos estavam significativamente errados, Edmond empalideceu, mas deu a Junod o poder necessário para fazer seu trabalho. No fim do ano, Junod apresentou um conjunto de documentos alinhados às expectativas suíças e uma lista de ativos organizada, no valor total de 37 milhões de francos suíços (8,5 milhões de dólares). E, em fevereiro de 1961, Edmond enviou a Leon Aslan Sassoon envelopes com os formulários necessários para abrir contas.[2]

Edmond previsivelmente se voltou para a diáspora de Alepo a fim de atrair capital, sugerindo que as pessoas investissem somas tão baixas quanto 5 mil dólares. Os primeiros acionistas incluíam associados e familiares como David Braka, Albert Manila Nasser e membros da família Dwek. Eles, por sua vez, usaram suas redes de amigos sírios e libaneses na França, Inglaterra e Canadá. Ao mesmo tempo, Edmond pediu que os membros desse grupo se tornassem clientes. Eli Douer, um nativo de Beirute que se mudara para o Brasil em 1956 e estava no negócio de tecidos, disse a Edmond que queria a conta nº 1, ao passo que seu irmão ficou com o auspicioso nº 5.[3] Edmond fez a essas pessoas a mesma proposta atraente que fizera em Beirute e São Paulo. A essa altura, o nome e a reputação dos Safra estavam associados ao conjunto de serviços bancários suíços, incluindo depósitos, títulos, ouro e commodities, gestão de propriedades, crédito comercial e documentário e câmbio.

Edmond presidia uma família de empresas que, juntas, formavam o negócio da família. O TDB e a Safra S.A. eram entidades separadas, mas essas empresas irmãs, como Edmond as chamava, usavam os mesmos escritórios no Brasil. Quando Junod assinou um contrato de três anos com o TDB, a contraparte foi Joseph Safra no Brasil. Moïse Safra trabalhava de maneira próxima com o TDB, trazendo empresas tomadoras do Brasil. O TDB fazia empréstimos e então vendia participações para Rahmo Nasser, entre outros.[4] O TDB, portanto, foi uma espécie de empresa multinacional desde sua fundação. E Edmond o expandiu ainda mais. Em 1960, enviou um dos irmãos Khafif, Moïse, para Buenos Aires, a fim de abrir um escritório do TDB na Argentina. Era natural que o banco também tivesse um escritório no Rio, onde os Safra conheciam muitos clientes potenciais. Eles incluíam Alfredo "Freddy" Monteverde, proprietário de uma rede de eletrônicos e eletrodomésticos, a Ponto Frio. Entre os novos funcionários em São Paulo estava Raymond Maggar, que fugira de Alexandria para o Brasil e era um estagiário de 19 anos ganhando 200 dólares por mês em uma empresa de tabaco quando Edmond o entrevistou em 1961. Quando Edmond perguntou quanto ele queria para trabalhar no TDB, Maggar respondeu "600 dólares". Edmond concordou, e Maggar começou no mês seguinte.[5]

A sede do TDB em Genebra foi transferida para o quinto andar de um edifício na rue Chantepoulet, do lado oposto do lago onde ficava a principal área bancária. De muitas maneiras, a operação era pouco ortodoxa. Emile Saadia, que Edmond convidou para trabalhar com ele em 1958, chegou em março de 1962, após finalmente conseguir visto de trabalho. E encontrou uma dúzia de pessoas trabalhando em cubículos. "Quando cheguei, havia pessoas que não sabiam o que era um documento de crédito", lembrou ele. A equipe suíça trabalhava ao lado dos funcionários vindos de Beirute e Alepo, e clientes, fregueses e pedintes entravam e saíam continuamente. Alexis Gregory, um jovem executivo da American Express, foi ao escritório esperando ver o "Rockefeller de Genebra". Em vez disso, "encontrei uma multidão falando português, árabe e francês. Era como um mercado árabe". E, nos fundos, havia um pequeno escritório para Edmond.[6]

Edmond se movimentava constantemente em busca de crescimento. No outono de 1961, ele começou a buscar mais capital para o TDB, a fim de expandir substancialmente sua capacidade financeira. "Agora temos participantes que representam ao menos duas vezes o total de crescimento do capital, de 12,5 milhões de francos suíços", escreveu a um amigo naquele ano, oferecendo a ele e ao sócio a oportunidade de investir quase 1 milhão de francos. Em janeiro de 1962, o capital do TDB foi formalmente ampliado de 7,5 milhões para 26 milhões de francos suíços, praticamente quadruplicando.[7]

No verão de 1962, o TDB, que tinha um escritório representativo em Milão, inaugurou um escritório em Chiasso, na região falante de italiano de Ticino, na Suíça. Edmond contratou Sem Almaleh, um estudante de química búlgaro cujo pai ele conhecia. Na direção, colocou Albert Benezra. Benezra era um *outsider* mesmo entre esse grupo de *outsiders*. Nascido em Alepo, era um professor de negócios que trabalhara no Irã e se mudara para Milão. Lá, trabalhara para os Nehmad, originários de Alepo e com interesses financeiros e comerciais relacionados de maneira distante com os Safra. Sem fazer parte da comunidade de Beirute, Benezra tinha um temperamento diferente: rebelde, durão e ambicioso. Ele rapidamente conquistou a confiança de Edmond. Safra também chamou Moussi Douek, que fazia seus exames finais na Universidade de Genebra: "Abasteça o carro e não se preocupe com os resultados. Você está indo para Chiasso." Lá, Douek foi trabalhar em um escritório não muito impressionante, nas palavras de um funcionário, "no segundo andar de um antigo prédio de apartamentos" em frente à estação ferroviária.[8]

Edmond tentou inculcar na equipe cada vez maior a maneira correta de tratar os clientes. Isso vinha de sua habilidade inata de simpatizar com a necessidade humana de dignidade e segurança. Como Jeff Keil, um associado dos Safra, descreveu mais tarde, Edmond tinha um "princípio inviolável, o de que o banqueiro existe para proteger os fundos dos depositantes". Os clientes de Safra tinham que saber que podiam deixar seu dinheiro com ele, e ele pessoalmente buscaria em todo o globo oportunidades de curto prazo com boas taxas de juros ou participações no desconto de títulos. Ele tinha interesse pessoal e direto mesmo em pequenas quantias. "Para investir 5 mil dólares, sugiro 3 mil em um depósito fixo do Banque pour le Développement Commercial na Grécia", escreveu ele a um cliente em Milão em 1961. "Para o restante, reservei uma participação em um novo negócio que esperamos concluir no Brasil." Para outro, ele ofereceu depósitos em um banco japonês e títulos da companhia de energia elétrica do México.[9]

Mas o TDB não estava simplesmente envolvido em transações. Ser cliente de um banco Safra era como ser membro de um clube ou parte de uma grande família. Os clientes eram pessoas em movimento, frequentemente sob coação, muitas lutando para se estabelecer em novas áreas. Se fosse cliente do TDB, seu gerente poderia pegá-lo no aeroporto, programar sua temporada de esqui na Suíça ou ajudar seus filhos a se matricularem na escola. Muitos clientes também precisavam de ajuda para obter vistos de trabalho e estadia ou reunir os documentos necessários para pedir cidadania. Com suas extensas conexões em Beirute, na Europa, nos EUA e na América do Sul, Edmond frequentemente conseguia ajudar. Em agosto de 1962, ele tentava conseguir uma cópia da certidão de casamento de Eveline e Rahmo, que tinha que ser apresentada no consulado brasileiro em Beirute, presumivelmente para pedir cidadania.

Pessoas com bens e dinheiro podiam encontrar bons juros e discrição em praticamente qualquer lugar. Mas só encontravam Edmond Safra em um único. "Se o mercado pagasse 6% por um depósito de 2 milhões de dólares, você pagava 5,75%. O cliente não gritava, não levava a conta para o Manufacturers Hanover. Mas esperava que você o ajudasse sempre que necessário, e você ajudava", disse Raymond Maggar. Mesmo funcionários menos qualificados sabiam que podiam apresentar qualquer cliente ao dono do banco. "Eles se sentavam com Edmond por cinco minutos e estavam no paraíso", disse Rolando Laniado.[10]

Além de dar conselhos financeiros, Edmond agia como uma espécie de agente de emprego e conselheiro para a vida. Quando seu amigo Simon Alouan pensou em deixar o Líbano em 1960, Edmond disse a ele para ir ao Brasil. Ele o procuraria da próxima vez que estivesse lá. Alouan chegou em novembro de 1960 e encontrou trabalho. Em abril do ano seguinte, Edmond chegou e o contratou para abrir um escritório do TDB no Rio, muito embora Alouan não falasse português.[11]

Edmond também assumiu o papel de diretor de marketing de seus bancos. Já de saída, ele disse a Roger Junod que, na Suíça, ele competia com um exército de instituições presentes havia 150 ou 200 anos. Assim, tinha que fazer o que o Union de Banques Suisses, Credit Suisse e Société de Banque Suisse não se dignavam a fazer: prospectar agressivamente em toda a Europa. Mas isso não era um fardo para Edmond. Ele adorava procurar clientes. Durante anos, armazenara

O ROCKEFELLER DE GENEBRA (1960-1964)

pessoas e relacionamentos em sua infalível memória. Por telefone e em cartas, ele seduzia amigos e colegas de sua grande rede de contatos em quatro continentes, oferecendo incentivos e comissões e aproveitando qualquer oportunidade para ajudá-los a abrir uma conta no TDB ou no BCN — praticamente sem parar.

Ele fazia campanha de maneira bem-humorada e quase marcial, indo para a Antuérpia conversar com mercadores asquenazes de diamantes e visitando Paris repetidamente no inverno de 1961-1962 para se reunir com franco-argelinos ansiosos em relação ao futuro. O TDB abriu uma filial em Paris, dirigida por René de Picciotto, membro de uma extensa família de financistas de Beirute. Às vezes, parecia que nenhum ponto do mapa era distante demais. De Paris, certo sr. Choueke tentava conquistar um importante muçulmano do Senegal que tinha uma grande conta em um banco rival. "Espero que você faça todo o possível para atrair o novo cliente e dar a ele o melhor tratamento", escreveu Edmond a Henry Krayem em Beirute, em março de 1962. Na mesma carta, comentou que Nessim Dwek, enquanto estava em Zurique, conhecera um homem chamado Albert Bawabe, cliente de uma instituição financeira sefardita concorrente, a Mirelis, em Genebra. "Bawabe prometeu a Nessim que transferiria sua conta para cá."[12]

Embora desse pouca importância às convenções, Safra insistia em manter certos padrões, incluindo o uniforme de sua profissão: na maioria dos dias, usava um de seus vinte ternos azuis-marinhos e uma gravata conservadora. Certa vez, ao embarcar em um avião, Raymond Maggar encerrou a conversa com um cliente potencial ao virar à direita para a classe econômica, enquanto seu interlocutor permanecia na primeira classe. Isso enraiveceu Edmond. "Você é o sr. TDB. E precisa agir como o sr. TDB. Precisa ser aceito. Precisa ser um deles. Então voe na primeira classe. Conviva com eles como sr. TDB, ou sempre será o cara no fundo da sala." Ocasionalmente, a fidelidade de Edmond a essa persona chegava ao ponto da comédia. Em fevereiro de 1962, durante o campeonato mundial de esqui em Chamonix, perto de Genebra, ele disse a Moussi Douek para reunir alguns funcionários, alugar uma casa e torcer pelo time libanês. Convidou o time e a federação libanesa de esqui para almoçar. Enquanto todo mundo esquiava, Edmond apareceu na pista de terno e gravata.[13]

Ele também demonstrou aos colegas como tratar pessoas que não geravam benefícios financeiros para a empresa. Em um dia intensamente quente, uma senhora idosa ficou sentada por muito tempo na filial de Beirute. Edmond perguntou à equipe o que ela estava esperando. Um funcionário disse se tratar de uma mulher pobre que, de tempos em tempos, ia até lá pedir donativos. Edmond se sentou com ela, pediu desculpas pela demora e tirou um maço de notas do bolso. "Deus o abençoe, você é mesmo filho de sua mãe", respondeu ela. Edmond a acompanhou até a saída e repreendeu o diretor que a deixara esperando.[14]

Também havia um traço menos convencional em sua campanha por mais e mais depósitos. Na maioria dos bancos, os depósitos eram a base das hipotecas e empréstimos. Explicitamente, esse não era o objetivo do TDB, do BCN ou dos crescentes negócios financeiros de Safra no Brasil. Era arriscado demais. Ele queria construir não um império, mas um grande banco à imagem do banco do pai. Ele sempre dizia às pessoas que sua filosofia, derivada diretamente de Jacob, era "ganhe somente 1 dólar por dia, mas ganhe todos os dias".[15] Assim, ele buscava os tipos de risco que podia gerir cuidadosamente. O banco negociava ouro e moedas para sua própria conta e facilitava as negociações alheias. Havia financiamento do comércio, como cartões de crédito para indivíduos e empresas — exceto que, dos criadores de ovelhas e mercadores de tecidos libaneses, o crédito agora se estendia a industriais multinacionais. Entre os clientes do TDB durante seu ano inaugural estava uma companhia de aço colombiana, que emprestou 50 mil dólares, e a ITATI S.A. Comercial y Financiera de Buenos Aires, que emprestou 100 mil dólares e ofereceu ações como garantia. O TDB forneceu financiamento para indústrias como a Mercedes-Benz, que importava carros para o Brasil, e para a divisão brasileira da Cummins Diesel, que emprestou 1 milhão de dólares. Edmond sempre buscava situações nas quais a outra parte podia garantir parcial ou totalmente a transação. Em 1962, um empréstimo de 10 milhões de dólares para uma empresa japonesa foi afiançada pelo Banco de Tóquio.[16]

Aquela podia ser a era do "homem organizacional" e da criação de vastas burocracias corporativas, mas os bancos de Edmond eram notadamente horizontais e pouco burocráticos. Ele geria menos através de organogramas e mais através da comunicação direta e de fazer com que as pessoas acreditassem na eficácia de seus próprios julgamentos. Simon Alouan, um dos primeiros funcionários, lembra que, quando propunha algo, Edmond respondia: "Você tem certeza?" Se a resposta fosse sim, Edmond respondia, em árabe: *"Allah maak"* ("Que Deus esteja com você").

Embora deixasse seus confiáveis gerentes cuidarem dos negócios, Edmond queria contato constante. Por essa razão, era obcecado por tecnologias de comunicação. Quando Moïse Khafif abriu um escritório do TDB em Buenos Aires em 1962, Edmond o instruiu a instalar uma linha de telex com Genebra: "Isso nos dará vantagem sobre as casas de câmbio para lidar com moedas (marcos holandeses, francos, liras)." "Ele dormia com o telefone na mão", disse Roger Junod. Quando reformou seu novo apartamento no nº 14 da rue Crespin, em Genebra, para o qual se mudou em 1964, Edmond disse ao arquiteto que queria mobília Luís XVI — e várias linhas telefônicas. Sua secretária sabia o número de todos os telefones públicos entre a rue Crespin e o escritório da TDB na rue Chantepoulet. Dessa maneira, Edmond nunca estava fora de alcance, mesmo que estivesse caminhando para casa.[17]

Sua atenção aos detalhes não se limitava aos telefones. Edmond se inquietou com o tamanho dos banheiros no escritório de Genebra (ele queria que fossem suficientemente pequenos para que as pessoas não se sentissem confortáveis lendo o jornal lá dentro). Em abril de 1962, ele escreveu a Joseph, que estava nos EUA, pedindo que comprasse mil canetas Parker — "quinhentas pretas e quinhentas de outras cores, como cinza, vermelha, verde, azul etc." — a serem gravadas com o nome do TDB, em francês para Genebra e em italiano para Chiasso.[18]

Era um milagre que ele conseguisse acompanhar tantas atividades em uma era anterior às comunicações por celular, pois estava sempre em movimento. Uma reconstrução de seus deslocamentos em 1962 mostra que, em janeiro, ele viajou para Genebra, Paris e Beirute. Em fevereiro, foi a Chamonix para o campeonato de esqui e voltou a Paris por alguns dias. Retornou a Paris, partindo de Genebra, em março e abril. Em 15 de abril, foi a São Paulo para o *seder*, o jantar de *Pessach*, e então viajou para o Rio de Janeiro (29 de abril a 1º de maio) e Buenos Aires (6 a 16 de maio), voltou a São Paulo e partiu para Nova York (4 a 10 de junho) e depois Montreal (10 e 11 de junho), antes de retornar a Genebra. Passou o verão entre Milão, Chiasso, Genebra e sul da França. No outono, foi para Beirute.

Em tudo isso, não havia fronteira entre vida pessoal e profissional. Na Europa no início da década de 1950, a jornada no escritório se estendia a bares, clubes noturnos e cassinos com amigos e colegas. As discussões continuavam na casa dos amigos, agora já com filhos. Em Genebra, ele frequentava a casa de Jacques Douek, onde debatia economia e política com Moussi. Frequentemente telefonava para a esposa de Jacques perguntando se podia levar clientes para jantar, e ela servia pratos sírios. Em seu apartamento da rue Crespin, Battista, seu valete, cozinheiro e motorista, preparava um prato simples de espaguete quando ele chegava tarde. Nos fins de semana, ele ia à casa de Albert Manila Nasser, perto de Genebra, onde jogava baralho, conversava com amigos e se deliciava com a comida síria. "Ele podia passar a vida comendo pão pita, queijo e melancia — *khebza, wa-jebna* e *wa-bettikha*, em árabe", disse Nasser.[19]

Ele sentia uma necessidade básica de se conectar com suas raízes judaicas. Os judeus de Alepo eram conhecidos por serem praticantes, sem fanatismo. Edmond seguia os rituais judaicos fielmente. Se chegasse cedo ao banco em Genebra, fechava-se no escritório por uma hora a fim de colocar o filactério e rezar, se já não tivesse feito isso em casa, como era seu costume. Todos os anos, perto do aniversário de morte da mãe, Esther Safra, ele telefonava para Mourad Mamieh, um amigo de Beirute, e pedia que levasse dez pessoas e um rabino para rezar na sepultura dela. Acreditava firmemente que a devoção religiosa fazia diferença em sua vida, repetindo a frase *"Alef emunah, Beit berakhah"*. As duas primeiras letras do alfabeto hebraico representavam *emunah* (crença) e *berakhah* (bênção), nessa ordem. Uma derivava da outra.[20]

A crença de Edmond nas superstições comuns entre os judeus de Alepo era fonte de certo espanto entre seus colegas. Mas, para pessoas que haviam crescido em Beirute nas décadas de 1930 e 1940, os conceitos de sorte e mau-olhado eram muito reais. Ele carregava pedras brancas e azuis e outros pequenos objetos em seus bolsos como talismãs — "gris-gris", como sua sobrinha os chamava. Durante as discussões comerciais, a fim de afastar o azar, alguém podia dizer a palavra *hamsá* ("cinco" em árabe), e todos os outros repetiam: *hamsá*. Quando conseguia escolher seus números de telefone, no escritório ou em casa, sempre pedia pelo máximo possível de números 5.

Edmond Safra achava que suas empresas deviam ajudar a manter viva a cultura de Alepo e Beirute. Em mais de uma ocasião, escreveu a funcionários da filial em Beirute ordenando que pistaches e *ka'ak* (biscoitos de gergelim) fossem enviados de avião, como presente para amigos em Genebra.[21] Ainda mais significativo, forjou relacionamentos com outros líderes da diáspora síria, entre eles Isaac Shalom, que morava em Nova York. Edmond enviou dinheiro a Shalom a fim de que ele o empregasse nas organizações filantrópicas Rabi Meir Baal HaNess em Israel e no auxílio ao número cada vez menor de judeus sírios em Damasco e Alepo. Quando Jacob Laniado, um rico empresário do Cairo que tinha origens em Alepo e era cliente do TDB, morreu sem deixar herdeiros, ele nomeou Edmond executor de seu espólio, juntamente com Ezekiel Schouela, que Edmond conhecera em Amsterdã na década de 1940. Juntos, eles financiaram a construção de um hospital em Israel. A família Schouela se mudara para o Canadá e construíra negócios substanciais no país. E recrutou Edmond para investir no shopping center Golden Mile em Toronto.[22]

Racionalidade e superstição, devoção e modernidade, respeito pela tradição e tendência a se rebelar: essas foram algumas das muitas contradições que Edmond Safra personificou e geriu com equanimidade. Outras surgiram naqueles anos. O pródigo financiador de causas israelitas era incapaz de se associar publicamente ao Estado de Israel. "Edmond não se corresponde com pessoas que moram em Israel", escreveu Jacques Douek a uma autoridade israelita que perguntara sobre o espólio de Laniado. Quando lhe ofereceram um investimento em Israel no mesmo ano, Edmond respondeu: "Por razões principalmente políticas, não estou em posição de participar do investimento."[23]

Edmond tinha uma vida social agitada, embora grande parte dela estivesse conectada aos negócios. Era membro do clube de boliche de Genebra e do clube náutico de Beirute e pensava em se filiar ao Le Club, um clube social de elite de Nova York em 1963. Gostava de coisas finas, especialmente carros. Sua frota pessoal naqueles anos incluía um Fiat 1200 Spyder conversível, um grande Chrysler Imperial e um Bentley S2 Saloon. De 1960 em diante, teve um barco italiano Riva e gastou uma pequena fortuna em ancoradouros em Juan-les-Pins e região. Frequentemente emprestava o barco para amigos e associados comerciais como Jean-Prosper Gay-Para ou William Feingold, com quem negociava café. Mas também gostava de se misturar à multidão em Beirute. Certa vez, pediu a seu amigo Mourad Mamieh para encontrar o homem que costumava levar seu *shawarma* para o almoço todos os dias. O nome do homem era Nahmou, e ele tinha uma loja minúscula que vendia giz de cera e outras mercadorias. Quando Nahmou respondeu que estava muito ocupado, Edmond achou hilário: "Diga que pagarei por seu tempo."[24]

Mas o homem loquaz e sociável que amava conversar sobre política com os amigos e a família também era solitário e se via sozinho no fim do dia. Era raro que as pessoas do círculo de Edmond permanecessem solteiras após os 30 anos. Edmond certamente tinha companhia feminina aonde quer que fosse. E os testemunhos de meia dúzia de contemporâneos sugerem que quase se casou no início da

O ROCKEFELLER DE GENEBRA (1960-1964)

década de 1960. Durante suas visitas a Beirute, ele cortejava a cosmopolita Tania Beyda, filha de uma culta família de Alepo envolvida em finanças. Mas as diferenças entre os dois — em termos de idade, visões políticas (muitos adolescentes de Beirute eram de esquerda) e aspirações — eram vastas demais. Edmond ainda não estava pronto para sossegar, e a jovem não estava preparada para se casar com um banqueiro internacional doze anos mais velho.[25]

Edmond adotava continuamente novas maneiras de fazer negócios. Em 1962 e 1963, começou a usar a mídia de massa para vender os produtos e serviços de suas empresas financeiras no Brasil e na Suíça. No Brasil, a Safra S.A. anunciava suas cartas de câmbio nos jornais, oferecendo segurança absoluta, liquidez a qualquer momento e proteção contra a inflação. Anúncios na revista *Time* ofereciam aos clientes do TDB a habilidade de abrir contas em outras moedas. Outro anúncio do TDB em inglês exibia um homem de bermudas *lederhosen* atendendo o telefone: "Nós respondemos rapidamente!"

Em 5 de dezembro de 1962, o TDB foi formalmente aceito na Associação de Bancos Suíços. E Edmond começou a forjar laços pessoais e profissionais com grandes instituições em uma nova fronteira: os Estados Unidos. Mas o que lhe dava prazer eram os crescentes sinais de aceitação de sua família e suas empresas pelo *establishment* bancário internacional. Para estimular a carreira de Joseph, Edmond conseguiu, em 1961, um estágio no Bear Stearns, em Nova York, sob a tutela de John Slade, um banqueiro judeu alemão que conhecera. Em seguida, achou que seria bom o irmão "fazer um treinamento no Bank of America New York." Joseph trabalhou na sede de São Francisco em 1962 e depois retornou ao Brasil.[26]

Na primavera de 1963, o TDB conseguiu linhas de crédito com dois redutos WASP [*White Anglo-Saxon Protestant*: brancos, anglo-saxões e protestantes]: o Bank of America e o Chase Manhattan, presidido por David Rockefeller. Quando as Nações Unidas abriram uma conta no TDB em 1963, ele escreveu de modo exuberante para vários colegas. Ele disse a Joe Michaan: "Estou certo de que você ficará igualmente satisfeito com a notícia, que mostra a crescente importância e o prestígio de nosso banco." Uma fotografia de Edmond foi publicada, em abril de 1963, na revista britânica *The Banker*: "Edmond J. Safra: vice-presidente e diretor executivo, Trade Development Bank, Genebra e Chiasso, Suíça."[27]

Tudo funcionava como planejado. No fim de 1963, o TDB tinha ativos e passivos no valor de 218 milhões de francos suíços, mais de 50% a mais que os 144 milhões do fim de 1962. Safra progredira dos "balanços" de uma página e cadernos escritos à mão do fim da década de 1950 para resmas impressas que listavam títulos, contas e participações em minuciosos detalhes. Em 1965, o TDB se mudou para um escritório maior no nº 16 da Place de la Fusterie. Tratava-se agora de uma instituição substancial, cujos ativos mais que dobraram em três anos, chegando a 372 milhões de francos suíços. O TDB relatou lucros de 5,6 milhões de francos suíços (equivalentes a 8,3 milhões de dólares americanos em 2021).[28]

E tudo era dirigido por Edmond Safra. Embora o nome de Jacob aparecesse nos principais documentos e ele tivesse papel cerimonial, o declínio de sua saúde o tornara incapaz de participar dos negócios. Ele não estava bem o bastante para se engajar totalmente. Seu estado mental continuava a se deteriorar e ele desenvolveu uma hérnia séria em 1960. Sua condição angustiava Edmond, em parte porque ele se sentia culpado por ter se mudado para o Brasil, onde Jacob deixara de ser o líder reconhecido de uma comunidade e se tornara mero exilado. Em maio de 1960, Edmond escreveu a Isaac Shalom, em Nova York, enviando 4 mil dólares para "adquirir um terceiro cômodo na *yeshivá* Rabbi Meir Baal HaNess, pois eu gostaria de devotá-lo, juntamente com os dois já reservados, à criação de uma sala de *midrash* ou sala de recepção em nome de meu pai". Também perguntou se, durante sua próxima viagem a Israel em junho, Shalom podia organizar preces pela saúde de Jacob na *yeshivá*.[29]

A família fez o necessário para deixar Jacob confortável e manter sua dignidade. O lançamento da pedra fundamental da nova sinagoga sefardita de São Paulo em 19 de dezembro de 1961, que seria chamada *Ohel Yaacov* ("Tenda de Jacob") em sua homenagem, deve ter lhe causado prazer. Mesmo itens aparentemente triviais tinham potencial rejuvenescedor. Em fevereiro de 1961, Edmond agradeceu a Rosette Mamieh, de Beirute, "por enviar a camisa e os cotonetes com óleo de jojoba para meu querido pai". Naquele verão, ele escreveu ao dr. Bender, do Hospital Monte Sinai, em Nova York, que atendera Jacob em 1958, perguntando sobre a eficácia de "um medicamento e um tratamento para a desatenção das pessoas idosas" sobre o qual ouvira falar. Bender respondeu que "não tinham valor", mas enviou um medicamento ansiolítico, o Elavil [amitriptilina].[30]

Embora Edmond fosse o herdeiro aparente de Jacob e tivesse controle sobre as muitas empresas familiares, estava claro que ele e dois dos irmãos eram sócios em pé de igualdade. Moïse e Joseph tinham ações das entidades brasileiras criadas por Edmond. Em 1962, Joseph recebeu 10 milhões de cruzeiros em ações tanto do TDB quanto do Banque de Crédit National. Edmond também deixou alguns dos veículos comprados para investimento no nome da irmã Eveline.[31]

No entanto, sabendo que não podia gerir tudo e tentando evitar conflito de interesses, começou a ceder mais controle operacional e legal das operações financeiras no Brasil para Joseph e Moïse. Um perfil do Grupo Safra, a holding da família no Brasil, feito em 1963 incluía a tecelagem de sacos de juta Sacaria Paulista, a importadora e exportadora ECSA e a Safra S.A. Crédito Financiamento e Investimentos, com capital e reservas de 455 milhões de cruzeiros. A liderança listava Jacob Safra como presidente, Moïse Safra como diretor-geral e Joseph Safra como diretor financeiro, sem mencionar Edmond.

No fim de 1963, Cyril Dwek escreveu a Edmond Rabbath, advogado em Beirute, expressando surpresa pelo fato de a Safra S.A. Crédito Financiamento e Investimentos ter sido colocada na lista negra pelo escritório da Síria que organizava o boicote das empresas que faziam negócios com Israel. "Nunca tivemos qualquer contato direto ou indireto com Israel. Nossos negócios são conduzidos principalmente com a colônia árabe no Brasil, que tentamos servir com nossas melhores habilidades."[32]

Mesmo levando em consideração o tumulto político que afetava o Oriente Médio, a década que se seguiu à partida dos Safra de Beirute foi muito feliz. A família estava praticamente intacta, crescendo e prosperando. Mas, na primavera de 1963, os Safra sofreram um golpe devastador. Após uma segunda cirurgia de hérnia, Jacob teve uma infecção e morreu de pneumonia em 28 de maio, aos 74 anos. Edmond observou o *shivá* e fez planos de não se barbear durante trinta dias após a morte, como era costume. Ao mesmo tempo, ele sabia que um banqueiro internacional não podia se apresentar aos clientes com a barba por fazer. Esse conflito aparentemente pequeno entre religião e dever profissional o deixou angustiado. Algumas semanas após a morte de Jacob, Rahmo Nasser enviou um telex a Edmond. Rahmo consultara quatro diferentes rabinos no Brasil, tanto sefarditas quanto asquenazes, que haviam concordado que Edmond podia se barbear após quinze dias, em parte porque Jacob morrera na véspera de *Shavuot*. Além disso, um rabino disse que ele podia se barbear em menos de quinze dias caso fosse se reunir com pessoas importantes. "Em suma, pode fazer a barba."[33]

A morte de Jacob foi anunciada em três continentes. O TDB publicou o obituário no *Journal de Genève*. Na manhã de domingo, 23 de junho, uma cerimônia memorial foi realizada em São Paulo. Em Beirute, o conselho comunal organizou um serviço no dia 27 de junho — que marcava o fim do tradicional luto de trinta dias —, às 18h30, ao qual Edmond compareceu. O serviço teve a pompa e a circunstância que eram *de rigueur* na ainda confiante, mas cada vez menor comunidade. Seu presidente, o dr. Joseph Attie, discursou, as crianças dos corais da Alliance e da Talmude Torá cantaram, o rabino Yaakov Attie leu salmos e Chahoud Chrem, que seria o último rabino-chefe da cidade, fez as preces tradicionais. No *Rosh Hashaná*, os funcionários da Safra S.A. surpreenderam Joseph, Moïse e outros membros da família com um busto de bronze de Jacob, que foi colocado no saguão do escritório de São Paulo.[34]

O ROCKEFELLER DE GENEBRA (1960-1964)

A perda de Jacob foi um peso para Edmond, inspirando uma conversa incomumente íntima com Rahmo Nasser. Edmond agradeceu pelo apoio "durante os dias de angústia que atravessamos".[35] "Eu me considero seu irmão mais velho, e nada que lhe atinge me deixa indiferente", respondeu Rahmo. "Como você sabe, meu caro, uma de nossas grandes preocupações, para Evelyn (sic) e para mim, é ver você e seus irmãos estabelecidos na vida. Certamente há no mundo coisas além dos negócios: um lar, uma esposa aprazível e filhos, além de outras satisfações. E espero que você leve isso a sério."[36]

Mas Edmond era casado com o banco, e muitos funcionários diziam, nem todos brincando, que eram casados com ele. Embora confiasse de pronto em associados pessoais e profissionais — especialmente se viessem de sua comunidade —, ele demorava mais para confiar no contexto íntimo. Um amigo se lembra dele dizendo, ainda jovem, que, quando se casasse, precisaria "de uma televisão para ver o que ela está fazendo; terei que vigiá-la".

Também é possível que a vida de Edmond estivesse saturada por uma notável multiplicidade de papéis desafiadores: ele era chefe de família, responsável pelo irmão mais velho, pelo mais novo e por um grande clã; geria três instituições; cuidava do legado do pai; e respondia pelos interesses de seus clientes e dos judeus sefarditas em todo o mundo. O ritmo de sua vida, as constantes viagens entre a Europa, o Brasil e, cada vez mais, Nova York, e as centenas de transações e relacionamentos que geria diariamente deviam ser exaustivos. Talvez simplesmente não houvesse espaço em sua vida para que um único relacionamento monopolizasse sua atenção. Talvez ele ainda não tivesse encontrado a pessoa certa.

De qualquer modo, Edmond Safra não estava pronto para sossegar. Em 1964, dez anos após trocar Milão pelo Brasil, ele presidia uma rede de empresas frouxamente afiliadas, mas coerentes e cada vez mais capitalizadas que faziam parte do regulado sistema bancário internacional. Ele se estabelecera como líder de sua indústria e das comunidades com as quais se alinhava. Mas acreditava ainda haver mundos maiores a conquistar. Apesar de todo seu apelo e dinamismo, Beirute, Genebra e São Paulo ainda eram provincianas. A economia global, com suas inúmeras conexões, estava crescendo e precisava da lubrificação das finanças e do crédito. O império Safra estava conspicuamente ausente em uma capital financeira rica e vital, que tinha uma grande comunidade sefardita, recebia bem os imigrantes e era permeada por uma energia empreendedora que Edmond achava irresistível. Em 1963, ele já conversava com seus associados sobre abrir um banco em Nova York.

7.
Indo para os Estados Unidos
(1964-1968)

Aos 31 anos, Edmond Safra já circulava entre a elite bancária global. "Desejo expressar meu sincero agradecimento pela gentil recepção em Londres na última quarta-feira", escreveu ele a Edmund de Rothschild em 2 de março de 1964. "Foi muito agradável conhecê-lo."[1] Embora os bancos Safra em Genebra e Beirute fossem pequenos pelos padrões da indústria global, Edmond sabia, em virtude de seu patrimônio e sua experiência de quase duas décadas, que pertencia a essa indústria e não precisava temer competir em seu interior. Assim, em 1964, após estabelecer uma cabeça de ponte segura para a família no Brasil e ainda pesaroso pela morte do pai, ele decidiu se estabelecer nas duas mais importantes capitais financeiras do mundo: Nova York e Londres.

Não está claro quando foi pela primeira vez a Londres, uma cidade na qual os Safra tinham contatos comerciais havia gerações. Mas, desde a primeira ida a Nova York em 1952, Edmond fora um visitante frequente da maior cidade americana. Ao longo dos anos, ele construíra relacionamentos comerciais e pessoais com outros membros da diáspora síria, como Joe Michaan, com contrapartes financeiras e correspondentes nos bancos, incluindo Bear Stearns, Bank of America e Manufacturers Hanover.

Em meados da década de 1960, embora baseado em Genebra, Safra sempre estava no Brasil em abril, perto de *Pessach*. Passava algum tempo no sul da França ou no Mediterrâneo no fim do verão e girava entre Beirute, Paris e outras cidades europeias nas quais tinha negócios nos meses intermediários. Nova York se tornaria um destino frequente. Quando parava na cidade, frequentemente no caminho entre a Europa e a América do Sul, costumava ficar em um hotel no centro — o Sherry-Netherland, o Regency ou o Plaza. Edmond esteve em Nova York em maio e novamente em junho de 1964. Entre os arranha-céus e gigantes bancários, planejava plantar uma arvorezinha. O apelo era óbvio. Nova York era o maior mercado consumidor e financeiro da maior economia do mundo. Os EUA ofereciam uma combinação única para empreendedores financeiros: uma classe média grande, próspera e ávida para abrir contas e emprestar dinheiro, além de um quadro cada vez maior de empresas buscando conexões globais. Tudo isso embrulhado em um sistema bancário regulado no qual o governo garantia os depósitos e o Banco Central, o Federal Reserve, supervisionava cuidadosamente as transações. Nova York tinha uma grande comunidade de judeus sírios entre os quais Edmond seria bem-vindo e uma cultura empresarial e comercial que, embora vastamente diferente de Beirute, Genebra ou Brasil, combinava com suas ambições e sua personalidade. E, ao passo que a Europa e o Oriente Médio ainda estavam apegados a antigas rivalidades e maneiras de fazer negócios, Nova York — sede da futurística Feira Mundial daquele ano, com uma silhueta urbana imponente, um forte pulso comercial e historicamente aberta a recém-chegados — se parecia muito com o futuro.

Para Edmond, os EUA também ofereciam um tipo diferente de oportunidade: a ausência da violência sectária que dificultava a vida em Beirute, proteção contra a inflação e a instabilidade política que abalavam o Brasil e potencial para imenso crescimento. "Nova York é para gente grande", dissera Edmond anteriormente a seu amigo nova-iorquino David Braka, explicando por que ainda não tinha condições de fazer negócios na cidade. Em 1964, ele estava pronto.

Consciente de ser novamente um *outsider*, Edmond encontrou empresários locais já estabelecidos para ajudá-lo a conhecer a cultura regulatória e financeira, assim como fizera no Brasil e na Suíça. O principal deles foi o advogado Herman Cooper, um veterano da cena financeira e legal que facilitava a entrada de novos empresários no *establishment* financeiro de Nova York. O método mais fácil que um estrangeiro podia empregar para conseguir uma licença bancária nos EUA era comprar um banco já em operação. "Analisei a possibilidade de adquirir um banco já existente, em vez de fundar um novo", escreveu o advogado Donald Schnable a Edmond em maio de 1964. Safra e seus colegas tinham alguns contatos na Sociedade de Auxílio aos Imigrantes Hebreus, uma organização sem fins lucrativos que possuía um banco dormente. Mas a compra não fazia sentido.[2]

O próximo passo natural seria obter uma licença do estado de Nova York. Mas Seymour Scheer, superintendente interino dos bancos de Nova York em abril e maio de 1964, aparentemente ficara pasmo com o jovem de sotaque indeterminado que tinha a audácia de tentar abrir um banco na capital financeira. Abrindo a janela de seu escritório, Scheer gesticulou e perguntou a Edmond: "Está vendo todos aqueles bancos? Por que você acha que pode competir com eles?" De qualquer modo, a resposta de Scheer pareceu negativa. Mas Schnable esperava com otimismo pela chegada de seu sucessor: "Quaisquer dificuldades que você tenha encontrado podem ser superadas."[3]

Em vez de esperar, Edmond continuou insistindo. Enquanto dirigia pelo centro com Herman Cooper, notou vários bancos com nomes pouco familiares. Cooper disse que aqueles eram bancos relativamente novos com licenças federais. James Saxon, que fora nomeado controlador da moeda, adotara uma abordagem mais liberal em relação à fundação de bancos. Em 1963 e 1964, ele concedera licenças a mais de trezentas instituições. Assim, em julho de 1964, Edmond foi a Washington se reunir com Saxon, que foi mais encorajador. Ele perguntou qual seria o nome do banco, e Edmond respondeu: "Sempre gostei do nome 'Republic'." Mais tarde, ele diria ter escolhido o nome "Republic National Bank of New York" porque era "o nome mais americano em que consegui pensar".[4]

Encorajado pela reunião, Edmond imediatamente começou a procurar um edifício que servisse não somente como sede comercial, mas também como residência. Como de hábito, foi diretamente ao centro da ação. Diz a história que ele queria comprar um chapéu e acabou comprando um prédio. A Knox Hat Company ficava em uma adorável estrutura Beaux-Arts de dez andares, construída em 1902, na esquina da Quinta Avenida com a 40th Street, em frente ao Bryant Park. Projetada por John Duncan, o arquiteto que criara a Tumba de Grant, não teria parecido deslocada em Genebra ou Paris. Em 9 de junho de 1964, o corretor George S. Kaufman, da Kaufman Realty, deu a boa notícia. Ele fora autorizado a pagar até 1 milhão de dólares pelo edifício, mas conseguira fechar em 925 mil dólares mais comissão. Edmond assinou a escritura no verão de 1964.[5]

Durante toda a vida, Edmond gostou de atuar como chefe de campanha. O exército que reuniu para fundar o Republic era uma mistura de nova-iorquinos, judeus, católicos e WASPs, além de sefarditas de outras terras. Quando Marty Mertz, um contador da Peat, Marwick, Mitchell & Co., foi designado para trabalhar com o novo cliente, ele foi até o escritório de Joe Michaan no centro, onde Edmond trabalhava. "Estou abrindo um banco", disse Edmond. "Você vai cuidar disso. Temos que submeter nossa proposta!"[6] Mertz adaptou a proposta usada anteriormente pelo Citibank e colocou as coisas em movimento. Na primavera e no verão de 1964, advogados, contadores e bancários trabalharam no escritório da Manufacturers Hanover, que fornecia apoio institucional ao esforço. Em 2 de julho, eles submeteram formalmente a proposta de um banco de âmbito nacional, embora com um modelo fundamentalmente diverso de seus pares americanos. A nova instituição esperava "gerar aproximadamente 80% de seus depósitos no exterior, assim como com empresas americanas engajadas no comércio internacional e empresas estrangeiras similarmente engajadas no comércio doméstico". E trabalharia com "a rede financeira fornecida pelo Trade Development Bank em Genebra, além de empresas afiliadas e associadas".[7]

INDO PARA OS ESTADOS UNIDOS (1964-1968)

O Gabinete de Controladoria da Moeda concedeu uma aprovação preliminar no outono de 1964. Com uma sede, uma autorização e um nome, o banco precisava de um CEO. É claro que Edmond pretendia gerir o Republic, mas, como não era cidadão americano, precisava de um profissional local. Ele escolheu Peter White, que dirigia a divisão nova-iorquina da Manufacturers Hanover e estava prestes a se aposentar.[8]

Agora era hora de levantar o capital de que o Republic precisava. Edmond queria conseguir 10 milhões de dólares vendendo ações a 20 dólares cada (cerca de 88 milhões de dólares em 2021). Isso era, ao mesmo tempo, uma pequena quantia e uma soma significativa — o maior capital para um banco recém-fundado nos EUA na época. Mas não seria particularmente difícil, dada a rede de contatos de Edmond. O TDB teria o controle acionário, contribuindo com 4 milhões de dólares (o BCN acrescentou 80 mil dólares). No verão de 1965, indivíduos que havia muito eram associados das empresas Safra também investiram: Jacques Tawil (20 mil dólares), Moïse Khafif (200 mil dólares) e Jacques Douek (220 mil dólares), por exemplo, e quantias muito menores vieram de funcionários do TDB como Roger Junod e a assistente de Edmond, Claudine Favre. Quando partiu de Genebra para Nova York em 23 de julho de 1965, Edmond tinha na mão uma lista de acionistas. Na última hora, Joe Michaan disse que queria investir 1 milhão de dólares, e o total passou para 11 milhões, deixando o TDB com 36% das ações.[9]

Embora houvesse restrições à sua capacidade de operar nos EUA, Edmond apreciava as oportunidades que o país oferecia e a ideia de que qualquer um podia pedir uma licença, que seria examinada com objetividade. "Que país justo", disse ele mais tarde ao colega Jeff Keil. "Que país aberto e grandioso, aceitando competição e só exigindo que você seja honesto." Ele chamava essa abertura de "o grande céu azul da América". Era algo muito diferente de colocar um colchão na frente da porta do gabinete do ministro ou aparecer todo dia para dizer *buongiorno*.[10]

Ao mesmo tempo, certos elementos de sua recepção em Nova York o irritavam, especialmente a imprensa. Em 1º de julho de 1965, o *New York Times* publicou um artigo aparentemente inócuo sobre um novo banco em Nova York e identificou alguns dos principais envolvidos, sugerindo, no comentário de Herman Cooper, que estaria "ligado a um grupo de bancos no exterior", na Suíça, Alemanha e América Latina.[11] Lívido, Edmond enviou um longo telegrama a Cooper em 5 de julho de 1965, escrevendo de um hotel em Lisboa, onde trabalhava em uma transação imobiliária. Vale a pena citar o telegrama na íntegra por causa da paixão que ele exibe:

> artigo do times em mãos protestamos energicamente (*sic*) muito surpresos com sua declaração de que não existe relação formal entre o novo banco e o trade development o que é completamente incorreto ponto tal declaração dá a impressão de que você nega a paternidade do trade development no republic bank o que cria uma impressão muito ruim e prejudica nossa reputação ponto chocado com suas ações a despeito de nosso entendimento de que o artigo seria preparado por você ponto [...] no futuro nenhum porta-voz poderá falar sem me consultar primeiro ponto final.

Cooper respondeu que não podia controlar a imprensa. Além disso, dada a recente publicidade negativa cercando os bancos suíços e o apetite do repórter por uma história sensacionalista, Cooper achara importante não indicar a identificação entre o TDB e o Republic — o que Edmond viu como insulto à dignidade e ao orgulho de sua família.[12]

Mesmo criando um banco inteiramente novo em um dos maiores mercados consumidores do mundo, ele prestava minuciosa atenção aos detalhes de todo o seu crescente império, acreditando ser de fundamental importância a imagem que as instituições apresentavam ao público. Quando um cliente de Istambul, certo sr. Shaho, que tinha cerca de 200 mil dólares depositados no BCN em Beirute, enviou um associado para fazer um pagamento, o homem aparentemente foi tratado com descortesia por um funcionário, o que levou Shaho a enviá-lo para abrir uma conta no Banque Zilkha. Era um retrocesso que Edmond não podia admitir. "Você sabe, assim como eu", escreveu Edmond a Henry Krayem em 14 de outubro de 1965, "a importância de recebermos bem os clientes, e imploro para que instrua nossos funcionários no caixa e na recepção, a fim de que isso não ocorra novamente." Uma semana depois, ele escreveu a Joseph no Brasil, pedindo que enviasse 15 mil bases de madeira para calendários a fim de presentear clientes, alguns em Genebra e outros em Nova York — embora quisesse discutir o preço antes da compra.[13]

A preocupação com os detalhes e a estética se estendeu à nova empresa em Nova York. Enquanto os executivos organizavam documentos e preenchiam formulários, operários faziam uma reforma de mais de 2 milhões de dólares para decorar grandiosamente o edifício no nº 452 da Quinta Avenida. Trabalhando sob direção de Ernest Bonanny, o diretor francês da empresa de arquitetura Kahn & Jacobs, que projetara o interior do Hotel Plaza, eles prepararam a porta do cofre, de 8,5 toneladas, um cofre com quinhentas gavetas individuais e uma imensa agência iluminada por três candelabros copiados dos palácios franceses, cada um deles com 4,2 mil prismas e contas. O ambiente europeu continuava nos andares superiores, com escritórios para o departamento de empréstimos e os principais executivos, um salão de jantar e, no nono andar, o apartamento de Edmond. Por toda parte, as paredes eram revestidas com os mesmos painéis de madeira do TDB em Genebra e as salas eram decoradas com mobília Luís XVI.[14]

Em 16 de agosto de 1965, o Republic enviou a lista de acionistas à Controladoria da Moeda, que aprovou a existência corporativa do banco duas semanas depois. Na quarta-feira, 29 de setembro de 1965, um dia após o *Rosh Hashaná*, o início do ano no calendário judaico, os organizadores do Republic se reuniram no Sky Club, no 56º andar do edifício Pan Am. Às 12h15 de 15 de novembro de 1965, o conselho diretor se reuniu no nº 40 da Wall Street, na mesma quadra da Bolsa de Nova York. Entre os presentes, estavam o advogado trabalhista Ted

Kheel, William MacMillen, Joe Michaan, Peter White e Edmond Safra. Peter White foi nomeado presidente, com um salário anual de 50 mil dólares, e Edmond foi nomeado presidente honorário do conselho.[15]

Na manhã de segunda-feira, 24 de janeiro de 1966, Robert F. Kennedy cortou a fita cerimonial e inaugurou formalmente o edifício. Uma fotografia mostra Kennedy falando com os repórteres que seguram microfones diante de seu rosto, enquanto Edmond, sorrindo amplamente, está em pé com os braços cruzados. O ex-procurador-geral, então senador e possivelmente futuro presidente americano abençoou a inauguração do novo empreendimento. Embora iniciasse suas operações com mais capital que qualquer outro banco comercial da história americana, o "Republic National será um anão entre os gigantescos bancos de Nova York", disse o *Times*. Em comparação, o Chase tinha 15,3 bilhões de dólares em ativos em 1965. "Estamos abertos e funcionando", disse Peter White. "Prevemos 25 milhões de dólares em depósitos no primeiro ano, mas acho que nos sairemos melhor que isso."[16]

Embora, durante quase um século, o *modus operandi* dos Safra tivesse se baseado em relacionamentos pessoais, discrição e conexões familiares, Edmond rapidamente adotou a maneira americana. Em Nova York, o entusiástico e mesmo escandaloso marketing de serviços financeiros, inteiramente reprovado em Beirute e Genebra, era comum. E Edmond entendeu intuitivamente como atingir o mercado de massa. A única agência do Republic, bem no centro, a duas quadras da Grand Central Station, foi projetada para acolher e maravilhar o público. No dia em que abriu, o Republic publicou um anúncio no *New York Times* e outros jornais: "Hoje! Um novo banco." Os clientes que abriam contas com 25 dólares ou mais recebiam um conjunto de treze peças decoradas para forno ou um conjunto de três tigelas de aço inoxidável. A combinação entre localização, decoração impressionante — onde a classe média americana podia fazer negócios como os aristocratas europeus — e incentivos funcionou. No primeiro dia, 1,2 mil contas foram abertas; em 4 de fevereiro, somente nove dias depois, a conta de número 10 mil foi aberta. O movimento era tanto que contadores da Peat Marwick foram chamados para atuar como caixas. Em 30 de junho de 1966, o Republic já angariara 32,1 milhões em depósitos, ultrapassando em muito a meta para o ano inteiro.[17]

Mas o que fazer com esses depósitos? Edmond estava feliz em assumir o risco de receber depósitos de pessoas que não conhecia, em grande parte porque, em 1966, a Federal Deposit Insurance Corporation começara a garantir as contas até 15 mil dólares. Mas quando se tratava de atrair ativos para o banco, Edmond não estava disposto a estender hipotecas ou crédito ao consumidor para milhares de nova-iorquinos. Em vez disso, a teoria era que ele faria ali o que fizera nos muitos países em que já negociava: usar os depósitos para fazer empréstimos de baixo risco a empresas ou agências governamentais no exterior ou para outros bancos; encontrar oportunidades de arbitragem de baixo risco; e usar sua ampla rede de conexões para colocar o dinheiro para trabalhar em lugares e maneiras impossíveis para o Chase ou o Citi.

Mas havia um fator de complicação. Na década de 1960, o governo americano se preocupava cada vez mais com a balança comercial — os Estados Unidos estavam em déficit — e tentava refrear as atividades bancárias. Em 5 de março de 1965, um programa voluntário de restrição ao crédito estrangeiro foi iniciado, e os bancos se comprometeram a limitar seus investimentos internacionais diretos. (Um novo limite seria estabelecido em 1968.) Os novos bancos foram proibidos de emprestar mais que 450 mil dólares no exterior, o que, obviamente, foi problemático para o Republic. Edmond não queria emprestar dinheiro para pessoas que queriam comprar casas em Long Island; ele queria colocar seus fundos em depósitos e empréstimos ultramarinos.

Depois que os advogados do Republic conversaram com os reguladores, o banco conseguiu um acordo. O Republic era efetivamente um importador de capital, através das subscrições que fizera e dos depósitos que coletava no exterior. Os advogados sugeriram, e o governo concordou, que o banco não colocaria no exterior mais fundos do que derivava — o que levou o limite a algo próximo dos 8 milhões de dólares. O dinheiro já estava trabalhando em 1966, obtendo lucros em bancos de Londres e do Japão, descontando 976 mil dólares em notas promissórias de instituições financeiras argentinas e emprestando 761 mil dólares para o Banco Nacional Hipotecario Urbano y de Obras Públicas do México. No fim de 1966, o Republic tinha 33 milhões em empréstimos e se vangloriava de ter "integrado eficientemente seus muitos serviços com a rede Safra de bancos e casas financeiras associadas na Europa, na América do Sul e no Oriente Médio".[18]

O Republic era um banco americano, com certeza. Mas estava claro quem estava no comando. Nos primeiros anos, todos os principais funcionários tinham conexões com Beirute. Joshua Yedid, um amigo de infância de Edmond, era o encarregado das negociações nas bolsas. Cyril Dwek, filho de Nessim, cuidava dos empréstimos. Moïse Khafif chegara da América do Sul em 1967 para supervisionar os depósitos. E Edmond, é claro, dirigia o espetáculo. Leon Gell, um banqueiro trazido de Chicago para ser vice-presidente, pediu demissão após três meses porque percebeu que não faria parte da equipe decisória. Como disse Moïse Khafif francamente ao CEO Peter White: "Você está aqui porque precisamos mostrar ao público que temos um banqueiro americano."[19]

Em certo nível, o patrimônio e o passado de Edmond, uma imensa fonte de orgulho para ele, também eram um desafio, e, por razões que permanecem desconhecidas, ele temia a maneira como seria percebido nos EUA. Soubera que informações errôneas e prejudiciais sobre ele circulavam em documentos de uma investigação na Itália na década de 1950. E, em junho de 1966, escreveu uma longa carta a Michael Picini, funcionário da embaixada americana em Roma, na qual, incomumente, partilhou informações pessoais: sua história de vida, seu relacionamento com os irmãos (Elie ainda recebia um subsídio que "lhe permitia viver") e referências, incluindo executivos do governo como Walter Moreira Salles, ex-ministro brasileiro das Finanças, e Pierre Edde, ex-ministro libanês das Finanças. "Nunca fui preso, indiciado, condenado ou acusado [...] de qualquer crime em qualquer lugar do mundo [...] nunca, em minha vida, participei de qualquer ato contrário às leis." Ele mencionou os elevados princípios morais "que sempre prevaleceram em minha família". E perguntou se Picini podia "fazer uma investigação muito completa, sem poupar nenhum esforço ou método para chegar à verdade. Acredito que essa é a única maneira de deixar minha posição clara para sempre". E continuou: "Nada me é mais precioso que minha honra e meu nome, e estou pronto para devotar todo o meu tempo e todos os meus esforços para defendê-los. Estou certo de que, na tradição democrática de seu país, o senhor, como funcionário do governo americano, será justo e desencorajará qualquer nova tentativa de prejudicar minha reputação."[20]

Embora os reguladores interferissem em suas atividades bancárias — quem podia ser CEO, quem podia ser proprietário, quanto o banco podia emprestar —, Edmond acolheu tanto os obstáculos quanto a segurança que eles forneciam nos Estados Unidos. Os canais eram tanto formais quanto transparentes. Os perigos de um ambiente no qual a regulação era mais frouxa — ou inexistente — haviam ficado evidentes em Beirute naquele outono. O Intra Bank, fundado na década de 1950 por Yousef Beidas, um agressivo empreendedor palestino, crescera rapidamente e atraíra milhares de depositantes de todo o Oriente Médio. Sua holding controlava a Middle East Airlines e imóveis em todo o mundo, incluindo o Hotel Phoenicia em Beirute e um prédio comercial no nº 680 da Quinta Avenida, em Nova York. No outono de 1966, o Intra respondia por 15% dos depósitos bancários do país. Assim, quando interrompeu os pagamentos em 14 de outubro de 1966, houve crise financeira. As autoridades libanesas, acordando de seu estupor, ordenaram que todos os bancos de Beirute fechassem, incluindo o BCN. Edmond enviou dinheiro suficiente à cidade para pagar todos os depositantes e estava ávido para reabrir as portas, não querendo demonstrar fraqueza ou criar dificuldades para os clientes. Mas sentiu que, se desafiasse as autoridades, os judeus de Beirute sofreriam as consequências.[21]

Beirute ainda era uma parte importante das cada vez mais complexas e interligadas vidas profissional e social de Edmond. Em abril de 1966, enquanto visitava a cidade, ele compareceu com Jack e Doris Waage, da Manufacturers Hanover, e Henry Krayem e a esposa, a um espetáculo no Casino du Liban. No mesmo ano, ainda na cidade, reuniu-se com o rabino Chahoud Chrem e concordou em enviar centenas de livros de oração para a sinagoga Magen Avraham, assim como suprimentos para o rabino Youseff Shasho, que ainda cuidava fielmente das famílias remanescentes em Alepo, incluindo várias centenas de livros de oração para festividades e trinta pares de filactérios.[22]

Mesmo quando o império Safra cresceu e passou a englobar o TDB em Genebra, o Banco Safra no Brasil e o Republic em Nova York, o BCN permaneceu um núcleo importante. Selim Kindy, um empresário baseado em Beirute, abriu uma conta no Republic em 1967. Ele levava dinheiro ao BCN, que o colocava em um malote para Nova York e fazia o crédito na sua conta no Republic no dia seguinte. Mahmoud Shakarchi, o cambista e comerciante de Beirute que era amigo de Jacob e Edmond Safra, abriu contas no Republic e encorajou aqueles que negociavam com ele em dólares a centralizar as transações no banco. Em 1968, graças à influência de Shakarchi, Abdul Aziz e Ali Al Yousif Al-Muzaini, importantes intermediários financeiros do Kuwait que já haviam negociado ouro com Jacob, abriram uma conta no Republic. Edmond agradeceu a Shakarchi: "Todos aqui valorizam muito sua assistência e o fato de que não poupa esforços para fortalecer nossa amizade e nosso relacionamento mutuamente recompensador."[23]

Edmond se manteve firmemente ligado a suas conexões em Beirute mesmo quando elas se dispersaram e, em alguns casos, morreram. No fim de 1966, quando Gilbert Tarrab, filho da sra. Fortunee Tarrab, professora de Edmond na Alliance, escreveu seu primeiro romance, *Les desabuses de Beirut* [Os desiludidos de Beirute], Edmond comprou cem exemplares. Em junho de 1966, Nessim Dwek, que fora uma espécie de pai substituto para ele, morreu aos 55 anos. Edmond, por sua vez, assumiu uma atitude paternal em relação a seu filho, Cyril. No ano seguinte, em julho, a segunda esposa de Jacob, Marie Douek, morreu em Genebra após uma longa e dolorosa doença, aos 56 anos.[24]

INDO PARA OS ESTADOS UNIDOS (1964-1968) 131

As mortes prematuras, as fortes conexões e os raros encontros durante as viagens faziam com que Edmond se sentisse emotivo em relação aos antigos conhecidos. Joe Cayre, um empresário de Nova York com raízes em Alepo que se tornou um bom amigo na década de 1960, relatou que Edmond fazia comentários como: "Eu vi o pai de Fulano quando estava em Milão há dez anos. Como ele está? Você pode marcar um almoço?" Quando o advogado Charles-André Junod disse que se casaria com sua assistente na universidade, cujo sobrenome era Arueste, Edmond perguntou: "Seu futuro sogro é o Henri?" Jubilante, ele chamou Albert Benezra, dizendo que Arueste, que trabalhava para os Nehmad, fora a pessoa com quem ele fechara seu primeiro negócio em Milão. "Troquei alguns quilos de ouro por libras esterlinas." A identidade sírio-libanesa de Edmond se expressava nas pessoas com as quais socializava e no que comia. Quando o empresário Rahmo Sassoon chegou do Japão para visitá-lo na década de 1960, Edmond "serviu *fasoulia* [feijão-branco] e caviar ao mesmo tempo". E, quando os primeiros restaurantes libaneses começaram a ser abertos em Londres no fim da década de 1960, Edmond passou a ir diretamente até lá assim que chegava.[25]

A comida libanesa não era a única atração de Londres. Se o Republic era seu novo bebê, exigindo significativa atenção, o TDB era um adolescente em rápido crescimento. Na década de 1960, Londres, depois de finalmente superar os danos da guerra e colocar fim ao racionamento, reassumiu seu papel como principal centro bancário da Europa e local das atividades do mercado de capitais. O pai do Republic, que tinha uma sólida base, começava a se expandir e crescer na Europa. Em 1965, Edmond enviou Raymond Maggar para criar um escritório do TDB em Londres. Em 1967, quando o balanço do TDB registrava substanciais 533 milhões de francos,[26] ele tinha escritórios em Paris, Milão, Buenos Aires e Rio de Janeiro.

Edmond atuava em Londres havia anos, negociando ouro com Mocatta & Goldsmid e os Rothschild. Mas também havia oportunidades para aceitar depósitos e emprestar para o comércio. Como de costume, ele abriu um escritório no nº 21 da Aldermanbury, no meio da City de Londres. O escritório receberia autorização para operar como banco em 1968. Ao contrário do Republic, seria um banco explicitamente não voltado para o consumidor. Ele estava lá para fornecer serviços para empresas e outros bancos. Por exemplo, a unidade de Londres começou a enviar cédulas de moedas estrangeiras para seus destinos domésticos em troca de uma pequena comissão. Com o tempo, isso se tornaria um significativo negócio de arbitragem de baixo risco para a família de bancos Safra.

O termo em francês para empresas afiliadas é *filiales*, o que implica um relacionamento familiar. E, independentemente do nome no cartão de visita — TDB, BCN, Republic, Banco Safra — ou do modelo de negócios adotado, o termo era muito apropriado para a família de bancos Safra. Em junho de 1966, a assistente de Edmond escreveu para Moïse no Brasil pedindo que ele enviasse retratos de Jacob Safra para Genebra e Nova York, onde ocupariam posições proeminentes.[27]

O Brasil na década de 1960 era não somente um refúgio para a família, mas também o centro de operações de importantes negócios familiares e um *hub* para a região sul-americana mais ampla. Em novembro de 1965, Moïse conseguiu cidadania brasileira, aos 39 anos.[28] Em 1969, Joseph se casou com Vicky Serfati, cuja família imigrara da Grécia. Os negócios financeiros e industriais que Edmond estabelecera continuavam a prosperar, e ele cada vez mais deixou sua operação nas mãos dos irmãos mais novos. E o Brasil era uma importante fonte de clientes para a rede. No outono de 1966, Joseph Safra escreveu a Jacques Douek, no TDB em Genebra, pedindo um favor: "Um grande amigo nosso, o sr. Monteverde, que também é um bom cliente, quer passar algum tempo na Suíça durante o inverno. Você poderia alugar para ele um chalé em Saint Moritz, com no mínimo três quartos, de 15 de dezembro a 15 de março?" O sr. Monteverde era Alfredo Monteverde (nascido Greenberg), um imigrante romeno e proprietário da altamente bem-sucedida cadeia de varejo Ponto Frio. Ele provavelmente viajaria com a esposa, Lily, com quem se casara no ano anterior.[29]

INDO PARA OS ESTADOS UNIDOS (1964-1968)   133

Edmond ainda era solteiro e sem filhos. Mas os filhos de seus irmãos chegavam à maioridade, e Edmond tomou medidas para garantir que a geração seguinte participasse dos negócios familiares. Em 1966, ele conversou com Ezy Nasser, o filho mais velho de Rahmo e Eveline, em São Paulo. Ezy tentava decidir o que fazer após a faculdade. "Você quer ficar em São Paulo ou quer conhecer David Rockefeller?", perguntou Edmond. Em 1967, Ezy foi para Nova York trabalhar como seu assistente. A despeito da distância entre Elie e os outros irmãos, em 1968 Edmond contratou Jacqui Safra, o filho mais velho de Elie, para trabalhar com câmbio.[30]

Edmond treinou os mais jovens praticamente da mesma maneira que Jacob o treinara: enviando-os à Europa para buscar oportunidades de intermediação financeira de baixo risco. Os interesses dos Safra no Brasil haviam sido pioneiros na compensação bancária entre o Banco Central do Brasil e países comunistas da Europa Oriental, trocando café por mercadorias industrializadas. Edmond telefonava para Ezy de Genebra e enviava o jovem de 22 anos para Belgrado ou para o Banco Central soviético a fim de realizar as compensações. Ernest Sasson, que partira de Beirute em junho de 1966 e começara como assistente de Emile Saadia em Genebra, foi enviado para a Tchecoslováquia e depois para a Alemanha Oriental e a Polônia. Vinte anos antes, Edmond, ainda adolescente, percorrera as belas capitais da Europa Ocidental em busca de ouro. Agora, enviava a nova geração de jovens sefarditas para os sombrios ministérios das finanças e bancos centrais em prédios de calcário por trás da Cortina de Ferro, obtendo um desconto na movimentação de café, ouro, tecidos e suprimentos industriais brasileiros.[31]

A expansão das operações desafiava sua habilidade de impor ordem. O Republic fora bastante caótico nos primeiros anos, enquanto crescia em grande velocidade e sem funções formais. Fred Bogart, genro de David Braka, amigo de Edmond, foi sondado para trabalhar no banco em 1966. Ele queria 200 dólares por semana. Edmond ofereceu 100. Um ano depois, ele voltou e Edmond disse: "Vamos dividir o prejuízo:

135 dólares." Quando Bogart entrou para o banco em março de 1967, coletando fundos federais, ele trabalhava com outras quatro pessoas no cavernoso quarto andar. "Naquela época, todo mundo exercia vinte funções", disse ele. Não havia, é claro, nenhum tipo de organograma.[32]

Mesmo assim, Edmond era meticuloso, e mesmo obsessivo, em relação a certos detalhes. Mostrando o Republic a algumas pessoas, ficou furioso porque um funcionário, Fred Kattenberg, deixara uma marca de queimadura de cigarro na mesa. "Demos uma bela mesa a esse desleixado, e veja o que ele fez." Ele escrevia a Cyril Dwek sobre a situação de um empréstimo e sobre comprar do sr. Possollo, de Lisboa, itens para a residência no nono andar, como uma banqueta Império, ou uma cama e uma poltrona Luís XVI. Mas seu método de acompanhar as operações não era delegar responsabilidades ou ler relatórios semanais. Em vez disso, ele recebia os associados em seu apartamento no edifício do Republic. Ele convocava Joshua Yedid, Cyril Dwek e vários outros, sentava-se em sua mesa enquanto bebia um drinque e conversava sobre as operações do dia.[33]

Esse método era um desafio. Como não era cidadão, Edmond só podia passar pouco tempo nos EUA a cada ano. Geralmente ia até lá duas vezes ao ano, ficando frequentemente por três meses a cada vez. Quando seu império se expandiu, o telefone se tornou um instrumento ainda mais importante. Edmond telefonava para os funcionários em todo o mundo durante o dia, à noite, aos domingos. (Ele não os interrompia durante o *shabat*.) E por um lado, fazia isso porque queria se manter atualizado e, por outro, porque gostava da conexão constante. Sem Almaleh, que trabalhou para o TDB em Genebra e Chiasso, lembrou que Edmond costumava telefonar nos fins de semana. "Quais as novidades?"

"Edmond", respondia ele, "é domingo. Não há novidades." Mas "ficávamos no telefone por uma hora e meia conversando sobre o que uma pessoa ou outra estava fazendo". Se não conseguisse falar com determinada pessoa, ele telefonava para Jacques Tawil e lhe pedia para encontrá-la, repetindo o mesmo pedido a quatro ou cinco associados, até que o desafortunado desaparecido era bombardeado com vários telefonemas.[34]

O tráfego não era somente em um sentido. Assim como Edmond gostava de entrar em contato com seus associados, ninguém hesitava em procurá-lo. Ainda com 30 e poucos anos, Edmond já era conhecido como a pessoa a quem se procurar para tratar de assuntos relacionados às organizações judaicas. Em 1965 ou 1966, Clement Soffer, então com 21 anos, secretário de uma congregação judaica no Egito que pretendia construir uma nova sinagoga no Brooklyn, pediu um empréstimo de 100 mil dólares. Edmond disse que forneceria o dinheiro, mas avisou: "Quero sua garantia pessoal de que a dívida será paga." Soffer protestou, dizendo ser muito novo. "Não é por causa da garantia, mas do princípio", respondeu Edmond. Quando os líderes da comunidade judaica de São Paulo foram a Nova York para pedir uma grande doação para a construção da Hebraica de São Paulo, ele respondeu que emprestaria o dinheiro a juros baixos. Quando eles responderam que não tinham fundos para pagar o empréstimo, Edmond disse que poderiam pagar somente os juros — mas tinham que contribuir com o pequeno valor imediatamente. Então disse a seu secretário para fazer um cheque no valor restante.[35]

Edmond continuou a manter uma residência em Genebra, no n° 56 da rue de Moillebeau, que oferecia acesso mais rápido ao aeroporto. Mas, em 1968, passou somente 68 dias na cidade. Como ainda não tinha família, sua vida permanecia investida no banco. No caso do Republic em Nova York, o banco era literalmente sua casa. Em 1966, quando seu associado Rolando Laniado, que morava no Brasil, foi visitá-lo, eles saíram para jantar. "Não saí do banco esta semana", comentou Edmond. Os principais executivos, muitos dos quais eram parentes distantes, constituíam uma espécie de família. Para Maurice Benezra, filho de Albert, que cresceu em Genebra na década de 1960, ele era o "tio Edmond", que lhe dera ações do TDB em seu *bar mitzvah* e certa vez o presenteara com oito pássaros em duas gaiolas. A identificação entre sua autoimagem e a imagem de suas empresas era intensa. Em mais de uma ocasião, Edmond disse: "Meus bancos são meus filhos."[36]

Gregário, com centenas de contatos e um grande número de familiares, Edmond estava constantemente em movimento, e nunca passava os feriados judaicos sozinho. Amigos e associados eram visitados constantemente nas várias cidades em que ele morava. E Edmond viajava com eles. Quando Simon Alouan passou alguns meses no Quênia em 1968, Edmond viajou para Nairóbi, onde os dois se hospedaram com um de seus advogados, um homem excêntrico. Edmond fez um breve safári, enfrentando uma viagem assustadora em um pequeno avião e o contato próximo com um elefante. Teve uma interação mais pessoal com a vida selvagem na casa do advogado, onde um chimpanzé de estimação, Sam, era tratado como membro da família. Em certo momento, o chimpanzé subiu no colo de Edmond e começou a acariciar seu rosto. Após o jantar, quando eles foram para o jardim, o chimpanzé segurou sua mão, deixando o normalmente descontraído Edmond bastante desconfortável.[37]

Mas não havia somente trabalho. Edmond nunca teve problemas para encontrar companhia feminina, quando a desejava. Ele pertencia a clubes sociais em Nova York e Londres. Em maio de 1968, por exemplo, compareceu ao fim de semana inaugural do fabuloso hotel de seu amigo Jean-Prosper Gay-Para em Saint-Tropez, o Byblos. No fim da década de 1960, teve uma namorada por cerca de três anos, uma francesa chamada Nicole Gotteland. Não se sabe muito sobre ela, mas os registros mostram que, a partir do verão de 1966, eles viajaram frequentemente pela Europa, para o sul da França, para Atenas (onde Edmond alugou iates nos verões de 1966 e 1967) e para Beirute.

A cada visita a Beirute, Edmond encontrava menos membros da antiga comunidade. A Guerra dos Seis Dias no verão de 1967, que alterou permanentemente o cenário geopolítico do Oriente Médio, desestabilizou o Líbano ainda mais. Em meio ao tumulto, o BCN continuou a funcionar como antes, movimentando grandes quantidades de ouro de Londres para o Oriente Médio do Mocatta & Goldsmid — cerca de 800 quilos em novembro de 1967, em várias transações diferentes.

INDO PARA OS ESTADOS UNIDOS (1964-1968)

Naquele outono, o BCN funcionou como canal de escoamento para o auxílio enviado de Genebra para os judeus de Damasco. Mas, lentamente, os equilibristas da corda bamba remanescentes começaram a partir. Em 2 de julho de 1968, Joseph Moadeb, um advogado que trabalhara em transações imobiliárias com os Safra, escreveu para dizer que planejava liquidar seus negócios. "Hesito entre o Canadá e o Brasil. Estou pedindo seu conselho, pelo qual sou antecipadamente grato." Entre aqueles que partiram estava a família Cohen, incluindo sua filha Chella. Nascida em 1951, ela se mudou com a família para o Brasil em 1968 e se casou com Moïse Safra em 1969.[38]

Edmond recebia contínuos pedidos de ajuda dos judeus de Beirute. Selim Chehebar, um associado de longa data da família, escreveu em dezembro de 1967 dizendo estar endividado por causa do casamento da filha. "Sei que você tem bom coração e que ajuda todo mundo. Qual será sua resposta para mim, que estive a seu serviço por 45 anos?" Para Chehebar e muitos outros fugindo do Líbano e do Egito no fim da década de 1960, os bancos da família Safra — especialmente o Republic — eram um refúgio. Edmond arrumou uma posição no departamento de empréstimos em Nova York para Chehebar, que partiu do Líbano com 65 anos e mal falava inglês. Abraham Shamma, que trabalhara para Jacob Safra na casa da rue Georges Picot, conseguiu um emprego no departamento de correspondência. Quando Joe Robert, um dos pacientes professores de Edmond na escola da Alliance, trocou Beirute pelo Brasil, também recebeu uma oferta de emprego. Nathan Hasson trabalhou no BCN até 1966, juntamente com Michael Elia. Elia recebeu uma proposta para trabalhar no Brasil e Hasson fugiu para o Canadá. Em abril de 1968, Henry Krayem telefonou para Hasson de Beirute e lhe disse para ir a Nova York. Ele apareceu no banco e foi levado à cobertura. Edmond, ainda de roupão e na companhia de Joshua Yedid, Moïse Khafif e Ezy Nasser, entregou a Hasson duas notas de 100 dólares para ficar em um hotel e lhe disse para começar a trabalhar na segunda-feira, no departamento de processamento de empréstimos. Victor e Albert Hattena, dois irmãos do Cairo, começaram a trabalhar no Republic no fim da década de 1960. "Quando as pessoas chegavam do Líbano ou da Síria, eles diziam: 'Vá ao departamento de Victor Hattena, porque é ele quem treina os funcionários'."[39]

Em 1968, Edmond, com 30 e poucos anos, assumira maior responsabilidade por sua comunidade e plantara raízes bem-sucedidas em solo americano. Por praticamente qualquer medida, ele superara as expectativas da família, da comunidade e dos colegas. A família internacional de bancos com a qual sonhara estava em operação, embora o crescimento do Republic tivesse estagnado após o início acelerado. Edmond percorrera uma grande distância em seus vinte anos como empresário e chegara às cruciais capitais de Nova York e Londres. Mas, em certa medida, ainda tinha que se estabelecer nelas. E, embora fosse rico e extremamente ocupado, não estava satisfeito, pessoal ou profissionalmente. Os anos seguintes seriam de grande crescimento em ambas as áreas.

8.
Crescendo em público (1969-1972)

O Republic era único, e as pessoas nem sempre sabiam como lidar com isso. Ele oferecia uma improvável mistura entre o refinamento europeu, a agitação americana e o estilo pessoal de fazer negócios do Oriente Médio. "Um novo banco, com quase um século de existência" era seu slogan. (Criado pela mesma empresa de relações públicas de Irving Trust, que Edmond conhecera em Beirute.) O Republic certamente foi o único banco do centro a oferecer uma pequena festa ao instalar uma grande *mezuzá* de prata na porta da frente. A maioria dos bancos proibia que membros da mesma família trabalhassem no mesmo lugar ao mesmo tempo, pois isso poderia facilitar fraudes. Mas, no Republic, "você olhava para o diretório e via os mesmos sobrenomes, cinco de uma família, sete de outra", lembrou Greg Donald, que começou a trabalhar lá em 1972. Quando o Republic emitia certificados de ações, eles continham o rosto de Jacob Safra. O logotipo do banco era o mesmo do grupo global, um escudo estilizado com as letras BJS (Banque Jacob Safra) sobrepostas, que fora projetado por uma gráfica de Beirute para uma moeda cunhada pelo BCN.[1]

Ao contrário de muitos outros empreendimentos Safra, o Republic não foi um grande sucesso já de início. O banco perdeu dinheiro em seus primeiros anos, em parte devido ao extravagante investimento na sede. Após um início acelerado, os depósitos em 1968 foram de somente 72 milhões de dólares, e o Republic obteve lucros relativamente baixos de 454 mil dólares. Um investidor preocupado pediu seu 1 milhão de dólares de volta. Parte do desafio estava relacionado à competição. Ao contrário dos judeus de Beirute ou dos empresários fugindo do Egito para o Brasil, os consumidores de Nova York tinham muitos bancos para escolher. E parte se devia ao fato de Edmond, acostumado às práticas de Alepo e Beirute, mostrar-se desconfiado e cético em relação a tomadores que não conhecia. A maneira americana de fazer empréstimos — para estranhos, com base em fórmulas, sem garantias pessoais — era completamente estranha para ele. Toda vez que havia uma perda, lembrou Fred Bogart, Edmond perguntava: "Você olhou o sujeito nos olhos? Sentou-se com ele? Como você emprestou dinheiro a um homem que não conhecia?" Para os grandes bancos, as perdas eram simplesmente parte do negócio. Para Edmond, cada uma delas era uma ferida pessoal, e o princípio de aceitar perdas era tão importante quanto o resultado material. George Wendler, um executivo do Republic, lembra-se de ter discutido um empréstimo problemático no qual o banco teria uma exposição máxima de 20 milhões de dólares por quatro noites consecutivas. "George, eu tenho condições de perder 20 milhões", disse Edmond. "Mas não gosto da ideia." E agia rapidamente para impedir pequenas perdas antes que elas se tornassem grandes. Quando seu sobrinho Jacqui Safra perdeu dinheiro em algumas transações cambiais e disse a Edmond que recuperaria o prejuízo, Edmond respondeu: "Não se preocupe. Eu vendi sua posição. Você vai recomeçar do zero."[2]

Embora oferecesse auxílio a pessoas com problemas, Edmond Safra temia perpetuamente que estivessem tirando vantagem. Em 1968, a antiga Penn Central se uniu à New York Central. A história, contada por muitos, diz que executivos importantes foram ao Republic naquele ano, pedindo um empréstimo. É claro que Safra ficou lisonjeado com a perspectiva de fazer negócios com a conhecida empresa. Mas não se mostrou interessado. Entre dezenas de outros estabelecimentos, "por que a Central Railroad veio ao Republic?", ele se perguntou em voz alta. E, de fato, em 1970 a ferrovia sofreu um colapso espetacular, na maior falência da história até então.³

Dadas as suas despesas, o Republic precisava de escala para obter lucro — mais depósitos que poderiam ser investidos em financiamentos e arbitragens no exterior, especialmente no mercado do eurodólar, que pagava as taxas de juros mais altas. Mas em Nova York Edmond era prejudicado pela regulamentação. Os bancos não podiam atrair clientes oferecendo melhores taxas para os depósitos. Os incentivos menores, como panelas, funcionaram nos primeiros anos, mas a regra Q do Federal Reserve proibia os bancos de oferecerem incentivos maiores que uma pequena quantia aos clientes. No entanto, à clássica maneira Safra, um funcionário encontrou uma brecha na regulamentação, e Edmond a explorou rapidamente. No fim de 1968, um veterano da indústria bancária que era executivo do Republic percebeu que a regulamentação era essencialmente silenciosa sobre o que os bancos podiam oferecer a uma terceira parte que atraísse clientes. O que aconteceria se o Republic pedisse aos nova-iorquinos para levarem amigos, familiares e vizinhos para abrir uma poupança de 10 mil dólares e oferecessem a eles não torradeiras de 20 dólares, mas televisões de 400?

Assim nasceu uma campanha altamente bem-sucedida que colocou o Republic no mapa. "Traga seus amigos e ganhe uma TV!", gritavam os anúncios do banco no início de 1969. Isso criou um frenesi entre os nova-iorquinos espertos. Quando o banco abria, às 9 horas, havia uma fila que se estendia da 40th Street à Sexta Avenida. A polícia criou barricadas para conter as multidões. Do lado de dentro, funcionários levavam os clientes aos andares superiores em grupos de dez pessoas, acomodando-os em meio ao luxuoso mobiliário antigo para abrir contas. Aqueles que indicavam clientes recebiam um certificado e iam para o espaço térreo que o Republic alugara na 39th Street para receber suas televisões. Edmond lia um relatório diário sobre o tráfego de clientes. As indicações de certa Ida Schwartz resultaram em 25 novas contas, e ela deu televisões a todos os netos. (Ela teria telefonado algumas vezes para o Republic a fim de perguntar por que um aparelho em particular não estava funcionando.)

O impacto no Republic foi transformador. Em certo momento, ele esteve entre os maiores distribuidores de televisores coloridos dos Estados Unidos. Os depósitos, que haviam se acumulado lentamente nos anos anteriores, cresceram 43%, chegando a 103 milhões de dólares, em 1969, e mais de 50%, chegando a 239 milhões de dólares, em 1970.[4]

Os depósitos eram empregados não em hipotecas e cartões de crédito, mas em empresas com as quais Edmond trabalhava havia muito tempo. Com grandes quantias à sua disposição, ele usou a intuição e o interesse pelo comércio para montar novas linhas de operação, muitas das quais geralmente eram evitadas pelos outros bancos nova-iorquinos. A primeira delas era a de metais preciosos. Na Europa e no Oriente Médio, os bancos Safra sempre haviam feito negócios significativos com ouro. Mas, nos EUA, as circunstâncias em relação à prata, que, ao contrário do ouro, era comercializada livremente, tornavam o metal menos precioso uma opção mais atraente. Albert Hattena, que se uniu ao Republic em agosto de 1969, ficou encarregado da prata. Da Europa, Edmond telefonava três ou quatro vezes ao dia e, dependendo do preço em Nova York, ordenava compras ou vendas. O Republic também abriu um depositário, o que significou que podia cobrar uma taxa pelo armazenamento do metal. Quando o preço da prata subiu no fim da década de 1960, a prata contida nas moedas americanas começou a exceder seu valor de face. Repetindo o que fizera na Europa com moedas de ouro, Edmond explorou essa discrepância. Em 1970, o Federal Reserve disse ao Republic que ele podia registrar as moedas pelo valor do lingote em relação a suas reservas bancárias, em vez de pelo valor das reservas do Banco Central, que não pagavam juros. Assim, Hattena comprou todas as moedas de prata que pôde encontrar, registrou o valor de mercado da prata contida nessas moedas como reserva e vendeu uma quantidade equivalente de lingotes de prata, conseguindo um lucro significativo.[5]

Em 1967 e 1968, o BCN de Beirute movimentou grandes quantidades de ouro de Londres para o Oriente Médio. Mas os EUA ofereciam tanto um novo *hub* quanto uma significativa série de oportunidades.

O preço do ouro era fixo na década de 1960, a 35 dólares a onça, e não era muito comercializado. O comércio existente era destinado aos joalheiros. Mas a especulação do ouro crescia fora do país, e os europeus cheios de dólares em razão das exportações para os EUA começaram a comprar ouro em grandes quantidades, pelo preço fixado pelo Federal Reserve. Em uma tentativa de conter esse fluxo, em março de 1968 os EUA anunciaram que deixariam de comprar e vender ouro em transações comerciais e encorajaram os bancos privados a obterem licenças para atender à demanda industrial. Em meio à crescente volatilidade dos mercados de moedas, o London Gold Pool, o mecanismo através do qual o preço do ouro era mantido em 35 dólares, entrou em colapso, e o ouro começou a ser negociado livremente. O Republic esteve entre os primeiros bancos americanos a obter licença para negociar com ouro. E rapidamente criou um departamento específico para isso em Nova York. Imitando o comércio que fazia com a prata, o Republic comprava ouro pelo preço local e o vendia para entrega futura a um preço mais alto. Desde que tais diferenças entre preços atuais e futuros persistissem, o banco podia obter lucros significativos, sem qualquer risco. O banco também criou um depositário licenciado e ganhou dinheiro armazenando o ouro alheio, como fizera anteriormente com a prata.

Cauteloso na hora de emprestar, Edmond era ousado ao buscar pessoalmente novas fronteiras. Em abril de 1969, ele viajou para o Japão, reunindo-se com empresas financeiras e industriais e estabelecendo a fundação de um acordo pelo qual, em 1972, as empresas japonesas Marubeni e Teijin criariam uma *joint venture* com o Grupo Safra a fim de produzir poliéster no Brasil.[6]

Ele também se reuniu com pessoas que podiam fornecer suprimentos. Em julho de 1969, escreveu uma longa carta a Peter M.S. Yagi, em Osaka, sobre 3 mil cinzeiros. "Em princípio, estamos preparados para fazer o pedido, mas gostaríamos de saber se o fundo dos cinzeiros pode ser forrado com camurça ou, ao menos, uma imitação desse material, em vez do vinil mencionado em sua oferta." Além disso, Safra queria que eles fossem "adornados com uma borda superior dourada de aproximadamente meio centímetro".[7]

Expandindo sua preferência pelos móveis e objetos decorativos dos aristocratas europeus, ele começou a comprar obras de arte. No fim da década de 1960, adquiriu uma pintura de Chaim Soutine intitulada *Woman with Umbrella* [Mulher com guarda-chuva]. "Espero que você goste do Soutine", escreveu o negociante de arte londrino Andras Kalman em 18 de junho de 1968. "Tenho uma bela paisagem de Renoir. Gostaria de mostrá-la a você."[8] (Edmond não a comprou.)

Ele também continuou, talvez inconscientemente, a imitar as ações filantrópicas do pequeno grupo de aristocratas judeus na Europa. Ele foi um firme apoiador financeiro da Communauté Israélite de Genève, doando 10 mil francos suíços ao ano. Mas também tinha simpatia pelas pequenas comunidades judaicas sem recursos, como a dos egípcios no Brooklyn. Em 1968, quando a minúscula comunidade judaica de Madri planejou construir a primeira nova sinagoga no país desde a década de 1940, Edmond encarregou o cunhado de Eveline, Albert Buri Nasser, para fornecer os fundos. A sinagoga foi chamada de Beth Yaacov, em homenagem a Jacob Safra. No mesmo ano, ele doou 5 mil livros de oração para a sinagoga de Milão, em homenagem ao pai, e prometeu 10 mil dólares para financiar o salão de jantar da *yeshivá* Magen David no Brooklyn. Quando conheceu Safra em 1970, Abraham Hecht, um rabino asquenaze *chabad* que havia muito era o líder espiritual da Shaarei Zion, a sinagoga síria no Brooklyn, o chamou de "contraparte do barão Rothschild no mundo sefardita".[9]

Essas profissões de fé externadas — colocar o filactério para as orações matinais, manter os Salmos em seu escritório, as *mezuzás* no banco — não eram simplesmente ritualísticas. Para Edmond, os ensinamentos e as tradições judaicas informavam tanto os negócios quanto os esforços filantrópicos, e suas conversas eram frequentemente povoadas por referências à Bíblia e ao Talmude. Se Jacques Tawil dissesse que alguém estava ganhando muito dinheiro, Edmond respondia: *"Hebel habalim amar Kohelet"* ("Vaidade das vaidades, diz o pregador"), a primeira linha do Livro de Eclesiastes, referindo-se à natureza temporária da riqueza.[10]

Em uma área significativa, no entanto, Edmond continuava a divergir do caminho esperado dos homens em seu meio: casar-se. No mundo da diáspora de Beirute e Alepo, a prática usual e esperada era que os homens, ao se estabeleceram profissionalmente por volta dos 30 anos, casassem-se com uma mulher da comunidade. Normalmente, ela seria cinco, dez ou quinze anos mais nova e conhecida pela família do noivo. (Em gerações anteriores, fora frequentemente uma prima, como no caso de Jacob e Esther Safra.)

Mas Edmond não estava interessado. Seus relacionamentos com as mulheres geralmente pareciam uma questão de companheirismo ou conveniência. Conforme continuava a construir seu império em quatro países, buscar alguém para dividir a vida ou mesmo construir família não era uma prioridade. Mas, embora Edmond sempre repetisse estar simplesmente ocupado demais, a verdade é que teria achado difícil encontrar alguém adequado entre a diáspora de Alepo. Na cultura das comunidades sefarditas, as mulheres geralmente não tinham seus horizontes ampliados ou eram educadas para além do ensino secundário, tampouco aprendiam a ser cosmopolitas e ambiciosas. Seu papel costumava ser criar um lar e ter filhos. Conforme Edmond se tornava mais cosmopolita e seus negócios, mais globais, a probabilidade de ele escolher uma jovem dessa tradição diminuía. Ele precisava de alguém que não estivesse atrás de seu dinheiro, alguém que estivesse a sua altura, alguém na mesma posição social e intelectual.

Ele finalmente encontraria essa pessoa no verão de 1969. Lily Monteverde tinha o tipo de *background* e vida dramática que cria mitologias. Mas os fatos eram suficientemente interessantes. Ela era filha de imigrantes judeus na América do Sul — Wolf Watkins, um engenheiro de origens tcheca e britânica que prosperara no Brasil e no Uruguai, e Anita Noudelman, cuja família fugira dos *pogroms* [ataques violentos contra grupos étnicos ou religiosos, especialmente os judeus] em Odessa para a segurança no Brasil. Nascida em Porto

Alegre e educada no Rio, Lily se casara jovem, com Mario Cohen, um fabricante de meias-calças judeu italiano que vivia em Montevidéu, no Uruguai. Eles tinham três filhos, Claudio, Eduardo e Adriana. Lily e Mario haviam se divorciado em 1964 e, no ano seguinte, ela se casara com Alfredo "Freddy" Monteverde, proprietário da cadeia de eletrodomésticos Ponto Frio. Em agosto de 1969, Monteverde, que sofria de transtorno bipolar, pusera fim à própria vida, deixando a jovem mãe e viúva Lily com recursos substanciais e uma complexa vida familiar e financeira.

Após a morte de Freddy, Lily fora para a Inglaterra, onde seus filhos mais velhos estudavam. (Carlos Monteverde, o filho adotivo de 10 anos de Freddy, uniu-se a ela.) De certo modo, ela já estava no mundo de Edmond. Ela comparecera ao casamento de Joseph Safra no Brasil, e eles conheciam muitas das mesmas pessoas. Talvez mais importante, Freddy Monteverde fora um importante cliente dos bancos Safra.

Em 1969, Lily fez o que imaginou que seria uma rápida viagem de negócios à Suíça a fim de se reunir com conselheiros da S.G. Warburg em Zurique e do TDB em Genebra. O plano era se reunir com os conselheiros em Zurique pela manhã, almoçar em Genebra e retornar na mesma noite a Londres. Mas a complexidade de seus negócios e as dificuldades das redes de comunicação desempenharam papel providencial. Ao examinar a situação, Edmond percebeu que precisava discutir certas questões com os advogados no Rio de Janeiro. Eles almoçaram juntos em um restaurante na fronteira com a França, pediram uma ligação e esperaram que fosse completada. Quando Lily foi chamada ao telefone, "senti que Edmond estava olhando para minhas pernas", lembrou ela. Como as partes não conseguiram chegar a uma conclusão mutuamente satisfatória pelo telefone, Edmond sugeriu que ela permanecesse em Genebra por alguns dias. Somente com uma troca de roupa na mala, Lily foi à loja dirigida por Anita Smaga, esposa de Victor Smaga, amigo de Edmond. No dia seguinte, Lily e Edmond continuaram a conversar.[11]

E descobriram que tinham muito assunto. Ao contrário das muitas mulheres que ele conhecera, Lily estava no mesmo comprimento de onda que ele. Era fluente em várias línguas, incluindo português, inglês e francês. Os dois amavam colecionar arte. Aliás, Lily estava muito à frente de Edmond, já proprietária de obras que incluíam Klee, Picasso e Van Gogh. Ela tinha recursos para alugar um apartamento em Londres ou navegar pelo Mediterrâneo.

Em Lily Monteverde, Edmond encontrou uma igual — em estatura, riqueza, ambição, independência e força. Consciente de que aquela era uma situação potencialmente diferente, ele se tornou mais cuidadoso. Ao mesmo tempo, ela pareceu gerar um grau de interesse e felicidade que os amigos nunca haviam visto nele antes. Quando se preparava para ver Lily no Hotel President Wilson em Genebra, Edmond passava noventa minutos em frente ao espelho, "mudando seus dois fios de cabelo de um lado para o outro", lembrou Simon Alouan. Ele também conferia se a camisa e o terno estavam bem passados.

Lily tinha não somente os próprios recursos, como também a própria agenda. Ela era alguém a cuja vida ele teria que se adaptar, não o contrário. Edmond visitaria Lily muitas vezes em Londres, onde ela vivia, no Hotel Dorchester e, mais tarde, compraria um apartamento, e cautelosamente começou a assumir o papel de figura paterna dos filhos dela. No verão de 1970, Edmond e Lily fizeram um cruzeiro pelo Mediterrâneo em um iate que ela alugara. Mas Edmond decidiu que precisava retornar urgentemente a Nova York, e o iate estava longe do destino final, Capri. Assim, ele instou o capitão a seguir na direção da costa em um mar turbulento enquanto ele e os outros passageiros se amarravam às cadeiras do deque. Lily também comprou uma casa rural no sul da França, em Vallauris, na qual Edmond se tornou presença frequente.

Mas seu romance não ocorreu sem dramas. Mesmo que estivesse claramente apaixonado, Edmond não estava acostumado a se sentir preso. No verão de 1971, Lily esperava Edmond para jantar em Londres em uma noite de sexta-feira — ele iria à cidade para uma reunião do conselho da Globex, a empresa de Freddy Monteverde, do qual ambos faziam parte. Mas Edmond não apareceu. Lily achou que ele estava se encontrando com outra mulher em Londres. Então, ela telefonou para a casa da mulher, fingindo ser uma funcionária do TDB alertando Edmond para uma emergência no banco. Quando ele atendeu o telefone, Lily disse: "Obrigada. Eu estava esperando você chegar para jantar. Esqueça que eu existo." Durante a reunião do conselho da Globex, os diretores ficaram chocados quando Lily dramaticamente rasgou as cartas que Edmond escrevera e jogou-as nele. Edmond ficou devastado. Durante vários meses, de acordo com um amigo, "ele não teve vontade de fazer nada. Perdeu o interesse na maioria das coisas que amava, inclusive os negócios".

Por impulso, e para deixar Edmond com ciúmes, Lily se casou em Acapulco, no México, com Samuel Bendahan, um empresário de origem marroquina que morava em Londres. Menos de dois meses depois, ela o deixou, gerando uma série de amargas ações legais. Quando ela entrou em contato com Edmond, ele sugeriu que, em vez de retornar a Londres, ela fosse com Simon Alouan a um lugar no qual ninguém pensaria: o Hotel King Frederik em Copenhague. Edmond a encontrou lá. "Foi comovente vê-los, de mãos dadas como dois colegiais", lembrou Alouan. Edmond estava tão feliz que não se deu ao trabalho de telefonar para o banco. Eles decidiram reconstruir o relacionamento e seguir em frente — mas, para isso, teriam que esperar até que Lily conseguisse o divórcio.[12]

Ao mesmo tempo que encontrava obstáculos em seus relacionamentos pessoais, Edmond obtinha novos triunfos nos negócios. Ele tinha dois objetivos para o Republic: aumentar os depósitos e aumentar o capital. A campanha das televisões cuidara do primeiro objetivo. Levantar capital para o banco, o que ajudaria a solidificar sua posição e aumentaria sua força, seria um desafio maior. Até então, Edmond conseguira capital para suas instituições à maneira do Velho Mundo: com amigos e familiares. Grande participante dos mercados financeiros, Edmond não era ativo nos mercados de capital, que exigiam a venda de ações ou títulos para estranhos. Em 1970, o Republic tinha somente 16,7 milhões de dólares em capital. Agora, ele tentava vender 10 milhões em títulos — mais uma vez, essencialmente sozinho. Após conseguir vender somente 700 mil, ele estava aberto a novas ideias.

Essa empreitada o colocou em contato com um grupo de financistas ambiciosos e independentes que se provariam importantes para o crescimento do Republic. O mundo de corretagem de Wall Street estava amplamente dividido entre as antigas empresas WASP, como o Morgan Stanley, e antigas empresas judaico-alemãs, como o Goldman Sachs, cujas origens remontavam ao século XIX. Após a Segunda Guerra Mundial, uma nova geração de corretores, muitos dos quais sem acesso a essas redes, começou a forjar o próprio caminho. Entre eles estava a empresa Cogan, Berlind, Weill e Levitt. Em 1971, Jeff Keil e Peter Cohen, dois jovens banqueiros da Cogan Berlind, reuniram-se com Edmond. Eles disseram que sua empresa podia subscrever a oferta do Republic, essencialmente comprando todas as ações e as revendendo para seus clientes. Quando convidaram Edmond para almoçar, eles debateram sobre o que pedir. Não queriam parecer arrogantes, mas tampouco queriam que Edmond achasse que não tinham classe. No fim, decidiram comer o de sempre: sanduíches de pastrami. Isso foi fortuito, pois Edmond adorava lanchonetes judaicas e achava opressiva a formalidade dos almoços de negócios. "Eu não gosto de perder muito tempo almoçando", disse ele. "Na Europa, as pessoas perdem duas horas almoçando e bebendo vinho." Além disso, ficara furioso quando um concorrente, outro banco judaico, o convidara para o café da manhã e servira bacon.[13]

Assim como Edmond ficou impressionado com o estilo casual de Keil e Cohen, os dois frequentemente ficavam confusos com os modos aristocráticos dele. Quando Keil voou com Edmond para a Costa Oeste a fim de se reunir com investidores, ele ficou surpreso porque o valete de Edmond, Francisco Pereira, foi junto, viajando na classe econômica, enquanto Edmond e Keil se sentavam na primeira classe. Assim que se sentaram, Pereira se aproximou com uma bela caixa de couro, retirou dela copos de cristal, abriu uma garrafa de água mineral e os serviu. A aeromoça, boquiaberta, perguntou: "Quem é você?" Edmond respondeu: "Somente um homem de negócios."[14]

Embora Edmond continuasse a evitar os organogramas e os planos de cinco anos típicos das empresas Fortune 500, ele estava disposto a se engajar em pensamento de longo prazo quando se tratava de levantar capital. Keil preparara uma ideia para expandir o capital do banco para 250 milhões de dólares em cinco anos. Quando Edmond ouviu isso, disse a Keil que pensava exatamente no mesmo número. Por quê? "É quanto o Irving Trust possui", respondeu. "Se você tem essa quantidade de capital, o banco pode ser dirigido por idiotas." O Republic atingiria o objetivo de 250 milhões em três anos e oito meses.[15]

Em outubro de 1971, o Republic fez uma oferta de direitos, seguida de uma oferta de 15 milhões de dólares em debêntures conversíveis em março de 1972. O aumento de capital levou jovens ambiciosos de Wall Street para a órbita do banco, incluindo um agressivo *trader* que abrira caminho da Hungria até Londres e Nova York e agora trabalhava na Arnhold and S. Bleichroeder, uma empresa judaica da Alemanha. "Como você sabe, assumimos uma posição substancial no Republic National Bank e desenvolvemos muito interesse pelo banco", escreveu George Soros em um telex à direção do banco em 1972. "Esta manhã, recebemos um convite formal para nos tornarmos membros de seu grupo de subscrição de títulos." Embora fosse uma adição tardia, Soros pediu uma participação de 350 mil dólares.[16]

Conforme suas empresas assumiam papéis mais públicos e obtinham maior proeminência, Edmond emergia como figura pública. No início de sua carreira, em deferência às sensibilidades do Oriente Médio, Edmond evitara qualquer identificação aberta ou pública com Israel. Isso começava a mudar. Durante a guerra pela independência de 1948, Porat Yosef, a *yeshivá* em frente ao Muro das Lamentações, com fortes laços com a comunidade de Alepo, fora deixada em ruínas pelas forças jordanianas. Após a Guerra dos Seis Dias de 1967, quando Israel tomara posse da Cidade Velha de Jerusalém, um grupo de famílias de

Alepo — incluindo os Ades, Laniado, Gindi, Shalom e Safra — dividira a responsabilidade financeira pela restauração da Porat Yosef à sua glória anterior.[17]

E ele continuou a se interessar pelas dificuldades de sua comunidade em Beirute. Em setembro de 1971, Albert Elia, líder do conselho comunal em Beirute, desapareceu. Elia estivera auxiliando o cada vez menor grupo de judeus sírios que queriam partir, e fora sequestrado por agentes sírios e levado pela fronteira até Damasco. Edmond supostamente tentou pagar o resgate em uma malsucedida tentativa de libertar Elia, que foi morto em 1972. Em dezembro de 1971, Vicky Mamieh, uma amiga de Beirute, escreveu para agradecer pelo envio de 2 mil libras: "Minha irmã Tamam estava no cemitério mais cedo, no aniversário de morte de nossa mãe, e pediu que Deus o protegesse em todos os momentos." Juntamente com sua gratidão, ela enviou um pacote de pistaches. No verão de 1971, o rabino Chahoud Chrem, da Magen Avraham, escreveu a Edmond para lembrá-lo "de seu bom hábito de participar do templo nas diversas doações para obras filantrópicas e reservar aliotes em memória de seu pai e sua mãe". As pessoas também o consultavam como uma espécie de autoridade secular. Quando Freddy Salem, o genro do líder comunitário Joseph Moadeb e funcionário do BCN na década de 1960, teve uma disputa monetária com seus quatro irmãos, eles concordaram em procurar Edmond para servir como árbitro. "As pessoas confiavam que ele encontraria uma solução justa", lembrou Salem.[18]

Em sua tumultuada vida — cuidando das necessidades dos judeus no Líbano, negociando seu complexo relacionamento com Lily, administrando três bancos e vários interesses comerciais em todo o mundo —, Edmond permanecia o mesmo negociante habilidoso que sempre fora. Para ele, o mundo continuamente apresentava oportunidades de arbitragem de baixo risco àqueles com capital, ambição e capacidade de pensar rápido. Um caso ilustrativo ocorreu no verão de 1971. Em meio a contínuos desafios, o dólar americano perdia valor em relação às outras moedas globais. Os estrangeiros, sem fé nos EUA — que estava em uma guerra malsucedida no Vietnã, lutava contra a inflação e lidava com uma balança comercial desfavorável —, continuavam a exigir a possibilidade de trocar seus dólares por um ativo mais estável: o ouro. A administração Nixon começou a acreditar que abandonar a indexação oficial do dólar em ouro — o padrão-ouro — faria sentido. Na noite de 15 de agosto de 1971, um domingo, Nixon fez um discurso no qual disse que, a partir daquele momento, os EUA interromperiam a convertibilidade de dólar em ouro e que os governos estrangeiros não poderiam mais trocar dólares pelo metal.

Edmond, que estava em seu apartamento no último andar do prédio do banco jantando com Rafael Kassin e Ezy Nasser, ouviu o discurso de Nixon e imediatamente compreendeu o subtexto. A despeito das garantias de Nixon em contrário, o gesto apressaria a desvalorização do dólar. A resposta clara e óbvia era comprar ienes e vender dólares. E, naquela hora, os mercados do Japão, dez horas à frente de Nova York, já estavam abertos. Edmond telefonou para Jo Romano, que dirigia as operações administrativas do banco. "Telefone para o pessoal de câmbio. Consiga colchões. Consiga comida. Vamos negociar!" Ele reuniu sua equipe e desceu alguns andares até a sala do telex, porque era difícil conseguir linhas telefônicas para Tóquio, e operou ele mesmo o telex. Em mais ou menos vinte minutos, os mercados se ajustaram, mas o Republic já obtivera um lucro de milhões.[19]

O público nem sempre conhecia os detalhes das manobras de Edmond. Mas cada vez mais pessoas acompanhavam e participavam da expansão do Republic. Em 12 de janeiro de 1972, ações ordinárias do banco foram listadas para negociações na Bolsa de Valores americana e, em 14 de julho de 1972, na Bolsa de Valores de Londres. As campanhas para aumentar o capital e os depósitos geraram resultados significativos. Os ativos totais subiram de 75,2 milhões de dólares em 1967 para 411,7 milhões em 1971, e os depósitos ultrapassaram os 348 milhões. Eles quase dobrariam novamente em 1972, para 643 milhões, representando um crescimento de dez vezes em cinco anos.

O banco, que conseguira somente um pequeno lucro em 1968, obteve 28 milhões de dólares de lucro em 1971. Uma boa parte disso veio de fontes para além dos créditos: títulos municipais, transações com ouro e prata, operações de câmbio. Em 1972, a relação entre empréstimos e depósitos era de mais ou menos 40%, e a maior parte dos empréstimos era feita a bancos e governos da Europa e da América do Sul. "Em seis anos, não demos como perdido um único empréstimo", disse Morris Hirsch.[20]

Em 1972, Edmond construíra não somente uma base em Nova York ou um nodo da rede de instituições familiares, mas também um poderoso motor de crescimento. No espaço de alguns anos, o Republic assumira seu papel de entidade pública. E, em menor grau, Edmond fizera o mesmo. Aproximando-se do quadragésimo aniversário, ele forjava importantes relacionamentos e escolhera, juntamente com sua família e suas instituições financeiras, uma posição perfeita para o crescimento futuro.

9.

Saltos de fé (1972-1975)

Por mais crescimento pessoal e profissional que Edmond tivesse experimentado nos cinco anos anteriores, mais estava por vir. E viria aos saltos, como resultado de várias atitudes pouco características que, no fim das contas, mudariam sua vida.

Desde os tempos do Safra Frères, os Safra haviam buscado o crescimento orgânico: fundar novas instituições, colocar as novas gerações no negócio e adicionar nodos à sua rede global. Essa era uma forma de crescimento mais lenta e exigia mais trabalho intensivo que, por exemplo, buscar fusões e aquisições. Em 1972, havia mais de 12 mil bancos nos EUA. E, através de seu marketing habilidoso, o Republic, com uma única agência, conseguira se tornar o ducentésimo maior — entre os 2% do topo em termos de tamanho. Mas, enquanto aproveitava os frutos da campanha de televisões oferecidas como incentivo, o banco também tomava medidas para se expandir através da aquisição do Kings Lafayette.

O Kings Lafayette, um banco clássico de poupança, tinha dezoito agências no Brooklyn e no Queens, com aproximadamente 204 milhões de dólares em depósitos, mais ou menos o mesmo que o Republic. Edmond começou a comprar ações do banco em 1970, já pensando em uma potencial aquisição. Mas não era o único interessado. Em novembro de 1971, Ted Silbert, o presidente da Standard Prudential, que controlava o Sterling National Bank, conversou com o Kings Lafayette sobre uma possível fusão. E, embora Edmond tivesse conseguido uma linha de crédito com outro banco para financiar o preço de compra de 32 milhões de dólares, ele e o banqueiro de investimentos Jeff Keil descobriram que esse mesmo banco também apoiava Silbert. Quando Keil reclamou que isso não era justo, Edmond lhe disse para não ser tão ingênuo. "Você foi criado em um país rico. Então, para você, algo ser justo ou não é muito importante. De onde eu venho, a vida não é justa."[1]

Ali, no entanto, havia outra campanha a liderar. A estratégia para obter o controle era comprar o máximo de ações que pudesse, discretamente, no mercado aberto e com o próprio dinheiro, e então fazer uma oferta pública por um lote de ações, obtendo assim a maioria. O truque era fazer isso sem chamar atenção para a oferta. Keil sabia que alguns poucos edifícios em Court Street, no Brooklyn, abrigavam escritórios de advogados que tinham ou representavam clientes que tinham ações do Kings Lafayette. Ele decidiu pegar o elevador até o último andar e ir descendo, apresentando-se e oferecendo-se para comprar ações em nome de Safra. Toda noite, ele relatava a Edmond quantas conseguira: novecentas ações, mil, duas mil. Para Edmond, esse *modus operandi* era parecido com o que ele adotara em bancos centrais e ministérios das finanças na Europa. Ele o chamava de "bater em portas". Como disse mais tarde, ele comprou as ações com o próprio dinheiro porque tinha "muito mais liquidez que os bancos".[2]

O Kings Lafayette estava envolvido na confusão da política nova-iorquina e tinha fortes laços com o Partido Democrata do Brooklyn. Em 1971, ele virou notícia porque oito homens, incluindo vários supostos membros da Máfia, foram presos por obter empréstimos ilegais no banco. Ávido para evitar controvérsias, Edmond interrompeu suas ações. Mas, no verão de 1972, quando o Kings foi inocentado de todas as acusações e Edmond já gastara 12,5 milhões de dólares para comprar 44% das ações, sentiu-se preparado para fazer uma oferta pública.[3] Nisso, ele tinha uma vantagem sobre seu rival. Um banco querendo comprar um grande lote de ações tinha que notificar o Federal Reserve e esperar noventa dias antes de agir. Edmond, agindo em seu próprio nome, não tinha tal obrigação. No início de agosto de 1972, o Standard Prudential fez uma oferta por 51% das ações do Kings Lafayette a 40 dólares a ação. Duas semanas depois, Edmond fez sua própria oferta pública, pelo mesmo preço, e começou a comprar imediatamente. Em 24 de agosto, ele anunciou que adquirira todas as 189.678 ações do Kings Lafayette oferecidas, obtendo um total de 68% das 786.028 totais.

Edmond sempre foi retratado pela imprensa como uma espécie de misterioso intruso. "Um banqueiro estrangeiro invadiu o Brooklyn", disse a manchete da *Business Week* em 17 de agosto de 1972. Ela se referiu a ele como "respeitado, mas pouco conhecido judeu sefardita nascido no Líbano que é cidadão brasileiro, mas mora em Genebra". Mas Edmond aceitava bem a situação. "Estou competindo com gente grande, em seu próprio país", disse ele ao *New York Times*. "Devo dizer que os americanos foram mais que justos comigo. Fazer negócios nos EUA é excelente."[4]

Ao mesmo tempo, Edmond e seus colegas trabalhavam em uma transação que representaria outro salto quântico para a crescente família de bancos — e para a família Safra. O TDB era o maior acionista do Republic. Praticamente um modelo de negócios inteiramente diferente do Republic, em somente onze anos o TDB se expandira rapidamente, acumulando 1 bilhão de dólares em depósitos. Com os ativos consolidados chegando a 1,5 bilhão de dólares, era solidamente lucrativo, com 10,2 milhões de lucro em 1971. Ao passo que o Republic era provinciano, com uma única agência, o TDB era global. Estava bem representado na Europa, com escritórios em Londres, Chiasso e Paris; e na América do Sul, com escritórios no Panamá, em São Paulo e em Buenos Aires. Em 1972, abriu dois escritórios representativos, um em Frankfurt e o outro em Caracas, na Venezuela.[5]

Na América Latina, o TDB levou a presença dos Safra no Brasil para todo o continente. Em toda grande capital sul-americana, havia um escritório para receber os depósitos dos comerciantes sefarditas e fazer contatos com grandes corporações e com as agências para as quais preferia ceder empréstimos. Com seus elos com os EUA graças ao Republic, o TDB podia parear tomadores com investidores. Em 1971, negociou um empréstimo de 40 milhões de francos suíços para a Venezuela. No ano seguinte, ajudou a subscrever 35 milhões de dólares em obrigações de quinze anos para a República Federativa do Brasil.

O banco também se expandia na Europa. Em 1972, o TDB adquiriu o Banque de Dépôts et de Crédit em Paris e o transformou no TDB da França. Edmond rapidamente percebeu que a nova unidade podia aproveitar um tratado que dava tratamento preferencial aos investimentos franceses no Brasil. Quando decidiu emprestar 30 milhões de dólares para a Locomotive and Machine Works, que consertava a ferrovia que subia o Corcovado, no Rio de Janeiro, em cujo cume havia uma estátua gigantesca do Cristo Redentor, o TDB economizou 2% anuais em juros.[6]

O TDB permaneceu, em seu âmago, um banco suíço: privado e discreto. Mas o anonimato não durou muito tempo, porque, em 1972, Edmond se preparava para transformá-lo em sociedade anônima a fim de levantar capital. Primeiro, ele criou uma holding para o banco em Luxemburgo. Embora fizesse parte do Mercado Comum Europeu, Luxemburgo era a sede favorita das multinacionais, porque taxava o capital das instituições, e não sua renda. Em junho de 1972, quase todos os acionistas do TDB em Genebra trocaram suas ações pelas da TDB Holdings S.A. em Luxemburgo. Então a holding se preparou para levantar capital em Londres. A TDB planejava vender 16% de seu capital, o que deixaria Edmond com 64% das ações e outros com 20%. "Safra vem a Londres", relatou a *Economist* em setembro de 1972. "Essa é a primeira vez que uma empresa não britânica escolhe abrir seu capital em um mercado londrino." Por que Londres? A oferta ajudaria a "aumentar a credibilidade de um grupo bancário que, para muitos acionistas, até agora era praticamente desconhecido".[7]

A oferta foi importante, em parte porque exigiu a divulgação mais ampla de informações. Por natureza e em razão de sua profissão,

Edmond era reservado e, às vezes, quase paranoico. Para manter concorrentes e inimigos em desvantagem, ele não gostava de mostrar suas cartas publicamente. Quando estava criando a holding em Luxemburgo, instruiu Minos Zombanakis, da Manufacturers Hanover, a "tentar manter segredo em relação aos asquenazes. Eles vão me matar". Quando os advogados britânicos lhe pediram um currículo a ser anexado à oferta, uma prática usual, Edmond recusou.[8]

No fim, a Manufacturers Hanover e um clássico banco asquenaze, o N. M. Rothschild, lideraram a compra de 2,5 milhões de ações do TDB, angariando 41,25 milhões de dólares (16,8 milhões de libras britânicas, ou 275 milhões de dólares em valores de 2021). O que o *Guardian* chamou de "mais exótica abertura de capital de uma nova empresa" foi, na verdade, a maior oferta na história da Bolsa de Valores de Londres. Ela deixou o TDB com uma capitalização de 255 milhões de dólares — e colocou Edmond em uma altura rarefeita. Quando o Republic abrira seu capital seis anos antes, ele se contentara em permanecer nas sombras. Agora, "um dos menos conhecidos grandes banqueiros do mundo", como o *Wall Street Journal* o chamou, colocou-se na frente e no centro da cena financeira internacional.[9]

Orgulhoso de seu legado e de suas realizações, Edmond deu uma entrevista coletiva anunciando a oferta. Durante a entrevista, discutiu sua carreira e acrescentou que se sentia um morador dos "voos pelo globo da Pan American World Airways, nos quais sempre estou presente". E pareceu gostar do reconhecimento que recebeu. "Eu me lembro de que, quando era garoto, costumávamos negociar com os Rothschild", disse Safra a Edmund de Rothschild quando os documentos da gigantesca subscrição foram assinados. Durante uma reunião, Jacob Rothschild se virou para Edmond e disse: "Conhecemos seu pai, seu avô e seu bisavô."[10]

Edmond também deu uma entrevista para o *New York Times*, que o chamou de "colecionador de bancos", e desvelou parte dos mistérios cercando sua persona. "Ele gosta de colecionar relógios e bancos, usa jeans aos domingos quando está em Nova York, a fim de pedalar pelo Central Park, e mantém totalmente tripulado um iate de 100 pés chamado Aley, em homenagem ao vilarejo em uma encosta perto de Beirute onde nasceu. O iate fica ancorado em Cannes." Ele disse ao jornal que não estava interessado em dinheiro porque "sempre o tive" e admitiu que a oferta aumentaria seu patrimônio líquido em 150 milhões de dólares.

Edmond ofereceu aforismos que aprendera com Jacob Safra: "Você nunca deve conceder um empréstimo cuja inadimplência não pode suportar", "Um banco é uma virgem e deve sempre manter sua virgindade" e "Os banqueiros devem ser corretos e emprestar com cuidado, sem truques sujos."[11]

No aeroporto de Londres, após a oferta, Edmond se virou para seu amigo Simon Alouan e disse: "Simon, somos uma família muito rica." A oferta chamou mais atenção para as operações da família. Em novembro de 1972, a revista brasileira *Exame* publicou uma matéria de capa sobre os "fabulosos irmãos Safra", incluindo retratos a grafite de Edmond, Moïse e Joseph. Os desenhos incluíam uma representação de Joseph apontando as operações da família em um atlas. Nas páginas internas, também havia uma fotografia dos três irmãos ao lado de um busto de Jacob.[12]

Quanto mais cresciam as operações e as informações do público sobre elas, mais importante se tornava que Edmond mantivesse sua imagem e sua reputação. Ele continuou a usar nas camisas a mesma seda japonesa que o pai usava, cortada e costurada pelo mesmo alfaiate em Milão, o Corbella, e continuou a comprar ternos na Rovello. Disse a Jeff Keil que a diferença entre um homem bem-vestido e um homem malvestido era de 30 mil dólares ao ano — e então deu a ele o nome de seu alfaiate em Milão. O senso de honra, propriedade e dignidade ao conduzir negócios era algo em que insistia, em público e em caráter privado. Roberto Faldini, que fez estágio no Republic e trabalhou no Banco Safra no Brasil, aprendeu essa lição. No início da década de 1970, o US Export-Import Bank concedera uma linha de crédito de 3 milhões de dólares — intermediada pelo Banco Safra, mas garantida pelo Republic e pelo TDB — a uma empresa brasileira. Na data do pagamento, seis meses depois, em 30 de junho, o cliente entregou o dinheiro ao Banco Safra. Mas a autorização do Banco Central para enviar os fundos para o US Export-Import Bank só chegou em 1º de julho. Joseph Safra, furioso, telefonou para Faldini e o enviou a Nova York a fim de explicar a Edmond por que o pagamento estava um dia atrasado. Faldini, então com 21 anos, foi até o nº 452 da Quinta Avenida e recebeu uma bronca. "Roberto, eu conheço sua família", disse Edmond. "Mas o que aconteceu não é admissível em nosso banco. Temos uma tradição de cem anos e não admitimos um dia de atraso, mesmo que tenhamos uma explicação." Da próxima vez, ele devia telefonar para Joseph ou Edmond. "Eu pagarei do meu bolso", disse Edmond, "mas jamais atrasaremos um único dia."[13]

Isso dito, Edmond às vezes era mais indulgente em relação à maneira como era tratado. Quando lhe disseram que Jeffrey, que dirigia o Jaguar do TDB em Londres, fora redesignado porque era cego de um olho e tinha dificuldades de visão no outro, Edmond brincou: "Eles me deram um motorista que não consegue enxergar." E quando soube que o motorista fora transferido para a verificação de assinaturas, ele riu: "Você consegue imaginar escolher alguém que não enxerga para conferir uma assinatura?" Dali em diante, sempre que encontrava uma situação absurda, ele dizia: "Verificação de assinaturas!"[14]

As coisas pareciam estar progredindo também na vida pessoal. Em agosto de 1972, Samuel Bendahan concordou em se separar legalmente de Lily Monteverde. Três meses depois, Lily voou para Las Vegas com o filho mais velho, Claudio, ávida para obter um divórcio rápido. Edmond a visitou várias vezes. Seria difícil encontrar um lugar mais improvável para Lily Monteverde e Edmond Safra continuarem o namoro que a estrondosa e cafona sede dos cassinos no sudoeste dos Estados Unidos, mas Edmond acrescentou de boa vontade a nova parada a seu itinerário cada vez mais longo.

Em 6 de fevereiro de 1973, um tribunal de Nevada concedeu o divórcio a Lily. Ela e Edmond começaram a viver como casal, embora ainda não tivessem se casado. A casa de Lily em Vallauris, na França, tornou-se o principal destino de Edmond durante o verão. Em 1974, quando o negociante de arte londrino Mark Kelman enviou ao assistente de Edmond a fatura de *Dual Form* [Forma dual], uma escultura de bronze de 180 centímetros de Dame Barbara Hepworth, ele escreveu: "Por favor, envie meus sinceros cumprimentos ao sr. e à sra. Safra."[15]

A combinação entre a oferta pública do TDB e a aquisição do Kings Lafayette acelerou as operações de Edmond. Agora ele tinha um pequeno império com cerca de seiscentos funcionários em mais de uma dezena de escritórios. Armado com mais capital e uma base mais ampla de depósitos, Edmond e seus colegas investiram em recursos que lhes permitiram pintar em uma tela global ainda maior — e trabalharem juntos de novas maneiras. O Republic e o TDB criaram grupos de judeus, muçulmanos e cristãos, trabalhando em Nova York e Londres, para abrir contas na Arábia Saudita e no Kuwait. Agora, podiam emprestar quantias maiores e ajudar a organizar sindicatos para os grandes tomadores. No verão de 1973, o Republic anunciou um empréstimo de 50 milhões de dólares para as Filipinas, e o TDB iniciou uma linha de crédito rotatória para o Banco Central do país. Em março de 1974, o Republic ajudou a organizar um empréstimo para o governo da Bolívia e participou de um empréstimo para o governo do Senegal. Nenhum lugar era inacessível. No fim de 1973, Safra enviou Joshua Yedid e David Mizrahi para a Turquia e o Irã, acompanhados por seu velho amigo Mahmoud Shakarchi, a fim de prospectar negócios. "Estou feliz em ver que essa amizade, iniciada entre o senhor e meu falecido pai, se torna cada vez mais forte com o passar dos dias", escreveu Edmond.[16]

O TDB operava através de quase vinte subsidiárias, muitas baseadas na América do Sul. No México, o banco criou a Sudafina México, dirigida por um empresário local de origem síria, Joseph Chowaiki, e supervisionada pelo confiável Umberto Treves. Seu principal negócio era o desconto de títulos, a disponibilização de crédito de curto prazo para fábricas e importadores, a administração de garantias e a

SALTOS DE FÉ (1972-1975)

cobrança de taxas de juros de cerca de 13% — por exemplo, emprestando 182.750 dólares em março e recebendo 200 mil em dezembro.[17] A Argentina emergira como centro vital. Albert Buri Nasser, irmão de Rahmo, mudara-se para Buenos Aires em 1969 com Moïse Khafif, e eles permaneceriam no país até o golpe de 1976. Mayer Attie, um amigo de Beirute, era diretor do escritório do TDB na capital argentina. Raimundo Shayo, um primo, também morava lá. Em suas viagens pela América do Sul, Edmond frequentemente visitava Buenos Aires e passava o *shabat* com Shayo, Nasser e Khafif.[18]

Mesmo com operações maiores e mais extensas, Edmond mantinha a atenção nos detalhes — sabendo a porcentagem de juros que um cliente pagara em um empréstimo anterior, aprovando dezenas de transações diárias, negociando pessoalmente ouro e prata. Mas ele sabia que sua abordagem não era sustentável. Quanto mais o Republic e o TDB se expandiam, mais precisavam de uma organização mais tradicional. No entanto, na hora de escolher os assessores mais próximos, ele ainda olhava para seu círculo familiar e seus homens de confiança. Em 1973, quando seu sobrinho Ezy Nasser se mostrou pronto para seguir adiante, por exemplo, Edmond contratou para substituí-lo Eli Krayem, filho de Henry, que estudara em Cambridge e começou a trabalhar como seu assistente em tempo parcial enquanto terminava o MBA na Universidade Columbia.

Ao longo dos anos, conforme Edmond se sentia mais seguro em relação a seus negócios e sua imagem pública, começou a se identificar mais intensamente com Israel — embora ainda não tivesse ido até lá. Em 1973, doou para uma campanha de emergência para a agência de desenvolvimento Keren Hayesod após a Guerra do Yom Kippur. No mesmo ano, o rabino Yaakov Attie, que finalmente deixara Beirute em 1969, pediu a ajuda de Edmond para construir uma sinagoga para a pequena comunidade de judeus libaneses em Bat Yam, ao sul de Tel Aviv. Edmond telefonou para ele na véspera de *Pessach*, pediu para ver as plantas e enviou um assistente para analisar a situação. A construção começou no mesmo ano. Em 1974, o rabino Yehuda Ades, membro de uma reverenciada família rabínica de Alepo, convidou Edmond para a inauguração da *yeshivá* Kol Ya'akov, nomeada em homenagem a Jacob Safra e financiada por Edmond, no bairro Bayit Vegan, em Jerusalém. Para além das necessidades religiosas dos judeus sefarditas em Israel, Edmond começou a investir em iniciativas para melhorar o status socioeconômico das comunidades sefarditas necessitadas da região. Em 1973, concordou em doar 5 mil dólares ao ano para o Fundo de Educação dos Judeus Iraquianos, antecipando o grande esforço educacional que ele faria em nome da comunidade sefardita mais ampla.[19]

Após a oferta pública inicial do TDB, Londres se tornaria um lugar cada vez mais importante para Edmond. Lily tinha um apartamento na cidade, que era a base de seus filhos. O relacionamento com os Rothschild, que haviam subscrito o TDB, continuou a se aprofundar. Em 1974, Edmond concordou em participar do conselho da Poliarco, um veículo de investimento em arte dirigido por Jacob Rothschild.[20] Ainda mais importante, dada a presença de corporações, pequenos negócios e investidores imobiliários, Londres era uma fonte-chave de demanda por crédito para o TDB. O banco parecia ter o monopólio de clientes no negócio de carpetes e se tornou um fornecedor ativo de crédito garantido por imóveis. Edmond iniciou uma amizade com Jack Dellal, um empresário e investidor imobiliário sefardita. O *modus operandi* do TDB era mais conservador que o dos bancos locais, e ofereceria crédito a somente 70% do valor da garantia.

Em 1974, a quebra do mercado imobiliário na Inglaterra levou vários bancos de investimento à falência. Essa quebra e os efeitos do embargo do petróleo puniram severamente os mercados de capital europeus, e as ações do TDB, que haviam sido oferecidas a 16 dólares, caíram para 2 dólares; nos EUA, as ações do Republic caíram em quase três quartos. Mas, novamente, a abordagem cautelosa de Edmond se provou útil. Como seus bancos emprestavam primariamente para governos e agências governamentais, e não para indivíduos, as perdas foram baixas. O TDB terminou sendo proprietário de quase 1,8 mil apartamentos em Londres em função da inadimplência, mas Edmond deu a Raymond

Maggar carta branca para lidar com eles rapidamente.[21] Buscando um refúgio seguro para seu capital, os depositantes colocaram mais dinheiro tanto no TDB quanto no Republic. Quando a taxa de juros disparou, Edmond descobriu que podia emprestar a taxas mais altas para outros bancos. Os lucros do TDB e do Republic cresceram 30% em 1973, e os ativos e depósitos também continuaram a crescer.

Enquanto isso, Edmond continuava buscando maneiras de lucrar com a movimentação de dinheiro em torno do mundo — maneiras que poucos teriam concebido ou sido capazes de executar. Em 1973 e 1974, por exemplo, ele obteve grandes lucros com um dos mais antigos negócios Safra: o ouro. Depois que o presidente Nixon retirou os Estados Unidos do padrão-ouro em 1971, o preço começou a subir, e aumentou a pressão para permitir que instituições e particulares americanos possuíssem e negociassem ouro. O Congresso finalmente aprovou uma lei legalizando o comércio formal do ouro em 31 de dezembro de 1974.

O Republic, um dos poucos bancos a ter uma licença para negociar ouro no fim da década de 1960, estava perfeitamente situado para lucrar com pequenas imperfeições no mercado. A regulamentação sempre permitira a importação de moedas de ouro com valor numismático, ou seja, moedas nas quais os colecionadores estariam interessados em função de sua raridade ou proveniência. Na prática, significava que moedas de ouro estrangeiras cunhadas antes de 1933, quando os Estados Unidos haviam abolido o comércio de ouro, podiam ser importadas livremente. Com o preço do lingote subindo, Edmond e seus colegas reconheceram uma oportunidade. Havia milhões de moedas de ouro antigas ainda em circulação na Europa, e os americanos estavam dispostos a pagar uma porcentagem do valor de face para ter essa pequena vantagem sobre a inflação.

Assim, Edmond organizou uma campanha global para adquirir moedas de ouro. Em Londres, comprou toneladas de soberanos ingleses, moedas de ouro de 25 centavos que haviam sido cunhadas na década de 1890 e traziam a efígie da rainha Vitória. Comprou-os pelo valor de face e os enviou a Nova York, onde foram vendidos com um lucro de 5%. Descobrindo que, em 1959, o México cunhara pesos de ouro estampados com o ano 1915, Edmond enviou Cyril Dwek à cidade do México para negociar com o Banco Central mexicano. Pelo acordo, o Republic enviaria barras de ouro (que não podiam ser vendidas livremente nos EUA) em troca de moedas de ouro. A Áustria continuara a cunhar as moedas de ouro de 1 onça do antigo Império Austro-Húngaro, e o Republic e o TDB as compraram do governo austríaco a uma taxa de 3%, vendendo-as nos EUA com lucro de 10%. Sabendo que a Hungria fazia parte do mesmo império, Edmond foi para Budapeste, onde fazia negócios havia vinte anos, comprou moedas de ouro a uma taxa de 3% e as levou para os EUA.[22]

O Republic começou a apresentar lucros de vários milhões de dólares por trimestre somente com as operações de ouro, o que chamou a atenção de Wall Street. A Manufacturers Hanover, ávida para aprender sobre o negócio, perguntou a Edmond se podia enviar associados para receber treinamento e supervisão. Naturalmente cauteloso, Edmond separou uma sala onde a equipe da Manufacturers Hanover podia "observar". A equipe partiu após algumas semanas. "Eles acharam que eu era idiota, que eu iria ensiná-los a imitar meus negócios", disse ele a Minos Zombanakis.[23]

A genialidade da aposta nas moedas de ouro era o fato de ela não exigir especulação, participação de longo prazo ou extensão de crédito. Envolvia arbitragem, ou seja, a movimentação das moedas de um lugar no qual tinham um valor para um lugar onde tinham um valor maior. Essa mentalidade levou o Republic e o TDB a organizar um segundo e distinto negócio global com cédulas.

Inicialmente, na década de 1960, o TDB prestava serviço aos outros bancos ao retirar de suas mãos todas as moedas estrangeiras e repatriá-las em troca de uma pequena taxa. Isso se encaixava perfeitamente ao câmbio internacional praticado pelo banco. Após o embargo de petróleo de 1973, outro negócio potencial emergiu. Estados endinheirados do Oriente Médio pagavam os funcionários de seus gigantescos projetos de infraestrutura em dólares, que esses funcionários enviavam para as Filipinas e a Coreia. Países nos quais o turismo estava crescendo também descobriram que tinham uma nova maneira de movimentar cédulas. Era um negócio com margens minúsculas, mas pouquíssima competição. Para pessoas que entendiam como a globalização funcionava e conheciam a logística envolvida na movimentação de ouro — transporte aéreo, seguros, segurança —, as cédulas representavam uma oportunidade de baixo risco. O Republic e o TDB se tornaram os principais transportadores de cédulas do mundo. "Com as cédulas, podíamos ter 300 milhões de dólares em aviões ao mesmo tempo", lembrou o executivo do TDB Moïse Tawil.

O entusiasmo pessoal de Edmond pela iniciativa era contagioso. "Safra se descreve como 'sacerdote do meu trabalho', mas não há nada sacerdotal na energia e no entusiasmo que irradiam dele", comentou a revista *Finance* em janeiro de 1973.[24] Mas, dado o escopo das atividades — abrir escritórios no México e pensar em se expandir para o Extremo Oriente; gerir a integração do Kings Lafayette; supervisionar a construção de dois edifícios em Genebra para o TDB, um no nº 2 da Place du Lac para abrigar a gerência geral, as operações de câmbio e o grupo de equity e outro nos nºs 96 e 98 da rue du Rhône, a ser terminado no fim de 1974, para abrigar os outros departamentos —, estava claro que Edmond precisava de mais assistência. "Em 1973, planejamos aumentar o recrutamento e o treinamento da equipe executiva com vistas a trazer sangue novo para a gestão do grupo", escreveu Edmond no relatório do TDB em 1972.[25]

Pela primeira vez, Edmond, que repudiara os organogramas, adotava práticas corporativas formais. A aquisição do Kings Lafayette, com sua extensa rede de agências e serviços ao consumidor, exigiu uma nova abordagem. Em maio de 1973, um comitê formal de integração começou a preparar a organização pós-fusão. Em outubro de 1973, o Republic e o Kings assinaram um acordo para combinar suas subsidiárias e formar a Republic New York Corporation. Na nova empresa, dois executivos do Kings Lafayette receberam a responsabilidade pela administração, ao passo que a equipe central do Republic, Morris Hirsch, Joshua Yedid e Cyril Dwek, ocupou os cargos diretivos remanescentes.

Nas operações, havia uma mistura de formalidade e informalidade. Bruce Littman, um bancário veterano, fez uma entrevista no TDB, em 1974, com Albert Benezra, que era sempre chamado de "sr. Benezra", e nunca "Albert". Mas Edmond nunca fazia cerimônia. "Os negócios de Edmond eram baroniais. Ele ficava no centro, e todo mundo tinha um relacionamento diferente com ele", lembrou Littman. "Se ele queria que eu fizesse algo, ele me telefonava e pedia para fazer." Em uma metáfora muito adequada, Littman comparou o TDB e o Republic a uma orquestra com muitos solistas, e com Edmond como maestro. Quando Edouard Schouela, um financista do Canadá com o qual Edmond já investira em imóveis, jantou com ele em Genebra, notou que o telefone nunca parava de tocar, com pessoas de todo o mundo pedindo decisões, conselhos e aprovação para transações. De modo geral, Edmond permanecia hostil aos organogramas e não os respeitava, porque eles não se comportavam da maneira como ele achava que os negócios deviam ser conduzidos. Logo após começar a trabalhar no Republic em 1973, Jeff Keil apresentou a Edmond um organograma clássico que se parecia com uma pirâmide. Edmond o virou de ponta-cabeça. "É assim que realmente funciona", disse ele a Keil. "As pessoas no topo trabalham para as outras, a fim de ajudá-las a fazer um bom trabalho."[26]

E ele permaneceu o patriarca de uma família multigeracional. Em fevereiro de 1974, ele escreveu à Harvard Business School para aprovar a candidatura de seu sobrinho Jacques Nasser, o segundo filho de Eveline e Rahmo. Vale a pena citar a carta na íntegra porque ela fornece, na voz de Edmond, a mais clara articulação de sua visão dos negócios.

> Como membro de nossa família, ele necessariamente estará envolvido em atividades bancárias, financeiras e industriais, em nível internacional, nas quais estamos extensivamente engajados.

O autor é o diretor-executivo do Trade Development Bank em Genebra, que controla várias instituições bancárias no exterior, assim como do Republic Bank de Nova York. Membros de nossa família também participam de extensos empreendimentos bancários, financeiros e industriais na América do Sul, particularmente no Brasil, país do qual Jacques é cidadão residente [...] Nosso objetivo institucional é encorajar a melhor educação e o melhor treinamento possíveis para jovens como Jacques, antecipando seu subsequente emprego conosco, em um cargo gerencial.[27]

Mas havia um número limitado de filhos, genros e primos Safra, velhos amigos de Beirute e Alepo e veteranos de Genebra. Para que os bancos atingissem todo o seu potencial, Edmond teria que empregar *outsiders* com mais frequência. Logo em seguida, o TDB fez algo que era prática padrão para as empresas da *Fortune 500*, mas nunca fora feito em uma empresa Safra: contratou um consultor de gestão. O TDB procurou a Booz Allen & Hamilton, que fizera a mesma consultoria durante a fusão Republic–Kings Lafayette, para conduzir um estudo. "Esse estudo terá dois objetivos principais", escreveu Edmond em um memorando para a equipe. "Primeiro, assegurar que a estrutura e a direção de nosso trabalho estão corretas; segundo, estabelecer os pontos nos quais será possível melhorar." Os consultores também permitiram que eles fizessem um *benchmarking* em relação ao Chase, ao Dresdner e a outros bancos.[28]

Um memorando do verão de 1974 informava o novo comitê de gestão do TDB, praticamente igual ao antigo. Edmond estava no topo, e discretas áreas de responsabilidade foram divididas entre Albert Benezra (tesouraria, metais preciosos, câmbio), Emile Saadia (relações bancárias, Extremo Oriente, economia geral), Roger Junod (balanços), Jacques Douek (clientes e créditos) e Ernest Sasson (desenvolvimento de clientes).[29] Mas também havia recém-chegados.

No verão de 1975, o Safra cortejou Rodney Leach, um ex-aluno de Oxford que fora o braço direito de Rothschild durante doze anos.

Em cartas escritas à mão, Leach explicou sua visão — e suas preocupações. Ele ficaria feliz em participar da definição de políticas e da relação com outros bancos, permitindo que o banco mantivesse seu sucesso e "tivesse a profundidade gerencial necessária para sobreviver e a reputação para se destacar nos círculos financeiros internacionais, o que quer que aconteça a você, pessoalmente (que Deus nos livre!)". Mas ele precisaria de autoridade real e aparente para fazer essas coisas. "Assim, seria essencial deixar claro que minha autoridade sobre todo o grupo só estaria abaixo da sua, e apoiar essa autoridade com os títulos apropriados." Em janeiro de 1975, Leach foi contratado como gerente-geral do TDB em Genebra, além de participar do conselho e do comitê executivo.[30]

Mesmo enquanto delegava e terceirizava, Edmond continuava a cuidar dos detalhes das operações. Nada era pequeno demais para escapar de sua atenção. As pessoas sabiam que Edmond estava chegando à sede do Republic em Nova York quando viam Louis, o responsável pela manutenção, polindo as peças de latão no saguão. Ele se envolveu na construção e na decoração das novas instalações na rue du Rhône em Genebra, incluindo a instalação de um mapa flutuante em uma escadaria circular.[31]

E o Republic manteve sua cultura excêntrica e única — fosse o chefe vivendo no último andar do edifício, o árabe falado na agência ou a sua sutil e, no entanto, intensa identificação como banco judaico. Depois que seu pai morreu, Victor Hattena começou a fazer breves pausas no trabalho para comparecer às preces e cumprir a obrigação de recitar o *kadish* em memória do pai. Assim, a gestão começou a criar um espaço na sede onde os funcionários podiam se reunir para o *minian* (o grupo de dez homens necessário para a prece comunal). Embora o chef da cafeteria usasse carne *kosher*, ele ocasionalmente a misturava com produtos lácteos, então os funcionários judeus mais ortodoxos levavam sua própria comida, pois misturar carne e laticínios é proibido. Certo dia, Edmond notou Victor Hattena comendo somente iogurte e queijo cottage. "O que você está comendo?", perguntou ele. Quando soube do problema, ordenou que o salão de jantar fosse estritamente *kosher*, de acordo com os requerimentos ortodoxos.[32]

Ele queria se tornar cada vez mais global, mas continuava a se relacionar com as pessoas em bases individuais. Quando Marty Mertz encontrou a irmã e o cunhado em Genebra em 1975, chamou Edmond para conhecê-los em sinal de respeito. Edmond insistiu para que eles jantassem juntos e, quando Mertz chegou a seu apartamento, Edmond foi à garagem pegar o carro. "Estamos na Suíça", disse ele. "Meu motorista foi passar o fim de semana em sua casa de verão."[33]

E, embora convivesse com os Rothschild e conseguisse empréstimos para os bancos centrais das Filipinas e da Rússia, ele se mantinha em contato com amigos que levavam vidas muito mais humildes, como Maury Mann, que lutava para sobreviver em Israel. "As coisas estão como sempre. É muito difícil criar sete filhos", escreveu Mann no verão de 1975, pedindo 500 dólares para ajudar a pagar pelo casamento de sua filha Rachel e comprar uma máquina de lavar para ela. Edmond concordou.[34]

Aos 40 e poucos anos, Edmond se sentia mais confortável consigo mesmo e sob os holofotes. Sua preocupação com a segurança pessoal e comunitária permanecia aguda, a ponto de, na primavera de 1975, o TDB desenvolver procedimentos para a possibilidade de sequestro/resgate.[35] Mas, ao mesmo tempo, Edmond se sentia cada vez mais seguro para falar com o público mais amplo sobre sua filosofia e suas operações. Ele disse à *Forbes* que, embora o TDB possuísse 105 milhões de dólares em metais preciosos nos livros, "esses números sobre o ouro que temos não existem para mim". Por quê? "Eles foram removidos dos livros no dia em que compramos o ouro, porque, naquele momento, naquele exato segundo, nossa posição já estava vendida." Ele disse à revista que poderia ter ganhado 20 milhões de dólares com ouro no ano anterior, "mas escolhi ganhar uns 8 milhões". Apontando para o retrato de Jacob atrás de sua poltrona, ele continuou: "Foi isso que meu pai me ensinou, apostar no que é seguro."[36]

Para Edmond, as lições de Jacob e o legado de Beirute permaneciam essenciais. Em um dos aspectos mais notáveis da história Safra, o banco de Jacob persistiu em Beirute mesmo quando a *entente* sectária do pós-guerra continuou a ruir e a comunidade judaica continuou a declinar. O Banco Safra original agora era um pontinho minúsculo do império de Safra, com um balanço de 36,6 milhões de libras libanesas em 1974. Mas, em todos os documentos que listavam as vastas posses do império Safra, o Banque de Crédit National da rue Allenby, anteriormente Banque Jacob E. Safra, ocupava lugar de destaque. O balanço patrimonial de 1974 se refere ao "anciennement Banque Safra" ["anteriormente Banco Safra"] como 36º banco libanês. Edmond ainda era presidente e diretor-geral, compartilhando o cargo com Henry Krayem. Outros diretores incluíam o dr. Edmond Rabbath, George Rabbath e Abdulkader Noueri. Diz a história que um libanês foi ao Republic em Nova York e informou a um funcionário que fizera negócios com o BCN em Beirute. Ele disse que tinha 50 mil depositados no banco, mas fugira rapidamente do país durante a guerra civil e não tinha documentação comprobatória. Ernest Ginsberg anotou o nome do homem e procurou Edmond. "Eu me lembro dessa família", disse Edmond. "Dê a ele os 50 mil dólares."[37]

Em abril de 1975, quando atiradores palestinos tentaram assassinar Pierre Gemayel, o líder maronita, enquanto ele saía da igreja, a violência explodiu e teve início uma guerra civil que durou quinze anos. Em junho, 30 mil soldados sírios invadiram o Líbano. E, mesmo assim, muitas instituições e pessoas insistiram em ficar. Embora tivesse partido quase trinta anos antes, Edmond ainda era um filho vital e preocupado de Beirute. Em dezembro de 1975, o reverendo Lee Poole, diretor de desenvolvimento da Universidade Beirute nos Estados Unidos, pediu que o Republic renovasse sua doação a fim de manter a universidade funcionando. "Esperamos perder quase metade de nossos alunos (e, subsequentemente, a renda com as mensalidades) e a maior parte das doações vindas do Líbano", escreveu ele.[38] Uma semana depois, Mourad Mamieh, membro destacado da comunidade judaica, escreveu a Edmond de Beirute. "Estamos vivos por milagre. Mas as bombas estão destruindo nosso bairro. Há um mês estamos sob fogo, sem eletricidade, telefone, remédios, dinheiro." Um dos irmãos de Mamieh morrera. "Após o calvário que enfrentamos, decidi me juntar a meu irmão Moïse para garantir o futuro e a segurança de nossa família. Peço, meu caro Edmond, que você leve minha carta em consideração e me conceda o auxílio pelo qual é conhecido. Não conseguirei aguentar por muito mais tempo."[39]

O trauma em Beirute foi uma rara causa de dor para Edmond Safra em 1975. Seus bancos haviam superado a crise financeira que engolfara o mundo após a Guerra do Yom Kippur e o embargo do petróleo. O Republic, que dez anos antes era somente uma ideia, crescera e se tornara o septuagésimo quinto maior banco dos Estados Unidos, com mais de 1,2 bilhão de dólares em depósitos. Sua rede global de bancos afiliados agora incluía escritórios em mais de uma dezena de países. Seus irmãos estavam seguros e prosperando no Brasil, e Edmond era capaz de usar seus ganhos para beneficiar comunidades judaicas de Beirute a Buenos Aires. Até mesmo a peça final do quebra-cabeça parecia prestes a se encaixar. Com o tribunal de apelação de Londres indeferindo as últimas ações legais contra Lily Monteverde e o Trade Development Bank, ela e Edmond estavam livres para iniciar o próximo capítulo de suas vidas.

10.
Investindo em instituições
(1976-1980)

Mesmo como chefe de uma família cada vez maior e de uma grande família de bancos, em 1976 Edmond Safra estava acostumado a levar uma vida solitária, inquieta e cheia de improvisos. Isso começaria a mudar. Embora valorizasse e mantivesse sua independência, Edmond, agora com pouco mais de 40 anos, começou a ancorar sua vida pessoal e filantrópica em bases mais seguras e tomou medidas para institucionalizar os negócios.

O primeiro item da agenda foi — finalmente — investir na instituição do casamento. Quando, no início de 1976, começaram a se espalhar rumores pela rede Safra de que Edmond e Lily estavam noivos, a maioria dos amigos próximos dele ficaram animados.[1] Mas, em função do papel que ele ocupava e da natureza dos negócios da família Safra, muitos se sentiram no direito de interferir em suas decisões. Alguns familiares — particularmente seus irmãos Joseph e Moïse — temeram que Edmond estivesse se desviando das normas da comunidade de Alepo e Beirute. Lily não era sefardita e já tinha filhos. Dada a idade dos dois, era provável que não tivessem filhos, e assim não haveria herdeiros para levar em frente os negócios da família. Eles chegaram ao ponto de telefonar aos amigos de Edmond em uma tentativa de dissuadi-lo. Para Edmond, nenhuma dessas objeções representava um problema. Durante anos, ele se esquivara das sugestões de se casar com uma jovem síria. Seus horizontes haviam se expandido, acompanhando seus negócios itinerantes — os quais, durante muito tempo, ele acreditara serem incompatíveis com a ideia de ter filhos.[2]

Conforme a data do casamento, 14 de junho, se aproximava, os distantes universos de Edmond e Lily convergiram em Genebra. A lista de convidados de 250 pessoas incluía irmãos e amigos de Edmond, além de colegas de Beirute, do Brasil, do sul da França, de Nova York e de Israel — banqueiros e mercadores, donos de clubes noturnos e rabinos. Um pequeno grupo de cerca de doze pessoas acompanhou o casal durante o casamento civil na prefeitura em Eaux-Vives, um edifício pitoresco com torreões e torre do relógio a alguns minutos de caminhada da sede do TDB, na rue du Rhône. Ovadia Yosef, o rabino-chefe sefardita de Israel, chegou de Jerusalém para conduzir a cerimônia religiosa, que foi realizada perto dali, na sinagoga sefardita da cidade, construída quatro anos antes: Hekhal Haness. Feita de concreto e seguindo o estilo brutalista, ela não tinha nada da estética colorida e histórica de Beirute ou do Brasil. Mas o interior severo, iluminado pelo sol, foi alegrado com dezenas de lírios-do-vale.

Edmond e Lily sabiam que, em certa medida, seu relacionamento desafiaria as convenções. Para começar, eles se viam como iguais. Durante o casamento civil, quando o oficial de cartório leu uma frase do código civil especificando que o marido era o chefe da união conjugal e escolhia a residência comum, Lily olhou para Edmond e começou a rir. Com atenção aos detalhes, personalidade extrovertida e amplos interesses em arte, moda e cultura, Lily gostava de organizar eventos e expandir seu já amplo círculo social. Para Edmond, Lily era alguém com quem ele podia baixar a guarda, expor seu lado mais brando e romântico e conversar sobre assuntos que não fossem os negócios. Ele adorava comprar joias para ela e enviar dezenas de rosas amarelas em seu aniversário. "Ele era doce, esperto, muito divertido. Era um homem totalmente diferente na vida privada do que era na vida como banqueiro, *totalmente diferente*", lembrou Lily.[3] Ela se mudou para o apartamento dele no nº 56 da rue de Moillebeau e, naquele ano, comprou 60% do grande edifício de dez andares em uma rua inclinada de Genebra. E ele se mudou para a casa de campo dela, *Mas Notre Dame*, uma casa de fazenda em uma estrada sinuosa de Vallauris, na colina sobre Golfe-Juan. Juntos, eles criariam novas residências — em Paris, Nova York, Londres e no sul da França — e as decorariam com as obras de arte e as peças de mobiliário que colecionavam.

Edmond descobriu que o ritmo de sua vida mudara. No dia do casamento, ele já estava preocupado com a perspectiva de se ausentar por duas semanas. Menos de uma semana após a cerimônia, Marty Mertz, um sócio da KPMG que se tornaria diretor do Republic, estava no restaurante do Hotel Plaza Athénée em Paris e se surpreendeu ao ver Lily entrar. "Ele voltou ao trabalho", disse ela. Quando estava em Nova York, Edmond manteve as reuniões após o trabalho no último andar do prédio do Republic e, em Genebra, continuou a se encontrar no TDB com Jacques Tawil, Albert Benezra, Emile Saadia e Roger Junod. Mas, pela primeira vez, tinha alguém esperando por ele em casa. "Por volta das 21 horas, graças a Deus, Lily telefonava e gritava com ele porque ele não fora para casa", lembrou Junod.[4]

Edmond gostava de dizer aos amigos que não havia aristocratas na comunidade síria. Mas, em virtude de seu sucesso, em meados da década de 1970 os Safra estavam entre as mais proeminentes dinastias de banqueiros do mundo. Em 19 de novembro de 1976, Edmond estava em Londres, conversando com Jacob Rothschild sobre a Poliarco, o veículo de investimento em arte do qual era diretor. Ele fortaleceu seu elo com os Rothschild através de relacionamentos profissionais e pessoais e de assuntos comunitários. O banco Rothschild, que ajudara a abrir o capital do TDB em 1972, participou de um empréstimo de 100 milhões de dólares feito pelo TDB às Filipinas em 1976. Em dezembro do mesmo ano, Edmond respondeu a um apelo de Edmund de Rothschild, contribuindo com 10 mil dólares para o Fundo Judaico Britânico de Auxílio e Recuperação, e disse que esperava que sua contribuição ajudasse "em nossos esforços para aumentar o bem-estar da comunidade síria em particular e de todo o nosso povo espalhado pelo mundo".[5]

Com Lily, ele agora tinha mais desejo e incentivo para participar das oportunidades sociais que se apresentavam. Em dezembro, Edmund de Rothschild convidou Edmond e Lily para um concerto na abadia de Westminster, em benefício do Jubileu de Prata da Rainha e do Conselho de Cristãos e Judeus.[6] No passado, ele poderia ter hesitado em comparecer a tais eventos, mas não mais. Também viajou pela estrada ao longo do lago Léman até o vilarejo de Blonay, para visitar Sir Sigmund Warburg, o herdeiro de 75 anos da família de banqueiros Warburg. "Fiquei particularmente satisfeito por ter o privilégio de conhecê-lo e trocar ideias sobre assuntos de grande interesse", escreveu ele a Warburg em 1977. "Se o senhor não tiver objeções, gostaria de consultá-lo de tempos em tempos e me beneficiar de sua grande experiência."[7]

Edmond também estava cada vez mais em posição de igualdade com a elite bancária americana. Em junho de 1977, David Rockefeller, neto de John D. Rockefeller e CEO do Chase Manhattan Bank, escreveu a Edmond: "Se você estiver indo ao Banco Mundial e ao FMI, ficaríamos felizes se você e sua esposa se unissem a nós para o almoço."[8] Rockefeller se referia às reuniões anuais das duas maiores instituições financeiras globais. Realizados em Washington, com exceção de a cada três anos, quando eram organizados em outros países, esses eventos eram o local de reunião da elite financeira global. Consequentemente, os bancos mais importantes do mundo competiam para oferecer recepções e eventos que atraíam centenas de diretores de bancos centrais, ministros e executivos. ("Adequadamente planejadas, as reuniões do FMI podem ser tão valiosas quanto uma viagem em torno do mundo", escreveu Rodney Leach, que se tornou diretor do TDB Holding Group em 1976, a Albert Benezra em 1978. "Nossas prioridades supostamente são o Brasil, as Filipinas, o México, a África do Sul e a Venezuela.") A partir de 1977, o Republic começou a dar festas durante as reuniões. Com o envolvimento e a atenção para o detalhe de Lily, os eventos luxuosos do Republic em locais grandiosos e exclusivos como a Galeria Nacional de Arte se tornaram uma instituição que podia atrair mais de 5 mil pessoas. Ali, Edmond estava em seu elemento, recebendo os convidados durante horas e saudando seus contatos de cada continente em uma das mais de seis línguas que falava.[9]

De fato, o banqueiro intensamente privado ficava cada vez mais confortável em seu papel público. "Acredito que, na indústria bancária, precisamos nos comportar e precisamos ser observados, porque lidamos com o dinheiro do público", disse à revista *Finance* em maio de 1977, em um artigo intitulado "Uma conversa com Edmond Safra". A regulamentação, argumentou ele, impedia que os bancos emprestassem demais. E era adequado que as autoridades supervisionassem severamente os bancos, "porque, afinal, não se trata de nosso dinheiro, mas do dinheiro do público".[10]

Seguindo a nova visão de que bancos eram instituições, e não somente negócios, Edmond passou a se apoiar mais frequentemente na assistência de um quadro cada vez maior de gestores profissionais. De sua base em Londres, que se tornava um *hub* ainda mais importante nos mercados financeiros globais, Leach, o nº 2 de Edmond, com a responsabilidade de supervisionar tanto o Republic quanto o TDB, começou a tentar impor ordem e levar os bancos até o que ele via como padrão londrino. O Republic expandia cada vez mais seu negócio global de empréstimo, ao passo que o TDB permanecia focado em negociações. Leach comentou: "Há um perigo cada vez maior de divergência nos estilos de fazer negócios e de acidentes de tráfego individuais, a ponto de a imagem do TDB poder ser prejudicada." Ele questionou a possibilidade de os bancos passarem por uma fusão. No TDB, Leach criou um novo comitê de executivos que se reunia mensalmente e lidava com questões pequenas ("Discutimos a necessidade de assegurar o controle adequado das despesas com almoço em ambos os edifícios") e grandes, como a harmonização dos cargos e códigos de conduta nos diferentes escritórios. Após devotar considerável esforço para organizar os cargos de gestão em Londres, Leach escreveu, no verão de 1977: "Chegaram a um estágio no qual não estamos completamente envergonhados deles."[11]

Edmond, conscientemente, também tomava cada vez mais medidas para profissionalizar os bancos. Embora continuasse a encontrar cargos para ex-moradores do bairro Wadi Abu Jamil e ex-alunos das escolas da Alliance Israélite Universelle, ele também começou a recrutar no INSEAD [Instituto Europeu de Administração de Negócios] e em bancos rivais. Em 1977, por sugestão sua, o Republic, o TDB e o Banco Safra começaram a organizar cursos gerenciais de duas semanas na Universidade Stanford; todos os anos, entre doze e dezesseis participantes de Nova York, do Brasil e de Genebra viajavam para Palo Alto para o curso intensivo.[12]

Mesmo assim, o TDB e o Republic ainda mantinham o ambiente de uma operação familiar. Muitos dos executivos seniores, brincando, referiam-se ao Republic como "loja de doces", porque parecia ser gerido como uma pequena loja familiar. Praticamente qualquer um que tivesse partido de Beirute ou Alepo podia obter um emprego de nível iniciante no Republic e subir na hierarquia conforme sua habilidade. Um parente distante de Edmond que trabalhava na sala de correspondência abria e lia as cartas. Edmond ainda não respeitava os organogramas — ele telefonava tanto para um gerente de banco quanto para um funcionário menor do departamento de empréstimos se quisesse informações — e muitos funcionários do baixo escalão tinham contato direto com o chefe. No Republic, lembrou o executivo Fred Bogart, "os assistentes dos vice-presidentes tinham muito mais poder que os vice-presidentes porque tinham essa relação com Edmond, que estava fora do quadro estrutural do banco".[13]

E os relacionamentos entre a ampla rede de contatos construída na diáspora de Alepo persistiam. Em junho de 1977, Cesar Sassoon, cuja família baseada no Japão era uma parceira comercial havia décadas, escreveu de Tóquio: "Desejo informar que enviei por avião 35 metros de seda Fuji-Kanebo 5500 como presente meu e de Maurice Lebovich. Espero que você faça boas camisas com esse material."[14] Nas décadas

INVESTINDO EM INSTITUIÇÕES (1976-1980)

de 1960 e 1970, as empresas de Edmond começaram a trabalhar mais formalmente com instituições na Ásia, formando uma *joint venture* com uma empresa japonesa para construir uma fábrica de tecidos no Brasil ou fazendo empréstimos para o Banco Central das Filipinas. Assim, fazia sentido que o TDB e o Republic se expandissem fisicamente. "Nosso grupo já está poderosamente implantado na Europa, na América do Norte e na América Latina", escreveu Rodney Leach no outono de 1977. "O próximo e final passo deve ser o Extremo Oriente."[15] Naquele outono, Edmond e Lily viajaram para a Ásia. Em Hong Kong, conheceram Sir Lawrence Kadoorie, o herdeiro de uma proeminente dinastia mercadora sefardita. Em Tóquio, inauguraram o escritório representativo do Republic, visitaram contatos no Banco do Japão e se encontraram com velhos amigos, incluindo Shinzo Ohya, da Teijin, a fabricante de tecidos japonesa com a qual as empresas de Safra no Brasil faziam negócio. Quando a esposa de Ohya, Masako, admirou a capa Yves Saint Laurent de Lily, ela a tirou e ofereceu como presente.[16]

Edmond e Lily retornaram a Genebra, com paradas na Índia e no Irã, onde permaneceram por uma semana, ostensivamente como turistas. O Irã, mesmo durante o regime dos xás, tinha todos os fatores que o tornaram um lugar atraente para o TDB. Sendo o ponto mais a leste da rede de escolas da Alliance, Teerã era um importante *hub* financeiro da região, lar de empresários judeus que eram ativos importadores e exportadores. Joseph Shalam, um primo em segundo grau de Edmond que nascera no Egito e se mudara para Genebra, gerenciara as contas iranianas durante as décadas de 1960 e 1970. O TDB tinha um forte relacionamento com Hassan Ali Mehran, diretor do Banco Central iraniano, que emprestava do TDB. Em pouco tempo, o Irã se tornaria, assim como Líbano, Egito e Marrocos, uma fonte de capital em fuga. Quando o xá foi derrubado no início de 1979, os iranianos — especialmente judeus, mas também não judeus — fugiram para Milão, Suíça, Nova York e Califórnia. Isaac Obersi, que conhecera Edmond na Alliance de Paris na década de 1940 e se mudara para Teerã após deixar Beirute, fugiu do Irã em maio de 1979. Chegando a Genebra, ele foi contratado pelo TDB e enviado a Chiasso para recrutar novos clientes entre a diáspora persa.[17]

Ainda preocupado com as sensibilidades dos clientes muçulmanos no Oriente Médio, Edmond continuou a não negociar explicitamente com Israel. Em 1976, quando foi a um jantar com o ex-ministro da Defesa Moshe Dayan, ele tomou o cuidado de garantir que sua presença não fosse divulgada. Mas as placas tectônicas estavam se movimentando no Oriente Médio de maneiras que criariam mais estabilidade e abertura. Em novembro de 1977, o presidente egípcio Anwar el-Sadat se tornou o primeiro líder árabe a iniciar conversas com a Knesset [assembleia legislativa] israelense, e as negociações do que se tornariam os acordos de Camp David já estavam em curso. No outono de 1978, Joseph Gross, um advogado de Israel, escreveu a Albert Benezra, no TDB, comentando que conhecera Oded Messer, o supervisor dos bancos em Israel. Messer dissera que, se os Safra abrissem um banco no país, eles podiam manter seu nome em segredo, desde que informassem ao Banco de Israel o nome dos acionistas.[18]

Embora ainda não estivesse pronto para ter laços comerciais formais e declarados em Israel, Edmond estava mais disposto a criar laços filantrópicos. Seu prolífico apoio às comunidades judaicas permanecia intensamente pessoal e muitas vezes informal — doações a sinagogas e *yeshivás* da França à Austrália, 500 dólares todo outono para pagar um cantor [*chazzan*, aquele que guia o recital das preces] para as cerimônias festivas na minúscula sinagoga de Rodes, financiamento da construção de uma *mikveh* [piscina para rituais] no Brooklyn.

Mas agora ele buscava a institucionalização a fim de poder ajudar organizações em Israel em larga escala. Em 1975, ele criou a Fundação Terris (um trocadilho com o nome de sua mãe, "Teira", a forma libanesa-árabe de "Esther"), prometendo 1 milhão de dólares para a construção e a manutenção de sinagogas e instituições religiosas sefarditas em Israel. As obras seriam supervisionadas por um comitê que incluía o rabino-chefe Ovadia Yosef e dois representantes do governo. Edmond seguiu de perto o progresso das construções, revisando plantas e criticando o custo da sinagoga que construía para seu rabino em Beirute, Yaakov Attie, que agora morava em Bat Yam. "O preço de 6 milhões de shekels é alto demais, e um custo de 500 mil dólares seria mais apropriado", escreveu ele. Em 1977, fez uma nova e significativa contribuição para a *yeshivá* Porat Yosef, em frente ao Muro das Lamentações.[19]

Mas Edmond rapidamente entendeu que as necessidades do que era agora a maior comunidade sefardita do mundo iam muito além dos locais de devoção. Por mais bem-sucedidas que fossem em Nova York, no Brasil e em pequenas comunidades na Europa, de modo geral as massas de judeus que haviam fugido do Iêmen, da Síria, do Iraque, do Marrocos e do Egito sofriam em Israel. Restritos a cidades em desenvolvimento, excluídos do mainstream político e tratados como cidadãos de segunda classe, eles enfrentavam preconceitos e baixas expectativas. Menos de 6% dos judeus sefarditas em Israel iam para a faculdade, e muitos eram empurrados para escolas técnicas. Nina Weiner, que nascera no Egito e era psicóloga, conhecera Edmond porque seu marido Walter era advogado dele e, mais tarde, seria presidente e diretor do conselho do Republic.[20] Em 1976, visitando Edmond e Lily em Vallauris, ela explicou como as crianças sefarditas não teriam a oportunidade de se integrar totalmente à sociedade israelense a menos que atingissem níveis de educação mais altos do que eram capazes. Edmond respondeu: "Vamos fazer alguma coisa para ajudá-las." Assim nasceu a Fundação Internacional de Educação Sefardita, que se tornou conhecida como ISEF [International Sephardic Education Foundation]. Em 2 de junho de 1977, Edmond reuniu uma dúzia de amigos da comunidade em seu escritório no Republic em Nova York, incluindo Joe Cayre e David Braka. Imediatamente, eles contribuíram com 200 mil dólares. E, a cada ano, ele contribuía pessoalmente e organizava eventos no banco a fim de arrecadar fundos. Um ano depois, Safra escreveu com orgulho para Nessim Gaon, um de seus vizinhos em Genebra, dizendo que quatrocentos alunos de seis universidades israelenses já haviam recebido bolsas da fundação.[21]

Por mais gratificante que fosse ter impacto em Israel, Edmond se via cada vez mais impotente para ajudar a comunidade judaica com a qual tinha a mais intensa e pessoal conexão. Nos meses após a brutal guerra civil libanesa no fim de 1975, Beirute se tornara irreconhecível. A rue Allenby, na qual ficava a sede do BCN e de muitos outros bancos, virou terra de ninguém. O velho bairro judaico, Wadi Abu Jamil, era sujeitado a constantes tiroteios e outras formas de combate. A principal sinagoga estava danificada, centenas de casas estavam destruídas e quase duzentos judeus estavam entre os milhares de mortos. Aqueles que podiam partiam. O TDB e o próprio Edmond agiam como rede de segurança para a comunidade cada vez menor. Após a guerra de 1967, muitos judeus de Beirute haviam aberto contas no TDB.[22] Conforme os judeus partiam — em 1976, havia somente cerca de quinhentos deles no Líbano —, os refugiados palestinos se mudavam para Wadi Abu Jamil, e a vida da comunidade judaica foi interrompida. O rabino-chefe Chrem e sua família foram evacuados em 1978. Durante tudo isso, Edmond manteve o BCN funcionando. Henry Krayem, diretor do banco, mudou-se para a Bélgica, mas continuou viajando para Beirute. O banco saiu da rue Allenby e alugou instalações em Riad el-Solh, perto do edifício do Parlamento libanês.

Edmond apoiava pessoalmente as pessoas cada vez mais desesperadas que permaneciam em Beirute. Enviava um auxílio mensal de 500 libras libanesas para seu velho amigo Mourad Mamieh. Em setembro de 1977, quando o rabino Ishac Hadid, cuja casa em Wadi Abu Jamil fora destruída, fugiu e foi morar em Bat Yam, Edmond lhe enviou 500 dólares. "Eu o considero um anjo dos céus por me ajudar nessa situação em um novo país", escreveu Hadid. Em maio de 1977, Selim Moghrabi Chaya, o líder da comunidade, escreveu dizendo que a escola religiosa fechara e o conselho comunal ficara sem dinheiro. "Conhecendo a simpatia e o espírito de justiça com os quais você considera os grandes problemas que ameaçam a segurança de nossos irmãos judeus, escrevo na esperança de encontrar uma resposta favorável a fim de que possamos educar nossas crianças."[23]

INVESTINDO EM INSTITUIÇÕES (1976-1980)

A Beirute na qual Jacob Safra prosperara e que Edmond considerou seu ponto de referência durante grande parte da vida adulta já não existia. As outrora frequentes viagens para a alegre capital no Mediterrâneo, as estadias no Hotel St. George e as visitas a restaurantes e clubes noturnos favoritos já não eram parte de sua agenda. Ele já não podia comer doces ou pistaches enviados de Beirute para Genebra ou Nova York. A pobreza e o perigo da vida em Beirute contrastavam ainda mais agudamente com a ordem discreta de Genebra, onde ele agora passava a maior parte do tempo, e com a energia positiva de Nova York.

Mesmo que ele normalmente passasse somente alguns meses do ano em Nova York, Edmond começou a ter raízes mais profundas na cidade. No verão de 1978, ele e Lily compraram um apartamento no n° 820 da Quinta Avenida, na esquina com a 63rd Street, com vista para o Central Park. Nova York tinha outras qualidades que ele apreciava. A descarada energia capitalista que pulsava nas ruas havia muito o atraía. A cidade tinha uma grande comunidade judaica síria no Brooklyn, onde ele se sentia em casa. Ele amava a comida de Nova York, que ocasionalmente era entregue em Genebra. E a cidade era seu portal para os Estados Unidos, onde mesmo os mais exclusivos sistemas e instituições eram acolhedores.

Em 1975, a pedido de Minos Zombanakis, Edmond fez uma doação de 1,5 mil dólares ao Harvard-Radcliffe Collegium Musicum, financiando a turnê do grupo pela Europa. Em 1976 e 1977, o homem que só estudara até o ensino médio era cortejado pelos administradores das mais antigas e prestigiadas universidades do país para financiar seus programas de estudos judaicos. Edmond gostou da ideia de patrocinar uma cátedra de História Judaica, com ênfase em História Sefardita. No outono de 1978, o professor Yosef Hayim Yerushalmi foi nomeado primeiro professor Jacob E. Safra de História Judaica e Civilização Sefardita da Universidade Harvard. "Que ideia maravilhosa, e que maravilhoso tributo a seu pai", escreveu o senador Daniel Patrick Moynihan. A aula inaugural de Yerushalmi, feita em 26 de fevereiro de 1979 em Boylston Hall, foi, muito adequadamente, sobre a maneira como os comerciantes sefarditas haviam criado novos padrões de comércio internacional.[24]

Desde o início, Edmond elogiara a maneira como os Estados Unidos recebiam pessoas que iniciavam novos negócios e as imensas oportunidades de crescimento oferecidas por seus mercados. Em 1977, o Republic era o 52º maior banco do país. Naquele ano, o banco adquiriu o edifício Kress, adjacente ao edifício Knox, na Quinta Avenida, e começou a renovar suas operações domésticas. O TDB, que possuía a maioria das ações do Republic, era o maior banco estrangeiro da Suíça e o 173º maior banco do mundo. Em 1978, os bancos que Edmond fundara empregavam 1.350 pessoas em vinte escritórios.[25]

Mas, mesmo que os bancos fossem proibidos de operar através das fronteiras estaduais, um banqueiro com imaginação podia encontrar oportunidades. Edmond se voltou para a parte dos Estados Unidos que tinha a conexão mais profunda com a América do Sul: Miami. Quando o Flagship Bank of Aventura, na Flórida, foi consolidado e quis vender sua agência, Edmond se interessou. Jeff Keil disse que podia conseguir uma licença para criar um novo banco e então comprar a agência. "Eu posso ter licença para um novo banco por 1 milhão de dólares?", perguntou Edmond, incrédulo. Quando os dois visitaram a Flórida para explorar a possibilidade, Edmond se viu em um terreno inteiramente novo. Dirigindo pela Interestadual 95 que saía de Miami, ele ficou confuso com um outdoor que anunciava: "Empréstimos por telefone." Keil disse que os bancos faziam empréstimos por telefone. "Temos que operar aqui", respondeu Edmond. "Toda a competição vai quebrar." Quando eles visitaram um gabinete estadual em Tallahassee, Edmond se maravilhou com um estranho objeto na cafeteria. "O que é isso? Por que brilha tanto?" Ele nunca vira um sanduíche de atum embrulhado em filme de PVC.[26]

Edmond comprou a agência e a licença em seu nome (e não no nome do Republic), e o Safra Bank começou a fazer negócios em Miami em 1979. Ele enviou um gestor confiável, Vito Portera, para dirigi-lo. Havia muitos *outsiders* ricos em Miami — famílias da Venezuela, de Cuba e do Brasil, por exemplo — que os bancos estabelecidos não estavam interessados em servir. Jeff Keil comentou: "Os cidadãos estrangeiros são menosprezados em Miami. Eles não falam inglês. Tudo que fazem é depositar 40 milhões de dólares no banco. É a melhor oportunidade de todas para um banco no estilo Safra." O plano era receber depósitos e usá-los para financiar importações e exportações e participar dos empréstimos internacionais nos quais o Republic e o TDB haviam se especializado. Quanto ao Republic, o Edge Act, uma emenda de 1919 à Lei das Reservas Federais, permitia que um banco nova-iorquino tivesse um escritório na Flórida agindo como banco offshore. Com isso em mente, em 1978 o Republic criou o Republic National Bank of New York International Miami, com capital de 25 milhões de dólares — e com sede no mesmo edifício do Safra Bank. Edmond seguiria a mesma abordagem dupla na Califórnia, adquirindo um banco com problemas e então criando um banco Republic Edge Act em Los Angeles.[27]

Os bancos também podiam se ligar ao Banco Safra no Brasil. Sob a gestão cotidiana dos irmãos mais novos de Edmond, Moïse e Joseph, o Banco Safra prosperava, lucrando 36 milhões de dólares em 1977 e 15 milhões em 1978. Em 1978, com dezesseis agências e um balanço patrimonial de 2,13 bilhões de cruzeiros (130 milhões de dólares), ele era o décimo maior banco do Brasil.[28]

Edmond conversava com os irmãos, particularmente Joseph, muitas vezes ao dia, discutindo negócios, mas também questões relacionadas ao crescente número de crianças da nova geração. A rotina era a mesma: a família Safra, agora vasta, permanecia muito unida. No outono, Edmond normalmente viajava para São Paulo para os feriados judaicos, e a família se reunia na casa de sua irmã mais velha, Eveline. No verão, seus irmãos e irmãs frequentemente viajavam para o sul da França com os filhos.[29] Elie ainda morava em Genebra, no nº 16 do Parc du Château-Banquet, a menos de 2 quilômetros do apartamento de Edmond na rue de Moillebeau. A família se reuniu em março de 1977 para o casamento da filha mais velha de Elie, Esther, com Joseph

Kattan, na sinagoga Hekhal Haness. Em maio de 1979, eles se reuniram novamente em Paris, para o casamento da filha de Lily, Adriana, com Michel Elia, que nascera em Beirute e trabalhara no BCN durante a juventude. O rabino-chefe sefardita de Israel, Ovadia Yosef, e o rabino-chefe da França, Jacob Kaplan, conduziram a cerimônia, que ocorreu no Pavillon d'Armenonville, no Bois de Boulogne.[30] O famoso cantor francês Charles Aznavour forneceu o entretenimento.

E Edmond cuidava do bem-estar de sua família também de outras maneiras. Quando os filhos de Moïse, Jacob e Ezra, estavam no colégio interno na Europa, a assistente de Edmond, Danielle Pinet, os matriculou em aulas de esqui na escola Chaperon Rouge, nos Alpes suíços, durante as férias de inverno. Seu médico pessoal, o dr. Edmond Sonnenblick, trabalhava somente para o Republic e a família Safra. Em dezembro de 1977, Sonnenblick escreveu a Safra expressando preocupação com os problemas cardíacos de Joseph, então com 39 anos. "É essencial que seu irmão seja operado rapidamente, se quiser sobreviver." No outono de 1978, Sonnenblick cuidou da irmã de Edmond, Arlette, que fora hospitalizada por desmaiar frequentemente em razão de estresse emocional após a morte do marido.[31]

Por mais que estivesse se unindo ao *establishment*, Edmond continuou a trilhar um caminho bastante independente nos negócios. Embora estivesse conectado ao FMI e ligado ao sistema financeiro global, ele ainda praticava o modelo de negócios bancários que aprendera com Jacob nos mercados árabes de Beirute. Buscava oportunidades de baixo risco, evitando os mercados lotados e aceitando margens menores em troca de maior segurança. Em 1978, Raymond Maggar, que detinha parte da operação do TDB em Londres, pressionou Edmond a retornar aos empréstimos imobiliários. "Você está maluco?", perguntou Edmond. O sistema financeiro da cidade fora praticamente paralisado, somente quatro anos antes, pela especulação imobiliária. Maggar foi a Vallauris e sugeriu emprestar somente para desenvolvedores e empresas que haviam sobrevivido à crise e já possuíam propriedades geradoras de renda.

Em vez de emprestar para indivíduos através de hipotecas ou cartões de crédito, Edmond preferia emprestar para instituições com condições de pagar. Agora ele tinha uma grande rede internacional através da qual sindicalizar essa atividade — TDB, Republic, Banco Safra, Safra Bank em Miami. No fim da década de 1970, em países sul-americanos nos quais os Safra eram ativos havia muito tempo — Brasil, México, Venezuela e Argentina —, os bancos estavam sindicalizando empréstimos para companhias de água, luz e gás, municípios e governos estaduais. Em 1977, de fato, 90% dos empréstimos do TDB foram para bancos e agências governamentais.[32]

O TDB e o Republic também eram ativos em negócios bancários de relativamente baixo risco. Eles se especializaram nos negócios *à forfait*, uma forma de financiamento do comércio que implicava vender recebíveis não garantidos dos exportadores. "Fizemos um assim por 100 milhões no ano passado, uma assinatura, uma exportação alemã para a Rússia, e vendemos imediatamente", disse Edmond em 1977. O negócio de cédulas, que consistia na sua venda para bancos centrais em todo o mundo e utilizava os mesmos cofres usados para ouro e prata, era outra especialidade. O TDB, cujas atividades começaram na década de 1960 em Londres, tinha o terceiro maior negócio de cédulas do mundo no fim da década de 1970, atrás somente da Swiss Bank Corporation (SBC) e do Credit Suisse e oferecendo cédulas de 175 moedas. O Republic montou uma divisão de cédulas em 1978, com um inventário físico de mais de cem moedas.[33]

Embora Safra continuasse avesso ao risco quando comparado a seus rivais, seus bancos não permaneceram completamente indiferentes às tendências. Respondendo à demanda dos consumidores por produtos de investimento, em 1979 a TDB Holdings criou um fundo de investimento aberto (similar a um fundo mútuo) baseado na Alemanha, que podia ser vendido tanto pelo Republic quanto pelo TDB. Como Edmond não sabia no que investir — nunca gostara de incentivar seus clientes a investirem no mercado de ações porque sabia que muitos eram extremamente avessos a riscos —, inicialmente manteve os fundos em dinheiro, o que se provou uma decisão inteligente quando os mercados de ações caíram. E ele teve muitas oportunidades de usar sua intuição como *trader*. Em dezembro de 1979, quando achou que o preço do ouro subiria, fez com que o Republic comprasse grandes quantidades. "Em um mês, ganhamos 40 milhões de dólares", lembrou Walter Weiner.[34]

A despeito de agora presidir uma instituição global, a filosofia e a visão de mundo de Edmond permaneciam enraizadas nas práticas e na mentalidade do banco na rue Allenby. Edmond sentia que ele — e não um banco central, uma entidade de garantia de depósitos ou os acionistas — seria responsável pelas perdas se as coisas dessem errado. E, apesar de toda a sua sofisticação, ele estava muito investido na ideia de o público vê-lo como garantidor dos depósitos e praticante de uma forma simples de atividade bancária. Isso foi revelado em uma entrevista à revista *Institutional Investor* em maio de 1979 que Edmond considerou extraordinária. Ele cooperou com a matéria de capa, escrita por Cary Reich, publicada sob a manchete "O mundo secreto de Edmond Safra".

"Ele pode ser o mais rico e mais bem-sucedido banqueiro do mundo", escreveu Reich. "Também é um dos menos conhecidos. Até agora." Edmond, que convivia com os Rockefeller e os Rothschild e tinha bancos centrais como clientes, esforçou-se para parecer um empresário comum: autodepreciativo, modesto, falando em inglês coloquial: "Primeiro, meus concorrentes dizem que Safra não tem coração. Depois dizem que ele não tem cabelo. Então dizem que a lucratividade não é verdadeira", explicou ele. "Mas eu costumo dizer 'Obrigado, meu Deus, eu gosto quando meus concorrentes sentem inveja de mim'." Embora as pessoas frequentemente elogiassem a beleza de seu escritório, ele acrescentou: "Eu preferiria que me dissessem quão belo é meu balanço patrimonial." O Republic tinha 3,3 bilhões de dólares em ativos, mas Edmond se apresentou como conduíte da abordagem de empréstimos de Jacob Safra praticada no início do século XX. Ele exigia garantias pessoais porque "Se você vê o cliente, olha para o rosto dele e acredita que ele é honesto, você não pode cometer muitos erros". Ele não jogava, porque "Meu pai costumava me dizer: como você pode esperar que as pessoas confiem em você se o virem jogando?". Edmond disse a Reich que o mercado de ações era um mistério, e que seu método favorito de mensurar a inflação era olhar o cardápio das mercearias. "Quando percebo que o pastrame custava 3 dólares no ano passado e agora custa 4 dólares e é preciso pagar 4,75 dólares por um sanduíche, eu me dou conta de que a inflação está muito alta." Ah, e ele era frugal na vida pessoal: Edmond contou que vendera o iate que mantinha em Cannes ao receber uma conta de 800 dólares de sabão. (É claro que Edmond e Lily alugavam imponentes iates na maioria dos verões. Relaxar e se afastar do trabalho ainda eram desafios. Nas cidades em que o iate atracava, Edmond reservava um quarto de hotel no qual podia falar ao telefone — enquanto olhava para o barco.)

Embora ele se sentisse à vontade e fosse bem-vindo na maioria das instituições de elite, fosse Harvard ou o FMI, Edmond falou da constante insegurança que sentia como perpétuo *outsider*. Em Genebra, onde morava havia mais de vinte anos e acabara de doar uma escultura de Antoine Pevsner para um parque público, não se sentia totalmente aceito. "Eu gostaria que fossem mais acolhedores conosco", disse ele à revista. Com a experiência das comunidades judaicas de Alepo e Beirute em mente, ele estava dolorosamente consciente de que forças poderosas podiam destruir instituições, o que explicava seu conservadorismo quando se tratava de emprestar dinheiro e garantir a segurança dos depósitos. Edmond insistia em aprovar pessoalmente empréstimos tão baixos quanto 2 milhões de dólares. "Acho que estou delegando. Mas, talvez, inconscientemente volte atrás na delegação." Mas fazer isso era necessário, esclareceu ele, para que seu banco durasse centenas de anos. "Há milhões de abutres lá fora tentando devorá-lo", disse ele. "Se você não for forte, se não construir um barco forte, eles vão conseguir fazer isso." O pior resultado para Edmond seria "ser pego de surpresa e, Deus me livre, ter que implorar para sobreviver".

Outros CEOs de bancos nos EUA, contentes em terceirizar as decisões quanto aos empréstimos, seguros em saber que o FDIC protegeria os depósitos e autoconfiantes, simplesmente não falavam nem geriam dessa maneira. Mas o medo e a hesitação eram uma parte-chave da personalidade e da maneira de fazer negócios de Edmond Safra. Ele sempre expressara a preocupação — muitos diriam superstição —, comum entre pessoas de seu meio, de "me proteger contra o mau-olhado". Mas, vivendo em uma era na qual amigos e colegas haviam sido expulsos de suas casas, vítimas de *pogroms*, sequestrados ou mortos em guerras, ele tinha motivos para sentir medo. Em 1978, circularam documentos no TDB explicando os protocolos de segurança no caso de cartas explosivas, sequestros ou bombas.[35] Em 1979, uma agência privada de investigação seguiu e interrogou um homem que se comportara de modo suspeito perto do edifício do TDB na Place du Lac. Era um rabino que fora visitar Edmond para falar sobre arrecadação de fundos para Israel.[36]

Por mais que Edmond gozasse de estabilidade e prosperidade, estava continuamente exposto a pessoas próximas que sofriam com as piores formas de insegurança. Não somente em Beirute, mas também em Alepo. A despeito da feroz opressão do regime nacionalista sírio, o poder dos vinte séculos de presença exercia uma intensa força gravitacional, mantendo uma cada vez menor comunidade judaica em Aram Tzova. Em outubro de 1979, um grupo de oito rabinos, *"Les Rabins d'Alep"*, escreveu a Edmond pedindo que ele apoiasse o rabino-chefe Yomtob Yedid, "que passou toda a vida se organizando e tem dezenas de discípulos". Naquele verão, Edmond enviou 10 mil dólares para apoiar uma escola Talmude Torá. "Recitaremos salmos por você, Eli, Moïse, Yossef e sua família", respondeu Yedid. Nascido em 1926, Yedid permaneceu em Alepo até a década de 1980, quando finalmente se mudou para o Brooklyn.[37]

A despeito de seu declarado conservadorismo na hora de fazer empréstimos e oferecer crédito, Edmond continuou a ser agressivo na expansão da franquia bancária original, ávido para ampliar e diversificar sua base de depósitos para além da diáspora judaica. Quando o Bankers Trust (Nova York) saiu da indústria de bancos de varejo, colocou dezenas de agências à venda. Em 27 de maio de 1980, o Republic comprou doze delas, com 133 milhões de dólares em depósitos. Em agosto, com a nova venda de ações ordinárias e preferenciais, o Republic mudou sua oferta da Bolsa de Valores americana para a mais prestigiada Bolsa de Valores de Nova York, unindo-se à elite do *establishment* empresarial do país.

Edmond foi capaz de realizar outro sonho em 1980. Embora sua carreira tivesse começado efetivamente no aeroporto de Tel Aviv em 1947, ele não voltara à área desde então — e, formalmente, nunca pisara no Estado de Israel. Com o projeto da sinagoga em Bat Yam perto da conclusão, Edmond e Lily decidiram que estava na hora de fazer a primeira visita. Chegaram no domingo, 18 de junho, e se hospedaram em um hotel usando nomes falsos. Pediram que flores fossem trazidas da Holanda de avião e contrataram um fotógrafo para documentar a cerimônia de inauguração. A noite seguinte era véspera de *Shavuot* e também o *yahrzeit* de Jacob Safra — o aniversário de sua morte no calendário hebraico. Como de hábito, Edmond rezou e estudou a noite toda — dessa vez, contudo, na tumba do reverenciado rabino Meir Baal HaNess em Tiberíades, ao lado dos irmãos.[38]

A vida de Edmond estava mais completa que nunca — e sua autoconfiança, que nunca fora pouca, crescia cada vez mais. Encontrara uma parceira encorajadora em Lily, cujos filhos e cuja sociabilidade acrescentavam uma nova dimensão a sua vida. A família prosperava, assim como a família de bancos. Como se dizia sobre o Império Britânico, o sol nunca se punha na família Safra de bancos. "Quando termino em Nova York, começo a me perguntar o que está acontecendo em Hong Kong", dissera Edmond certa vez. Ele gostava de ser presidente do conselho do Republic, do TDB e do BCN. Aceitava a responsabilidade de ser o administrador do dinheiro — e da segurança — de uma base de clientes cada vez maior, em vários continentes. Também era o guardião dos sonhos e das esperanças que esses ativos representavam. De certa maneira, contudo, o mundo estava mais incerto que nunca. Em 1979, houvera revoluções na Nicarágua e no Irã, a União Soviética invadira o Afeganistão, a inflação estava fora de controle e o boom da prata chegara a um fim súbito. Mas Edmond acreditava ter construído um barco que podia sobreviver a essas tempestades. Ele disse a investidores, no início de 1980: "Podemos dizer, com confiança, que estamos na melhor posição possível para enfrentar quaisquer dificuldades encontradas pela comunidade bancária internacional na década de 1980."[39]

Em breve, essa confiança seria posta à prova.

11.
Buscando segurança (1981-1984)

Como banqueiro, Edmond Safra entusiasticamente assumira imensa responsabilidade pessoal pelas economias e pelo bem-estar de dezenas de milhares de pessoas: os nova-iorquinos atraídos pelas ofertas de televisões grátis do Republic, os exilados do Oriente Médio que fluíam para o TDB, o grupo cada vez menor de clientes no BCN de Beirute e novos clientes de Singapura ao Uruguai. Edmond administrara esse fardo evitando empréstimos pessoais e corporativos e buscando oportunidades de arbitragem de baixo risco e emprestando primariamente para tomadores que não iriam — ou não poderiam — deixar de pagar, como governos e bancos centrais. Essa abordagem única lhe permitira criar dois bancos muito grandes a partir do zero: em 1981, o TDB e o Republic tinham mais de 12 bilhões de dólares em ativos.

Mas, no início da década de 1980, esse modelo único de fazer negócios se transformou em desvantagem. A década de 1980 pode ser lembrada como época de boom nos EUA e no mundo. Mas foi tumultuada por uma série de fiascos no mercado financeiro doméstico e global. Pela primeira vez em sua carreira aparentemente encantada, o medo e o senso de responsabilidade de Edmond Safra superaram sua tolerância ao risco e sua ambição. O resultado foi a venda infeliz de um de seus bancos e um frustrante envolvimento com a American Express.

No início da década, Edmond passou muito tempo pensando sobre o mercado imobiliário de Nova York. Em 1981, quando o Manufacturers

Hanover colocou à venda dois de seus melhores edifícios em Nova York e Londres, Edmond hesitou, comentando que o mundo não estava pronto para eles pertencerem a um judeu. Mas, em agosto do mesmo ano, o Republic fechou uma parceria com o Salomon Brothers para comprar o moderno arranha-céu de trinta andares do Manufacturers Hanover no nº 350 da Park Avenue. Ao se associar a um venerável jogador local, Edmond pagou o que pareceu um alto preço por um edifício muito proeminente — a 161 milhões de dólares, o preço de venda foi um dos mais altos por metro quadrado em um edifício comercial de Manhattan até então. Mas ele limitou seu risco: o Republic investiu somente 3,9 milhões e o Salomon Brothers também forneceu capital. E ele obteve financiamento de um membro improvável de sua extensa rede internacional: o governo do Kwait.[1]

Ao mesmo tempo, ele fez outro grande lance imobiliário no centro de Manhattan. Quinze anos após sua fundação, o Republic, o "banco das televisões", estava grande demais para o edifício Knox, a joia Beaux-Arts de dez andares que o abrigava (e, por um tempo, também Edmond). No fim da década de 1970, o Republic discretamente adquirira propriedades adjacentes na Quinta Avenida entre a 39th e a 40th para sua eventual expansão. Edmond contratou a Attie & Perkins para projetar um moderno arranha-céu de trinta andares de vidro e aço em torno do edifício Knox. A pedra fundamental foi lançada em janeiro de 1981 e a construção começou no verão. O *New York Times* relatou que o edifício, que custaria mais de 200 milhões de dólares, seria "o maior projeto ao sul da 43rd Street desde o Empire State".[2]

O novo investimento em Nova York realçou uma mudança. As vidas profissional e pessoal de Edmond sempre haviam girado em torno de diferentes polos: Beirute, Brasil, Suíça, Londres, sul da França e Nova York. Mas agora o centro financeiro do mundo exerce um magnetismo maior. Sua agenda de 1981 mostra que ele passou alguns dias em vários países europeus e em Hong Kong e não fez nenhuma visita ao Brasil. Mas esteve em Nova York do início de janeiro a meados de fevereiro, do início de março a meados de abril, durante a maior parte de junho e julho e de 20 de setembro a 8 de novembro. No total, naquele ano ele passou 157 dias em Nova York e somente 93 em Genebra, com o restante sendo dividido entre Paris, Londres e sul da França.³ Das perspectivas social, comunal e comercial, Nova York tinha muito mais a oferecer a Edmond e Lily que a quieta Genebra. Eles podiam receber líderes dos círculos sociais e filantrópicos, como fizeram em dezembro de 1981, quando ofereceram um jantar durante a apresentação de gala de *La Bohème* na Metropolitan Opera. Ou podia ir a Washington e conviver com membros do Gabinete. Em setembro de 1981, Edmond e Lily convidaram o secretário do Tesouro Donald Regan e sua esposa para uma prévia de *The American Perspective* [A perspectiva americana] na Galeria Nacional de Arte, uma exposição de 102 pinturas da coleção de Joann e Julian Ganz Jr., patrocinada pelo Republic. Ou ele podia socializar — na usual mistura de árabe e francês — com a grande comunidade de judeus sírios que havia transformado o Brooklyn em seu novo lar.⁴

Um lugar que desaparecera do itinerário de Edmond fora sua cidade natal, Beirute. A frágil *entente* entre muçulmanos, cristãos e judeus de sua infância havia muito se rompera, embora permanecesse intacta no BCN. Quando Henry Krayem, o diretor judeu que viajava entre a Bélgica e Beirute para supervisionar os negócios, morreu em 1981, foi substituído por seu vice cristão, Maurice Antoniades. Em junho de 1982, depois que Israel invadiu o Líbano e rapidamente cercou Beirute, um funcionário muçulmano xiita, Ali Mortadallah, arriscou a vida para compensar os cheques diariamente no Banco Central.⁵ Surpreendentemente, alguns funcionários judeus permaneciam. Em maio de 1981, Selim Zeitouni, que recusara uma oferta de Edmond em 1956 para trabalhar no Brasil, escreveu: "Você sabe qual é a situação aqui, e ela se tornou impossível. Todo mundo partiu e só restam algumas famílias (de pessoas idosas)." Zeitouni queria saber se encontraria emprego em um dos bancos de Edmond. "Meu passaporte está no bolso."⁶

Edmond tinha um fraco pelo BCN. Em 1982, quando a cidade estava cercada, um cliente de Beirute enviara uma ordem, através do BCN, para que o Republic vendesse lingotes de prata ou ouro a certo preço. Com o mercado caindo e ele sendo incapaz de executar a ordem, Edmond disse aos colegas para realizar a transação pelo preço solicitado. "Fazemos negócios com esse sujeito há anos, e eu farei com que ele receba seu dinheiro."[7]

Uma coisa era ajudar depositantes individuais que tinham contas pequenas no BCN. Mas, por mais improvável que parecesse, Edmond começou a se preocupar cada vez mais com sua capacidade de garantir os depósitos das empresas, especialmente porque seus dois bancos interligados, o Republic e o TDB, aumentavam continuamente sua exposição com tomadores internacionais. Cerca de 70% dos 7,3 bilhões de dólares em ativos do Republic estavam fora dos EUA, incluindo quase 1 bilhão no Reino Unido, 1 bilhão na Europa Ocidental, 514 milhões no Canadá e no México e 1,54 bilhão nas Américas do Sul e Central. Dos 2 bilhões de dólares em empréstimos estrangeiros, cerca de 905 milhões eram para governos e instituições oficiais. E o Republic estava se expandindo em Londres, Singapura, Buenos Aires e Los Angeles. O TDB, por sua vez, tinha quase 5 bilhões de dólares em ativos e seguia políticas similares, com vários milhões de dólares em empréstimos na América do Sul.[8]

Esse crescimento era tanto uma bênção quanto uma maldição. Em maio de 1982, o conselho da TDB Holding em Luxemburgo comentou que "o gratificante aumento dos depósitos suscita, como em todos os bancos do grupo, o problema de investir o dinheiro, de sua segurança e produtividade". E continuou: "Considerando-se o número cada vez menor de países nos quais investimentos podem ser considerados, enfrentamos o problema da concentração de nossos investimentos." Ou seja, na busca pelo crescimento, os bancos haviam colocado muitos de seus ovos em algumas grandes cestas, e Edmond começou a temer que o risco não estivesse sendo monitorado corretamente.[9]

Havia um segundo problema. Em meio a altas taxas de juros, falta de regulamentação e práticas ocasionalmente irresponsáveis na indústria bancária global, simplesmente havia mais risco para todos os participantes. Edmond temia que, se as coisas dessem seriamente errado em somente um ou dois países, isso rapidamente tivesse efeitos em todo o sistema, ameaçando os bancos por toda parte. Os depositantes do Republic contavam com a garantia do FDIC até um limite de 100 mil dólares. Mas Edmond não acreditava que o governo de qualquer um dos países em que operava ajudasse um cidadão brasileiro nascido no Líbano. Além disso, o TDB possuía a maioria das ações do Republic, e não o contrário — o que significava que a supervisão final estava na Suíça, que não tinha garantia de depósitos. Embora o TDB estivesse entre os maiores bancos do país, Edmond não era suíço e, em uma crise, ele não imaginava que seu banco fosse ser um dos primeiros a ser salvo. Àquela altura, a TDB Holdings possuía 61% das ações do Republic, e Edmond possuía, indiretamente, 65% da TDB Holdings. O peso de todos os depósitos repousava, no fim das contas, sobre seus ombros. Como lembrou o executivo do Republic Dov Schlein, Edmond dizia: "Ninguém perderá 1 centavo no Republic antes de eu perder tudo que tenho." Ele passou a acreditar que seria melhor que o Republic controlasse o TDB, a fim de que todo o empreendimento estivesse sob a supervisão de reguladores fortes como o Federal Reserve e o FDIC. "O Republic tinha o FDIC, ao passo que o TDB ainda era um judeu libanês sem backup", resumiu o colega de longa data Raymond Maggar.[10]

Em uma reunião em 4 de maio de 1982 com o conselho do TDB, a discussão foi centrada na cada vez mais complicada situação global. Na Polônia, havia inquietação alimentada pelo movimento trabalhista. Na Alemanha, a situação econômica era cada vez pior. Na França, o governo nacionalista estava socializando empresas e minando a confiança. A Inglaterra e a Argentina estavam em guerra pelas Malvinas. O estresse continuou a aumentar no sistema financeiro na primavera e no verão. Em maio, quando a corretora de títulos Drysdale Securities faliu, ela gerou para o Chase Manhattan uma perda de 135 milhões de dólares. Em julho, o banco Penn Square em Oklahoma também faliu, e o Banco Ambrosiano da Itália, controlado pelo Vaticano, desmoronou.

Em agosto, o México declarou que seria incapaz de pagar os lucros de sua dívida externa de 80 bilhões de dólares. Em meio à recessão, as agências de classificação de risco baixavam constantemente a classificação dos bancos americanos, devido a sua precária posição de capital.[11]

Entrementes, os balanços dos bancos de Edmond continuavam a crescer. No outono de 1982, o balancete da TDB Holdings mostrava um patrimônio de 13,67 bilhões de bancos suíços, com 12,25 bilhões em depósitos (cerca de 6 bilhões de dólares). Os mercados emergentes respondiam por somente uma pequena parcela dos ativos: 3,6% no México, 2,8% no Brasil, 2,8% na Venezuela. Mas mesmo 10% do total era muito dinheiro. Dos 4,17 bilhões de dólares em empréstimos estrangeiros do Republic, 740 milhões estavam na América Latina (mais que o total da América do Norte, que era de 515 milhões de dólares).[12]

A vida pessoal de Edmond era um sucesso. Ele e Lily continuavam a viajar para o sul da França com a família cada vez maior, que agora incluía o primeiro neto, Samuel Elia, nascido em 1981. No início de junho de 1982, quando Diane Safra, filha de Elie, casou-se com Oded Henin, Edmond contratou Bob Azzam, um conhecido cantor nascido no Cairo, para cantar durante a recepção no Restaurant du Parc des Eaux-Vives em Genebra. Os convidados incluíam dezenas de familiares e o autor Elie Wiesel. Em julho de 1982, o alfaiate de Edmond na Sartoria Rovello, na Via Morosoni em Milão, voou para Genebra a fim de tirar medidas para os smokings de Edmond e seu irmão Joseph.

Mas essa *joie de vivre* coincidia com a crescente atmosfera de preocupação e postura defensiva. No Republic, foi colocada uma moratória sobre os empréstimos, e os executivos iniciaram um esforço para reduzir os ativos retidos na América Latina e aumentar aqueles em países da Europa Ocidental e na região asiática. No fim de 1982, embora 70% dos empréstimos, ainda ocorressem fora dos EUA, a proporção entre empréstimos estrangeiros e ativos do Republic caiu para 20,2% em comparação com os 26,2% de 1981, e o total de empréstimos pendentes cairia 14 por cento, para 2,5 bilhões de dólares. (A respeito das preocupações, em 1982 os lucros do Republic passariam para 75,2 milhões de dólares, comparados a 73,7 milhões em 1981.) Conforme as circunstâncias continuavam a evoluir, Edmond começou a pensar em algo anteriormente impensável: vender um dos bancos, ou ambos.[13]

O desejo de Edmond por um refúgio seguro coincidiu com a ambição de entrar no negócio principal de uma empresa *blue chip* muito grande e agressiva. Com origens que remontavam à década de 1850, a American Express tinha uma longa história. Transformara seu negócio inicial de emissão de cheques de viagem em um supermercado financeiro internacional, com unidades que lidavam com corretagem, viagens, crédito e seguros. Entre suas empresas, havia um medíocre *private bank* global — a American Express International Banking Corporation — que tinha 63 escritórios comerciais em 35 países.

Sob o CEO James Robinson III, membro de uma família de banqueiros, a American Express estava ávida para expandir seus negócios bancários. Quando a empresa de consultoria McKinsey apresentou à American Express um estudo sobre *private banks*, o TDB surgiu em uma classe separada como alvo atraente. Como Robinson diria mais tarde, "Identificamos o TDB como joia do mundo bancário. Edmond foi o homem que energizou e construiu essa joia".[14]

As conversas começaram através das conexões já existentes entre as duas empresas. Peter Cohen, um importante gerente de Robinson, trabalhara brevemente no Republic no fim da década de 1970 e tinha um forte relacionamento pessoal com Edmond. Socializando com seu amigo Jeff Keil no verão de 1982, Cohen soube das preocupações de Edmond com a instabilidade global e de como ele se sentia pressionado a proteger seus clientes. Em setembro, Cohen disse a Robinson que havia "a remota chance de conseguirmos alguma coisa com o Trade Development Bank e Edmond Safra".[15]

Golpes econômicos continuaram a chegar no outono. Em novembro, o Brasil foi forçado a fazer empréstimos de curto prazo em bancos americanos para cobrir seu déficit de pagamentos. No mesmo mês, a Argentina introduziu regulamentações que permitiram que as autoridades emitissem títulos ou notas promissórias para cobrir dívidas privadas, uma medida que afetou 18,3 milhões de dólares em empréstimos do Republic no país.[16] Em seu relatório anual publicado durante o verão, o Republic anunciara estar considerando um plano para amalgamar o Republic New York e a TDB Holdings. No outono, quando a *Euromoney* perguntou por que ele considerava tal ação, Edmond respondeu: "1) Para simplificar a estrutura corporativa, produzindo um banco com um capital de mais de 1 bilhão de dólares americanos; 2) Para apresentar, na era moderna de bancos 24 horas, uma única face para nossos clientes em todo o mundo."[17]

Mas a motivação tinha mais a ver com sua preocupação com o potencial de perdas nos empréstimos que o banco concedera. E, nos bastidores, as conversas sobre vender para a American Express esquentaram. Keil apresentou a ideia para Edmond em outubro e o encontrou inesperadamente receptivo. Em 7 de novembro, Cohen e Keil foram a Paris, onde fizeram uma maratona de reuniões com Edmond. Mais tarde no mesmo mês, Robinson usou as reuniões do Acordo Geral sobre Tarifas e Comércio em Genebra como pretexto para se encontrar com Edmond na semana de Ação de Graças. Os executivos da American Express, conscientes da relutância de Edmond com a venda, sugeriram sutilmente os benefícios de um acordo, e as conversas incluíram a perspectiva de a American Express comprar tanto o TDB quanto o Republic. Mas as coisas se movimentaram lentamente. Dessa vez, Edmond estava do outro lado da mesa — sendo convencido, em vez de tentar convencer. Em profundo conflito, mesmo assim ele instruiu seus colegas a prosseguirem discretamente. Em Nova York, a Amex passou a ser chamada de "tigre", o TDB de "cobre" e, por insistência de Edmond, o projeto todo era chamado de *"mazal tov"* [boa sorte]. Eles se reuniram na sala de conferência da empresa de advocacia do Republic, a Shearman and Sterling, e, a partir de dezembro, ambas as partes passaram a voar para Montreal, reunindo-se no Hotel Four Seasons nos fins de semana, a fim de evitar publicidade.[18]

O entusiasmo continuou a aumentar, a ponto de Sanford "Sandy" Weill, o enérgico líder da Shearson (que fora comprada pela Amex

BUSCANDO SEGURANÇA (1981-1984)

em 1981), voar para Paris no fim do ano para tentar fechar o negócio. Ao mesmo tempo, uma equipe liderada por Bob Smith, o agressivo ex-executivo da GE que dirigia o banco Amex, foi a Genebra para as devidas diligências. Às 5h15, horário de Paris, no dia de Ano-Novo, eles finalmente chegaram a um acordo. Weill telefonou para Keil e Cohen, que estavam juntos em uma festa de Ano-Novo em East Hampton.[19] A American Express compraria o Trade Development Bank e suas subsidiárias. Edmond participaria do conselho da American Express e dirigiria os negócios bancários internacionais. O Republic não foi incluído no acordo.

As negociações continuaram em Montreal no início de janeiro. Um dos pontos principais, é claro, era o preço. E, nesse quesito, ocorreu a divergência principal entre a American Express — uma empresa *blue chip* americana dirigida por MBAs, matrizes, orçamentos e organogramas — e Edmond Safra, o cosmopolita, mas supersticioso, filho de Wadi Abu Jamil. A American Express inicialmente ofereceu 350 milhões de dólares. A resposta de Edmond foi 555 milhões. Esse preço estava baseado em parte na instintiva avaliação do que o banco valia, mas também em sua crença no poder do *hamsá*, o nº 5 da boa sorte. No Four Seasons de Montreal durante o fim de semana de 8 e 9 de janeiro, Robinson e Safra reuniram suas equipes para negociar. Peter Cohen, chamado de "pequeno Kissinger" durante o fim de semana, foi e voltou entre o campo de Safra na suíte 3.014 e o campo de Robinson na suíte 2.908. Edmond estava perto de concordar. No domingo, 9 de janeiro, ele voou ao Brasil para conversar com Joseph e Moïse durante um evento familiar que incluiu uma visita ao cemitério do Butantã, em São Paulo, onde Jacob estava enterrado. "Toda vez que faço algo, 'pergunto' a meu pai se é a coisa certa", disse ele mais tarde em uma entrevista.[20]

Os dias finais foram tensos e frenéticos. Quando o amigo de Edmond, John Gutfreund, presidente do Salomon Brothers, que era o banqueiro de investimentos do Republic, ouviu rumores sobre a transação, ele voou para São Paulo a fim de tentar convencer Edmond a desistir. Mas Edmond insistiu em seguir em frente.[21]

No sábado, 15 de janeiro, a American Express enviou seu jato corporativo para buscar Edmond no Brasil. No dia seguinte, o conselho da American Express se reuniu no Helmsley Palace Hotel, em Manhattan, para aprovar o acordo, e os executivos embarcaram em aviões corporativos para Montreal.[22] Os documentos estavam prontos e empilhados em uma mesa para assinatura. Altamente lucrativo, com uma receita líquida de 66,9 milhões de dólares ao ano, o TDB tinha 5,07 bilhões de dólares em depósitos e, a despeito dos medos de Safra, sofrera somente 12,4 milhões de dólares em perdas com empréstimos desde 1982. Por esse balanço impecável e pela reputação e habilidade de Edmond Safra, a American Express estava pronta para pagar mais. Não 555 milhões de dólares, mas quase: 550 milhões. Na segunda-feira, às 18h30 de Genebra (12h30 em Montreal), o conselho da TDB Holdings se reuniu no nº 2 da Place du Lac. Roger Junod, Albert Benezra e Emile Saadia aprovaram a venda do TDB, notando que a TDB Holdings manteria suas ações do Republic.[23]

Tudo que restava a fazer era assinar e concluir o acordo — uma tarefa que Edmond achou psicologicamente desafiadora. Como negociante, Edmond comprava e vendia com animação. Mas isso era muito mais pessoal. Vários anos antes, quando concordara em vender o BCN, as emoções haviam vencido e ele desistira no último minuto. Fechado em seu quarto de hotel em Montreal, Edmond chamou pessoas para conversar, incluindo seu irmão Joseph, que chegara do Brasil. Edmond ficou cada vez mais agitado com o passar das horas. Joseph, que estava mais confiante de que os bancos podiam vencer as tempestades na América Latina, não estava convencido de que vender era a decisão certa. "Edmond, você sequer conhece essas pessoas", disse ele. Quando saiu de uma conversa com Edmond, ele disse ao executivo do Republic Ernest Ginsberg: "Convença Edmond a não fechar esse acordo. Ele nunca será feliz no mundo da American Express." Mesmo assim, logo antes da meia-noite, Edmond saiu do quarto e disse a Peter Cohen que tomara uma decisão: "Vamos assinar." Mas queria esperar um pouco mais. Dali a alguns minutos, seria terça-feira, 18 de janeiro, o que, para ele, era um sinal positivo em duas frentes. Dezoito é a soma dos valores numéricos das duas letras hebraicas da palavra *chai*, "vida". Além disso, ele sempre preferira fechar negócios às terças-feiras. Nos seis dias de criação no Gênesis, em todos os dias, com exceção da segunda-feira, a Bíblia declara: "[...] e Deus viu que era bom." Na terça-feira, isso foi proclamado não somente uma vez, mas duas, e, consequentemente, as terças-feiras eram consideradas auspiciosas. A venda do TDB para a American Express foi finalmente assinada em Montreal às 2h12.[24]

A compensação que a TDB Holdings recebeu por suas ações no TDB foi de 2,7 milhões de ações da American Express; garantia de compra de 1,7 milhão de ações a 55 dólares cada, expirando em 1987; e 175 milhões de francos suíços pagos por uma afiliada. O Republic permaneceria independente, naquele momento e no futuro. Na manhã depois de Edmond ter concordado em vender o TDB, Jim Robinson e Sandy Weill disseram a suas contrapartes no Republic que não estavam interessados em continuar as conversas anteriores sobre esse segundo componente da transação.[25]

O acordo tinha vários elementos incomuns. Primeiro, a pedido de Edmond, seus advogados haviam inserido o que chamaram de "cláusula Margaret Thatcher", por causa da primeira-ministra britânica. Thatcher chegara ao poder ao forçar uma eleição geral após ter introduzido com sucesso um voto de não confiança no primeiro-ministro James Callaghan. Edmond queria uma saída potencial se sentisse que as coisas não iam bem. E assim, de acordo com a cláusula, ele pediu um voto formal de confiança do conselho da American Express. Se a empresa não estivesse disposta a reafirmar seu apoio a Edmond, ele podia partir. Segundo, embora se presumisse que Edmond administraria o banco com Albert Benezra como seu segundo em comando, a American Express insistiu, no último minuto, que Bob Smith fosse colocado no cargo de presidente e diretor de operações. Terceiro, Edmond não se uniu à American Express de modo integral. As partes concordaram que ele permaneceria em Genebra e seria, "assim que fosse capaz, presidente do conselho e CEO da American Express International Banking Corp (AEIBC)". Havia duas razões para isso. Os advogados fiscais de Edmond haviam lhe dito para permanecer fora dos EUA em 1983 a fim de não pagar imposto sobre os ganhos pela venda para a American Express. Além disso, ele precisaria de uma dispensa da Controladoria da Moeda para se tornar presidente do banco da American Express, já que ainda era presidente honorário do Republic. Edmond não compareceu à entrevista coletiva em Nova York que anunciou a venda.

Ele retratou o acordo menos como transação corporativa que como iniciativa pessoal. "Estou encantado com a associação com o sr. Robinson e a família American Express", disse ele. A fim de antecipar as perguntas do público, o departamento de relações públicas da American Express esboçou uma lista de perguntas e respostas, com sugestões sobre como ele poderia explicar uma decisão que muitos achariam estranha.

P: Por que alguém de sua estatura, fama e riqueza quis se envolver com AEIBC?

R: O mundo está mudando rapidamente, e o mundo bancário internacional ainda mais rapidamente por causa do avanço da tecnologia, especialmente no setor das comunicações.

P: Você está triste porque seus bancos foram comprados por uma corporação americana?

R: É claro. É a mesma tristeza que alguém pode sentir ao casar um filho ou uma filha. Você fica triste porque seu filho cresceu e saiu de casa. Mas acho que você também fica feliz porque sua família cresceu. Se algo é a coisa certa a fazer, você não fica triste por muito tempo.[26]

A venda foi programada para 1º de março de 1983 em Genebra. Na véspera, Edmond e Lily ofereceram um jantar para o conselho em seu apartamento, durante o qual todos os presentes ganharam relógios de ouro da Bulgari. "Foi um momento muito feliz. Edmond estava aliviado, como se um grande peso tivesse saído de seus ombros", lembrou Jeff Keil. Então eles viajaram para Paris e Londres, onde o conselho conheceu o príncipe Philip, e o ex-presidente Gerald Ford, membro do conselho da American Express, fez um discurso em Guildhall.[27]

Dentro e fora do TDB, a venda foi vista como uma espécie de golpe. A American Express não podia acreditar em sua sorte por ter ganhado acesso à aura, às habilidades e às conexões de Edmond Safra. "Nunca antes dei ordens a um bilionário", gabou-se James Robinson a um colega. (Isso provavelmente foi um exagero sobre o patrimônio líquido de Edmond.) Edmond foi capaz de maximizar o investimento, minimizar sua exposição pessoal às preocupantes dívidas e manter seu papel e controle sobre o Republic. Para praticamente qualquer outro banqueiro, teria sido o ápice da carreira. "Caro Edmond, suas realizações no setor bancário têm sido fenomenais, e a conclusão da transação com a American Express merece felicitações", escreveu Jacob Rothschild em 1º de março de 1983. "Olhando para trás, para os dias em que você analisava a perspectiva de abrir seu capital, seu progresso — alcançado sem alarde e com a obtenção de tantas amizades — foi o mais excepcional de todos em nosso meio."[28]

Mas nem todos concordavam. O TDB permanecera uma instituição única mesmo ao se tornar um grande banco internacional. Muitos de seus depositantes e clientes, membros da geração malas prontas — que sempre deixavam uma mala pronta no caso de precisarem fugir —, sentiam que seu relacionamento era com Edmond, não com uma corporação. "Viemos para esse banco porque conhecíamos Edmond", disse Isaac Obersi, resumindo o sentimento expressado por alguns clientes. "Ele vendeu sem nos avisar?" Alguns funcionários, muitos dos quais tinham conexão pessoal com os Safra, ficaram ansiosos com a transição.[29]

E ela não foi tranquila. O conflito entre velho e novo ficou evidente desde o início. Edmond estava acostumado a decidir sozinho sobre os empréstimos. Ele geria de maneira informal, achando normal pegar o telefone no meio de uma reunião e lidar com alguma questão urgente em italiano, francês ou árabe. O TDB estava cheio de executivos obstinados, experientes e capazes, acostumados ao estilo único de Edmond e alérgicos às hierarquias corporativas. Em contraste, a American Express personificava a abordagem de Robinson. "O estilo dele era o descrito no manual, com os negócios sendo avaliados por números", escreveu o jornalista Bryan Burrough em *Vendetta*.[30] Os negócios na American Express eram conduzidos através de organogramas, processos e planos de marketing; seus principais executivos só falavam inglês e ficavam desconcertados com as atitudes europeias e levantinas de suas contrapartes no TDB. Edmond continuou a trabalhar como sempre fizera, auxiliado por sua secretária Danielle Pinet e seus assistentes, invariavelmente jovens do Líbano ou de Alepo que lidavam com tudo, do planejamento das reuniões do conselho à compra de boias para a piscina da casa em Vallauris. Quando Heinz Zimmer, chefe da American Express na Europa, no Oriente Médio e na Ásia, foi a Londres e começou a descrever como as coisas iriam mudar, a resposta foi tão negativa que as partes decidiram interromper as discussões até que um plano-mestre fosse desenvolvido. Em 15 de abril de 1983, somente seis semanas após a assinatura da venda, Rodney Leach, o gerente-geral do TDB, entregou sua demissão a Jim Robinson. "Como Edmond Safra sabe, eu tive dúvidas sobre a aquisição desde o início", escreveu ele. Na mente de Leach, havia três problemas: um conflito de interesses com o Republic, diferenças no estilo de gestão e frustração com o fato de ainda não terem sido criados grupos de trabalho para lidar com a integração. "Eu não vejo como poderia trabalhar para Edmond e para vocês no limite de minhas capacidades."[31]

Em 28 de janeiro, somente uma semana após a venda, quando Bob Smith propusera fazer um empréstimo de 10 milhões de dólares para o Marrocos, Edmond lhe dissera que, em princípio, se opunha a fazer empréstimos para o Marrocos devido a sua situação de instabilidade política e econômica, mas, se Smith insistisse, ele o apoiaria.[32] Um novo comitê de políticas de crédito foi criado, incluindo Robinson, Edmond, Smith e Albert Benezra.[33] Mas Benezra, que absorvera o método de Edmond de emprestar principalmente para pessoas que conhecia, repetidas vezes negou pedidos de empréstimo de clientes em países com os quais não estava familiarizado. Ao passo que Edmond e seus colegas de longa data viam o TDB como operação de Edmond, a American Express o via como uma de muitas subsidiárias, sujeita ao mesmo controle que qualquer outra. "Quase desde o início, Robinson não permitiu que ele gerisse um banco da American Express como se fosse seu", lembrou Peter Cohen. Edmond, explicou Dov Schlein, "não era o tipo de homem que ficava sentado em um escritório em Nova York ou outra cidade e se reportava à American Express as operações cotidianas".[34] No TDB, as pessoas recebiam poder para atender os clientes da melhor maneira possível, sem serem questionadas. E, quando Edmond pedia que algo fosse feito, isso era feito rapidamente. Na American Express, o organograma era rei, e as pessoas precisavam pedir permissão para uma grande variedade de gerentes antes de viajar ou visitar clientes.

Edmond se via como um dos principais executivos, na mesma posição de Robinson. Afinal, ele também era o maior acionista individual da empresa. Para a American Express, no entanto, ele era um de muitos executivos em uma de muitas subsidiárias. Em julho de 1983, a American Express anunciou que estava interessada em comprar a IDS, uma empresa de gestão de ativos baseada em Mineápolis, por 1 bilhão de dólares em ações. Mas ninguém se deu ao trabalho de informar Edmond. Furioso por saber da notícia por fontes externas, ele telefonou para Peter Cohen: "O que é a SDI? O que é a IDS? Não sei nada sobre ela." Cohen e Robinson foram a Genebra para tentar explicar. Embora Robinson mais tarde reduzisse o preço pago pela IDS, Edmond estava tão zangado que enviou uma carta ameaçando pedir demissão. Mas o padrão continuou: mais tarde no mesmo ano, Robinson enviou a Edmond uma carta perguntando quais eram seus objetivos para o novo ano, como se ele fosse um gerente de nível intermediário.[35]

No Republic, quando Edmond chegava ao edifício em Nova York, era um evento — havia eletricidade no ar quando ele saudava os funcionários a caminho do elevador reservado que ia até seu andar. Na American Express, ele era tratado como um entre milhares de funcionários anônimos. Quando o executivo do TDB Michel Cartillier foi com Edmond à sede da American Express, os guardas de segurança pediram para ver o crachá de Edmond. Sem ninguém para recebê-lo, ele esperou vinte minutos e então foi levado a seu escritório na American Express: uma sala sem janelas que o colega Joseph Shalam descreveu como "uma jaula". Duas horas depois, Edmond telefonou para Cartillier: "Vamos voltar para casa." E retornaram ao Republic.[36]

Os executivos da American Express podiam desconfiar do comprometimento de Edmond com a empresa, em parte porque a dispensa da Controladoria da Moeda ainda não chegara, e em parte porque ele tinha uma casa no Republic, que já era uma presença em muitos dos mercados nos quais o TDB e o banco da American Express operavam e que continuava a se expandir na Europa e na Ásia. Edmond não estava com pressa de abrir mão de sua posição ou seu envolvimento com o Republic. E é fácil entender por quê. O Republic era um banco de sucesso em um mercado muito atraente e tinha muito espaço para crescer. A construção da proeminente nova sede estava em curso. Edmond tinha um grupo de executivos experientes e leais em quem confiava para implementar sua visão, de acordo com seus princípios e valores. Em julho de 1983, Jeff Keil foi promovido a presidente, substituindo Walter Weiner, que se tornou CEO. Cyril Dwek e Joshua Yedid foram nomeados vice-presidentes.

Em 1982 e início de 1983, Edmond viu uma oportunidade para o Republic entrar no mercado bancário canadense. Liderada pelos irmãos Ezekiel e Edouard, a família Schouela — egípcia com origens em Alepo — se estabelecera em Montreal, e Edmond investia no mercado imobiliário da cidade desde a década de 1950. (Quando adolescente, Edmond conhecera Ezekiel Schouela na sala de espera do Banco Central dos Países Baixos em Amsterdã, em 1948.) O Republic Canadá, do qual os Schouela detinham 15%, foi inaugurado em 24 de maio, com uma celebração para a instalação da *mezuzá* na porta de entrada. "Temos o prazer de nos associarmos à família Schouela", escreveu Edmond.[37]

Ao mesmo tempo, ele continuou a trabalhar para construir relacionamentos e criar um novo modelo de operação para o TDB/American Express. Enquanto Edmond aguardava a dispensa, o banco era gerido por um conselho formado por Robinson, Smith e Albert Benezra. Edmond e Lily introduziram executivos da American Express em suas vidas e em suas redes pessoais e profissionais — uma das razões explícitas pelas quais a American Express comprara o TDB. No verão de 1983, Edmond e Lily receberam James Robinson e sua esposa em Vallauris, levando-os ao Le Moulin de Mougins, o famoso restaurante de Roger Vergé a dez minutos de distância e os presenteando com licor Framboise de Bourgogne, vinhos e uma sacola de golfe. A festa dada pelo banco American Express durante as reuniões do FMI e do Banco Mundial no outono de 1983 atraiu 1,4 mil convidados; entre eles, o industrial italiano Gianni Agnelli, Walter Annenberg, o designer Bill Blass, a princesa Michael de Kent e Andy Warhol.[38]

Mas as ações e os eventos no interior da American Express continuaram a minar qualquer relacionamento sendo construído. Em dezembro, em um chocante anúncio, a empresa relatou significativos problemas em sua divisão Fireman's Fund Insurance, com os preços sendo erodidos e o número de apólices a serem pagas subindo. O resultado foi um golpe de 242 milhões de dólares que ameaçou o recorde de 35 anos de crescimento contínuo da empresa, fazendo com que as ações despencassem. Subitamente, o valor das ações da American Express que Edmond aceitara pelo TDB caíram muito. Havia um problema maior. Esse tipo de coisa não acontecia nos bancos de Edmond. "Quando fizeram o anúncio, achei que ele concluiria que eles não eram honrados, porque sabiam que haveria uma perda e não o informaram", disse o executivo do Republic John Tamberlane, "ou que eram incompetentes."[39]

A American Express podia se orgulhar de ser um paradigma de gestão corporativa. Mas, na visão de Edmond, o CEO devia conhecer cada detalhe de sua empresa. O motivo das longas conversas após o expediente que ele costumava conduzir era justamente abordar as questões que surgiam. E ele fazia dezenas de perguntas aos executivos até descobrir os problemas. Ninguém parecia fazer isso na American Express, e os resultados foram desastrosos. "Não consigo entender como isso pôde acontecer", disse Edmond. "Onde estava a administração?"[40]

Nos escritórios da American Express em Manhattan, claramente havia uma divisão. No fim de dezembro, Robinson enviou um memorando ao comitê de gestão delineando as quatro principais questões para 1984: "Completar a fusão (fazer EJS concordar), recuperar empréstimos, construir um *private bank*, trabalhar com outras divisões para vender os produtos American Express." Havia progresso em algumas dessas questões. Os empréstimos problemáticos para a América Latina e outros lugares estavam sendo solucionados; de fato, em 1983, os bancos combinados haviam perdido somente 10,4 milhões de dólares em empréstimos. O negócio bancário estava crescendo ao fazer os tipos de financiamento em que Edmond se especializara, incluindo um empréstimo de 205 milhões de dólares para a Turquia (94% dos quais foram garantidos pelo US Export-Import Bank) e um empréstimo de 100 milhões de dólares para as Filipinas.[41]

No início de 1984, quando Edmond finalmente recebeu aprovação das autoridades americanas, ele assinou um contrato de emprego de um ano e formalmente se tornou presidente e CEO do AEIBC.[42] Mas a American Express viu o curto contrato como parte de um compromisso mais amplo. Após o fiasco do Fireman's Fund, e sempre ávido para limitar suas perdas, Edmond vendera — com um prejuízo de quase 100 milhões de dólares — quase todas as suas ações da American Express. E, no início de 1984, ele queria vender as opções que recebera, um passo que teria exigido registro na Comissão de Valores Mobiliários e certamente causado publicidade negativa para a empresa.

De várias maneiras, Edmond continuava a sentir que sua dignidade e autonomia estavam sob ataque. Depois de enviar um memorando em 5 de abril de 1984 anunciando que estava encantado em se tornar presidente e CEO, o executivo da American Express Charles Teicher lhe enviou um bilhete. "Parece, todavia, que os anúncios preparados por outros, mas publicados sob sua assinatura, não deveriam ter erros gramaticais e ortográficos básicos." Teicher indicou o erro gramatical em uma palavra, a mistura dos tempos presente e passado e, "finalmente, sintaxe, pontuação e, às vezes, má escolha de palavras".

Ávido para que a nova entidade mantivesse o mesmo nível de contribuições filantrópicas do TDB, Edmond escreveu a Jim Robinson para descrever as doações feitas entre 1980 e 1982: "Como concordamos, continuaremos a seguir o mesmo padrão baseado nos números citados. Eu gostaria de confirmação." Robinson confirmou. Mas, mais tarde naquele verão, Stephen Halsey, presidente da Fundação Amex, reclamou dos esforços que "forçam perigosamente os limites de nosso orçamento internacional para os programas filantrópicos consolidados" e disse que os compromissos do TDB em Genebra respondiam por quase dois terços de todo o orçamento para a Europa, o Oriente Médio e a África.[43]

Também havia a percepção de mútua recriminação nascida de uma discordância fundamental sobre a maneira de tratar os clientes. A American Express, como supermercado financeiro, via todos os clientes como pessoas a quem outros produtos e serviços podiam ser vendidos — e suas informações de contato eram ativos que podiam ser vendidos a outras partes interessadas, incluindo revistas. Para a Amex, esse era o objetivo de combinar todas as unidades sob o mesmo teto. Para Edmond, no entanto, preservar a privacidade dos clientes era fundamental, e a discrição sempre fora um valor básico. Em 1983 e 1984, a American Express começou a tentar vender produtos como seguros e cartões de crédito para clientes do TDB, com pouca resposta. Os gerentes de conta foram pressionados a acrescentar cartões de crédito platinum a todo portfólio. "Mas nossos clientes preferiam não exibir sua riqueza, e queriam os cartões de crédito verdes", lembrou Sem Almaleh.[44] Clientes na América do Sul começaram a telefonar perguntando por que estavam recebendo ofertas de assinatura da revista *Time*. Como reclamou Bob Smith para a *Euromoney*, "Nós oferecíamos produtos e Edmond dizia: 'Vou levar em consideração', mas nada acontecia." Edmond, em resposta, disse que se lembrava de ter se oposto à venda dos nomes dos depositantes do TDB que também tinham cartões American Express para *outsiders*. "Eu achava que não era do interesse dos depositantes vender tal informação", explicou ele. Em junho de 1984, decidiu-se que, em razão da reação dos clientes, o TDB de Genebra e o American Express de Zurique permaneceriam separados por mais dois anos.[45]

Os dois lados se esforçaram para seguir adiante como entidade única. Em julho de 1984, o banco criou uma nova publicação, *The Globe*, com o objetivo de construir um senso de comunidade na organização combinada. Ela trazia uma carta conjunta de Edmond e Bob Smith e um artigo de Jacques Tawil, "o *trader* dos *traders*". E, em Genebra e Nova York, Edmond e Lily continuaram a socializar com os Robinson e os Weill. Mas, mais tarde naquele ano, ficou claro que praticamente não havia relacionamento a reparar. Linda Robinson, esposa de Jim e poderosa executiva de relações públicas, tentou consertar as coisas. "Você está infeliz", disse ela a Edmond em tom compreensivo. "Não estou somente infeliz, Linda", respondeu Edmond. "Estou enojado. Eu construí um banco com cimento e aço. Mas, com vocês, sinto-me sobre areia movediça."[46]

Os executivos da American Express não puderam deixar de notar que Edmond cuidava de seus muitos outros interesses, incluindo o Republic, o Safra Bank na Flórida e o BCN. No fim de 1983, as coisas estavam suficientemente calmas em Beirute para que o BCN realizasse reuniões do conselho pela primeira vez em três anos. Em seu novo escritório na rue Riad el-Solh, o advogado Anis Daouk informou a Edmond que o conselho se reunira em dezembro de 1983 para aprovar as contas de 1980, 1981 e 1982. A despeito do ambiente operacional quase proibitivo, o banco, cuja receita anual era de cerca de 600 mil dólares, conseguiu ter perdas de somente 150 mil libras libanesas (cerca de 90 mil dólares). O BCN também continuou a agir como representante do Republic no Líbano, recebendo um pagamento anual de 30 mil dólares. Novas regras e procedimentos foram criados no início de 1984, ditando, por exemplo, que a abertura do cofre devia ser responsabilidade de somente dois funcionários "ou, se o permanente estado de insegurança em Beirute não permitir, quando um ou outro estiver presente".⁴⁷

Em maio de 1984, no auge das disputas com a American Express, Edmond abriu mais um banco. Imitando sua ação anterior na Flórida, ele formou o Safrabank California, um banco comercial de serviços licenciado pela Califórnia, após ter comprado os ativos físicos do recentemente liquidado West Coast Bank. Capitalizado em 6,3 milhões de dólares, ele tinha escritórios em Beverly Hills e Encino.⁴⁸

Convencido de que não havia futuro no relacionamento com a American Express, Edmond começou a negociar a recompra do TDB, e os dois lados pareciam concordar. Edmond ofereceu 450 milhões de dólares (100 milhões a menos que o preço de compra em 1983), com a condição de que a American Express manteria os empréstimos do TDB na América Latina. A American Express fez uma contraoferta de 500 milhões. Enquanto as conversas estavam em curso, Bob Smith, da American Express, convenceu Robinson a manter o banco. Estava claro que a American Express suspeitava dos motivos de Edmond. Durante as conversas, executivos e advogados da empresa haviam repetidamente expressado a preocupação de que Edmond abrisse seu próprio banco e violasse o acordo de não competição que eles haviam assinado. Ken Bialkin, um advogado que representava a American Express e também era figura de destaque na comunidade judaica americana, disse a Edmond que, se ele não cumprisse o acordo de não concorrência, a American Express poderia procurar o Internal Revenue Service [a Receita Federal americana] e suscitar questões sobre sua situação fiscal.⁴⁹

Finalmente, eles chegaram a um acordo em 22 de outubro de 1984. Edmond recebeu permissão para pedir demissão como presidente e CEO da American Express International Banking Corporation. A American Express revenderia para ele o edifício de Genebra (no nº 2 da Place du Lac), o TDB da França e o negócio de cédulas do TDB em

Londres. (De qualquer modo, as autoridades francesas não haviam permitido que a American Express operasse um banco no país, e a Amex simplesmente não estava interessada no negócio de cédulas.) Tanto Edmond quanto Joseph Safra concordaram em não competir com a Amex até 1988.

A separação foi forçada e não particularmente calorosa. "É com grande pesar que renuncio a meu envolvimento direto na gestão da AEIBC", escreveu Edmond. "Também quero expressar minha profunda admiração por meu grande amigo Jim Robinson e desejar a Bob Smith e Albert Benezra sucesso continuado." A American Express, por sua vez, não pareceu triste em se despedir de Safra. "Edmond tem apartamentos em Genebra, Paris, Londres e Nova York, além de dois irmãos no Brasil, onde passa algum tempo", disse Bob Smith. "Ele prefere ter menos responsabilidades cotidianas a fim de se devotar a outros interesses e assuntos pessoais", confirmou Robinson. Eles reconheceram a falta de química. "Valeu a tentativa", disse Robinson ao *Wall Street Journal*.[50]

Foi, de muitas maneiras, uma experiência devastadora para Edmond. Ele garantira a segurança de ambos os bancos e de seus depositantes, mas a um alto custo financeiro e pessoal. Durante toda a operação, Edmond sentira que a American Express não o tratava com respeito. E seu temor de que as pessoas lhe quisessem mal, que os colegas frequentemente achavam ser paranoia, havia sido validado. Ele se afastou acreditando que fizera negócios com pessoas desonradas, às quais ainda estava ligado — pois ainda estava no conselho da American Express e muitos de seus funcionários e clientes, pelos quais se sentia responsável, permaneciam sob o guarda-chuva Amex. Ele levou a sério as ameaças feitas pela empresa, que empregou falanges de advogados e executivos de relações públicas. Naquele outono, pela primeira vez, ele contratou uma conhecida empresa de gestão de crises de comunicação, a Kekst & Co. E, em outubro, solicitou uma varredura eletrônica de seu escritório no 33º andar da sede da American Express em Nova York. A varredura, realizada no sábado, 27 de outubro, "não revelou a presença de nenhum transmissor clandestino ou dispositivo de escuta".[51]

O estranho e frustrante episódio com a American Express parecia ter chegado ao fim. E Edmond Safra, depois de passar por uma penosa experiência profissional, estava de volta a uma posição na qual o destino de sua fortuna dependia de seu julgamento e de suas habilidades. Dentro de certos limites, estava livre para fazer o que fazia havia quase trinta anos: construir bancos.

12.

Novos inícios (1984-1988)

A partida de Edmond Safra e o divórcio da American Express em outubro de 1984 foram intensamente pessoais e importantes para todos os envolvidos, e definiriam a vida de Edmond pelos anos seguintes.

Desde o início de sua carreira, depositantes, clientes e funcionários haviam sentido uma conexão pessoal com Edmond Safra — e Edmond com eles. Após a saída da Amex, outros também começaram a sair, especialmente a velha guarda. Em dezembro de 1984, Roger Junod, colaborador de longa data, pediu demissão como administrador do TDB "por causa de eventos recentes relacionados à organização de nosso banco, particularmente a partida de Edmond Safra".[1] François Lugeon escreveu a Edmond no outono de 1984, referindo-se ao TDB como "seu bebê": "Há certa dor no coração em saber que o edifício onde trabalhamos [...] já não será o berço do TDB."[2]

A American Express estava ávida para se livrar de Edmond e de alguns de seus colegas leais, e também preocupada com o que ele faria em seguida. Em 1984, quando a American Express começou a temer que o Republic abrisse um banco em Genebra, ameaçou processar o banco e Edmond e acusá-lo de violações das leis americanas.[3] Em dezembro do mesmo ano, quando os executivos veteranos do TDB Moïse e Mayer Dwek anunciaram que estavam indo para o Soditic, o banco de investimentos fundado por Maurizio Dwek, eles foram rapidamente demitidos. A ação provocou um raro sermão, por escrito, sobre gestão enviado por Edmond a Jim Robinson, CEO da American Express. As rápidas demissões eram "sintomas de uma situação com sérias implicações para o TDB", que eles haviam discutido pelo telefone. "Minhas preocupações agora são suficientemente graves para que eu tome a incomum iniciativa de escrever para você." A gestão tinha que manter a lealdade e o afeto dos funcionários. "Eles devem ter certeza de que o banco manterá seu caráter único e sua identidade, além dos relacionamentos pessoais e confidenciais que estão no âmago de seu sucesso." Demitir sumariamente, "embora seja aceitável em instituições maiores, é algo que não ocorre em nossa pequena comunidade. [...] Seria muito melhor se o assunto tivesse sido resolvido de modo suave e pessoal". Edmond também comentou que um executivo sênior da Amex estava "disseminando o falso rumor [...] de que tenho participação" no Soditic. Ele lembrou a Robinson que concordara em "participar de nosso conselho para enfatizar os aspectos positivos de nosso relacionamento" e avisou que isso continuaria a acontecer. "Como resultado de nosso prolongado relacionamento, muitos funcionários e depositantes se identificam comigo. Quando fui atacado, eles se sentiram atacados. Tudo isso já foi discutido, mas vem sendo ignorado ou esquecido. Jim, não sei o que você pode fazer para reverter esse dano."[4]

Precisamente por causa dessa dinâmica e a fim de manter os depósitos e os funcionários que os administravam, a American Express usou instrumentos diretos: salários mais altos, novos contratos sem cláusulas de não competição, ações, benefícios e ameaça de ações judiciais. Eli Krayem, ex-assistente de Edmond, permaneceu na American Express por um ano após sua partida, em troca do triplo de seu salário e de um acordo de não competição de somente um ano. (Mais tarde, ele se uniria ao Republic de Londres para trabalhar com *private banking* no Oriente Médio.) Albert Benezra, um dos poucos executivos do TDB a permanecer no cargo, recebeu um carro com motorista. A decisão de Benezra de permanecer na American Express foi uma fonte de tensão da qual seu relacionamento com Safra jamais se recuperou.[5]

As constantes provocações entre a American Express e o mundo de Safra continuaram em caráter público e privado. Na primavera de 1985, Bob Smith, da American Express, escreveu a Walter Weiner (então CEO do Republic) para se queixar, dizendo que, nos seis meses anteriores, 24,13 milhões de dólares haviam sido transferidos do TDB para o Republic, principalmente no Brasil. Weiner respondeu: "A movimentação de 24 milhões de dólares em um período de sete meses (o que, considerando-se a cobertura da imprensa, poderia muito bem ser iniciativa dos clientes) dificilmente parece digna de sua atenção ou da minha." Afinal, os depositantes não eram clientes do TDB ou do Republic. Eram clientes de Edmond. "Não digo a meus clientes para fazerem negócios comigo", disse Edmond a Minos Zombanakis. "Mas eles me procuram porque crescemos juntos. São judeus da minha casa, da Síria, de Beirute, do Oriente Médio."[6]

Um mês depois, em uma séria violação do acordo mútuo de não agressão, na visão de Edmond, executivos da American Express cooperaram com um artigo do *Los Angeles Times* sobre o que dera errado na aquisição do TDB. "Edmond não conseguiu dar o salto cultural e mental de ser seu próprio chefe para ser parte de uma grande organização", disse Jim Robinson. Bob Smith concluiu: "Aprendemos muito com Edmond. Mas acho que estamos melhor sem ele." Edmond, respondendo a perguntas escritas, chamou a acusação de "perigosamente enganosa" e indicou os problemas com o Fireman's Fund e outros.[7] O que estava realmente por trás desses esforços? Edmond fora transparente sobre suas intenções de longo prazo. Em uma de suas primeiras declarações públicas após deixar a American Express, ele dissera à *Euromoney*: "Estou considerando seriamente abrir um banco na Suíça. É um mercado enorme, com espaço para todos." Um banqueiro de Genebra disse ao *Wall Street Journal*: "O sr. Safra replicará novamente seu antigo negócio na Europa. Não é possível romper relacionamentos construídos durante vinte ou trinta anos."[8]

Pela primeira vez em sua vida adulta, as responsabilidades profissionais de Edmond pareciam ter diminuído, ao invés de aumentar. Ele não tinha papel no TDB e, como parte do acordo de separação com a American Express, concordara em não abrir um banco na Suíça durante quatro anos. Joseph e Moïse haviam estabilizado a situação no Banque Safra Luxembourg S.A. e geriam sozinhos os negócios cotidianos do Banco Safra no Brasil. Em 1981, quando o Banco Safra, com a bênção de Edmond, abriu uma filial em Nova York, tornou-se o primeiro banco brasileiro a oferecer serviços bancários completos nos EUA.[9]

O Republic estava nas mãos firmes da experiente equipe executiva de Nova York, que incluía Walter Weiner, Jeff Keil e Dov Schlein. Sempre houvera limites em relação ao tempo que Edmond podia passar em Nova York, e, normalmente, ele ia à cidade três ou quatro vezes por ano, permanecendo algumas semanas cada vez. É claro que ele falava com o pessoal do Republic por telefone todos os dias. "O sr. Safra é o técnico", descreveu Jeff Keil. "Ele dirige as políticas, mas não pode dirigir as jogadas."[10]

A jogada em 1985 e 1986 foi o Republic fazer em Nova York o que o TDB fizera na Europa — mas não na Suíça.[11] Em março de 1985, o Republic concordou em comprar o TDB da França por 15 milhões de dólares.[12] Em agosto, ele criou uma nova empresa em uma capital bancária no centro da Europa: o Republic National Bank of New York (Luxemburgo). Como de hábito, Edmond escolheu um imóvel de primeira classe, montando o escritório em um edifício no prestigiado boulevard Royal. Uma rampa foi construída para permitir a chegada dos caminhões com cédulas. Para cuidar das operações, o Republic começou a contratar pessoas que haviam trabalhado no TDB.[13]

A vida de Edmond sempre girara em torno de variados polos geográficos. Com o tempo, devido a diferentes dinâmicas empresariais, políticas e familiares, a atração gravitacional de Beirute e do Brasil diminuíra. Agora, o sul da França e sua família próxima — Lily, os filhos e netos dela — se tornaram mais centrais. Edmond se movimentava constantemente entre suas casas em Genebra, Nova York, Londres, Paris e Vallauris. A diferença era que agora passava muito mais tempo no sul da França, recebendo a família e entretendo amigos, enquanto falava constantemente ao telefone com colegas e clientes. Mas mesmo nesse refúgio ele foi lembrado da insegurança que sempre temera. Em 6 de agosto de 1985, quando cerca de quarenta convidados celebravam seu 53º aniversário, e a despeito da presença de guardas de segurança na entrada da propriedade, ladrões invadiram a casa e roubaram grande quantidade de joias. No verão seguinte, Edmond e Lily contrataram quatro jovens israelitas para serem seus guarda-costas.[14]

Por razões de segurança e tamanho, a casa em Vallauris já não era tão útil. O clã Safra continuava a crescer. E o desejo por mais espaço e privacidade levou Edmond e Lily a uma transação imobiliária que consumiria grande parte da atenção dos dois e teria um lugar particularmente importante em suas vidas.

No fim de 1985, Edmond e Lily começaram a visitar uma propriedade a mais ou menos uma hora a leste de Vallauris, na cidade de Villefranche-sur-Mer. Lá, nas colinas a leste de Nice, havia uma propriedade icônica: La Léopolda. O rei Leopoldo da Bélgica comprara a terra para sua amante em 1902. Ela fora adquirida em 1929 por Ogden Codman, o arquiteto neoclássico americano cujos clientes incluíam os Rockefeller e os Vanderbilt. Codman construíra uma grande vila inspirada em mansões do século XVIII como a Villa Belgioso em Milão, mas ficara sem dinheiro durante a Depressão. Na década de 1950, o industrial italiano Gianni Agnelli comprara a vila de 28 cômodos e contratara o paisagista Russell Page para trabalhar nos 4 hectares de jardins. La Léopolda teve vários outros donos antes que Edmond e Lily a comprassem em 1985 e iniciassem sua reforma.[15]

Com numerosos quartos, salões, terraços e jardins, La Léopolda seria uma imensa tapeçaria para o senso estético do casal. Lily contratou o arquiteto italiano Lorenzo Mongiardino para transformar as áreas de recepção do primeiro andar, e uma amiga deles, a conhecida decoradora Mica Ertegun, para projetar o segundo andar. Para Edmond, La Léopolda foi uma fonte de encanto. No porão, ele encontrou uma prodigiosa adega com garrafas do início do século. Edmond adorava observar os trabalhos da reforma e frequentemente levava o neto

Samuel para acompanhar o progresso. "Acho que ele estava muito orgulhoso de La Léopolda", lembrou Adriana Elia, filha de Lily. "Ele queria que aquela fosse uma casa para toda a família." Os jardins, onde foram plantadas centenas de oliveiras, eram o domínio de Edmond, e ele passeava por lá de agasalho e tênis Reebok branco.[16]

Edmond e Lily havia muito eram colecionadores ávidos e alegres de coisas belas: pinturas, desenhos, esculturas, tapetes, móveis, objetos decorativos, relógios. Para Edmond, que não jogava golfe nem tênis e não tinha muitos passatempos, colecionar era uma paixão. Ele amava encontrar leilões, calcular valores relativos e entender a dinâmica dos lances da mesma maneira que amava entender os mercados e buscar bons negócios. O advento do leilão remoto significou que essa era mais uma atividade que ele podia fazer ao telefone. Edmond e Lily eram frequentadores da Christie's e da Sotheby's em dois continentes, comprando prataria, relógios, pinturas e tapetes. Edmond apreciava a maestria, a arte e a história dos objetos antigos. Em Paris, ele e Lily visitavam o Louvre des Antiquaires ou a loja do comerciante de móveis Maurice Segoura na rue du Faubourg Saint-Honoré. Lily se sentia atraída pela arte francesa clássica e russa do século XIX e por joias modernas, ao passo que Edmond preferia relógios magistralmente elaborados, móveis e mesas, particularmente o trabalho de George Bullock, um artesão de móveis inglês do fim do século XVIII. Em 1987, ele fez lances agressivos para comprar o *Mobilier Crozat*, um conjunto de cadeiras e sofá criado para o financista real francês Crozat, do século XVIII.[17]

"Acho que ele enxergava o esforço humano empregado neles", disse o executivo da Christie's Charles Cator. Edmond telefonava para Cator no domingo de manhã, como se ele fosse um dos funcionários de seus bancos, e o questionava sobre objetos à venda. Tanto Edmond quanto Lily tinham íntimo conhecimento sobre os objetos que possuíam. "Podia ser um relógio. Podia ser um Van Gogh", disse Kenneth Cooper, um associado de longa data dos Safra. "Eles contavam toda a história da peça, por que era importante e por que pertencia exatamente àquele lugar."[18]

NOVOS INÍCIOS (1984-1988)

Mesmo que Safra tivesse tirado ligeiramente o pé do acelerador desde a separação da American Express, seu calendário de mesa de 1986 revela que os hábitos e as rotinas continuaram a caracterizar sua itinerante e agitada vida. Ele esteve no Rio de Janeiro de 1º a 16 de janeiro visitando a família; viajou para a Europa e os EUA entre janeiro e fevereiro: ele e Lily jantaram com John e Susan Gutfreund em Paris e compareceram a uma recepção em Londres com o príncipe de Gales; Edmond viajou em março para Nova York, onde cuidou de negócios do Republic, e então voltou a Vallauris para a véspera de *Pessach*. No fim de abril, ele retornou a Nova York durante várias semanas.

Em Nova York, como no sul da França, Edmond passou a ter uma presença mais assertiva. A nova sede do Republic estava quase pronta, a um custo total de quase 300 milhões de dólares. Concebido em 1981, o edifício de trinta andares de vidro e aço (com um maciço cofre subterrâneo) envolvia e se conectava ao edifício Knox, em estilo Beaux--Arts. A sede do Republic agora ocupava quase todo um quarteirão da Quinta Avenida. O edifício totalmente moderno, com ampla vista do centro de Manhattan e além, era o novo e otimista carro-chefe da família Safra de empresas. Edmond mudou seu escritório do edifício Knox para o 29º andar do novo edifício, que, com espessos tapetes e cortinas e pesadas cadeiras, tinha uma opulência que lembrava o Império Otomano.[19]

Edmond seguia rigorosamente os rituais que determinavam o ritmo de sua vida, misturando religião, negócios e família. Em 15 de fevereiro, ele fez uma anotação para se lembrar de ir "à sinagoga por mamãe". Em 12 de junho de 1986, véspera do feriado de *Shavuot* e aniversário da morte de Jacob Safra, ele anotou: "jejum do amanhecer às 15 horas", e então foi à sinagoga às 10h30 para estudar durante toda a noite. No fim de junho, voltou a Vallauris, onde passou a maior parte dos meses de julho e agosto.

Em Nova York, Paris e Londres, Edmond e Lily se moviam por círculos sociais e filantrópicos que se tocavam e, às vezes, se sobrepunham. E começaram a doar para organizações escolhidas por seus amigos e colegas, como a Filarmônica de Londres e a World Wildlife Fund. Mas as atividades filantrópicas de Edmond iam muito além da presença em bailes de gala. Como sempre, ele continuou a fazer contribuições para indivíduos e instituições necessitadas, na tradição de Alepo e Beirute. Em todos os principais escritórios, tinha funcionários encarregados de lidar com os pedidos de rabinos, instituições e indivíduos em todo o mundo, e aqueles que não recebiam grandes doações deveriam receber, por instrução de Edmond, ao menos 101 dólares, o valor numérico das letras hebraicas no nome do anjo Miguel. Ele permanecia ativamente envolvido com a Fundação Internacional de Educação Sefardita (ISEF), que ajudara a criar e que, em 1986, distribuiu mais de 575 mil dólares em bolsas universitárias.[20] No mesmo ano, ele e Lily receberam o ministro do Exterior israelense Shimon Peres para a celebração do décimo aniversário da ISEF no Hotel Regency, em Nova York. E fez outros esforços para promover a educação universitária, particularmente em áreas importantes para ele. Em Harvard, criou a cátedra Robert F. Kennedy para professores visitantes de Estudos Latino-Americanos, assim como bolsas no novo Centro de Ética e Profissões.

O ponto central do outono, um dos eventos mais importantes do ano para Edmond e Lily, eram as reuniões do FMI e Banco Mundial. Ao longo dos anos, conforme o Republic e a família Safra de bancos cresciam, também crescia sua presença nas reuniões. Elas eram alvo de meticuloso e cuidadoso planejamento, já que ofereciam uma oportunidade para o Republic se conectar com uma ampla variedade de importantes clientes e contatos. Suítes eram reservadas com muita antecedência no Hotel Hay Adams. Uma frota de carros era reservada para Edmond e Lily, os irmãos Safra e outra dúzia de executivos. A recepção do Republic em 30 de setembro de 1986, realizada na Galeria Nacional de Arte e incluindo uma exposição dos bronzes renascentistas do Kunsthistorisches Museum de Viena, foi altamente coreografada. Os cardápios, a decoração e as taças foram escolhidos por Lily e Mica Ertegun, e a atração principal foi um modelo em chocolate da sede do RNB. As posições na hora de receber os convidados foram detalhadas: primeiro Edmond, acompanhado por Dov Schlein e Edouard Schouela (da filial do Canadá); depois Joseph, acompanhado por Jeff Keil; e Moïse, acompanhado por Cyril Dwek.[21] (Três semanas antes, Edmond e Lily haviam visitado Washington para um jantar de Estado na Casa Branca em homenagem ao presidente brasileiro José Sarney.)

As reuniões FMI/Banco Mundial eram especialmente vitais para Edmond porque, embora o velho "banco da televisão" continuasse a contar com depositantes de Nova York e região, os ativos do Republic estavam quase inteiramente fora dos Estados Unidos. Certamente, o Republic continuara a evoluir, mesmo enquanto seguia o comprovado modelo Safra de negócios de baixo risco e proteção aos depósitos. Fosse descontando títulos, *à forfait*, emprestando com garantias do FMI e do Export-Import Bank ou vendendo ouro futuro, Edmond continuava a focar em transações de baixo risco nos quais uma quantia mínima do capital fosse exposta. Para isso, o Republic acrescentara um novo negócio a sua carteira: o fomento mercantil, que, essencialmente, significava fornecer adiantamentos às empresas com base em seus recebíveis. Dos 3,3 bilhões de dólares de empréstimos domésticos do Republic em 30 de junho de 1986, aproximadamente 1,4 bilhão estava nas unidades de fomento. Em contraste, as unidades internacionais respondiam por quase 14,9 bilhões de dólares em ativos — empréstimos a empresas, governos e agências governamentais, muitos garantidos por organizações internacionais como o FMI. Do total, 3,5 bilhões estavam na Argentina, 1,7 bilhão no Egito e 2,7 bilhões na Venezuela.[22]

Com uma carreira de quase quarenta anos, Edmond ainda evitava emprestar dinheiro a indivíduos. Temia a dificuldade de precificar o empréstimo e que, se um banco emprestasse muito dinheiro a qualquer indivíduo ou empresa, esse indivíduo ou empresa passasse a controlá-lo. "Eu emprestarei dinheiro aos ricos se eles colocarem uma arma na minha cabeça, mas estarei emprestando a eles seu próprio dinheiro", disse ele certa vez.[23] A mistura entre depósitos corriqueiros nos EUA e negócios internacionais de alta visibilidade havia criado imenso valor para os acionistas do Republic nos vinte anos anteriores. Incluindo o reinvestimento de dividendos, os detentores de ações ordinárias haviam obtido ganhos compostos anuais de mais de 25% na década de 1980 — um retorno ainda mais surpreendente, dado o fato de que o banco usara comparativamente pouca alavancagem e evitara empréstimos com altos juros para clientes de risco.

No entanto, essa abordagem impedira o crescimento em um mercado em rápida evolução. Ao contrário de muitos de seus pares na indústria financeira americana, o Republic não reagiu ao afrouxamento da regulamentação implementando irresponsavelmente novas linhas de negócios. Também não foi atraído pelas novas tendências, como emprestar para aquisições alavancadas agressivas [ou *leveraged buyouts*, LBO, obtenção do controle acionário de uma empresa através de "alavancagem", ou seja, empréstimos].

No fim da década de 1980, Edmond respondera ao grande acúmulo de empréstimos para mercados em desenvolvimento nas contas de seus bancos vendendo o TDB para a American Express. Mas isso solucionara somente parte do problema. Em julho de 1986, Jeff Keil disse ao colega Thomas Robards: "Atualmente, o Republic enfrenta um conjunto de problemas que não enfrentou nos últimos dez anos." A diversificação era baixa, com a exposição concentrada em poucos países. Quando as coisas iam bem nessas áreas, a estratégia era brilhante. Mas sua fragilidade se tornava evidente quando surgiam crises. A despeito de esforços anteriores para reduzir os empréstimos para países em desenvolvimento, havia 280 milhões de dólares em dívida mexicana que podia ser problemática. Mais significativamente, embora o banco tivesse expandido sua presença no mundo para obter mais depósitos, "não fomos capazes de identificar outras linhas não voláteis de negócios além das que já perseguimos nos últimos dez anos, a fim de gerar receita". A resposta seria remover agressivamente as dívidas ruins dos balanços e captar mais capital. No quarto trimestre de 1986, o Republic reservou 120 milhões de dólares de dívidas dos países menos desenvolvidos para *markdown* e subsequente venda, muito antes dos outros bancos. (Em maio de 1987, o Citigroup reservaria 3 bilhões de dólares para suas dívidas de países menos desenvolvidos.) Os *markdowns* resultariam em uma rara perda para o Republic no segundo trimestre de 1987. Para fortalecer o balanço, a Republic New York Corporation anunciou uma oferta pública de 1,5 milhão de ações.[24]

Após as reuniões do FMI, Edmond foi ao Brasil por duas semanas em outubro para os feriados judaicos, com uma viagem de fim de semana a Buenos Aires. O Republic Nova York e o Banco Safra não tinham participações cruzadas e não eram subsidiários um do outro. Mas, como haviam feito durante décadas, os irmãos continuaram a trabalhar juntos, e Edmond via todas as instituições como parte de uma família de negócios mais ampla. Isso acontecia mesmo quando o Republic e o Banco Safra operavam nos mesmos mercados, como Luxemburgo e Nova York.

No fim de 1986, o Banco Safra preparava os formulários para obter aprovação do Federal Reserve e da Controladoria da Moeda americana para operar em todo o país. Em 1º de janeiro de 1987, ele mudaria o nome da filial de Nova York para Safra National Bank of New York.[25]

Após passar várias semanas na Europa, Edmond e Lily retornaram a Nova York em dezembro, onde a temporada social estava no auge. Em sua ocupada primeira semana, eles jantaram com o designer Valentino, compareceram à apresentação da ópera de Strauss *Belle Époque* com Ezra Zilkha e a esposa, e ofereceram um jantar de gala em sua casa na noite de sexta-feira ("Se fosse jantar na noite de sexta, você tinha que participar das orações", lembrou Ezra Zilkha). Na segunda-feira, 8 de dezembro, eles foram ao baile do Metropolitan Museum of Art Costume Institute, oferecido pela amiga Estée Lauder.[26]

Durante os dias em Nova York, Edmond e colegas também trabalharam em uma importante decisão para diversificar os negócios do Republic. A partir do início da década de 1970 com o Kings Lafayette, o Republic fizera esforços oportunistas para aumentar seus depósitos comprando bancos locais. O Williamsburgh Savings Bank, fundado em 1851, tinha doze agências, 2,2 bilhões de dólares em depósitos e uma icônica sede própria. O edifício com cúpula de cobre de 155 metros de altura no nº 1 da Hanson Place, no Brooklyn, era o mais alto do bairro. Na era da desregulamentação, o Williamsburgh aumentou as taxas de juros sobre os depósitos, mas manteve seus ativos de longo prazo: cerca de 1,5 bilhão de dólares em hipotecas. A disparidade levou a uma erosão da base de capital do banco, que estava à beira da falência. Em novembro de 1986, Jeff Keil escreveu a George F. Ulich, presidente do conselho do Williamsburgh, para continuar discutindo a proposta do Republic de "uma combinação construtiva e amistosa". No fim de dezembro, uma transação foi anunciada. Em uma operação de resgate aprovada pelo FDIC, o Republic pagou 80 milhões de dólares pelos ativos do Williamsburgh, incluindo imóveis e agências. O Republic também concordou em contribuir com 200 milhões de dólares em ações ordinárias. Quando a transação foi encerrada em março de 1987, a base de ativos do Republic cresceu para 18,5 bilhões de dólares, graças, em grande parte, ao portfólio de hipotecas do Williamsburgh.[27]

Em segundo plano, Edmond pacientemente preparava o terreno de sua campanha, enquanto viajava, para abrir um novo banco quando sua cláusula de não competição expirasse. Abrir um banco na Suíça era um processo burocrático metódico e preciso que exigiria a criação de uma nova equipe, a construção de sistemas e a fundação de uma empresa executiva de "serviços". Em essência, Edmond estava reunindo seu grupo novamente, incluindo muitos dos que haviam construído o TDB. Durante 1985 e 1986, colegas continuaram a se afastar da American Express. Michel Cartillier, por exemplo, tinha uma "cláusula Safra" em seu contrato com a American Express que lhe permitia sair se Edmond fizesse o mesmo, desde que avisasse com um ano de antecedência. Em outubro de 1985, Cartillier pediu demissão e, em janeiro de 1986, o Republic e a Amex assinaram um acordo permitindo que ele começasse a trabalhar imediatamente para Safra e o Republic em troca do pagamento de 1 milhão de francos suíços e uma extensão do prazo que a American Express recebera para sair do edifício da Place du Lac que Edmond recomprara. Em 1º de fevereiro de 1986, Edmond anunciou a saída do conselho da American Express. Um mês antes, para acalmar o temor da Amex de que o Republic começasse rapidamente a prospectar clientes na Suíça, Safra concordou que o Republic pagaria ao TDB Amex uma multa sobre todos os depósitos que conseguisse na Suíça acima do limite de 300 milhões de dólares.[28]

Em Genebra, o trabalho continuava em várias frentes. No outono de 1985, foi fundada a Rasmal Finance, que conduziria algumas das tarefas organizacionais preliminares para o novo banco de Edmond. Bruno Oriella, o assistente de Michel Cartillier no TDB, e o distinto advogado de Genebra Jean-Pierre Jacquemoud estavam entre os diretores. A Rasmal começou a contratar executivos no êxodo do TDB, incluindo Claire Favre, ex-chefe da diretoria de publicidade; Claude Frossard, diretor de contas internacionais; e Hans Hofer, chefe de informação e organização.[29] Outros ex-funcionários do TDB-American Express em outros lugares do mundo também foram contratados para novas posições no império do Republic: Eli Krayem em Londres, Umberto Treves no México e Mayer Attie na Argentina. Vários executivos-chave foram contratados em Luxemburgo e em outros escritórios em 1986 e 1987, com o entendimento de que seriam transferidos para o novo banco quando fosse inaugurado. Entre eles estavam Jacques Tawil, que viajara com Edmond de Beirute para Milão em 1947, e Sem Almaleh.

Nenhuma dessas pessoas foi empregada diretamente por Edmond ou em contravenção ao acordo com a American Express. O Republic não fazia parte do acordo com a Amex e, de modo transparente, estava aumentando seus próprios negócios internacionais. Os serviços de *private banking* ainda estavam em grande demanda, sendo Londres um crescente centro de negócios. Quando o "Big Bang" atingiu Londres em outubro de 1986, depois que a Bolsa de Valores de Londres implementou o pregão eletrônico e outras regulamentações foram repelidas, a cidade se tornou ainda mais atraente. Os assessores de Safra aproveitaram a ocasião. Em seu histórico edifício do século XVIII em Mayfair, no nº 46 da Berkeley Square, a equipe de *private banking* do Republic, da qual muitos membros falavam árabe, expandia os negócios no Oriente Médio e no Norte da África.[30] (O banco em breve mudaria para um escritório maior em um prédio recém-comprado na City de Londres, embora o *private bank* permanecesse em Mayfair.)

Em outubro de 1986, depois que Roger Junod e Michel Cartillier submeteram os documentos necessários e a Comissão Federal de Bancos Suíços aprovou a formação da RENYIS, uma empresa de serviços que administraria a inscrição formal de Edmond para a abertura de um banco. Ela se estabeleceu no n° 2 da Place du Lac, com capital de 5 milhões de francos suíços. Em janeiro de 1987, Hofer, Frossard e Favre se transferiram da Rasmal para a RENYIS juntamente com uma equipe de apoio da Safra S.A., incluindo porteiros, secretárias e recepcionistas. E, em 7 de maio de 1987, a RENYIS apresentou oficialmente o dossiê solicitando uma licença bancária na Suíça. A solicitação de Edmond listava com orgulho as propriedades de sua família: o Republic, os bancos na Flórida e na Califórnia, o Banco Safra e o BCN.[31]

A American Express considerou essas atividades alarmantes e deu início a um esforço múltiplo para impedir Edmond e o Republic. Seus advogados se queixaram, sem razão, dos funcionários que haviam partido. O advogado do Republic, Ernest Ginsberg, escreveu a Mark Ewald, da Amex: "Nada no acordo do sr. Safra com a American Express impede esse banco de atuar ou contratar funcionários. Seria assim mesmo com a participação do sr. Safra. Mas, na verdade, não foi assim, porque escolhemos não incluí-lo."[32] De fato, quando colegas abordavam Edmond para falar sobre o progresso do banco, frequentemente ele se recusava a conversar. Quando Cartillier viajou para Genebra em 1986 para conhecer seus planos, Edmond respondeu: "Não posso falar a respeito." Cartillier disse: "Gostaria de saber ao menos se será algo pequeno ou grande." Edmond respondeu: "Grande."

Em 3 de dezembro de 1986, a *Tribune de Genève* relatou que um avião que Edmond usara, de propriedade da empresa Republic New York, fora fretado em maio daquele ano pelo secretário de Segurança Nacional dos Estados Unidos, Robert McFarlane, para uma missão secreta no Irã que se tornaria parte do Irangate. Não importava que a empresa Republic que comprara o avião só fora fundada meses depois de McFarlane usá-lo — a culpa retroativa por associação foi outra arma usada contra Safra.

No momento em que pisara no mundo das finanças internacionais, Edmond protegera selvagemente sua reputação pessoal, tanto como questão de honra quanto como princípio comercial. Como banqueiro judeu libanês na Suíça, em Nova York ou em Londres, assim como fora em Beirute, ele sabia que era essencial manter uma reputação pessoal de honestidade e conduzir uma operação irrepreensível. Os executivos do Republic se lembravam de uma conversa que ocorrera depois que um cliente colombiano do UBS se envolvera em um acidente de carro e descobriu-se que suas malas estavam cheias de dinheiro. "Isso aconteceu no UBS e foi para a página 20. Se acontecesse no meu banco, estaria na primeira página", disse Edmond. "Só existe uma coisa realmente minha: meu nome. O trabalho de vocês é garantir que nada em meu banco possa conspurcar esse nome."

A American Express, no entanto, estava determinada a impedir o novo esforço. Em março de 1987, a empresa apresentou uma queixa criminal, alegando que funcionários como Hofer, Frossard e Cartillier haviam roubado documentos financeiros e Edmond empregava ilegalmente pessoal do Amex/TDB. Após apresentar a queixa, a American Express informou a Comissão de Bancos Suíços, urgindo-a a recusar a licença bancária solicitada pelo Republic. Foi outra afronta à honra de Edmond. "Mesmo sem ver a queixa, o Republic pode afirmar com confiança que as acusações são infundadas e sem mérito", respondeu a empresa. "Além disso, inquestionavelmente não empregaríamos qualquer pessoa que não tivesse a mais elevada integridade moral."[33] Em um comunicado de imprensa, Edmond se mostrou justificadamente ultrajado: "Essa queixa infundada é a mais recente tática desleal da American Express para tentar intimidar, perseguir e ameaçar a mim e a meus associados."

O que estava realmente acontecendo? A American Express, explicou ele, estava com problemas e perdendo clientes. Ela sabe "muito bem que, como membro de seu conselho diretor, suscitei questões muito específicas sobre a futura saúde de suas operações bancárias internacionais, incluindo a adequação de seu capital. Aparentemente, a American Express é incapaz de enfrentar essas questões e teme enfrentar o Republic em uma competição justa no mercado".[34] A realidade, argumentaram Edmond e seus advogados, era que a American Express sabia havia vários anos que o Republic e Edmond planejavam abrir um banco em Genebra e havia facilitado e encorajado esse plano — ao vender a sede na Place du Lac e assinar um acordo que permitia que Cartillier trabalhasse no novo banco.[35]

Sem se deixar intimidar, o Republic continuou a executar seu plano para se desenvolver em escala global. Em junho de 1987, a unidade do Uruguai foi formalmente reconhecida como banco. Em julho, propôs fundar um banco em Tóquio para proteger o negócio de cédulas na Ásia e desenvolver suas atividades de comércio e investimento. O Republic iniciou atividades no Japão no outono de 1987 ao adquirir a filial de Tóquio do Rainer National Bank. Quando Hersel Mehani viajou pelas unidades do Republic em todo o globo a fim de auxiliar na mudança para o SWIFT, o novo sistema de pagamentos, precisou de três semanas para cobrir todas elas. Na segunda-feira, 16 de novembro, escritórios em Nassau, Argentina, Montevidéu, Santiago, Los Angeles, Miami, Milão, Guernsey e Singapura entraram no novo sistema. Naquele outono, o Republic apareceu na lista de cem maiores bancos da *Fortune* como 33º maior em ativos.[36]

A expansão, é claro, expôs o Republic a mais riscos e volatilidades. Os bancos haviam superado a crise da dívida dos mercados emergentes no início da década e, no outono de 1987, a especulação nos mercados globais crescia novamente. Edmond, que tinha sexto sentido para o perigo, ficava cada vez mais preocupado. Em outubro, um executivo do Bear Stearns, Ted Serure, estava em Paris, almoçando com Moïse Safra em um domingo, quando Edmond telefonou. Ele ficara alarmado com os negócios que via nos mercados. "Se eu fosse você, voltaria amanhã", disse. O mercado quebrara na segunda-feira, com o Dow Jones Industrial Average caindo quase 22% em um único dia.[37]

Em meio ao tumulto da quebra de 1987, o Republic fez o que sempre fizera: continuou calmamente em frente e focou na segurança. Com as circunstâncias em rápida modificação, a abordagem mais conservadora que sempre adotara se tornou novamente uma vantagem competitiva. Uma campanha do Republic em 1987 mostrava uma pessoa subindo uma montanha. "O risco é uma parte inescapável da vida", dizia o anúncio. "Você não pode fugir dele, mas pode minimizá-lo escolhendo um parceiro em cujas habilidades e comprometimento pode confiar." O Republic, "um banco Safra", era "uma instituição avessa ao risco. [...] Nosso princípio fundamental é a proteção dos ativos de nossos clientes".

O trabalho no novo banco suíço continuou, com Edmond passando grande parte de seu tempo na Europa.[38] Sabendo que abririam uma filial em Lugano em 1988, Edmond e Michel Cartillier viajaram para a cidade suíça a fim de ver um edifício à venda. Depois que o visitaram, Edmond sugeriu que caminhassem de volta para o hotel. Eles pararam no café de um shopping e pediram uma cerveja. Como Edmond não esperava precisar de dinheiro naquele dia e não tinha nenhum no bolso (ele normalmente não precisava de dinheiro vivo), os dois riram quando Cartillier se alegrou com a oportunidade de lhe emprestar 100 francos.

O plano para os três primeiros anos era tipicamente ambicioso. Eles abririam simultaneamente em Genebra e Lugano. Em Genebra, a sede no n° 2 da Place du Lac abrigaria a gerência, o serviço ao consumidor e o trading, com os serviços administrativos em um segundo edifício. No primeiro ano, projetava-se que o novo banco teria 2,7 mil clientes, chegando a 6,7 mil em 1990.[39]

Edmond estava tranquilo por causa da confiança que tinha em sua rede. Como contou Sem Almaleh, ao se aproximar a data de vencimento da cláusula de não competição, Edmond enviava associados para dizer: "Vamos começar uma nova aventura no Republic." Isaac

Obersi, que conhecera Edmond em Paris no fim da década de 1940, lembrou: "Eu dizia aos clientes 'Estou saindo da American Express. Ainda não posso dizer para onde estou indo'."[40]

De sua base em Genebra e de La Léopolda, Edmond trabalhava ao telefone, recebendo visitas, fazendo campanha para recrutar novos e antigos clientes. A Safra Republic Holdings foi formalmente fundada em março de 1988. Baseada em Luxemburgo, era um negócio novo. Mas, ao contrário do TDB e do Republic no início, fora formada a partir de várias fontes. O plano era que o Republic New York contribuísse com as operações europeias (França, Luxemburgo, Guernsey e Gibraltar), com capital de 430 milhões de dólares. Edmond comprometeria uma grande quantia — cerca de 200 milhões de dólares —, e o banco planejava levantar outra quantia substancial em uma oferta pública no outono. Ironicamente, o Shearson, que ainda era da American Express, seria subscritor da oferta pública do Safra Republic. Em outubro de 1988, ele levantaria 490 milhões de dólares na oferta pública. O Republic New York possuía 48%, Edmond possuía 21% e os investidores institucionais possuíam 31%.[41]

A demanda foi clara e esmagadora. Em 1º de março de 1988, o Republic National Bank of New York (Suíça) S.A. iniciou operações em Genebra e Lugano. O edifício foi aberto precisamente um minuto após a meia-noite, no dia em que o acordo de não competição expirou, e os clientes fizeram fila para abrir contas nas mesas espalhadas pelo saguão. Como muitos clientes estavam ávidos para ter a conta nº 1, os gerentes tentaram satisfazê-los com contas 01, 001, 0001. Três semanas depois, o banco ofereceu uma recepção no Hotel Intercontinental de Genebra para mil convidados, e as pessoas fizeram fila antes que as portas fossem oficialmente abertas. Edmond, Joseph e Moïse circularam pelo salão, conversando com os clientes e perguntando sobre seus negócios e famílias. "Edmond conversava com alguém por cinco minutos, de maneira amistosa, sem pretensão, e então se afastava andando de costas", lembrou François Curiel. Em novembro de 1988, o Safra Republic teria ativos totais no valor de 3,9 bilhões de dólares.[42]

NOVOS INÍCIOS (1984-1988)

Lily sempre celebrava as realizações de Edmond. A convergência entre a inauguração do novo banco e o término da reforma em La Léopolda forneceu o pretexto para duas grandes festas no verão de 1988. A primeira, na noite de 6 de agosto — aniversário de Edmond —, atraiu trezentos amigos da alta sociedade, incluindo o príncipe Rainier de Mônaco, o príncipe Aga Khan, John Gutfreund, o magnata naval grego Stavros Niarchos, Barbara Walters, e os costureiros Karl Lagerfeld e Valentino. Os convidados se espalharam pelo terraço, que fora decorado no estilo das ruínas romanas, e experimentaram os pratos preparados pelo chef Roger Vergé. Guy Béart, o cantor francês que era amigo de Edmond desde os dias de Beirute, fez uma apresentação.

Mas isso foi somente metade da festa. "As pessoas telefonavam perguntando 'Você vai à festa A ou à festa B?'", lembrou Peter Cohen. Na segunda-feira, 8 de agosto, uma segunda festa foi oferecida para outros trezentos convidados — na maioria associados profissionais e amigos de longa data em torno do mundo, incluindo Joe Cayre, Stanley Chera e Albert Manila Nasser. Para a segunda festa, figurinistas da Ópera de Paris construíram um vilarejo cênico no terraço. Edmond estava em seu elemento, saudando os amigos em várias línguas, desaparecendo por alguns instantes e retornando com uma *mezuzá* que trouxera de Israel para oferecer a Peter Cohen. O showman egípcio Bob Azzam se apresentou, e Edmond decidiu que a ocasião era alegre o suficiente para ele mesmo cantar. Ele pegou o microfone e interpretou a tradicional canção de amor árabe "Ah ya zein". "Os olhos dele brilhavam", lembrou Albert Nasser. Às 2 horas, Edmond e seus velhos amigos estavam sentados em torno da piscina, comendo espaguete.[43]

Após as tribulações dos anos na American Express e do imenso esforço necessário para criar um novo banco, as festas foram uma espécie de catarse para Edmond, que sempre mantinha as emoções sob controle em público. Jamais se contentando em repousar sobre seus louros, ele ao menos separou um momento para celebrar, olhando em torno e apreciando sua família, seus amigos e suas realizações.

É claro que, dados os riscos no mundo e as forças reunidas contra seu sucesso, Edmond não queria chamar atenção para si mesmo e para seus triunfos. Após comparecer à primeira festa, Ezra Zilkha, que conhecia Edmond desde sua juventude em Beirute, fez uma pergunta: "Edmond, nós fomos criados para temer o mau-olhado. Você não está com medo?" A resposta: "Sim."[44]

E Edmond tinha boas razões para sentir medo.

13.
Um ano cruel (1988-1989)

O resplendor das festas, da inauguração do Republic na Suíça e do fim de verão em La Léopolda logo foi perturbado. Em 21 de agosto de 1988, o *Minute*, um jornal antissemita de extrema-direita de Paris, publicou um artigo sobre o assassinato de um consultor de segurança, Glenn Souham, que investigava o caso Irã-Contras, e alegou que os banqueiros suíços estavam lavando dinheiro de drogas, "especialmente um banqueiro que tem duas vilas na Riviera e cujos laços com o caso são evidentes". Um artigo adjacente identificava Edmond como "milionário do ouro em pó", acusando-o de estar associado a negociantes de armas e ao gângster americano Meyer Lansky, que morrera mais de cinco anos antes. O artigo citava uma carta, datada de 29 de janeiro de 1988, da Interpol para a embaixada americana em Berna, comentando que um advogado de Genebra, Willard Zucker, que estava financeiramente envolvido com figuras do Irã-Contras, era um associado de Safra. (Em certo momento, Edmond contratara Zucker para abrir algumas empresas, incluindo a que era proprietária do avião comprado em 1985; além disso, Zucker, como dezenas de milhares de outras pessoas, tinha conta no Republic.)

O artigo, com fatos escassos e muitas insinuações e mentiras, não era nada novo para Edmond. Ao longo dos anos, ele enfrentara contínuas suspeitas — porque transportava ouro e movimentava cédulas em torno do mundo, por causa de seu histórico e seu sotaque, de suas duradouras ligações com o Líbano e do modelo de negócios pouco ortodoxo e altamente bem-sucedido de seus bancos. Mas as novas acusações eram tão insidiosas quanto extravagantes. Ele convocou uma equipe jurídica internacional a La Léopolda, incluindo os associados de longa data Walter Weiner e Charles-André Junod, e, juntamente com Lily, começaram a discutir qual seria sua reação.

Quando o artigo fora publicado, Edmond dissera a um colega que suspeitava de quem estava por trás: "Filhos da puta. Isso é coisa da American Express." Ele disse a Peter Cohen: "A American Express está fazendo isso comigo! Sinto o cheiro deles." Cohen, que trabalhara para a unidade Shearson da American Express, respondeu que Edmond perdera o juízo. Afinal, naquele momento, o Shearson se preparava para levantar centenas de milhões de dólares para a oferta pública do Safra Republic.[1]

Mas parecia que alguém, ou alguma instituição, iniciara uma campanha para difamar Edmond Safra. Aquele não era o primeiro artigo a fazer alegações dúbias. Em janeiro de 1988, a revista italiana *L'Espresso* citou um relatório de 1957 de uma agência americana que parecia alegar que um homem chamado Edmond Safra estava envolvido com o tráfico de morfina. A publicação se retratou depois que os advogados de Edmond indicaram que o artigo era falso e difamatório. Apenas três semanas antes do artigo do *Minute*, em 13 de agosto, o *La Dépêche du Midi*, um pequeno jornal de Toulouse, repetira as infundadas acusações de tráfico de morfina e mencionara que os jornais latino-americanos haviam publicado artigos similares mais cedo no mesmo ano. Os artigos foram rapidamente localizados. Em 4 de julho, o *Hoy*, um jornal obscuro de Huánuco, no Peru, publicara uma matéria sobre traficantes e rotas de tráfico. "Safra começou sua fortuna colocando seu banco à disposição dos traficantes." Cinco dias depois, em 9 de julho, o tabloide da cidade do México *Unomásuno* publicara uma matéria muito similar. Claramente, havia um padrão nesses artigos aparentemente randômicos — e pessoalmente danosos — em quatro países diferentes.

Quando sua integridade foi questionada, o normalmente equilibrado Edmond foi levado ao furor. A reputação de honestidade e comportamento honrado de uma família é construída e protegida durante gerações e, quando era perdida, levava muitas outras gerações para se regenerar. Para Edmond, qualquer coisa que conspurcasse o nome Safra também conspurcava a memória de Jacob Safra, o clã Safra e os milhares de colegas e funcionários que ele via como família. Sem mencionar seu círculo mais amplo de parceiros e clientes — e potenciais futuros parceiros e clientes. Quando Walter Weiner tentou minimizar a importância dos artigos em publicações desimportantes, Edmond ficou enraivecido: "É da minha vida que você está falando."[2]

Por mais improvável que fosse, seus instintos estavam certos sobre a fonte da difamação. Os artigos eram a ponta do *iceberg* — a próxima batalha na guerra desleal que a American Express iniciara contra Edmond em 1986. Nos escritórios da American Express em Genebra e Manhattan, havia amargura sobre sua saída do TDB em 1984 e a intenção de criar um novo banco em Genebra quando o período de não competição chegasse ao fim. E havia a sensação geral de que Edmond levara a melhor sobre a gigantesca corporação. Em um artigo de março de 1988 do *Institutional Investor* sobre o novo empreendimento de Edmond, executivos da American Express expressaram o temor de que os muitos clientes sefarditas do TDB migrassem para o novo banco. "Edmond venceu de tantas maneiras que já perdeu a graça", disse um ex-executivo da Amex. "Ele essencialmente fez com que [a Amex] capitalizasse o Republic." Embora tivesse vendido suas ações, "ele se livrou dos empréstimos para países em desenvolvimento do antigo portfólio do TDB, recomprou sua sede e escolheu os funcionários que realmente queria de volta".[3]

Harry Freeman, um ex-aluno da Faculdade de Direito de Harvard que trabalhava com projetos especiais para o CEO da American Express, Jim Robinson, era uma presença obscura na companhia. No início de 1987, Freeman contratou Susan Cantor, ex-funcionária da ABC News com propensão para as conspirações, como parte de uma declarada — e malsucedida — campanha para convencer as autoridades bancárias suíças a não concederem a Edmond a licença para seu novo banco. No início de 1988, Robinson disse a associados que a American Express já não tentaria impedir Edmond de inaugurar o novo banco em Genebra. Mas, na verdade, mais tarde naquele ano Cantor voltou a Genebra oferecendo um dossiê com informações enganosas sobre Edmond para jornalistas.[4] Cantor se associou a um agente chamado Tony Greco, que trabalhara com a American Express em campanhas antifraude na década anterior. Greco encorajou jornais receptivos em todo o mundo a publicarem falsas alegações sobre Edmond. Seriam necessários uma equipe de advogados e investigadores trabalhando em três continentes por quase um ano para revelar a emaranhada teia de mentiras. O drama, revelado por Bryan Burrough em detalhes cinematográficos primeiro no *Wall Street Journal* em 1990 e depois no livro de 1992 *Vendetta: American Express e a difamação de Edmond Safra*, foi uma verdadeira saga criminosa.

A despeito de gerir dois bancos de maneira ativamente participativa (três, contando o BCN) e cuidar dos outros bancos da família, Edmond devotou uma imensa quantidade de tempo e recursos chegando ao fundo da história. Todos os dias, ele falava ao telefone com advogados nos EUA, Europa e América do Sul e com seu conselheiro de relações públicas Gershon Kekst. Safra sempre vira seus negócios e sua vida como uma campanha para a qual ele recrutava colegas, de maneira entusiástica e frequentemente alegre — para abrir bancos, recrutar clientes, ganhar negócios. Mas esse esforço foi motivado por partes iguais de raiva e medo. E a batalha tinha muitas frentes.

Primeiro, ele usou sua vasta rede de contatos. Os advogados procuraram o promotor do caso Irã-Contras, Lawrence Walsh, e vários agentes do FBI para limpar seu nome em relação à carta enviada pela

Interpol e à embaixada americana em Berna. Em 5 de outubro de 1988, Walsh escreveu que os promotores haviam sido "incapazes de confirmar qualquer uma das alegações citadas na carta de 29 de janeiro [a carta de Berna] e que as investigações do conselho independente sobre essas alegações foram encerradas".[5] Chegar ao fundo do relatório de 1957 do governo americano sobre o suposto envolvimento de Edmond no tráfico de morfina exigiu um pouco mais de escavação. A polícia de Genebra tinha em seus arquivos uma carta datada de 21 de agosto de 1957 na qual o agente americano de narcóticos em Roma, Andrew Tartaglino, pedia a várias agências, incluindo a polícia federal suíça e a Interpol, informações sobre um suspeito de tráfico de morfina chamado "Edmond Y. Safra". Menos de dois meses depois, em 9 de outubro de 1957, a Interpol informara à polícia suíça que não havia bases para continuar a investigação. Aliás, o chefe da polícia federal suíça, Rudolf Wyss, escrevera que Edmond fora confundido com alguém chamado David Safra, mas a confusão nunca fora comunicada à polícia cantonal de Genebra. A equipe de Edmond localizou Andrew Tartaglino nos Estados Unidos, que confirmou que a carta fora baseada em um erro, e Maxwell Rabb, o embaixador americano em Roma, escreveu em sua própria carta que "pedira à Drug Enforcement Administration para investigar a questão. Foi dito que não havia nenhuma informação adversa relacionada ao sr. Safra em seus arquivos". A carta acrescentava: "Também verifiquei os arquivos desta embaixada e não há absolutamente nenhuma informação relacionada a atividades inapropriadas do sr. Safra."[6]

Em seguida, Safra iniciou uma ação judicial para defender sua honra. O advogado Georges Kiejman, agindo em nome de Edmond, protocolou uma ação contra o *Minute* em 17 de outubro de 1988 em Paris, mesmo enquanto o jornal e seu principal repórter, Jean Roberto, continuavam a publicar acusações ridículas. No mesmo mês, o *Minute* publicou uma matéria sob a manchete "Ele vive em pânico em sua vila no litoral. O milionário sentenciado à morte". A ultrajante acusação desta vez: Edmond roubara 100 milhões de dólares do temido cartel de Medellin. Na quarta-feira, 26 de outubro, chegou outro artigo do *Minute*: "Um banco parisiense lava dinheiro das drogas." Na semana seguinte, uma matéria dividida em duas páginas internas advertia: "Safra precisa tomar cuidado! Seu silêncio tende a dar total credibilidade ao que até agora foi somente uma forte presunção de verdade."

Edmond processou o *Minute* por difamação novamente, dessa vez pedindo um julgamento imediato, e o tribunal concordou, compelindo o jornal a publicar a sentença de difamação nas edições seguintes. Mas o dano já fora feito. Edmond ficou devastado e disse a colegas que estava mais convencido que nunca de que a American Express estava por trás das calúnias.[7]

Em 23 de novembro, ocorreu a primeira grande descoberta. Quando os advogados do *Minute* começaram a exibir provas no Tribunal Superior de Paris, entregaram as fontes usadas pelo repórter Roberto. Uma delas era um relatório de sete páginas com bizarros conectores, gráficos inventados e informações falsas ilustrando supostas conexões criminosas — essencialmente, os elementos de todos os artigos publicados nos jornais. Outra foi um artigo de vinte páginas da *Life* sobre a Máfia americana. Kiejman e seu colega Olivier Laude notaram algumas coisas estranhas sobre o artigo. Primeiro, era datado de 1967, ou seja, tinha mais de vinte anos. Segundo, trazia impresso no topo: "25 FEV 88 21H25 AMEX CORP COMM * NYC." Isso indicava que o documento fora enviado por fax pela American Express.

"Meus olhos quase explodiram", lembrou Kiejman. Analisando o documento mais atentamente, Weiner notou um segundo detalhe, um número telefônico da Grã-Bretanha. Pertencia ao departamento legal da American Express em Londres.[8]

Mas quem enviara o documento? E por quê? Havia elos entre os quatro jornais na França, Peru e México? Foram as perguntas que a equipe tentou responder mesmo após 19 de dezembro, quando o tribunal de Paris decidiu que o *Minute* difamara Edmond. Edmond estava preocupado. Todos os dias, telefonava para o sobrinho Ezy Nasser e o irmão Joseph no Brasil, e para todos os outros escritórios. "Como estão as coisas? Como estão os clientes? Estão nos abandonando?"[9]

Movimentando-se entre Paris, Genebra e La Léopolda no outono e no início do inverno de 1988, ele agia como capitão da cruzada legal, até mesmo traduzindo para advogados de diferentes países durante teleconferências e reuniões. Também continuou a reunir informações com sua vasta rede. Em certo dia de dezembro, disse a sua equipe que o namorado de uma das secretárias do banco em Paris ouvira de um amigo no *Minute* que a fonte para os artigos sobre Safra fora um homem chamado Tony Greco.[10]

O nome não significava nada para Edmond ou para qualquer um no Republic. Mas, no início de janeiro de 1989, Jeff Keil, do Republic, falou com Tom Sheer, ex-agente do FBI, que disse que achava que conhecia Greco e que ele vivia em Staten Island. Em seguida, Ernest Ginsberg telefonou de Nova York. Ginsberg relatou que um certo Victor Tirado telefonara para o Republic em Miami e dissera ter informações sobre um homem chamado Tony Greco que trabalhava para a American Express. Em fevereiro, quando Sheer se encontrou com Tirado em Washington, Tirado lhe disse que Greco fora ao Peru e pagara para publicar o artigo no *Hoy*. Tirado então pediu 10 mil dólares. Não se tratava de uma prova. Mas eles estavam no caminho.[11]

Em meio aos continuados ataques a sua integridade, os Safra sofreram uma imensa tragédia pessoal. Em 17 de fevereiro, receberam uma notícia devastadora. O filho mais velho de Lily, Claudio, e seu filho de 4 anos, Raphael, morreram em um acidente de carro a caminho da casa de fim de semana no Rio de Janeiro ao serem atingidos por uma caminhonete cujo motorista estava bêbado. A perda abrupta e incompreensível foi muito mais difícil de suportar durante o período em que a família estava sob ataque. Deixando tudo de lado, Edmond e Lily viajaram para o Brasil para comparecer ao funeral. Os rituais de enterro e *shivá* criaram a oportunidade de se afastarem, ao menos por um momento, dos problemas gerados pela publicidade negativa. Mas não foram um alívio. Pois, enquanto Edmond confortava Lily e o restante da família, seus adversários continuaram com a obra sombria.

Greco, nascido na Itália, passara algum tempo no Peru na década de 1960, mudara-se para os EUA, fora preso repetidas vezes por atividades criminosas e era informante pago do FBI. Mas não estava claro se espalhava informações falsas sobre Edmond Safra. E havia urgência para entender, porque, na primavera de 1989, mais artigos foram publicados. O *Noticiero,* uma newsletter em espanhol baseada em Genebra, afirmou que a Drug Enforcement Agency (DEA) americana estava atrás de Edmond por roubar 40 milhões de dólares durante o Irã-Contras. Subitamente, o mesmo aconteceu na Argentina. Em 1º de março, o *El Mundo,* um programa de rádio de Buenos Aires, divulgou um relatório dizendo que a DEA estava avisando os bancos latino-americanos para não fazerem negócios com Safra. Embora o advogado de Edmond rapidamente obtivesse uma retratação, vários relatos similares foram ao ar na Argentina durante o fim de semana. Edmond, ouvindo as atualizações em Nova York, resmungou: "Tony está trabalhando. Tony está trabalhando." Apesar de todos os recursos, conexões e advogados, Edmond parecia impotente para impedir o violento ataque de mentiras e difamações.[12]

Em 9 de março, quando o tabloide de Buenos Aires *Crónica* publicou um breve artigo ligando Edmond e o Republic à lavagem de dinheiro, Edmond perdeu a paciência e decidiu telefonar diretamente para Robinson. Robinson concordou em ir ao apartamento de Edmond na Quinta Avenida naquele domingo. Embora a correspondência impressa entre eles geralmente tivesse sido cortês e formal nos últimos anos, na ocasião Edmond não escolheu palavras: "Temo que seu pessoal esteja conduzindo uma campanha de difamação contra mim", explodiu ele. Robinson foi pego de surpresa: "Eu ficaria atônito se isso fosse verdade." Edmond respondeu que tinha provas. "Tenho documentos que não posso mostrar [...] Sei tudo que seu pessoal está fazendo."[13]

Por quase quatro décadas, Edmond Safra fizera negócios e tomara decisões sobre a quem conceder empréstimos com base em análises pessoais. E seus instintos haviam sido aprimorados. No fim da década de 1980, um cirurgião e investidor imobiliário multimilionário, prolífico negociante de moedas estrangeiras, fizera muitos negócios com o Republic. Em abril de 1989, executivos perceberam que a posição dele podia deixar o banco muito exposto e assinalaram a conta. Edmond decidiu se encontrar com o investidor pessoalmente.

Quando retornou do encontro, foi enfático de que o Republic devia parar de fazer negócios com ele. "Durante todo o almoço, ele nunca me olhou nos olhos", disse. "Meu pai me disse, há muitos anos, que se um homem não o olha nos olhos, você não pode confiar nele." Ele disse a Dov Schlein: "Ele vai se desintegrar, e não quero estar por perto quando isso acontecer." Depois que as posições do investidor foram finalizadas, ele mudou suas contas para o Salomon. Lá, entre 1989 e 1991, fez milhares de negociações com moedas, apostando principalmente nas moedas suíça e australiana. E teve perdas tão grandes que, no fim das contas, o Salomon precisou iniciar uma ação judicial para recuperar 25 milhões de dólares.[14]

E agora, ao apertarem as mãos para se despedir, Edmond olhou nos olhos de Robinson, seu antigo chefe, e formou sua opinião. "Sei que Jim está mentindo", disse ele a Walter Weiner.[15]

Nove dias depois, em 21 de março, Robinson telefonou para Edmond. Disse que conversara com vários altos executivos, incluindo Harry Freeman e Bob Smith, e eles haviam garantido que não faziam ideia do que ele estava falando. Harry Freeman disse aos colegas que, "até onde sei, nossas atividades foram encerradas".

Enquanto isso, um pequeno batalhão de investigadores particulares seguia a trilha de Greco e refazia seus movimentos. Hank Flynn, um ex-agente do FBI contratado por Stanley Arkin, o renomado advogado que Edmond contratara, vigiava a casa de Greco em Staten Island. Jack Palladino e Sandra Sutherland, um time de marido e mulher da Califórnia, fingiram ser repórteres e partiram para a Europa. Detalhes tentadores começaram a emergir. Em Roma, um repórter do *L'Espresso* disse que a fonte do material anti-Safra fora "um investigador ítalo-americano" cujo nome ele não lembrava. Em 28 de março, Jean Roberto, do *Minute*, disse a Palladino e Sutherland, "Minha fonte é americana", e confirmou que a tal fonte lhe entregara o bizarro relatório que os advogados do jornal haviam entregado no outono anterior.[16]

Durante todo o período, a maioria dos clientes do Republic em todo o mundo permaneceu leal ao banco. Mas a desinformação continuou a circular e a ser repetida pelos [jornais] inescrupulosos, em um processo que parecia impossível de impedir. Em abril, Mottaz levou ao ar, na televisão suíça, um relato que parecia implicar o Republic e os Shakarchi em lavagem de dinheiro. Judah Elmaleh, um colega de Genebra, telefonou para Edmond na mesma noite e reproduziu a fita ao telefone, então a enviou por Concorde para que Edmond pudesse assistir no dia seguinte.[17]

Na primeira semana de maio, o colunista Cody Shearer republicou um dos artigos do *Minute* no *Sun Sentinel*, de Fort Lauderdale. O jornal rapidamente se retratou e corrigiu as informações após uma ameaça de litígio. Uma revista libanesa, a *Alkifa Alarabi*, publicou um artigo sobre o negociante de armas Adnan Khashoggi, afirmando que ele era amigo dos Safra. "Espera-se que o Departamento de Justiça americano emita um mandato para prender esses [...] parceiros de Khashoggi imediatamente." Em 5 de maio de 1989, Jean-Claude Buffle, do *L'Hebdo*, de Genebra, essencialmente republicou muitas das acusações e citou artigos anteriores.[18]

Quando a onda de artigos negativos parecia estar no auge, houve outra descoberta importante no caso. O investigador Hank Flynn,

UM ANO CRUEL (1988-1989)   249

enquanto mexia no lixo de Tony Greco, encontrou recibos de cartão de crédito indicando que Greco estivera em Lima em fevereiro e março. Em 7 de maio, Greco viajou para Paris e se encontrou com Sophie Hardy, uma tradutora contratada pelos investigadores que entrara em contato com ele usando nome falso. A grande revelação ocorreu em 24 de maio, quando os investigadores seguiram Greco de sua casa em Staten Island até a sede da American Express em Manhattan, onde ele e uma mulher almoçaram no restaurante Bouley. Eles a seguiram até em casa, no Upper West Side, e descobriram seu nome: Susan Cantor.[19]

Greco estava na folha de pagamento da companhia havia vários meses, e os executivos sabiam exatamente o que ele estava fazendo. Ele entrara na órbita da companhia quando a American Express lutava contra cheques de viagem falsos, e o chefe de segurança em Londres, Paul Knight, o apresentara a Harry Freeman. Como Bryan Burrough descreveu com grandes detalhes em *Vendetta,* Greco conduziu uma campanha global de desinformação entre 1987 e 1989 sob supervisão de Cantor e muito bem pago pela American Express. Ele deu ao FBI a dica falsa sobre o envolvimento de Edmond em um esquema de cartas de crédito de 40 milhões de dólares para fraudar bancos na Áustria e na Suíça — que gerou, em janeiro de 1988, a carta de Berna.

Fora Grego quem entregara a história sobre o tráfico de morfina em 1957 para um repórter do *La Dépêche du Midi*. No verão de 1988, ele trabalhara com seu contato Victor Tirado para publicar o artigo no *Hoy*. Em agosto, ele fornecera a Bertrand e Jean Roberto, da *Life*, o artigo e o fantástico documento de sete páginas resumindo as supostas atitudes impróprias de Edmond. Em dezembro de 1988, ele estivera no Peru, pedindo aos assessores de imprensa do governo para entregarem dossiês sobre as supostas atividades criminosas de Edmond à imprensa internacional de Lima e pressionando um agente a forjar um despacho da Associated Press sobre Edmond em janeiro de 1989.[20]

Após estabelecer o elo explícito entre um agente ligado à American Express e a campanha de desinformação, Edmond e seus colegas começaram a virar a mesa — iniciando ações para obter a atenção dos principais executivos da empresa. Stanley Arkin escreveu uma coluna no *New York Law Journal* no início de junho, no qual disse que o mundo empresarial americano estava sendo minado por "truques sujos parecidos com o Watergate". Em uma referência quase explícita à American Express, Arkin deu o exemplo hipotético de uma empresa de transportes que vazara a história de que os barcos de um concorrente transportavam drogas e eram controlados pela Máfia. Tal campanha, escreveu ele, constituía fraude postal.[21]

Em Genebra, Edmond ainda estava intensamente engajado em reagir aos artigos difamatórios. O jornalista suíço Philippe Mottaz trabalhava em outra suposta revelação e, em 30 de junho, Edmond e Walter Weiner trabalhavam nas respostas a muitas de suas perguntas. "Por mais de um ano, certos membros da imprensa, indiferentes aos fatos, publicaram artigos infundados e maliciosos sobre o sr. Safra e o Republic National Bank of New York", escreveram eles. "Não conseguimos entender por quê."[22] Subitamente, o telefone tocou. Era o indignado Jim Robinson, sem saber que estava pisando em uma armadilha cuidadosamente elaborada.

"Alô, Edmond. Meu pessoal está dizendo que você o está seguindo." Edmond ficou em silêncio até que Robinson parou de falar.

"Jim. Eu peguei vocês. Tenho montanhas de evidências sobre exatamente o que seu pessoal andou fazendo. Antes que você consiga me atingir de novo, Jim, acredite, vou atingi-lo com muito mais força. Tenho que proteger minha família, meu sangue!"

Robinson, atônito, recuou rapidamente: "Acho melhor eu conversar com meu pessoal e voltar a procurá-lo mais tarde."[23]

Robinson nomeou Peter Cohen, do Shearson, para tentar resolver as coisas e contratou um ex-promotor federal, James Martin, para conduzir uma investigação. Stanley Arkin foi a La Léopolda naquele fim de semana, encontrando uma cena típica: vários netos nadando na piscina, Joseph Safra visitando do Brasil e Sandy Weill chegando para jantar. Durante o jantar, Walter Weiner, Arkin e Edmond foram e voltaram da mesa para o escritório, onde conversaram com Peter Cohen pelo telefone. Ao retornar a Nova York, Arkin se reuniu com Martin. E, quando Martin tentou descobrir exatamente o que a equipe Safra sabia, Arkin disse duas palavras, que caíram sobre ele como uma tonelada de tijolos: "Tony Greco."[24]

E foi tudo. Nas semanas seguintes, os advogados da American Express se reuniram diariamente com Martin e Ken Bialkin. O Republic poderia ter usado o incidente para causar imensos problemas a uma *blue chip* de capital aberto como a American Express. Mas a única coisa que importava para Edmond era um pedido público de desculpas para limpar seu nome — nunca pediu 1 centavo como reparação nem qualquer reembolso pelos quase 4 milhões de dólares que gastou em advogados e investigadores enquanto se defendia. Em um único e tenso telefonema entre Edmond e Robinson, eles concordaram que a Amex se desculparia publicamente e doaria 8 milhões de dólares a quatro instituições filantrópicas selecionadas por Edmond: United Way of America, Liga Antidifamação B'nai B'rith, Hospital Cantonal de Genebra e Comitê Internacional da Cruz Vermelha.

Em 24 de julho de 1989, Robinson publicou um pedido de desculpas que merece ser extensamente reproduzido:

Caro Edmond,

Chegou à minha atenção a informação de que certas pessoas, agindo em nome da American Express, iniciaram um esforço vergonhoso e não autorizado para usar a mídia a fim de caluniar você e o Republic National Bank of New York. Recentemente, vi artigos de mídia publicados em várias partes do mundo como resultado desse esforço, e os considerei falsos e difamatórios. Toda a questão me entristece. Esse esforço foi totalmente contrário aos padrões de conduta da American Express e aos padrões comuns de decência e ética [...] Consequentemente, quero pedir desculpas a você e à sua organização. Você tem uma excelente e merecida reputação pessoal e profissional, e você e o Republic National Bank of New York são altamente respeitados em todo o mundo. Sua reputação como banqueiro proeminente foi adquirida com enorme esforço durante uma vida inteira e, por isso, eu entendo ainda melhor quão doloroso deve ter sido suportar esses ataques infundados.[25]

A carta foi publicada em 28 de julho, sexta-feira, no fim da tarde — uma tática clássica para não chamar atenção. A American Express anunciou que doaria somente 4 milhões de dólares para as instituições escolhidas por Edmond — metade do valor combinado.

Assim terminou um dos mais bizarros e inexplicáveis capítulos da história corporativa americana e um capítulo particularmente doloroso da vida de Edmond Safra. A investigação interna pós-escândalo iniciada pela American Express inocentou Robinson. Mas, quando Bryan Burrough investigou a história, primeiro para o *Wall Street Journal* em setembro de 1990 e então para seu livro, outros detalhes emergiram. Burrough concluiu que, no verão de 1988, Cantor e Greco agiram por ordem implícita, não explícita, de Freeman e Robinson. Harry Freeman, que admitiu que erros haviam sido cometidos, disse que informara os principais executivos sobre a operação. Após o escândalo, Cantor manteve seu emprego no banco — e recebeu um bônus de 200 mil dólares.[26]

O pedido de desculpas ocorreu quase um ano depois das triunfantes festas em La Léopolda. Os eventos desse ano deixaram marcas profundas em Edmond. Enquanto estava sob ataque cerrado, fora difícil para ele se alegrar com a família e o trabalho. Entre os ataques na imprensa e a esmagadora tristeza pela morte de Claudio e Raphael, fora uma temporada cruel. E certamente cobrara um preço alto. Ao menos momentaneamente, seu dinâmico espírito estava pesado. "Eu o encontrei no banco depois de tudo aquilo", lembrou Fred Bogart. "Parecia ter envelhecido cinquenta anos em dois. Não havia mais brilho em seus olhos."

Por quase um ano, disse Dov Schlein, "ele ficara completamente distraído. Não estávamos no negócio bancário, estávamos no negócio de apagar incêndios".[27]

Mas, na verdade, Edmond e o Republic ainda estavam profundamente envolvidos no negócio bancário.

14.

De volta ao trabalho (1989-1991)

O caso American Express cobrou de Edmond um imenso preço pessoal, mas um preço notadamente baixo em termos profissionais. A despeito do contínuo fluxo de mídia negativa, os clientes não deixaram de fazer negócios com os bancos da família Safra ou confiar suas economias a eles. Antes o contrário. E o evento que a American Express quisera impedir com sua barroca campanha de intrigas — o rápido crescimento global do Republic — ocorreu rapidamente.

Aderindo à filosofia de décadas de combinar depósitos baratos nos EUA com ativos seguros em torno do mundo, o Republic evitou os problemas que infestavam a indústria bancária quando a década de 1980 chegou ao fim. Em 1989 e 1990, o vasto complexo financeiro americano foi atingido por uma carnificina na indústria imobiliária, por aquisições alavancadas ruins e pelo colapso do mercado de títulos podres. Mas o Republic, a despeito de seu tamanho, simplesmente não participava desses mercados: os empréstimos respondiam por somente 6,7 bilhões de seus 21 bilhões de dólares em ativos em 1989. Enquanto os outros grandes bancos lambiam suas feridas, o total de ativos não performados do Republic era de meros 23 milhões de dólares no fim de 1989.

Edmond, o banqueiro global que convivia com ministros das finanças e banqueiros internacionais, também pretendia continuar sendo o banqueiro da vasta classe média nova-iorquina. Assim que a questão da American Express começou a morrer, o Republic tentou ganhar mais depósitos em seu próprio quintal. Desde que comprara o Williamsburgh Savings Bank em 1987, o Republic transformara a unidade em uma operação altamente lucrativa, com 2,6 bilhões de dólares em depósitos. Em dezembro de 1989, Williamsburgh comprou um histórico rival local. O Manhattan Savings Bank, cujas origens remontavam a 1860, tinha dezessete agências, oito delas em Manhattan, uma no Queens e oito em Westchester. Em dezembro de 1989, o Williamsburgh concordou em comprar o Manhattan Savings e seus 2,8 bilhões em depósitos por 200 milhões de dólares em ações. A compra aumentou o total de depósitos do Republic para 16,8 bilhões, tornando-o o 26º maior banco americano.[1]

A Safra Republic Holdings, a empresa-mãe dos bancos Republic europeus já existentes e dos escritórios recém-criados, era um *private bank* mais tradicional que focava no mercado europeu, no qual Edmond trabalhava desde a década de 1940. No fim de 1989, somente 21 meses depois de serem inaugurados formalmente, os bancos Safra Republic tinham 3,2 bilhões de dólares em ativos. Como passava muito mais tempo em Genebra e no restante da Europa que nos EUA e como tivera papel operacional no Safra Republic, Edmond foi uma presença mais frequente no banco menor e mais íntimo do que fora no Republic em Nova York. Em 19 de dezembro de 1989, ele presidiu o tradicional coquetel de fim de ano do RNB Genebra no Hotel Le Richemond, com a presença de mais de 150 funcionários. Em grande medida, ele estava conscientemente recriando a sensação familiar do TDB. "Conheço alguns de vocês há muitos anos, e quero conhecer todos vocês muito melhor", escreveu Edmond na primeira edição da newsletter do Safra Republic em junho de 1990, junto de uma fotografia dele segurando os óculos e sorrindo abertamente. "Ajude-nos a sermos uma família ainda mais próxima."[2]

Desde a adolescência, Edmond sempre parecera mais velho do que realmente era, e, aos quase 60 anos, apresentava a imagem de *pater familias* do clã Safra, de milhares de funcionários, de dezenas de

DE VOLTA AO TRABALHO (1989-1991) 257

milhares de depositantes (cujas economias ele garantia pessoalmente) e de centenas de milhares de judeus sefarditas em todo o mundo. Desde a época em que forneceu equipamento de refrigeração para a Alliance Israélite Universelle em Paris em 1948, aos 16 anos, Edmond cuidara das necessidades das comunidades sefarditas em todo o mundo, estivessem com dificuldades em seus lares históricos, como Alepo e Beirute, ou tentando iniciar uma nova vida na Europa, na América do Sul, nos Estados Unidos ou em Israel. Agora ele era capaz de fazer isso não somente preenchendo cheques, mas também trabalhando através de suas conexões. No fim da década de 1980, somente um punhado de judeus permanecia no mundo árabe fora de Israel, o que tornava ainda mais importante proteger seu frágil legado. Em 1989, o governo egípcio planejava construir uma estrada que atravessaria o cemitério Bassatine. Acreditava-se que o Bassatine, cujas origens remontavam aos anos 900, era o mais antigo cemitério judaico operando ininterruptamente em todo o mundo. Precisando da assistência do Senado americano para pressionar o Egito, Clement Soffer, um judeu egípcio cuja sinagoga no Brooklyn fora financiada por Edmond anos antes, pediu sua ajuda. Edmond convidou Soffer para a recepção do Republic durante as reuniões do FMI em Washington em setembro de 1989. "Fique a meu lado e você verá um desfile de senadores", disse Edmond. Durante a recepção, ele apresentou Soffer ao senador de Nova Jersey Frank Lautenberg, exagerando ligeiramente: "Frank, por favor, ajude meu primo Clement Soffer." O governo egípcio conseguiu fundos para construir uma ponte sobre o cemitério e a Federação Sefardita Mundial arrecadou fundos para construir um muro em torno de Bassatine.[3]

Enquanto trabalhava para proteger a dignidade alheia, Edmond ainda sofria os efeitos do que considerava o maior ataque a sua própria dignidade. As mentiras e insinuações que os agentes da American Express haviam disseminado ainda circulavam livremente no fluxo global de informação e mídia. Muito do que fora publicado no jornal de Genebra *L'Hebdo* em maio de 1989 foi parar em um livro sobre lavagem de dinheiro escrito por Jean Ziegler, membro do Parlamento suíço, intitulado *La Suisse lave plus blanc* [A Suíça lava mais branco], publicado em fevereiro de 1990. Novamente, George Kiejman iniciou uma ação legal em nome de Edmond. Em abril de 1990, o Tribunal Superior de Paris decidiu que o livro difamava Edmond, concedendo-lhe reparações no valor de 150 mil francos franceses (cerca de 30 mil dólares) e prometendo remover esses detalhes do livro. E, como matérias ocasionais continuavam a ligar o Republic à lavagem de dinheiro, os advogados tinham que permanecer vigilantes. Jean Hoss, o advogado do banco em Luxemburgo, escreveu a Pierre Jaans, diretor-geral da agência regulatória dos bancos em Luxemburgo, no outono de 1990: "Está claro que os efeitos da campanha de difamação da American Express continuam a se espalhar como uma doença que não pode ser contida." Quanto ao *L'Hebdo*, o litígio permaneceu em aberto.[4]

Mas, no verão de 1990, um ano depois do dramático pedido de desculpas da American Express, Edmond e Lily estavam livres para aproveitar sua agitada vida. Embora viajassem muito, circulando entre seus apartamentos em Genebra, Mônaco, Paris, Londres e Nova York, era La Léopolda, que se tornara base de operações e refúgio durante o caso American Express, que passou a ser considerada a casa da família. Edmond passou a maior parte do verão na idílica mansão nas colinas sobre o Mediterrâneo, visitado por amigos e colegas e abrigando um número cada vez maior de barulhentos netos.[5] Em 1990, a filha de Lily, Adriana, e seu marido, Michel Elia, tinham quatro crianças pequenas: Samuel (nascido em 1981), David (nascido em 1982), Lily (nascida em 1985) e Ariel (nascido em 1987). Os Elias também acolheriam seu sobrinho, Gabriel Cohen (nascido em 1987, filho de Claudio), na família após a morte da mãe dele em 1992.

De seu escritório com vista para o mar ou ao telefone ao lado da piscina, Edmond podia monitorar eventos em todo o mundo enquanto passava algum tempo com a família e os amigos. E o mundo ia até ele. No verão de 1990, Elie Wiesel se hospedou com ele de 17 a 24 de agosto. Quando o ISEF, o programa de bolsas de estudo para judeus sefarditas em Israel que Edmond e outros haviam fundado, realizou um *"bar mitzvah"* em seu 13º aniversário, a fim de arrecadar fundos, Edmond e Lily atenderam como presidentes honorários. No fim de agosto, o casal fez uma rápida viagem à Noruega. Em 11 de setembro, com o fim da temporada de verão, eles retornaram a Genebra, oferecendo um jantar para vinte pessoas em seu apartamento na rue de Moillebeau.[6]

Com raras exceções, os ataques do ano anterior não haviam prejudicado os relacionamentos pessoais que Edmond e sua família haviam construído ao longo dos anos. E, quando seu círculo de contatos continuou a se expandir, acrescentando clientes ao redor do mundo, Edmond teve o cuidado de fortalecer as defesas de seus bancos. O outro lado da discrição e da privacidade, parte tão importante da cultura bancária tradicional, era que certas coisas um banco não sabia nem podia saber sobre seus clientes. E, em todo o mundo, dinheiro do tráfico de drogas e outras atividades ilegítimas fluía pelo sistema bancário legítimo. Assim, o Republic redobrou seus esforços para implementar programas de "conheça seu cliente" e prevenção à lavagem de dinheiro.

Em setembro de 1990, Anne Vitale, ex-promotora americana especializada em casos de lavagem de dinheiro, uniu-se ao Republic como diretora e vice-conselheira-geral. Edmond disse a ela: "Estou muito feliz por você ter se unido a nós; seu trabalho é muito importante." Ela fez a primeira viagem a Genebra para ajudar o DEA a montar um caso contra um suspeito que usava um cofre particular do banco. Na Suíça, o Republic fazia seminários internos e patrocinou uma conferência do Swiss National Bank sobre combate à lavagem de dinheiro. Em 1991, o Republic também contratou o especialista em lavagem de dinheiro Charles Morley, ex-agente do Tesouro que imediatamente ficou impressionado com a maneira como o banco era gerido. "Os procedimentos [do Republic] são muito mais efetivos e extensos que quaisquer outros sobre os quais já ouvi falar", disse Morley a Bryan Burrough.[7]

Edmond se esforçou muito para reconstruir sua reputação e sua imagem na Suíça. Normalmente arredio com a imprensa, podia ser charmoso quando queria. Em setembro de 1990, ele concedeu uma entrevista a Anne M. Hegge-Lederman, editora baseada em Zurique do jornal financeiro *Finanz und Wirtschaft*, como parte de uma campanha para levantar capital para o Safra Republic. Ele repetiu as velhas histórias sobre a procura de clientes quando tinha 7 ou 8 anos e a filosofia que aprendera nas ruas de Beirute com o pai, e proclamou o mote de Jacob: "Se escolher navegar pelos mares do mundo bancário, construa seu banco como construiria um barco, com velas fortes o bastante para suportar qualquer tempestade." Manter sua boa posição na Suíça era muito importante. "Genebra tem sido o centro de minhas atividades bancárias durante quase toda a minha vida. Praticamente de todas as maneiras, Genebra é o melhor ambiente bancário que conheço."[8]

Seus ativos certamente estavam concentrados na cidade. A Safra Republic Holdings, da qual possuía 20% diretamente, crescia com rapidez e à imagem de Edmond. "Os ativos tradicionais de um banco não são empréstimos, títulos ou premissas, mas pessoas que desejam proteger suas economias contra a maré imprevisível do tempo", escreveu ele no relatório anual do Safra Republic em 1990. "Similar às leis básicas do ano 2000 a.C., quando o crédito só era concedido àqueles que assumiam total responsabilidade por sua dívida, o conservadorismo dita que bancos prudentes não emprestam excessivamente." De fato, os empréstimos comerciais eram somente 15% dos ativos do banco, e os empréstimos não performáticos representavam menos de 1% do total em 1990. E, embora a maioria dos bancos europeus e americanos tivesse uma proporção de 60% entre empréstimos e depósitos, a do Safra Republic era de somente 19%.

Em 30 de junho de 1990, o Safra Republic tinha quinhentos funcionários e 6 bilhões de dólares em depósitos, com a meta de chegar a 10 bilhões. O relatório anual de 1990 do Republic New York — seu 25º —, por sua vez, ecoava um tema similar: "Uma tradição de segurança." Reportando uma receita líquida recorde de 201 milhões de dólares, o banco se apresentava como entidade que, a despeito de seu tamanho — 15 bilhões de dólares em depósitos e 22,8 bilhões em ativos —, permanecia sendo essencialmente uma operação familiar. Ele incluía uma fotografia de Hersel Mehani, o executivo de empréstimos egípcio "que está conosco desde 1968" e que fora trabalhar no banco com o pai e dois irmãos. "Coletivamente, os Mehani agora representam 71 anos de experiência no Republic."[9]

A despeito da fidelidade à tradição, os bancos Safra estavam evoluindo em relação a sua maneira tradicional de fazer negócios. As convulsões que levaram tantas pessoas da órbita de Edmond a fugir do Irã, Iraque, Síria, Líbano, Egito e Marrocos haviam chegado ao fim. A diáspora sefardita se estabelecera; as pessoas construíam novas vidas, com bases mais sólidas, na Europa, nos EUA e na América do Sul. Os clientes tradicionais, sem mencionar as legiões de novos clientes, já não estavam interessados em simplesmente proteger a fuga de capital e preservar ativos. Como outras pessoas estabelecidas, eles queriam conselhos sobre investimentos, potencial de crescimento e exposição aos mercados de ações. Uma área clara na qual os *private banks* estavam penetrando era a gestão de ativos, criando fundos mútuos e outros veículos nos quais os clientes podiam investir.

Edmond nunca gostara particularmente da ideia, em parte porque ainda não gostava de estar na posição de recomendar investimentos arriscados para os clientes. É claro, havia uma empresa cujas ações ele recomendava sinceramente: o Republic. Entre 1966 e junho de 1990, as ações do Republic subiram espantosas 34 vezes, comparadas ao crescimento de cinco vezes do índice S&P 500. No fim de 1989, Edmond possuía 32,4% das ações ordinárias da corporação.

Com exceção das ações das instituições controladas por ele e por sua família, ele preferia a solidez dos imóveis. Uma avaliação de seu patrimônio líquido no fim de 1989 mostra ações do Republic e do Safra Republic, do BCN em Beirute (que valiam 4,9 milhões de libras libanesas ou cerca de 13.690 francos suíços) e dos pequenos bancos Safra que ele fundara em Los Angeles e Miami. Também possuía a maior parte do grande edifício de apartamentos na rue de Moillebeau em Genebra no qual ele e Lily viviam. Quanto a sua conta pessoal,

Edmond estivera acumulando edifícios comerciais e residenciais ao longo da avenida à beira do lago de Genebra, incluindo o prestigiado Quai du Mont Blanc.[10] E, é claro, havia arte e mobiliário.

Mas Edmond entendia que os clientes tinham diferentes prerrogativas e necessidades para seus investimentos pessoais e que seus bancos tinham que evoluir para acompanhar suas preferências. Assim, passou a oferecer fundos de investimento de sua maneira típica: associando-se a outro membro da rede financeira sefardita.

Gilbert de Botton, nascido em Alexandria em 1935 e descendente de um conhecido talmudista sefardita, mudara-se para Zurique em 1968 a fim de trabalhar para os Rothschild. Em 1983, apoiado em parte por Jacob Rothschild, ele criara a Global Asset Management (GAM), que aplicava os fundos de investidores com alto patrimônio líquido em veículos de todo o mundo. "Em setembro, iniciaremos uma *joint venture* com um dos principais gestores de patrimônio europeus, o sr. Gilbert de Botton, em um novo fundo cujas ações ofereceremos a nossos clientes: o Republic GAM", disse Edmond orgulhosamente ao *Finanz und Wirtschaft* em setembro de 1990. Com efeito, o GAM concordou em separar parte de seu portfólio para os clientes do Republic. Foi uma das poucas vezes em que Edmond concordou em entregar os fundos de seus clientes para entidades que ele não controlava, que não podia garantir e que não constavam, formalmente, do balanço patrimonial de seus bancos.[11]

Em 1990, Safra começou a explorar um território de investimentos que era tão novo quanto, de certa maneira, profundamente familiar. Embora havia muito apoiasse as instituições religiosas e sociais de Israel e tivesse começado a visitar o país com regularidade na década de 1980, de modo geral Edmond mantivera seus laços comerciais anônimos, em parte porque não queria complicar a vida das cada vez menores comunidades judaicas no Líbano. Em 1986 Jacques Nasser, primo do dr. Rahmo Nasser, irmão do marido de Evelin, irmã de Edmond, comprou uma parcela do FIBI (First International Bank of Israel) da falida Danot Investments por 21 milhões de dólares. Os Safra nunca comentaram sobre os relatos da mídia que, repetidamente, aventavam a hipótese de que Nasser estivesse representando Edmond — o que era verdade. (Nasser nunca tivera papel ativo nos negócios dos bancos.)[12] Yehuda Levi, um colega de Beirute que trabalhara no Republic, sugeriu que Edmond e os irmãos investissem no banco. Antes da compra, Levi foi com Tzadik Bino, o CEO iraquiano do FIBI, a Paris, a fim de fazer uma apresentação para Edmond, Joseph e Moïse no apartamento de Edmond — e recebeu uma gentil reprimenda por colocar o quadro de apresentação sobre uma das cadeiras Luís XIV de Lily.[13]

Mas, em 1990, o último dos judeus de Beirute já fugira. O bairro Wadi Abu Jamil estava em ruínas, e a sinagoga Magen Avraham não era usada havia anos. Edmond ainda era dono do BCN, que mal operava. Com a guerra civil finalmente se aproximando do fim, mas a Síria continuando a exercer domínio sobre o Líbano, não havia como retornar a Aley, Al-Ajami e ao Hotel St. George. Mas, logo ao sul, a economia de Israel crescia e se modificava. E os Safra estavam cada vez mais interessados em ter um papel mais ativo e visível no setor financeiro do país. No fim de 1990, Moïse e Joseph Safra decidiram assumir formalmente a posse do FIBI: naquele novembro, eles haviam comprado de Jacques Nasser um lote de ações que lhes dava controle sobre o banco. Mas, como no caso de todos os bancos da família, independentemente de quem era dono das ações, o investimento era claramente familiar. "*Alf Mabrook* [parabéns] pela aquisição", escreveu Yehuda Levi a Edmond em 16 de novembro de 1990.[14]

Israel emergiu como o novo nodo na rede. Edmond frequentemente telefonava para o CEO do FIBI, Shlomo Piotrkowski, na sexta-feira, para dizer *shabat shalom* e conversar sobre o banco e a economia em geral. E agora Edmond podia circular livremente em uma área na qual o clima, a comida e a língua evocavam sua nativa Beirute. Edmond e Lily aterrissavam no Aeroporto Ben Gurion, o antigo aeródromo Lod de onde Edmond e Jacques Tawil haviam partido em 1947, e se dirigiam para o Hotel David em Jerusalém, onde um executivo assegurava que sempre houvesse um prato de *baklava* e pistaches. O fluxo de visitantes então se iniciava: rabinos querendo doações, ministros das Finanças, amigos de Beirute e novos associados. Em 14 de maio de 1991, Edmond, Moïse e Joseph se encontraram em Israel e ofereceram uma recepção no Hotel Dan Tel Aviv a fim de celebrar a aquisição do FIBI. Sua primeira aparição pública oficial em Israel foi tanto uma reunião quanto a declaração, formal e altamente visível, de que os Safra estavam investindo no país.[15]

Enquanto se sentava no topo de uma empresa cada vez maior, cujas atividades se espalhavam por todo o globo, Edmond continuava a interferir nos detalhes de suas operações. Shlomo Piotrkowski estava no escritório de Edmond quando ele conversou por telefone com um negociante de Hong Kong que tivera uma perda. "Por que você é tão *hamor*?" (palavra árabe para pessoa estúpida; literalmente "burro"), gritou Edmond. Segundo Piotrkowski, "ele agiu como se tivesse perdido toda a sua fortuna".[16]

A atenção aos detalhes se estendia aos continuados esforços para limpar seu nome. Em 1991, embora os bancos tivessem superado o caso American Express e olhassem para o futuro, Edmond ainda devotava tempo e recursos significativos na campanha legal ainda em curso. O litígio remanescente era contra a publicação genebrina *L'Hebdo*. O curso do caso fora estabelecido por esforços legais anteriores. Mas Anne Vitale chegou de Nova York no verão de 1991 para mudar as coisas. Ela viajou para a Itália e, com o gerente do escritório de Milão, Claudio Grego, encontrou os registros relacionados ao memorando sobre identificação errônea de 1957 e fez com que um juiz assinasse uma ordem dando a Edmond e ao Republic um registro limpo em agosto de 1991. Quando ela se apossou de uma sala na Place du Lac para se preparar para o julgamento, que deveria ocorrer no outono, Edmond observou com aprovação: "Anne, isso é maravilhoso; parece que você está se preparando para uma guerra."[17]

A guerra continuava porque, dois anos depois de o escândalo ser exposto, os advogados de Edmond ainda não haviam conseguido um relato completo da American Express sobre a profundidade da campanha.

DE VOLTA AO TRABALHO (1989-1991)

Tony Greco foi preso na Espanha em junho de 1991, mas não quis falar. (Vários meses depois, quando Walter Weiner e Bryan Burrough o abordaram separadamente, Greco exigiu 1 milhão de dólares por sua história.) Edmond se recusava a desistir. Participante ativo de sua defesa, ele escreveu para seu antigo inimigo Jim Robinson em 1º de agosto de 1991, pedindo ajuda para reunir informações sobre as atividades de Greco e Cantor, a fim de serem usadas no julgamento do *L'Hebdo*. "Lamento dizer que, dois anos depois, continuo lidando com as disseminadas consequências daquela campanha de difamação."[18]

O julgamento em um tribunal de Genebra em novembro de 1991 forneceu certa medida de catarse e senso de conclusão. O time legal de Safra estava armado com a verdade e com volumosas evidências sobre a fraude que fora perpetrada. Edmond aparecia todos os dias e observava enquanto seus advogados refutavam sistematicamente as alegações do relatório. Quando o *L'Hebdo* se defendeu citando informações de outras fontes publicadas, o advogado Marc Bonnant as desmantelou minuciosamente. Por fim, o editor Jean-Claude Buffle reconheceu que se baseara em três despachos falsos do Peru que haviam sido publicados em 17 de janeiro de 1989. Três vezes, comentou Bonnant dramaticamente. "Eles são [...] falsos." Os advogados de Edmond chamaram Andrew Tartaglino, o agente de narcóticos americano que escrevera o memorando de 1957, assim como o especialista em lavagem de dinheiro Charles Morley. Mas o testemunho mais poderoso foi o último. No fim da tarde de sexta-feira, com o sol já se pondo nas montanhas, Elie Wiesel foi chamado como testemunha de Edmond. "Eu deveria ter respeitado o *shabat*", disse Wiesel. "Mas, para salvar a vida de um homem, é permitido transgredir. E a honra de Edmond Safra é sua vida." Ele contou como haviam se conhecido durante uma cerimônia em Auschwitz e falou sobre o custo da falsa campanha para Edmond. "Eu o vi sofrer. Afinal, o que permanece de um homem após sua morte? Não é seu dinheiro. É seu nome, sua reputação, sua honra."[19]

O tribunal decidiu a favor de Edmond em 17 de dezembro, encerrando os esforços legais para limpar seu nome. Mas, mesmo então, Edmond ainda não terminara. Em 2 de dezembro de 1991, ele escreveu a Robinson, com cópias para o conselho de diretores do American Express, sugerindo que a investigação interna organizada pela empresa fora uma tentativa de encobrimento.

> O fato de vocês terem retido informações [durante o julgamento do *L'Hebdo*] é uma manifestação imperdoável do continuado esforço para prejudicar a mim, minha família e meus bancos. Está claro, pelo que vem acontecendo, que os desprezíveis efeitos da campanha da American Express não chegaram ao fim. Você diz que a questão está encerrada. Encerrada? Para quem? Certamente não para nós. E, se não está encerrada para nós, não pode estar encerrada para a American Express.

Robinson respondeu rapidamente, dizendo que as alegações eram absurdas.[20] Mas, quando Bryan Burrough publicou *Vendetta* em junho de 1992, o livro apoiava as alegações de Edmond. Em dezembro de 1992, Robinson saiu da empresa.

Quando falava, fosse sobre a movimentação do mercado, fosse sobre algum evento de sua vida pessoal, Edmond rotineiramente inseria expressões hebraicas ou árabes como *"Baruch Hashem"* ("Obrigado, Deus", expressão de gratidão pelas bênçãos divinas), *"Inshallah"* ("Se Deus quiser"), *"Has veshalom"* ("Deus me livre"), *"Salli ala Moshe"* ("Peço a Moisés"), *"Hashem yishmor"* ("Deus nos proteja") e *"Allah yilhimna al kheir"* ("Que Deus nos inspire a fazer o bem"). Quando Marc Bonnant perguntava se ele realmente acreditava em uma divindade intervindo em seus negócios diários e se preocupando com o preço do dólar, Edmond simplesmente sorria. "[Sua explicação] era que Deus lhe dava proteção e benevolência em sua vida cotidiana e, como resultado, ele tinha o dever de agradecer e retribuir", lembrou Bonnant.[21] Esse mesmo dever se estendia à necessidade de estar sempre vigilante para proteger seu nome. Pois, no mundo ocupado por Edmond, mesmo que a Federal Deposit Insurance Corporation garantisse o Republic, era o nome Safra que pairava sobre os vastos depósitos, as economias e as obrigações financeiras da rede. Edmond não conseguia imaginar uma situação na qual um de seus bancos se voltasse para o governo em busca de assistência, apoio ou resgate — como a indústria de poupança e empréstimos fazia nos Estados Unidos. Assim, qualquer esforço para minar seu nome ameaçava a viabilidade de um empreendimento familiar multigeracional. Com a aproximação do ano de 1992 e de seu 60º aniversário, Edmond sentia que passara por um período quase bíblico de testes e tribulações.

Outras tribulações o aguardavam.

15.

Um banqueiro tradicional em uma época de mudanças (1992-1994)

Em 1992, a diáspora sefardita no Oriente Médio essencialmente se dissipara. O mundo da Alliance já não existia, com exceção da escassa comunidade no Irã e dos remanescentes da original e mais duradoura presença no Oriente Médio. Em Alepo e Damasco, alguns milhares de judeus eram prisioneiros do ditador Hafez el-Assad, incapazes de viajar ou partir, sujeitados a prisões e torturas nas mãos da polícia secreta.

Durante décadas, Edmond Safra auxiliara pessoalmente a comunidade remanescente presa em Alepo e Damasco, enviando dinheiro e apoio moral. Finalmente, agitações na região conectadas à Guerra do Golfo e a súbita perspectiva de paz entre Israel e seus vizinhos criaram uma oportunidade de mudança. Membros da diáspora síria, próspera e firmemente enraizada no Brooklyn, agora tinham o peso político necessário para transformar o sofrimento de seus familiares em uma questão consistente na agenda política americana. Em Nova York, novamente, os antigos relacionamentos de Edmond Safra foram úteis. O Conselho para Resgate dos Judeus Sírios pediu sua ajuda e, juntos, eles trabalharam com contatos no Congresso para aprovar na Câmara dos Representantes uma resolução que obrigava a administração George H. W. Bush a abordar a questão com o regime Assad. O presidente Bush falou diretamente com Assad durante a primeira reunião entre os dois em Genebra em novembro de 1990, e o secretário de Estado James Baker repetidamente abordou o problema com Assad em Damasco. A participação da Síria na Tempestade no Deserto, a operação dirigida pelos EUA e iniciada em janeiro de 1991 para remover Saddam Hussein do Kuwait, e as significativas necessidades financeiras da Síria forneceram novos pontos de contato e alavancagem. Enquanto os advogados testemunhavam no Congresso, Edmond pessoalmente fez lobby no FMI para rejeitar o pedido da Síria por um empréstimo de 850 milhões de dólares. Na Conferência de Paz de Madri em outubro de 1991, líderes de Israel, Síria, Jordânia e outros países se encontraram pela primeira vez.

Um avanço significativo ocorreu em 28 de abril de 1992, quando Assad disse aos EUA que permitiria a partida dos 4,5 mil judeus sírios ainda no país — embora eles não pudessem ir para Israel. Quando o Conselho para o Resgate dos Judeus Sírios, a Agência Judaica e o Fundo Nacional Judaico entraram em ação, Edmond esteve intimamente envolvido. Assad queria que aqueles que partiam comprassem passagens de ida e volta, criando a ilusão de que voltariam. Quando Clement Soffer, representante do Conselho para o Resgate dos Judeus Sírios, disse a Edmond que precisava de 3 milhões de dólares em passagens de avião, Edmond telefonou para sua agência de viagens: "Por favor, emita passagens de ida e volta para 4 mil pessoas."[1]

Foi um momento com sabor agridoce quando os últimos *halabis* nativos fizeram as malas e se despediram de Aram Tzova — provavelmente pela última vez. Em seguida, a comunidade síria nos EUA pediu fundos ao poderoso Apelo Unido Judaico (UJA, em inglês) para ajudar os novos imigrantes a se estabelecerem. Quando Edmond descobriu que o UJA não estava preparado para conceder os 21 milhões de dólares requisitados, ele lembrou a um funcionário que acabara de fazer uma doação de 10 milhões. Zangado com o que percebeu como outra ofensa de instituições judaicas contra os judeus sefarditas, sugeriu que poderia pedir sua doação de volta e disse que, no futuro, "focarei meu financiamento nas necessidades da comunidade sefardita e suas instituições". Logo depois, Edmond disse a Clement Soffer que o UJA lhe daria um cheque de 21 milhões de dólares. Então informou a Hillel Davis, diretor de recursos humanos do Republic, que "quatrocentos judeus sírios estão chegando a Nova York. Contrate cinco deles, para começar". Um dentista foi colocado para trabalhar no cofre de ouro e outro recém-chegado aprendeu inglês suficiente para se tornar mensageiro.[2]

A fria entente com a Síria foi a manifestação de uma tendência mais ampla. O mundo se abria de novas maneiras no início da década de 1990, conforme as barreiras comerciais e de transporte ruíam. A queda da União Soviética derrubou as fronteiras na Europa Oriental. A China começava a participar da economia global. (Em 13 de julho de 1992, o Republic abriu um escritório representativo em Beijing.) A aprovação do NAFTA criaria uma vasta zona de comércio livre entre México, Canadá e EUA. Até mesmo a longamente protegida economia do Brasil começou a se abrir. A inconfundível tendência era de maior integração financeira e comercial.

Todas essas coisas eram positivas para a economia global, o sistema de comércio e o mundo financeiro. E, mesmo assim, a maior harmonização e a queda de barreiras também reduziriam as oportunidades de arbitragem. Desde a adolescência, Edmond Safra prosperara graças a sua intuitiva habilidade de explorar as costuras de impérios e esferas de influência desgastados, descobrir como negociar entre áreas fechadas e abertas e lubrificar o motor financeiro mundial. Com a crise das poupanças e empréstimos superada e a memória da Grande Depressão se desvanecendo, os reguladores dos Estados Unidos, o maior mercado de serviços financeiros do mundo, mostravam-se mais dispostos a sancionar a ideia de os bancos se expandirem rapidamente para áreas adjacentes. A Lei Glass-Steagall, a lei da era da Depressão que separara os bancos de investimento dos bancos comerciais durante duas gerações, estava sendo lentamente erodida. Paradoxalmente, esse mundo de baixas taxas de juros e relativa estabilidade criaria novos desafios para o império financeiro de Edmond Safra.

O ambiente simplesmente era diferente do que fora vinte anos antes, quando Edmond e seus colegas haviam batido de porta em porta como parte de seu bem-sucedido esforço para comprar o Kings Lafayette. "Havíamos nos descrito como banqueiros tradicionais em épocas de mudança", disse Jeff Keil na época. "Mas as mudanças haviam acelerado tanto que já não podíamos ser totalmente tradicionais." O Republic e o Safra Republic haviam começado a oferecer produtos de investimento para os consumidores com o lançamento do fundo comercial em 1990. O seguinte passo lógico para uma instituição baseada em Nova York era mudar para outros aspectos do negócio de valores mobiliários.[3]

É claro que Edmond conhecia essa área muito bem; ele interagia com bancos de investimento desde seus 20 anos. Mas sempre desconfiara desse mundo, com altos salários e maior aceitação do risco. Mesmo assim, encorajado por Peter Cohen, ele adotou uma estratégia para jogar com os estabelecimentos maiores em seus próprios campos. O ousado e jovem executivo que partira do Shearson em janeiro de 1990 convenceu Edmond a montar uma operação de títulos — que ofereceria corretagem, pesquisa e serviços adicionais para fundos de *hedge* [fundos de cobertura] e outras instituições. Em novembro de 1991, Louis Lloyd, que trabalhara com Cohen no Shearson, foi contratado como presidente e CEO da nova unidade, Republic New York Securities, que começou com 45 funcionários e 100 milhões de dólares de capital. Cohen foi nomeado vice-presidente e diretor.

Em 9 de outubro de 1992, o Federal Reserve aprovou a solicitação do Republic de se engajar em atividades relacionadas a títulos. A unidade ofereceria serviços de corretagem, empréstimo e aluguel de títulos, empréstimo com imposição de margens, pesquisa e análise de informações de mercado para instituições e indivíduos de alta renda. Também forneceria, na opinião de Cohen, sinergia com a unidade de gestão de ativos do Republic. "Havia grande necessidade, no interior da organização do Republic, de criar capacidade de gestão de investimentos e produtos para servir clientes com grandes patrimônios e as 800 mil contas de varejo que estavam em nosso sistema de agências", disse ele.[4]

UM BANQUEIRO TRADICIONAL... (1992-1994)

Essa abordagem marcou uma grande guinada do Republic. Os clientes que desejavam assumir mais riscos seriam ligados a uma constelação em rápido crescimento de gestores de dinheiro, banqueiros de investimento e fundos de *hedge*. Uma evolução similar ocorria no Safra Republic, que continuava a crescer; no fim de 1992, ele tinha 10,4 milhões de dólares em ativos e empregava 540 pessoas, incluindo 350 em Genebra e um número cada vez maior no *private bank* de Mônaco. Em meados de 1993, o Safra Republic e sua parceira Global Asset Management geriam dezessete fundos, com um total de 4,3 bilhões de dólares em fundos de clientes fora do balanço. No fim de 1993, eles se preparavam para lançar dois novos fundos: Republic Salomon Fixed Income Strategies Fund (um fundo de investimento aberto) e Republic Long Term Capital Holdings. Este último seria um veículo criado para guardar ações em um fundo de *hedge* organizado pelo gênio dos números John Meriwether e promovido pelo Merrill Lynch. O fundo, que usava dados proprietários e algoritmos para fazer grandes apostas em relação à direção dos mercados, tinha a exigência de 10 milhões de dólares de instituições ou indivíduos; os clientes do Republic, no entanto, podiam investir a partir de 1 milhão, desde que estivessem dispostos a permanecer no investimento por três anos.

Em qualquer medida, os bancos eram um sucesso. No outono de 1993, o *Financial Times* listou a Safra Republic Holdings como uma das quinhentas maiores empresas da Europa, colocando-a na 361ª posição. A capitalização de mercado do Republic de Nova York, por sua vez, crescera de 11 milhões de dólares em 1966 para 2,68 bilhões em 1993, representando o notável crescimento anual de 22,6% ao longo de 27 anos. Um analista comentou, em 1993: "O sr. Safra e sua equipe sabem como construir instituições orientadas para o passivo." A questão agora era se essa abordagem seria tão efetiva nos próximos cinco anos quanto fora nos cinco anos anteriores.[5]

Da mesma maneira que fora cético em relação aos esforços da American Express para vender cartões platinum e assinaturas de revista para seus valiosos clientes, Edmond não adotou integralmente a nova direção. O conceito de fundos fora do balanço — significando que o banco não era responsável pelo que acontecia com eles — era estranho para ele. Estivesse operando em Beirute, Genebra ou Nova York, ele sempre se considerava responsável pelos clientes se algo desse errado, mesmo que fosse nos mercados. Quando um fundo do Republic perdeu cerca de 20% de seu valor algumas semanas após o lançamento, Edmond, contra o conselho dos colegas, determinou que os clientes que haviam investido deviam ser reembolsados com 20 milhões de dólares de dinheiro do banco.

Em 1993, o Republic comprou a Mercadian Capital, uma butique de derivativos municipais e corporativos que estava encarregada de ajudar os fundos de *hedge* e os clientes de *private banking* a criar contratos com suas contrapartes a fim de especular sobre as movimentações do mercado. Os derivativos representavam a aposta calculada de que uma contraparte honraria um contrato se certas condições estivessem presentes. Mas os investidores nunca sabiam precisamente quem estava do outro lado do contrato. Edmond podia descontar um título ou estender crédito com base em seu conhecimento da pessoa ou da família — e precificar o empréstimo de acordo. "Ele conhecia todo mundo a quem devia e todo mundo que devia para ele", disse Kenneth Cooper. Mas Edmond reconheceu que os derivativos eram diferentes. "Traga pessoas que entendem de matemática e riscos no nível mais elevado possível", disse ele a Dov Schlein, "porque preciso me comunicar com elas e falar com elas a fim de entender." Mesmo assim, a perspectiva de os clientes assumirem riscos era profundamente inquietante para ele. Quando a equipe de Peter Cohen viajou ao Brasil para se reunir com clientes do Banco Safra, Edmond temeu que seus irmãos ficassem constrangidos se tais clientes perdessem dinheiro. Então ele enviou Sandy Koifman, da Safra Republic Holdings, para vender fundos Safra mais conservadores em paralelo.[6]

Seu coração nunca estava nesses negócios, em parte porque ele acreditava que sua estrutura padrão de compensação, que era muito diferente da dos bancos tradicionais, levaria os novos funcionários a assumirem riscos de curto prazo cada vez maiores em troca de grandes bônus. Em contraste, quando, em 1993, o Republic contratou o professor da Harvard Business School Michael Porter para aconselhá-lo sobre estratégia, Edmond adotou entusiasticamente sua principal recomendação: expandir o *private bank* para os clientes americanos. O Republic contratou Leslie Bains, do Citibank, naquele outubro e a encarregou de construir uma unidade do zero a fim de atender clientes com 10 milhões de dólares ou mais em depósitos. Foi um negócio em que Edmond se mostrou disposto a investir. "Não espero lucros pelos próximos cinco anos", disse a Bains.[7]

Enquanto isso, o Republic continuou investindo nos negócios Safra tradicionais. Em 1993, o Republic englobou o Safrabank California, o banco de três agências que Edmond criara, passando a chamá-lo de Republic Bank California, e comprou o serviço de transporte de notas do Citibank.[8] E Edmond ainda via os bairros de Nova York como terreno fértil para coletar depósitos. O Greenpoint Savings Bank, o maior banco independente de poupança do país, tinha 6,5 bilhões de dólares em ativos em agências espalhadas pelos bairros operários do Brooklyn e Queens. Quando a instituição anunciou seu plano de desmutualizar e abrir seu capital, Edmond perguntou ao conselho se eles não preferiam ser comprados pelo Republic. Após a recusa, Edmond ofereceu incentivos aos depositantes se eles concordassem em apoiar a fusão com o Republic. No fim, em um raro recuo, a transação foi recusada por reguladores e acionistas e o Republic retirou sua oferta no outono de 1993.

De inúmeras maneiras, Edmond estava agudamente consciente da passagem do tempo. Em 1949, a decisão do irmão mais velho, Elie, de trabalhar sozinho abrira caminho para que Edmond emergisse como herdeiro de Jacob. Durante décadas, recusando as ofertas de Edmond, Elie jamais trabalhara formalmente em instituições da família, a despeito de viver perto de Edmond e Lily em Genebra e trabalhar ocasionalmente em um dos escritórios de Edmond. (O filho de Elie, Jacqui, tivera posições significativas nos bancos Safra como negociante de moedas e, mais tarde, produziria filmes para Woody Allen.) Em dezembro de 1993, Elie Safra morreu — o primeiro dos irmãos Safra que haviam chegado à vida adulta a morrer. Ele foi enterrado no Monte das Oliveiras em Jerusalém (onde, de acordo com a tradição judaica, começaria a ressurreição messiânica dos mortos), e a família se reuniu no Hotel King David para o *shivá*.[9]

A essa altura, os Safra eram visitantes regulares de Israel. A comunidade judaica em Beirute desaparecera e, graças ao emergente degelo nas relações entre Israel e o mundo árabe, os Safra já não tinham que esconder sua presença comercial no país e estavam confortáveis com a perspectiva de se envolverem em projetos para além da caridade e da religião. O círculo de amigos de Edmond e Lily se expandiu e passou a incluir o primeiro-ministro israelense Yitzhak Rabin e sua esposa Leah, que visitaram La Léopolda, e o prefeito de Jerusalém Teddy Kollek. Em 1992, Edmond viajou a Israel para o *bar mitzvah* de um sobrinho. No inverno de 1993, ele levou Lily, a filha dela, Adriana, o genro Michel e os netos para Eilat, onde participaram de atividades turísticas clássicas, como andar de camelo e nadar com os golfinhos. No mesmo ano, o município de Jerusalém inaugurou sua nova prefeitura e complexo municipal em uma vasta praça financiada por Edmond. Apropriadamente, a praça Safra, em homenagem a Jacob e Esther, está no local onde a estrada de Jaffa se aproxima da Cidade Velha — o Ocidente se encontra com o Oriente, um simbólico ponto de conexão entre os bairros judeus e árabes.[10]

O início da década de 1990 foi um raro período na vida de Edmond Safra no qual as coisas realmente pareciam boas no Oriente Médio. Certamente, as condições eram muito inferiores à da era integrada do Império Otomano durante a qual o Safra Frères prosperara ou o período de relativa calma e livre movimentação durante os mandatos britânico e francês em que Edmond nascera. Edmond sempre ficara de fora da política partidária em Israel, mas estava agudamente consciente e pessoalmente investido no futuro de Israel e seu relacionamento com os vizinhos árabes. E, embora qualquer um que tivesse crescido em Beirute precisasse ser cauteloso sobre a perspectiva de paz na região, havia motivos para se ter esperança. Em 13 de setembro de 1993, quando o primeiro-ministro Rabin e o presidente da Organização para a Libertação da Palestina Yasser Arafat cautelosamente apertaram as mãos na Casa Branca de Clinton, Edmond telefonou para o presidente do FIBI, Yigal Arnon, e disse que aquele era o dia mais feliz de sua vida.[11]

Na primavera de 1994, Edmond e seus colegas estavam insatisfeitos com a maneira com que o negócio de títulos se desenvolvia. Substituiu Louis Lloyd por seu confidente de longa data Vito Portera. Em 22 de abril de 1994, Peter Cohen escreveu a Edmond sugerindo um plano revisado de negócios e pedindo mais investimentos na unidade. Edmond evitava conflitos diretos, mas evidentemente não deu a Cohen a resposta que ele queria. No segundo trimestre de 1994, o Republic demitiu 12% dos funcionários da unidade e pausou os planos de criar uma operação de arbitragem por conta própria, assumindo um custo de 17 milhões de dólares no processo. "O RNY dera uma série de passos para diminuir as operações e as negociações por conta própria e, em vez disso, passar a fazer mais pelos clientes", comentou o analista Mark Alpert. Aide Sol Gindi lembrou: "Edmond não estava confortável com a incursão no negócio de títulos. Ele se sentia muito mais confortável com o que conhecia: o simples negócio de investir depósitos."[12]

De fato, embora o Republic estivesse reduzindo os negócios que não agradavam a Edmond, não estava ocioso. A longa campanha de Edmond para se tornar mais internacional e mais profundamente entrincheirado nos negócios-chave continuou. No primeiro trimestre de 1994, o Republic concordou em comprar uma agência no Brasil do Banco Exterior de España S.A. e fazia planos para abrir um escritório representativo em Copenhague. O Republic tinha um escritório representativo na cidade do México desde 1972. Agora, o ministro das Finanças e o Public Credit haviam lhe concedido a licença para abrir uma subsidiária do banco, com capitalização inicial de 100 milhões de dólares.[13]

E então havia o ouro. Para Edmond e o Republic, o comércio global não era um negócio nostálgico, mas um que fornecia lucros consistentes e de baixo risco, mesmo em uma era de finanças globais sobrecarregadas. Em setembro de 1919, os cinco principais negociantes e refinadores de lingotes de ouro haviam começado a se reunir nos escritórios londrinos da N. M. Rothschild & Sons em St. Swithin's Lane para determinar o preço diário do ouro. Entre eles havia empresas judaicas com as quais gerações dos Safra haviam trabalhado, incluindo Mocatta & Goldsmid e Samuel Montagu & Co. Quando o Westpac, o banco australiano que comprara um dos assentos fixos, colocou-o à venda, Edmond imediatamente aproveitou a oportunidade. Em 31 de dezembro de 1993, o Republic adquiriu a Mase Westpac Limited e mudou seu nome para Republic Mase Bank Limited, com unidades na Austrália e em Hong Kong. "Para Edmond, ter aquele assento foi a joia da coroa", lembrou Fred Bogart, comentando que, de modo pouco característico, ele se mostrou disposto a oferecer um lance maior do que a empresa valia. Desde a adolescência percorrendo as capitais europeias em busca de ouro para enviar a Beirute e Hong Kong, Edmond agora estava literalmente na sala onde o preço do ouro era definido.[14]

Ouro, cédulas e financiamento do comércio eram os negócios originais que Edmond aprendera com Jacob no BCN em Beirute. Em 1994, a cidade natal de Edmond estava ocupada e era, para todos os efeitos, controlada pela Síria, e permanecia tão perigosa que nem Edmond nem muitos de seus colegas podiam visitá-la. Edmond era suficientemente prático para já não lamentar o fato de que não podia visitar o restaurante Ajami ou o Hotel St. George. Mas teimosamente se agarrava ao banco do pai e à noção de que desempenhava importante papel no sistema financeiro do Líbano. E ele o dirigia efetivamente de Genebra enquanto se empenhava em levar os executivos para reuniões na Suíça. Isso exigiu, no outono de 1994, que o Republic solicitasse vistos ao consulado suíço em Damasco para os diretores do BCN como Fadi Anis Daouk e Maurice Antoniades, assim como Mohamad Naffi, um dos diretores do Banco Central libanês, para que pudessem ir à Suíça.

A ideia de um *halabi* judeu pedindo assistência ao regime de Assad talvez parecesse insana. Mas havia um clima de degelo, mesmo na Síria, que foi fortalecido pela assinatura do acordo de paz entre Israel e Jordânia em 24 de outubro de 1994.[15]

Desde o anúncio de Assad, em 1992, de que os judeus podiam partir da Síria, milhares haviam deixado o país — para os Estados Unidos e para Israel, desafiando a proibição de Assad. De fato, cerca de um terço dos 3.670 judeus que haviam partido no outono de 1994 haviam rumado secretamente para Israel, temendo que Assad fechasse a porta caso fossem descobertos. O rabino Avraham Hamra, que seria o último rabino-chefe de Damasco, permaneceu no país para atender o punhado de judeus que escolheu ficar. Mas, em outubro de 1994, Hamra partiu para Nova York e então, publicamente, fez a aliá para Israel. O *Washington Post* comentou: "A presença do rabino Avraham Hamra marcou o fim da vida judaica na Síria."[16] Para trás, ficaram algumas centenas de idosos e outros, juntamente com preciosas posses comunitárias. Ao longo dos anos, Edmond pagara para resgatar rolos da Torá do Líbano e da Síria e colocá-los em sinagogas de outros países. Em 1993, ajudou a financiar e coordenar um esforço para retirar do Líbano todos os rolos remanescentes da Torá. Membros da comunidade dividiram os rolos em seções, esconderam-nos em sacas de grãos de café e os enviaram para o cofre do Republic em Nova York.[17]

Conseguir auxílio humanitário e ajudar a contrabandear Torás enquanto supervisionava um império bancário global em expansão era normal para Edmond. Mas seu outrora agitado cronograma de trabalho estava um pouco mais tranquilo. Ele ficava em Nova York durante a primavera e o outono, quando adorava receber visitas em seu grande e elegante escritório particular no 29º andar. Ele e Lily viajavam para Londres, Paris e Mônaco, onde tinham residências, e passavam férias em toda a Europa. Mas passava a maior parte do tempo em Genebra ou em La Léopolda, que ocupava por cerca de um terço do ano.

Edmond gostava de acompanhar o progresso de sua vasta rede e seu império através da eficiente Betty Loglisci, lendária telefonista, conhecida por conseguir localizar quem ele quisesse, em qualquer lugar do mundo, a qualquer hora, às vezes telefonando para cada escritório ou apartamento de um prédio em Manhattan se a empresa de táxi tivesse dito que o motorista deixara alguém lá, ou ligando para todo telefone público em quadras sucessivas se o porteiro tivesse dito que alguém saíra do prédio e caminhara em certa direção. Em uma véspera de Ano-Novo, o executivo do Republic Ken Cooper estava em um resort nos Alpes após ter se reunido com Edmond em Genebra. O telefone tocou na cozinha do pequeno hotel. Era Betty. "O sr. Safra está na linha. Ele quer falar com você." Alarmado, Cooper esperou. "Eu só queria desejar feliz Ano-Novo e dizer o quanto apreciei o fato de você ter vindo até aqui", disse Edmond.

Edmond telefonava frequentemente para Sandy Koifman, no Safra Republic, para fazer uma pergunta específica sobre os mercados: "Qual é a taxa de câmbio entre o dólar europeu e o marco alemão?" Koifman olhava para a tela da Reuters e fornecia a taxa, sabendo que Edmond tinha a mesma tela em sua mesa e só queria garantir que ele estava prestando atenção.[18]

Era importante prestar atenção, porque havia ameaças constantes. A crise da dívida dos mercados emergentes no início da década de 1980 fora um dos fatores que levaram Edmond a vender o TDB para a American Express. E, como operava extensivamente em mercados da América Latina, o Republic tinha que se manter sempre atento às condições da região. Em dezembro de 1994, o México foi atingido pela "crise da tequila", quando desvalorizou o peso em relação ao dólar. Quando os preços do soberano mexicano começaram a cair, Edmond insistiu para que o banco vendesse suas posições rapidamente, mesmo que significasse uma pequena perda.[19]

Edmond certamente não estava desacelerando, mas talvez sossegando. Em La Léopolda, conseguira recriar a família ampla e unida na qual nascera. Ele partia de Genebra na sexta-feira a fim de estar em La Léopolda para o *shabat*. Fosse *shabat* ou qualquer um dos feriados, sempre havia uma ordem muito específica à mesa: Edmond na cabeceira e Samuel, o neto mais velho, a sua direita. Adicionalmente, havia um fluxo constante de visitas que subiam a colina de onde se avistava Villefranche-sur-Mer: o compositor e pianista Marvin Hamlisch; Elie e Marion Wiesel; amigos de Londres, Paris e Nova York; Henry Kissinger; Margaret Thatcher; e parceiros comerciais de todo o globo.[20]

Conforme os netos cresciam, a propriedade foi transformada em uma espécie de acampamento de verão, com pôneis, piscinas e quadras de tênis. Edmond adorava mimar os netos. Em 1995, ele construiu uma casa na árvore para o aniversário de 10 anos de Lily Elia, enrolada em papel de presente. A hora do lanche tinha seu próprio ritual, com um carrinho com sorvete artesanal e uma máquina de pipoca. Edmond adorava o caos. Ele caminhava pela propriedade, falando ao telefone enquanto as crianças passavam de patins ou atiravam com pistolas d'água. Por insistência de Lily, Edmond só blasfemava em árabe, a fim de que os netos não entendessem. (Mas eles entenderam rapidamente o significado da palavra *sharmouta*.)

Edmond se dedicava a essa parte do mundo desde a década de 1950, quando passava o verão em Golfe-Juan. Durante as muitas temporadas em que visitara o Mediterrâneo, a mudança fora constante. Nessas décadas, ele sempre buscara novas fronteiras e territórios para conquistar. Embora ainda buscasse expansão e novas campanhas, ao fazer 60 anos um novo conjunto de preocupações começou a ocupar sua mente enquanto caminhava pela propriedade de La Léopolda ou observava os netos nadando na piscina: as perspectivas de longo prazo do Republic e a própria saúde.

Os dois assuntos sempre estavam interligados, é claro. Edmond nunca estivera em excelente forma física. Não jogava tênis nem golfe e gostava de vinho, uísque e do ocasional cigarro escondido. A empresa tinha médicos na folha de pagamento, e os colegas notaram que ele pedia acompanhamento mesmo de problemas menores em todas as cidades em que vivia e fazia negócios. Também brincava mordazmente sobre sua saúde. Disse a Roger Junod que doara 500 mil francos para a UTI do Hôpital Cantonal, em Genebra, e, contrariando sua prática habitual, pedira que seu nome fosse colocado em uma placa. "Dessa maneira", riu ele, "se eu tiver uma emergência em Genebra, eles saberão para onde me levar. Quando eu chegar lá, vão me tratar bem!"[21]

Em 1993 e 1994, assistentes, colegas próximos e familiares de Edmond começaram a notar mudanças sutis. Ele caminhava devagar e com dificuldade. A fala começou a ficar mais lenta. As pessoas notavam ocasionais tremores em suas mãos. Quando os médicos foram consultados, confirmaram que era o início do mal de Parkinson, uma devastadora doença neurológica degenerativa.[22]

Naturalmente, o diagnóstico o perturbara. Edmond tinha 62 anos. Nessa idade, seu pai Jacob essencialmente deixara de ser um banqueiro ativo e ficara cada vez mais incapacitado por problemas médicos, alguns deles neurológicos. Elie, seu irmão mais velho, morrera no ano anterior. A sucessão, ou o que aconteceria se Edmond já não fosse capaz de gerir os bancos, não era um tópico discutido abertamente no Republic ou no Safra Republic. Havia uma vaga noção de como as coisas aconteceriam. Em teoria, os bancos de Edmond, assim como o banco de Joseph e Moïse, eram negócios da família. Em um fundo criado em 1982, os bancos eram vistos essencialmente como propriedade comunal. A ideia era que os membros da família Safra — ou, ao menos, os membros das famílias dos filhos de Jacob Safra — eram herdeiros tanto dos recursos financeiros coletivos quanto dos negócios operacionais. Mas tais hipóteses não eram declaradas, não consistiam em acordos férreos e não levavam em conta as complexidades das situações e personalidades envolvidas. Edmond não tinha filhos para trabalhar no negócio ou se tornarem proprietários após sua morte. Joseph e Moïse, que estavam ocupados gerindo o Banco Safra e outras operações no Brasil, lentamente trariam os próprios filhos para o negócio, mas não tinham papel operacional no Republic ou no Safra Republic. E realmente não havia precedentes sobre como lidar com qualquer tipo de sucessão. O Safra Frères fora dissolvido muito antes de Jacob Safra criar seu próprio banco, e ele não tivera irmãos.

Ao mesmo tempo, Edmond tinha que pensar em como proteger o Republic no curto prazo. O banco que ele fundara se tornara o 11º maior dos EUA e tinha 29 bilhões de dólares em depósitos. Mas ainda ficava na sombra de seus vizinhos muito maiores, como J.P. Morgan e Citibank. A abordagem de casar depósitos baratos com ativos de baixo risco no exterior e escavar um nicho em áreas como fomento comercial, ouro e cédulas fizera muito pela empresa. Mas, se continuasse crescendo, o Republic teria que investir em novas linhas de negócios — não no negócio de títulos, talvez, mas gestão de ativos, empréstimos ao consumidor, *private banking* e expansão geográfica. Era muito mais complicado que oferecer televisões em troca de novas contas ou colocar depósitos bancários em empréstimos garantidos pelo FMI. Ao mesmo tempo, quanto mais o Republic crescia, maiores eram os custos — de tecnologia, conformidade com as leis, sistemas e processos. Tudo isso minava a alardeada eficiência das operações do banco. Conforme os custos cresciam em meio a uma competição cada vez mais desafiadora, Edmond percebeu que suas conversas com os colegas eram menos sobre expandir e encontrar novas oportunidades e mais sobre controlar custos. "Todo mundo me olha em busca de soluções para tornar o negócio bom o bastante para cobrir os custos e ter lucro", disse ele a Thomas Robards, um dos vice-presidentes do Republic.[23]

Esses desafios — como gerir a própria saúde, garantir um futuro para seus bancos e descobrir qual era a posição de seu negócio em relação aos irmãos — ocupariam mais e mais de seu tempo e de seus pensamentos, mesmo enquanto continuava a conduzir negócios e buscar oportunidades de expansão.

16.
Transições (1995-1998)

Desde que fundara o Republic, Edmond Safra vira o mercado bancário americano como uma terra de oportunidades; os céus abertos dos Estados Unidos e seu ambiente acolhedor tornavam o país o melhor lugar do mundo para um banco orientado para o consumidor. Mas, em 1995, as perspectivas estavam mudando devido a uma combinação de forças de mercado, o modelo único de operações e negócios do Republic e um pequeno, mas notável, declínio na saúde de Edmond. O Republic detinha um recorde de crescimento espetacular baseado em antigos princípios comerciais e nichos poderosos, cujas origens remontavam largamente a Alepo e Beirute. Mesmo enquanto o Republic se tornava uma das maiores instituições financeiras do país, Edmond, que passava somente alguns meses do ano em Nova York, continuava a geri-lo através de círculos concêntricos de executivos confiáveis. Em meados da década de 1990, no entanto, esse *modus operandi* começara a ser uma espécie de desvantagem. Um número cada vez maior de seu tempo era devotado ao Safra Republic, cujo crescimento agora rivalizava com o do Republic. (Em 1996, o Safra Republic teria 25 bilhões de dólares em ativos de clientes.)

Ao longo dos anos, o Republic National Bank of New York crescera, acrescentando negócios e pessoas, raramente parando para analisar seus negócios. "Há muito tempo não fazemos uma revisão detalhada", disse Jim Morice, membro do conselho diretor do banco. Fazer isso de maneira racional e abrangente simplesmente não fazia parte da cultura. Em 1995, quando o Republic passou por uma revisão de operações com vistas a cortar custos, um executivo sênior comparou-a à arrecadação de fundos de uma comunidade judaica. John Tamberlane lembrou: "Edmond chamou seus principais gestores para Genebra e disse: 'Temos que cortar despesas.' As pessoas então levantaram as mãos. 'Eu cortarei 10%'; 'Eu cortarei 5%'."[1]

Para abordar a redução de custos de maneira mais sistemática, o Republic se voltou para uma *outsider*. Em 1992, Chandrika Tandon, a primeira mulher de origem indiana a se tornar associada da McKinsey & Company, abriu a própria empresa, a Tandon Capital Associates, especializada em usar um bisturi afiado nos custos operacionais dos bancos. Quando o Republic contratou Tandon como consultora no início de 1995, a equipe dela invadiu os escritórios do 28º andar e conduziu o Republic à sua primeira reestruturação no estilo americano. O objetivo do exercício não era o crescimento, mas melhorar a taxa de eficiência — a proporção entre despesas operacionais totais e juros líquidos e outras receitas. Reduzir essa taxa, que era de 57, em um único ponto geraria uma economia de cerca de 12 milhões de dólares ao ano. As unidades foram convidadas a considerar como poderiam reduzir os custos em 30%. Os consultores distribuíram brinquedinhos que faziam o som de uma vaca, para indicar que não haveria vacas sagradas. Walter Weiner criou o nome "Projeto Excellence Plus" ou "PEP".[2]

Em 5 de maio de 1995, em um documento público, o Republic anunciou que começaria a implementar o PEP, usando uma linguagem talvez comum na IBM: redesign de processos, gestão de fornecedores, automação. O jargão encobriu a realidade de que a maior parte da economia viria da redução da folha de pagamento do banco. "Chamamos isso de 'pessoas executando pessoas'", lembrou o executivo do Republic Joseph De Paolo. O PEP se revelou um exercício penoso para todos no banco. O Republic era um negócio familiar, um paraíso para o qual centenas de pessoas haviam fugido e no qual achavam que ficariam para sempre. Negócios familiares simplesmente não demitiam centenas de pessoas para reduzir alguns pontos percentuais nas margens de operação.

Esse tipo de exercício exigia uma abordagem desapaixonada, que Edmond era constitutivamente incapaz de assumir — especialmente quando a conversa se voltou para a eliminação das posições de veteranos. Ele esteve intimamente envolvido em todas as decisões pessoais. Quando a gestão sugeriu demitir Ernie Ginsberg, o advogado do Republic e do TDB que criara a vital cláusula Margaret Thatcher durante o acordo com a American Express, Edmond ficou apoplético: "Nunca na vida. *Eu* saio do banco antes dele." Quando recomendaram demitir Albert Hattena, de 75 anos, o banqueiro nascido no Cairo cujos irmãos também trabalhavam no Republic, Edmond se recusou, dizendo a Fred Bogart: "Fred, ninguém que me ajudou a construir o banco pode ser demitido." Em outros casos, pessoas que haviam sido demitidas apelaram aos principais executivos e foram poupadas. Por fim, no segundo trimestre de 1995, o Republic teve uma despesa de 120 milhões de dólares, 80% dos quais para arcar com os custos da demissão de 850 dos 5.550 funcionários do banco. O exercício minou o moral, e muitos veteranos notaram que a atmosfera dentro do banco mudara, tornando-se mais defensiva.[3]

Durante todo esse tumulto, o Republic estava decidido a crescer, trabalhando para aumentar seus 40 bilhões de dólares em ativos. O Crossland Federal Savings Bank, um resistente vizinho nova-iorquino que atendia clientes de classe média, passara a ser controlado pelo FDIC em 1992 e lutava para sair de baixo de uma pilha de empréstimos imobiliários ruins. Em 23 de setembro de 1995, o Republic concordou em comprar o Crossland por cerca de 530 milhões de dólares em dinheiro, adquirindo 3,7 bilhões em depósitos, 385 mil contas e 33 agências em Nova York. Em um sinal de quão rapidamente as coisas estavam mudando, essa transação — uma das maiores do Republic — foi realizada logo depois que dois gigantes locais, o Chemical e o Chase, fizeram uma fusão gigantesca, criando um supermercado financeiro global com 297 bilhões de dólares em ativos. Enquanto outros cresciam a saltos quânticos, o Republic continuava a crescer de maneira incremental. Em 1995 e durante o primeiro trimestre de 1996, o Republic comprou seis agências do Banco Leumi e três do First Nationwide Bank, captando mais 600 milhões de dólares em depósitos.[4]

Enquanto isso, Edmond continuava utilizando sua rede para encontrar oportunidades de colocar o dinheiro para trabalhar. Paul Reichmann, um empresário judeu ortodoxo nascido em Viena, transformara seu negócio familiar em Toronto em uma usina global de imóveis. A empresa de Reichmann, a Olympia & York, emprestou muito dinheiro na década de 1980 para construir o Canary Wharf, um novo complexo financeiro no leste da City de Londres. Mas o complexo foi terminado quando a economia mergulhava na recessão e, em 1992, a Olympia & York pediu falência. Em 1995, com a economia se recuperando, Reichmann tentou recomprar o complexo de seus credores. Somente alguém com a rede e a história de operar entre fronteiras e culturas de Edmond Safra poderia ter reunido o consórcio que se formou: os ortodoxos Reichmann, com base no Canadá; a família Tisch, da comunidade judaica de Nova York; Michael Price, que geria os fundos Mutual Series; e o príncipe Alwaleed da Arábia Saudita. O consórcio pagou 800 milhões de libras esterlinas (1,3 bilhão de dólares) pelo controle do complexo. O Republic e a Safra Republic Holdings tinham 6% cada, ao passo que Edmond ficou com 6% e distribuiu 2% entre clientes.

Como sempre, Edmond continuou a buscar oportunidades nos mercados de fronteira. Em 1995, quando as taxas de juros na Turquia estavam notadamente altas, ele calculou que havia uma oportunidade de arbitragem disponível — mesmo que o país decidisse desvalorizar sua moeda. Assim, despachou um assistente para Istambul, a sede do Império Otomano que outrora tivera uma agência do Safra Frères, a fim de colocar o capital para trabalhar. E, cada vez mais, a atenção de Edmond foi atraída para outro império em dissolução: a Rússia. Ele e seus colegas faziam negócios atrás da Cortina de Ferro desde a década de 1950, negociando ouro, moedas e mercadorias. Após o colapso da

União Soviética, a Rússia se tornou uma economia problemática, embora com vastos recursos naturais e conexões com o comércio global. Como tal, apresentava oportunidades para intermediários financeiros confortáveis com o risco e com a arbitragem internacional.[5]

O Republic estabeleceu um escritório representativo em Moscou em 1994. No ano seguinte, Edmond recebeu uma visita do gestor de investimentos Bill Browder. Em uma ironia histórica, Browder era neto de Earl Browder, líder do Partido Comunista nos Estados Unidos. Edmond concordou em investir 25 milhões de dólares no novo veículo de investimentos focado na Rússia, chamado Hermitage Fund, e se tornou sócio da *joint venture*. Querendo dar uma olhada mais de perto, em agosto de 1996 ele viajou com Lily e os netos para Moscou e São Petersburgo. Na antiga capital imperial, Lily, maravilhada com a magnífica Grande Sinagoga Coral, decidiu fazer uma doação significativa para sua restauração, em memória do filho Claudio.[6]

Dado o ambiente de "Velho Oeste" da Rússia, Edmond não achou particularmente atraente a perspectiva de emprestar para empresas ou consumidores. Mas a Rússia tinha uma necessidade quase insaciável de dinheiro vivo, especialmente dólares. E, embora o Federal Reserve e o Tesouro americano estivessem ávidos para fornecer cédulas ao país, eles não as transportavam. Assim, foi natural que o Republic expandisse seu já maciço negócio de cédulas para a Rússia.

Em 1995, o Republic New York enviava entre 30 e 40 milhões de dólares em notas de 100 dólares em um voo diário da Delta para Moscou. De lá, a subsidiária do Republic as distribuía para os bancos locais. Tudo era feito sob a supervisão do agente de fiscalização Richard Annicharico, ex-FBI, e com a aprovação expressa do governo federal. E, mesmo assim, como fora frequentemente o caso, a mídia tentou encontrar motivos nefastos na operação. Em janeiro de 1996, a revista *New York* publicou uma matéria de capa sobre o negócio de cédulas, "O avião do dinheiro", na qual praticamente acusava o Republic de lavar dinheiro e citava algumas insinuações do episódio da American Express. Quando Henry Kravis, fundador da KKR, dona da empresa-

-mãe da *New York*, a Primedia, ouviu falar sobre a matéria, telefonou para o CEO da empresa e pediu que não fosse publicada, pois acreditava que as acusações eram infundadas. Após a publicação, Kravis viajou até Genebra para se desculpar pessoalmente com Edmond.[7]

E, é claro, sempre havia o ouro. O Republic aceitava depósitos em ouro de entidades governamentais russas em seus cofres de Nova York, pagava juros por eles e então consignava o ouro para o mercado de joias. Quando uma delegação russa foi a Nova York fazer um depósito, o executivo Dov Schlein fez uma apresentação sobre a segurança do banco. O presidente da delegação o interrompeu: "Sei que vocês são um banco seguro. Vocês são o Republic National Bank of New York." (Vindo de um país no qual o Estado controlava a maioria das empresas, ele acreditava que o Republic era garantido pelo estado de Nova York.)[8]

Para além do comércio de ouro, o primeiro negócio que Edmond conhecera continuou a atrair seu interesse. Em novembro de 1996, ele ainda cuidava dos negócios do BCN (antigo Banque Jacob E. Safra) em Beirute, escrevendo para o consulado suíço em Damasco para pedir que Antoine Gholam, o contador do banco, recebesse um visto de viagem para Genebra. Quase cinquenta anos depois de partir de Beirute, a cidade e sua comunidade ainda eram referência para Edmond. Quando Sol Gindi fez uma entrevista em 1996 para ser um de seus assistentes, tinha as credenciais corretas: faculdade e MBA da Universidade de Nova York e alguns anos de experiência no Republic. Mas, quando Edmond descobriu que o avô de Gindi era Selim Shehebar, que trabalhara no banco de Jacob Safra em Beirute até 1972 e depois fora para o departamento de empréstimos do Republic, o tom da conversa mudou. "Ele é um bom homem", disse Edmond. "Ok, você é qualificado. Pegue um avião na segunda-feira."[9]

Em grande medida, o ritmo da vida de Edmond em meados da década de 1990 permaneceu o mesmo. Estava sempre em um avião, viajando entre Genebra, Nova York, Paris e Londres, com visitas ocasionais ao Brasil. Passava o verão em La Léopolda, e as reuniões do FMI no outono eram um grande evento. Passava os dias ao telefone:

Ásia pela manhã, Europa durante o dia, Nova York à noite; depois, jantares e reuniões, alternando entre filantropia, negócios e suas coleções pessoais. No entanto, o ritmo era interrompido por questões de saúde. Embora o diagnóstico de Parkinson não fosse de conhecimento público, as mudanças na saúde eram evidentes. Edmond comparecia a menos reuniões e, ocasionalmente, saía mais cedo por causa dos sintomas. Os assistentes nos escritórios estavam conscientes do intrincado regime de medicamentos, consultas e exames. Ele não estava ávido para discuti-las publicamente, mas, em 1996, começou a enfrentar as transições necessárias para lidar com uma doença degenerativa.[10]

Uma das soluções seria se mudar para mais perto do escritório no qual agora passava a maior parte do tempo. O Safra Republic estava aumentando agressivamente sua presença em Mônaco, um importante centro de *private banking*. Com fácil acesso a lojas, restaurantes e assistência médica, o principado se tornara a base de operações favorita de Edmond. Tipicamente, o banco ocupou o espaço no térreo de um elegante edifício central, o La Belle Époque, na avenue d'Ostende. Replicando a situação do edifício Knox na década de 1960, Edmond e Lily compraram um majestoso apartamento de 1,6 mil metros quadrados nos dois últimos andares do edifício. A *Architectural Digest* escreveria mais tarde: "Em qualquer um dos balcões e terraços, há vista para o mar cintilante ou a montanhosa Riviera." Edmond e Lily encheram o novo apartamento de pinturas, objetos de arte e um magnífico mobiliário. Em dezembro de 1996, as aquisições da Sotheby's de Mônaco incluíram cinco desenhos de vestidos históricos usados pela rainha da Bélgica e uma coleção de obras de 1838 de Racine. O interesse de Edmond por colecionar continuava forte. Mais cedo naquele ano, enquanto falava ao telefone na sala de espera do dentista, ele comprou em leilão o manuscrito de 1912 da teoria especial da relatividade de Einstein e o doou para o Museu de Israel. "A doação é uma das mais importantes já recebidas por Jerusalém e simplesmente não pode ser mensurada por qualquer valor financeiro", escreveu o prefeito de Jerusalém, Teddy Kollek.[11]

O passado sempre fora uma presença poderosa na vida de Edmond, informando seus relacionamentos, estratégias comerciais e comportamentos. Em meados de 1990, ele não tinha como deixar de olhar para trás com mais perspectiva — e satisfação. Quando Alberto Muchnick, executivo do Republic na América do Sul, foi ao La Belle Époque para jantar, Edmond apontou para a baía. "Quando eu era jovem, trabalhei aqui, vi os barcos e pensei: 'Um dia, vou ter um barco e um apartamento nesta área.' E hoje tenho um apartamento e sinto muito orgulho de poder ver os barcos deste lado da baía."[12]

Aproximando-se de seu 65º aniversário, Edmond trabalhava havia cinquenta anos. Como era o acionista majoritário e a personalidade vivificante por trás do Republic e do Safra Republic, seria difícil para qualquer um, dentro ou fora dos bancos, imaginar um futuro sem Edmond Safra no leme. De fato, as perguntas que normalmente seriam feitas em uma grande empresa de capital aberto sobre o futuro não eram feitas no Republic.

Desde jovem, Edmond se preocupara em manter a estabilidade da família e dos clientes. Em 1982, vendera o TDB precisamente porque acreditara que a American Express seria um refúgio seguro para seus depositantes durante uma época turbulenta. Em todo o universo Safra, havia um grande número de hipóteses não vocalizadas. Presumia-se que Edmond administraria os bancos até o fim e que, se algo acontecesse com ele, os bancos permaneceriam sob controle da família e Joseph assumiria seu lugar. Mas nada disso estava escrito. Ao longo das décadas, a expressão *cheia de segredos* fora frequentemente aplicada às práticas comerciais de Edmond. A ironia, é claro, era o fato de tanto o Republic quanto o Safra Republic terem capital aberto, reportando precisamente e com total transparência como ganhavam dinheiro, de que linhas de negócios participavam e quem possuía seu controle acionário. Mas não estava claro para o público qual era, exatamente, o relacionamento entre os irmãos Safra, Edmond, Joseph e Moïse. "Acreditava-se que a sucessão, que nunca foi articulada ou discutida pelo conselho, a despeito de muitas perguntas polidas, incluiria os irmãos", disse Peter Kimmelman, membro do conselho diretor do Republic.[13]

Na verdade, como no caso de todas as famílias, os relacionamentos eram complicados. Havia amor, respeito, conexão e obrigação, mas também subcorrentes de ressentimento, desentendimento e eventual conflito. O Banco Safra, agora uma grande força no Brasil, pertencia integralmente a Moïse e Joseph. Por iniciativa de Joseph, se expandia em outros lugares do mundo, como Nova York e Luxemburgo. Em teoria, os irmãos tinham ações dos bancos que controlavam, mas em nome da família, não de si mesmos. Joseph e Moïse investiam os lucros em propriedades e outros ativos no Brasil, como imóveis, e começaram a tirar vantagem da integração do país à economia global. Eles se uniram à Bell South para investir em uma operadora de celulares em São Paulo, por exemplo.

Como pai substituto para os irmãos mais novos desde o início da década de 1950, Edmond amava Joseph como um filho. "Edmond via Joseph como seu pupilo", disse Rodney Leach. "Ele ensinou ao irmão como ser banqueiro." Os dois se comunicavam constantemente, conversando duas ou três vezes ao dia. Se alguém abordasse Edmond com uma ideia para uma transação no Brasil, ele o enviava a Joseph — com a instrução de que as decisões de Joseph fossem acatadas. Em 1996, quando o Republic abriu uma mesa de operações no Brasil, Edmond instruiu Dov Schlein: "Seja muito atencioso com Joseph. Converse com ele. Porque, se cometer um erro, você criará um problema para Joseph. As pessoas não fazem distinção entre os Safra."[14]

Edmond adotou o papel de *pater familias* nas empresas e na vida familiar. O lugar em que se sentia mais confortável era La Léopolda, cercado por netos e sobrinhos. Gostava de receber grandes grupos nos feriados, liderando uma lenta caminhada colina abaixo até um restaurante, organizando viagens familiares ou capitaneando seu iate pelo Mediterrâneo. Os conflitos entre familiares desafiavam sua visão idealizada de como as famílias deviam funcionar. Os netos se lembram de uma das poucas vezes em que ele perdeu a paciência, durante uma briga entre os dois, quando um deles disse ao outro: "Odeio você, odeio você! Você não é meu irmão!" Edmond gritou: "Parem com isso, parem com isso!"[15]

Mas, apesar da ênfase na família, os bancos Safra nunca haviam sido um negócio familiar complexo e multigeracional. Jacob Safra fora o único proprietário do BCN, não teve irmãos. Sua ativa carreira terminara quando partira de Beirute em 1953 e deixara o banco para Edmond. Na tradição sefardita, somente os filhos podem cuidar dos negócios (não as filhas nem os genros) e, normalmente, somente eles herdam propriedades. Mas Edmond não tinha filhos. Ele se interessava pela educação e pela carreira dos sobrinhos, assegurando que frequentassem as melhores escolas. Na década de 1990, os três filhos de Moïse, Jacob (faculdade em Harvard em 1992, MBA em Harvard em 1995), Ezra (faculdade em Wharton em 1994) e Edmond (cursando a faculdade em Harvard) estavam iniciando suas carreiras e nenhum dos filhos de Joseph tinha idade para trabalhar.

Assim, Edmond Safra enfrentava um quebra-cabeça complexo e intrincado: como posicionar os bancos para o futuro, como cuidar financeiramente de Lily e da família e como aderir à tradição enquanto projetava uma estrutura de gestão bem-sucedida. Um evento particular tornou a perspectiva de tal transição ainda mais real. Em abril de 1997, sua amada irmã mais velha, Eveline, morreu aos 72 anos, deixando Edmond como filho sobrevivente mais velho de Jacob e Esther Safra.

No outono de 1997, a fé do mercado no futuro de seus bancos parecia praticamente ilimitada. Mais cedo naquele ano, quando o Republic levantara 100 milhões de dólares em títulos, Edmond perguntara qual seria a diferença na taxa de juros entre títulos de trinta e cem anos. Dois bancos de investimentos haviam enviado cotações, e o Republic se mexeu rápido. Em 22 de julho, o banco tomara a rara decisão de emitir um título de cem anos. Em uma era de rápidas mudanças, pouquíssimos líderes se preocupavam em pensar além dos próximos cinco ou dez anos, muito menos presumir que suas organizações seriam funcionais um século depois. Mas isso se adequava perfeitamente à visão do Republic como empresa multigeracional, perpétua. É claro que a decisão também tinha salutares aspectos financeiros: tratados como passivos para propósitos de taxação e contabilidade, tais títulos de longo prazos eram uma maneira de levantar capital de maneira quase permanente, sem diluir o substancial controle acionário de Edmond sobre o Republic. Aliás, ele tentava aumentar incrementalmente seus 29% de ações no banco.

Quando a venda foi completada, sugeriu-se ir ainda mais longe, emitindo títulos de um milênio da Safra Republic Holdings. Edmond amou o conceito, que o mercado certamente veria como novidade. "Daqui a mil anos, as pessoas provavelmente serão alienígenas na Terra. Não acredito que alguém vá comprá-los", disse. Mas o Lehman Brothers concordou em garantir o acordo e, em outubro de 1997, subscreveu uma oferta de 250 milhões de dólares em títulos de mil anos. "O Republic National Bank ainda existirá em 2997?", perguntou o colunista do *New York Times* Floyd Norris em 8 de outubro. Pagando juros de 7,125%, os títulos podiam ser recomprados pelo banco a qualquer momento. Com efeito, funcionavam como ações preferenciais — novamente, sem diluir os 21% de ações de Edmond no Safra Republic. "Esse é o capital mais barato que jamais terei. Nunca terei que pagá-lo, e ele me custa 7% ao ano", disse Edmond.[16]

O outono de 1997 foi uma época de marcos significativos. Edmond fez 65 anos em agosto. E, embora a idade tradicional de aposentadoria nada significasse para ele, Lily discretamente planejou uma festa surpresa para 9 de novembro de 1997, comemorando os cinquenta anos desde que ele e Jacques Tawil haviam partido do aeródromo de Lod para a Itália. Alguns dias antes do evento, funcionários da Philip Baloun Designs invadiram a grandiosa ex-sede do Greenwich Savings Bank na esquina da 36th Street com a Broadway, um imponente edifício Beaux-Arts que agora era uma agência da Crossland Savings, instalando painéis de compensado sobre o piso. Como era comum nas festas Safra, convidados (familiares, amigos, colegas e clientes) chegaram de todas as partes do mundo.

Naquele dia, como em muitos outros domingos, Edmond não se barbeou, a despeito dos repetidos pedidos de Lily. E assim, por volta das 18 horas, um Edmond Safra com a barba por fazer e completamente surpreso chegou ao que pensava ser um pequeno jantar familiar e encontrou centenas de pessoas reunidas. Quando descobriu o que estava acontecendo, ele se virou para Lily e disse, sorrindo abertamente: "Por que você não me disse para fazer a barba?"[17]

Mesas foram montadas sobre cavaletes. Edmond, Lily e membros da família, incluindo seus irmãos, ocuparam a mesa principal. Lou Dobbs, o âncora da CNN que serviu como mestre de cerimônias, apresentou um vídeo com os principais momentos da carreira de Edmond. No vídeo, Lily fez um brinde.

> Que nossos seis netos maravilhosos realizem em suas vidas os ideais e valores que você, um homem profundamente religioso, nos ensinou: ser grato pelo que temos; ser feliz com o que somos; e, acima de tudo, prosseguir com humildade, seguindo a sabedoria espiritual do judaísmo. Durante todas as eras, os filósofos perguntaram: "O que é um homem?" Minha resposta é pessoal: Alguém que é sábio, gentil, atencioso, decente, de bom coração, sem vaidade. E esse é você, Edmond. Agradeço pelo privilégio de você ter dividido todos esses anos comigo, sua esposa.

A noite reuniu todos os muitos polos da vida de Edmond: Beirute, Brasil, Suíça, Estados Unidos e França. Bette Midler cantou duas vezes, com letras personalizadas. Depois do prato principal, uma dançarina do ventre levou Edmond ao salão, enrolando seu véu em torno dele. Sergio Mendes e sua orquestra, que voara do Brasil, acompanharam Bob Azzam, o cantor líbano-egípcio que tinha um clube noturno em Genebra e fazia parte do círculo de Edmond desde a década de 1950.[18]

Foi um momento peculiar, em parte por causa da saúde em declínio de Edmond. Com o avanço do mal de Parkinson, ele perdera o equilíbrio e tinha pouca energia para socializar. Independentemente de sua visão para um banco que duraria cem ou mil anos, em novembro de 1997 Edmond Safra enfrentava o desafio diário de lidar com uma doença degenerativa para a qual não havia cura. O tratamento para o mal de Parkinson estava nas mãos de uma grande equipe internacional de médicos e enfermeiras. A doença progrediu além dos sintomas conhecidos, como lentidão e tremores, e começou a afetar todos os movimentos, a fala e, ainda mais importante, o ânimo. Embora o diagnóstico não tivesse sido anunciado em público, mais e mais pessoas no banco sabiam. Para além da medicação, Edmond precisava de fisioterapia regular, incluindo exercícios com bolas de borracha para aliviar a rigidez nas mãos e massagens para diminuir as cãibras nas pernas. As drogas que tratavam o mal de Parkinson tinham efeitos colaterais significativos e nem sempre eram efetivas, particularmente em relação aos sintomas não motores. Alterações de humor, explosões emocionais e episódios de mal-estar generalizado começaram a ser mais comuns. Edmond odiava que as pessoas pudessem vê-lo de modo diferente ou sentir pena. Ele disse a Lily mais de uma vez: "Por favor, *chérie*, não permita que eu perca a dignidade." Em La Léopolda, foi montado um quarto, longe da vista de convidados e netos, onde ele podia ser tratado.[19]

Os bancos continuaram a prosperar, embora sem iniciar grandes esforços de expansão ou realizar aquisições. As ações do Republic valorizaram, em 1997, de cerca de 44 milhões de dólares em março para mais de 57 milhões em dezembro. No fim do ano, o Republic tinha ativos totais de 50,2 bilhões de dólares, depósitos totais de 33,5 bilhões de dólares e patrimônio líquido de 3,3 bilhões de dólares. Era imensamente lucrativo, com uma receita líquida recorde de 449 milhões de dólares. O conservadorismo continuava a vigorar. Os empréstimos chegavam a somente 13,6 bilhões, um quarto dos ativos totais. Os empréstimos inadimplentes totalizavam meros 94 milhões, somente 0,76% do total. No Safra Republic, que reportara ativos de 20,4 bilhões e depósitos no total de 15,4 bilhões, os lucros em 1997 alcançaram o recorde de 125 milhões de dólares.[20]

Na primavera de 1998, os irmãos Safra se reuniram novamente para homenagear Edmond — dessa vez em Jerusalém, onde, em reconhecimento por suas realizações no mundo das finanças, ele recebeu o doutorado honorário da Universidade Hebraica. Foi outro momento de orgulho, pois Edmond, que fora um aluno indiferente na Alliance e no St. Joseph, sentou-se no tablado com a elite acadêmica de Israel e o presidente do Supremo Tribunal.

Na manhã após a cerimônia, sua saúde se deteriorou de maneira significativa. A família partiu rapidamente, viajando primeiro para o sul da França e depois para o hospital universitário de Grenoble, especializado em mal de Parkinson, onde os médicos reduziram a medicação de Edmond e iniciaram um tratamento experimental. Ele passou o resto do verão em La Léopolda, sofrendo frequentemente os sintomas debilitantes da doença e os efeitos colaterais da medicação.[21]

A essa altura, Edmond já não conseguia esconder a doença do público. Assim, no início de julho, o Republic publicou uma declaração extraordinária. O comunicado de imprensa anunciou a criação da "Fundação de Pesquisa Edmond J. Safra, com financiamento da família Safra no valor de 50 milhões de dólares, a fim de apoiar as pesquisas sobre o mal de Parkinson".[22]

Edmond tentou acalmar acionistas e clientes. "O mal de Parkinson não é fatal. Desde que fui diagnosticado, há vários anos, administro a doença através de uma combinação de remédios, dieta e exercícios diários. Espero que minha participação e meu envolvimento na gestão dos bancos que controlo, incluindo a presidência da Safra Republic Holdings S.A. e do Republic National Bank of New York, continuem por muitos anos."

Mas indicou que outros poderiam se unir a ele.

> Frequentemente, compartilhei informações e consultei meus irmãos, Joseph e Moïse, sobre os assuntos de nossos bancos e outros negócios. Em face da minha doença, eu, juntamente com membros de nossas equipes de gestão, contarei mais frequentemente com os

conselhos e a longa experiência de Joseph. Compartilhar papéis de consultoria e informações faz parte da tradição de nossa família. [...] Joseph reorganizou sua agenda a fim de poder devotar ainda mais tempo à gestão da Republic New York Corporation e do Safra Republic, estando envolvido nas principais decisões sobre políticas e outras questões significativas.

A declaração parecia implicar que Joseph teria papel participativo, sendo o sucessor de Edmond. "O comunicado de imprensa foi cuidadosamente escrito", lembrou Dov Schlein.[23]

Mas o experimento se provou breve. Ocupado com o Banco Safra e outros investimentos, Joseph nunca esteve particularmente ávido para assumir a responsabilidade, em parte porque sentia que as pessoas no Republic não reconheciam sua autoridade. Joseph impôs uma condição: ninguém poderia ser contratado ou receber aumento sem sua aprovação. Algumas semanas depois, todavia, o CEO Walter Weiner concedeu aumento a Kurt Anderson, executivo do Republic em Hong Kong. E não foi um incidente isolado. Em questão de semanas, Joseph disse a Edmond que não podia continuar: "Não posso fazer isso com as pessoas tomando decisões que não aprovei."[24]

A despeito do anúncio no início de julho, rapidamente ficou claro que Joseph Safra não sucederia o irmão mais velho — embora Edmond parecesse se agarrar a essa perspectiva. "Edmond tinha uma visão idealizada da família", lembrou o advogado Marc Bonnant, "e dar voz à decepção seria reconhecer a realidade."[25]

Naquele exato momento, a necessidade de uma sucessão clara ficou dolorosamente aparente. Após se estabilizar na França, Edmond foi a Nova York em agosto de 1998, onde uma equipe de médicos no Hospital Columbia-Presbyterian trabalhou para refinar ainda mais seu programa de tratamento. No fim do verão, ele se mudou para uma clínica especializada em Parkinson em Toronto. Anthony Brittan, um sul-africano que acabara de se formar em Brandeis e fora contratado como um dos assistentes de Edmond, foi enviado ao Hotel Four Seasons de Toronto para criar uma sede temporária.[26]

Tudo isso em uma época na qual uma liderança firme e sóbria estava em alta demanda. Na década de 1990, as crises nos mercados emergentes eram uma característica quase regular do cenário financeiro global. No verão de 1997, os mercados ficaram turvos quando vários mercados do Sudeste Asiático foram atingidos pela desvalorização da moeda e fuga de capital. Em todo o mundo, o dinheiro saiu dos mercados de risco. E, no verão de 1998, as coisas começaram a dar errado na Rússia. O governo russo fizera empréstimos de curto prazo para financiar dívidas e operações e pagara juros notadamente altos — taxas anuais de 25 ou 30% em empréstimos de três meses. O Republic detinha grande parte da dívida russa. A estratégia era comprar os títulos, coletar os juros e ganhar apreciação do valor se as taxas de juros caíssem. Ao mesmo tempo, eles se protegeriam do risco cambial cobrindo sua posição em dólares com bancos apoiados pelo governo como o Sberbank.[27]

Tais negociações eram fantásticas, até deixarem de ser. Quando a Rússia renovou seus títulos de curto prazo na primavera de 1998, houve poucos compradores. Em agosto de 1998, em uma decisão que chocou os mercados globais, o governo russo essencialmente deu calote em seus títulos e desvalorizou a moeda. Da noite para o dia, o portfólio de 1,1 bilhão de dólares do Republic em títulos russos perdeu grande parte do valor. Para piorar, os bancos russos disseram que não poderiam honrar os contratos de *hedge*.

Houve mais problemas na Rússia. Em agosto de 1998, os relatórios do Republic sobre transferências dúbias envolvendo uma empresa chamada Benex Worldwide Ltd. levaram o FBI e as autoridades britânicas a descobrir um acordo entre os funcionários do Bank of New York e autoridades e executivos russos, incluindo Konstantin Kagalovsky, ex-representante da Rússia junto ao Fundo Monetário Internacional, para desviar bilhões de dólares dos pagamentos ao FMI.[28]

No Safra Republic, os executivos tomaram a decisão unilateral de vender pedaços da dívida dos mercados emergentes em agosto de 1998. Mas, no Republic New York, os executivos hesitaram em agir sem ordens explícitas de Edmond, especialmente porque ele estivera pessoalmente envolvido nas negociações com a Rússia. (Quando descobriu que haviam esperado, ficou furioso.) Essa foi somente uma manifestação de um problema mais amplo no império bancário Safra: paralisia em um mundo em rápida movimentação. Edmond já comparara gerir um banco a "administrar um jardim de infância". Embora fosse um exagero, era verdade que a equipe executiva do banco estava tão acostumada a receber opiniões e orientações imediatas de Edmond que tinha dificuldades para se movimentar rapidamente em sua ausência. Devido ao desastre dos mercados russos, as ações do Republic sofreram, caindo de 66 dólares em março de 1998 para 39,50 dólares no terceiro trimestre, um declínio de mais de 40%.[29]

Quando a saúde de Edmond melhorou em outubro, ele começou a se reconectar. Mudou-se novamente para Genebra e, depois, para Mônaco. Lá, ele podia cumprir as ordens médicas de se exercitar caminhando para cima e para baixo no boulevard du Moulin, entrando nas lojas perto do Hotel Hermitage e tomando sorvete. Mas ainda tinha dificuldades para funcionar em seu costumeiro alto nível. Enquanto estava ao telefone, os assistentes às vezes não conseguiam ouvi-lo claramente, porque seu braço tremia tanto que o telefone se mexia. A fala era prejudicada por episódios de gagueira e ele tinha dificuldades para conversar.[30]

Mais frequentemente, ele precisava se retirar. Em La Léopolda e em Mônaco, começou a dormir em um quarto separado, porque acordava frequentemente durante a noite e não queria incomodar Lily. Quando os episódios começavam, ele subitamente pedia licença, em parte porque não queria que os netos ou os colegas o vissem sofrendo ou enfraquecido. Também havia, felizmente, períodos nos quais se sentia melhor porque o coquetel de medicamentos se mostrava mais eficaz.[31]

Em meio a essas dificuldades, Edmond começou a traçar um hesitante caminho para o futuro. Já que seu irmão não estava disposto a assumir a liderança dos bancos, algumas mudanças tinham que ser feitas. Walter Weiner, CEO do Republic, aproximava-se da aposentadoria. Em novembro de 1998, Edmond convocou vários dos principais executivos para uma reunião em Genebra a fim de discutir o plano de sucessão do Republic. E, em 16 de dezembro, anunciou formalmente o plano. Após a reunião anual em 21 de abril de 1999, Walter Weiner se aposentaria. Dov Schlein se tornaria o novo CEO e presidente do conselho, Elias Saal seria presidente do comitê executivo e Stephen Saali seria presidente.

Não houve menção de Joseph Safra ou qualquer papel para a família Safra na gestão do banco. Ao mesmo tempo, o Republic assinalou que iniciaria outra rodada de corte de custos. Weiner comentou que "a revisão de lucratividade é absolutamente vital para a forte posição competitiva do Republic ao nos aproximarmos do cada vez mais global e competitivo mercado do século XXI". Edmond afirmou: "Estou confiante de que a nova equipe de gestão assegurará que a organização tenha sucesso no próximo século."[32]

A partida iminente de Walter Weiner representou o fim de uma era. Mas, por trás do anúncio, havia indicações de que uma época ainda maior podia estar chegando ao fim. A fachada de invencibilidade do Republic (e, por implicação, de Edmond) fora arranhada. Os ganhos do banco caíram de 449 milhões em 1997 para 248 milhões de dólares em 1998, amplamente por causa da perda de 165,4 milhões nos investimentos russos e negociações relacionadas. "Tais perdas surgiram da decisão da administração de reduzir todos os investimentos em títulos russos a seu valor líquido realizável", relatou o Republic.[33]

Em Mônaco, Edmond continuou seguindo em frente, fazendo caminhadas, parando no café de um casal italiano idoso que o fazia lembrar-se de Milão, e planejando seu próximo movimento. Jamais fora dado a episódios de angústia e autopiedade. Sua vida fora uma série de campanhas enérgicas e bem-sucedidas para construir instituições. Mas agora sentia que chegara a um impasse, graças, em grande medida, ao declínio de sua saúde e à impossibilidade de entregar os negócios a Joseph. "A vida é assim mesmo, é *chaddah* [uma merda]", lamentou ao conversar, em árabe, com um amigo libanês. "O que posso fazer se estou sozinho?"[34]

No fim de 1998, a resposta a essa pergunta retórica começou a se cristalizar. Cada vez mais, enquanto olhava para o século XXI, o assunto de conversas com amigos, colegas e funcionários, fosse em caminhadas ou telefonemas, era o que emergia como solução lógica e inteligente: a venda dos bancos.

17.

"Vendi meus filhos"
(dez. 1998-dez. 1999)

Em 1982, a única vez em que vendera um banco que fundara, o TDB, Edmond Safra agonizara a respeito de uma transação de 500 milhões de dólares. O preço combinado do Republic e do Safra Republic provavelmente chegaria a vinte vezes esse valor. Ainda mais importante, a venda teria impacto sobre as carreiras de milhares de funcionários e sobre as economias de dezenas de milhares de clientes.

Edmond adorava dar lances em leilões públicos de obras de arte e vinhos finos. Mesmo quando a saúde o proibiu de consumir os *vintages* raros, ele continuou a aumentar a coleção. "Já não posso beber, mas ainda posso comprar Petrus durante um leilão", disse ao advogado Jean-Pierre Jacquemoud.[1] Mas a ideia de colocar o trabalho de sua vida em leilão público, de vender para qualquer um disposto a pagar, era inconcebível. Estava tão preocupado em colocar os bancos nas mãos certas quanto estava em ter lucro com a venda. E a decisão teria que ser somente sua. Ele tinha 28,8% das ações do Republic através de seu veículo de investimento, a Saban. O Republic, por sua vez, era dono de cerca de metade das ações do Safra Republic. E o próprio Edmond era proprietário direto de outros 20,8%.

Em dezembro de 1998 e janeiro de 1999, durante as caminhadas regulares em Mônaco ou recebendo em La Léopolda, Edmond começou a falar sobre a perspectiva de venda com assessores e colegas, tentando aceitar a ideia. "O que você pensaria se eu vendesse o banco?", perguntou a Sem Almaleh, que trabalhava com ele desde a década de 1950.²

Os motivos para a venda eram pessoais, não comerciais. Nenhum dos seus bancos era aquilo que os consultores de gestão chamariam de *burning platform* ["plataforma em chamas", uma situação insustentável na qual é preciso agir antes de perder tudo]. Ambos eram muito lucrativos e tinham balancetes impecáveis. Algumas das perdas russas haviam sido parcialmente revertidas após a recuperação dos mercados. O Republic lucrara 248 milhões de dólares em 1998; os lucros do Safra Republic haviam crescido 6% em 1998, para 132,7 milhões de dólares. Mas estava claro que mudanças eram necessárias. Apenas alguns anos após o exercício PEP, o Republic se engajou em outra rodada de dolorosa reestruturação e corte de custos. Após revisar as linhas de negócios, a nova gestão do banco, com encorajamento de Edmond, investiu ainda mais em *private banking* e em seu nicho de negócios. Em um esforço para economizar 67 milhões de dólares em custos operacionais anuais, o banco consolidou agências, terceirizou operações de processamento de dados e abandonou algumas atividades. No primeiro trimestre de 1999, o Republic assumiu um encargo de reestruturação de 97 milhões de dólares, principalmente para arcar com a demissão de 450 funcionários.³

No fim das contas, foi o pessimismo de Edmond em relação a sua saúde que levou à venda. O mal de Parkinson continuava a cobrar um preço incessante, física e psicologicamente. Marc Bonnant, seu advogado, lembra de conversar com Edmond em uma noite na qual os sintomas estavam intensos. Bonnant, ecoando o conhecido poema "Inventário", de Jacques Prevert, listou os muitos ativos no balancete pessoal de Edmond. "Você está tremendo um pouco e não pode dar grandes saltos. Mas é amado por uma mulher excepcional, seus amigos são leais e você é o maior banqueiro de sua geração." No último ponto, Edmond sacudiu a cabeça. Bonnant perguntou: "Quem são os outros?" E Edmond respondeu: "Não conheço todos."⁴

"VENDI MEUS FILHOS" (DEZ. 1998-DEZ. 1999)

Edmond estava se reconciliando com o fato de que os bancos da família Safra provavelmente não continuariam para além da geração atual. "Talvez meus irmãos estejam errados. Talvez estejam certos. As prerrogativas deles são diferentes das minhas", disse a um amigo próximo.[5] A despeito das tensões do ano anterior, Edmond ainda estava em contato regular com Joseph e Moïse. Em fevereiro de 1999, quando uma crise financeira se espalhou pelo Brasil, Edmond e Joseph conversaram frequentemente sobre como o Republic deveria lidar com sua exposição aos títulos brasileiros. "Ele ainda é meu irmão", disse Edmond. "Se eu puder, vou ajudá-lo."[6]

Mas, sem um sucessor no qual realmente confiasse, Edmond decidiu que precisava colocar seu substancial e complicado patrimônio em ordem. Afinal, se ele sucumbisse à doença, Lily teria que decidir o futuro de duas enormes instituições. Assim, em janeiro de 1999, a engrenagem para a venda foi colocada em movimento. Jeff Keil, ex-executivo do Republic que trabalhava no conselho do Safra Republic, começou a discutir discretamente essa perspectiva com seus contatos em Wall Street. O Bear Stearns, um banco de investimentos americano, era uma das partes interessadas. Outros confidentes começaram a sondar potenciais compradores.

Embora houvesse milhares de bancos e instituições financeiras no mundo, somente alguns eram parceiros apropriados para o Republic e o Safra Republic. Para começar, a transação teria que ser totalmente em dinheiro. Depois do fiasco da American Express, Edmond não tinha interesse em receber ações e aceitar que o valor da obra de sua vida dependesse da capacidade de gestão de outra pessoa. E ele pretendia vender ambos os bancos, o que, dados seus grandes ativos (50,4 bilhões de dólares no Republic e 21 bilhões no Safra Republic), resultaria em um preço substancial, ao menos 10 bilhões de dólares.

No pequeno grupo de potenciais compradores, um estava na frente: o HSBC. A história da Hongkong and Shanghai Banking Corporation interessava Edmond. Fora fundada em 1865 em um entreposto comercial de um dos grandes impérios daquela era. Um de seus diretores originais fora Arthur Sassoon, membro de uma dinastia de judeus iraquianos que desempenhara papel-chave no desenvolvimento de Hong Kong. O HSBC tinha os pés firmemente plantados em mercados estabelecidos como o Reino Unido e Hong Kong, além de em mercados emergentes na Ásia e na América Latina. Tinha uma ambiciosa unidade de *private banking* e um significativo negócio focado no consumidor nos EUA. Era, é claro, muito maior que o Republic, com 5 mil escritórios em 79 países (comparados a 38 escritórios do Republic) e 483 bilhões de dólares em ativos. Em outras palavras, tinha escala e ativos para não somente absorver o Republic e o Safra Republic, mas também para intensificar seus esforços.[7]

O CEO do HSBC, John Bond, que Edmond nunca encontrara, não era o tipo de banqueiro britânico com quem ele negociava havia décadas. Bond, que, assim como Edmond, não frequentara a faculdade, entrara nos negócios bancários quando era adolescente em Hong Kong, longe de sua terra natal, e passara muitos anos na Ásia antes de dirigir as operações ao consumidor nos Estados Unidos. Ao se tornar CEO em 1993, sua meta era aumentar as operações ao consumidor e de *private banking* no mercado americano. Assim, ficou intrigado quando recebeu um telefonema de Rodney Leach, ex-executivo do TDB que continuara sua carreira no conglomerado Jardine Matheson, em Hong Kong. "Você estaria interessado no Republic National Bank of New York?", perguntou Leach. Edmond estava pronto para vender e queria evitar um leilão. "Ele quer que o banco vá para mãos seguras, e acha que o HSBC seria ideal." Bond certamente conhecia Edmond e a reputação de seus bancos. Para saber mais, leu *Vendetta*, de Bryan Burrough, e telefonou para conhecidos no Federal Reserve.[8]

A abordagem fazia sentido. Mas teria que ocorrer em estágios para não assustar pessoas ou mercados. Em abril, Edmond e Lily foram para Nova York, onde o Republic organizava uma festa de despedida para Walter Weiner, que finalmente deixaria o cargo de CEO em 21 de abril. Uma reunião do conselho estava agendada para o mesmo dia. Após a reunião, Edmond convocou Dov Schlein, o recém-empossado novo CEO, para ir a seu apartamento na Quinta Avenida e deu a notícia. Decidira vender o banco para o HSBC, mas ainda não haviam concordado quanto ao preço. "Pude ver que era como se despedir de um filho; tinha sido uma decisão extremamente difícil e muito emotiva", lembrou Schlein.[9]

Nas duas semanas seguintes, os principais executivos do Republic continuaram trabalhando normalmente em seus escritórios no n° 452 da Quinta Avenida durante o dia e então se reunindo em quartos de hotel com executivos do HSBC. Um dos principais pontos discutidos era o preço. As ações do Republic haviam caído para cerca de 39 dólares no fim de 1998, devido à crise russa, mas, na primavera, com os lucros subindo novamente, haviam chegado a 50 dólares. Tanto o Republic quanto o Safra Republic tinham capital aberto, o que significava que os investidores eram continuamente informados sobre como os bancos ganhavam dinheiro. Mas, em razão de seu modelo de negócios único e por causa da duradoura imagem de Edmond e da família como discretos banqueiros libaneses-brasileiros-suíços, seu valor teve que ser pacientemente explicado ao HSBC. Com suas negociações de títulos e investimentos comparativamente pequenas, o Republic permanecia um forasteiro entre os supermercados financeiros de Wall Street. Mas era um grande banco de varejo e operava em uma série de nichos altamente lucrativos que eram a marca registrada de Edmond: metais preciosos, ouro, moedas, cédulas, fomento mercantil, *private banking*. Inicialmente, o HSBC ofereceu um preço por ação de 60 dólares. Mas Edmond insistiu que a equipe negociasse por mais. Ele queria 72 dólares por ação, dando aos dois bancos um valor estimado total de mais de 10 bilhões de dólares. Todos os envolvidos perceberam que o n° 72, equivalente a quatro vezes dezoito (sendo este o valor numérico da palavra hebraica *chai* ou "vida"), tinha significado especial para Edmond. No fim, o HSBC, que viu a oportunidade de dobrar seus negócios de *private banking* e aumentar sua presença no vibrante mercado de Nova York, ao mesmo tempo fortalecendo seu já potente balanço patrimonial, concordou.[10]

Quando o negócio foi fechado no fim de abril, Bond, que estava na conferência do Banco Asiático de Desenvolvimento em Manila, correu para Nova York, indo diretamente do Concorde para o apartamento de Edmond. Lá, encontrando-se pela primeira vez, os dois apertaram as mãos.[11] Edmond gostava de anunciar seus grandes acordos na terça-feira, ou no 18º dia do mês. Mas não dava para esperar pela data auspiciosa. Na segunda-feira, 10 de maio, a transação foi apresentada para os mercados e para os funcionários. Ela tinha dois componentes. Primeiro, o HSBC compraria todas as ações do Republic por 72 dólares em dinheiro, obtendo o controle sobre metade do Safra Republic. Ao mesmo tempo, faria uma oferta pública por todas as ações do Safra Republic não controladas pelo Republic, pelo mesmo preço. A Saban, o veículo de investimento de Edmond, anunciou que venderia seus 29% de ações do Republic e aceitaria a oferta por seus 20,8% de ações da Safra Republic Holdings. Esperava-se que a transação fosse encerrada no quarto trimestre de 1999.[12]

O acordo histórico representou a maior quantidade de dinheiro já paga por um banco nos Estados Unidos, assim como a maior compra de um banco americano por um estrangeiro. Normalmente, a notícia de mais uma grande negociação de Edmond geraria um fluxo internacional de *mabruks*, *mazal tovs* e felicitações. Mas os ânimos estavam contidos nos escritórios de Genebra, Londres, Nova York e outros lugares. Parte disso tinha a ver com preocupações pessoais. O *New York Times* comentou: "O acordo provavelmente resultará em demissões nas operações do Republic de Nova York, a fim de eliminar os cargos duplos nos bancos do HSBC EUA." Embora seu capital estivesse aberto havia décadas e as fusões fossem muito comuns no mundo bancário, o Republic sempre fora o comprador. A despeito dos problemas de saúde de Edmond e da consciência de que Joseph Safra não assumiria o controle do banco, poucas pessoas no Republic haviam contemplado uma mudança tão drástica. "Quando chegou a notícia de que ele concordara em vender para o HSBC, houve um silêncio de perplexidade", comentou o executivo do Republic Trevor Robinson.[13]

Edmond também tinha sentimentos ambivalentes. A transação era o reconhecimento não somente do que ganhara ao longo dos anos, mas também do que estava perdendo. Quando Joseph telefonou para dar os parabéns — "Ouvi dizer que você está vendendo o banco e quero desejar boa sorte" —, ficou claro como estavam tensos os laços familiares.[14] Embora muitos em seu círculo imediato corressem para felicitá-lo, também reconheciam a dor que ele estava sentindo. "Sim", disse Edmond, "é como vender meu filho. É muito difícil. Foi uma decisão muito dura." Logo depois do anúncio, Anita Smaga, uma das amigas mais próximas de Edmond e Lily, viajou de Genebra para Nova York. Quando se abraçaram e ela o parabenizou pela notável realização, ele se mostrou sombrio: "Vendi meus filhos."[15]

Em uma carta aos funcionários publicada no dia da venda, Edmond deixou claro que tomara a decisão de modo relutante. "Jamais teria considerado a venda, mas minha saúde simplesmente já não permite que eu participe da operação dos bancos da única maneira que sei: profunda e totalmente, com atenção aos detalhes cotidianos", disse ele. E, para aqueles que se lembravam do caso American Express, a venda certamente gerou mais preocupação. Mas Edmond garantiu que o HSBC partilhava dos valores do Republic e que John Bond era um homem honrado.[16]

O anúncio deu início a dois processos que manteriam Edmond ocupado pelo restante do ano: a preparação para a fusão, que deveria ser consumada em outubro de 1999, e a preparação de sua próxima campanha. No verão, como de costume, ele e Lily foram para La Léopolda. Talvez pela última vez, executivos de todo o extenso império Safra foram à magnífica propriedade nas colinas com vista para Villefranche-sur-Mer. Embora Edmond não planejasse ter papel formal na companhia após a fusão, ele sabia que teria papel vital nos últimos meses de independência de seus bancos. O HSBC estava pagando pelos ativos financeiros do Republic, é claro. Mas, sem os ativos humanos, especialmente aqueles que trabalhavam em *private banking*, eles não seriam tão valiosos. Durante todo o verão, os executivos do Republic se reuniram com Edmond em meio aos ciprestes para negociar o futuro. John Bond também o visitou, e encontrou um homem que de modo algum pensava em se aposentar. Edmond estava continuamente ao telefone com os mercados: "O que está acontecendo com o ouro? O que está acontecendo na Bolsa de Nova York?"[17]

Manter esse empenho era difícil, porque o mal de Parkinson continuava a afetar sua habilidade de trabalhar no ritmo incessante que sempre mantivera. Dada a crescente dificuldade para falar de modo fluido, Edmond com frequência parecia distante e silencioso. Mas sua mente estava continuamente engajada e, quando a conversa o interessava, ele ficava energizado. O leiloeiro da Christie's François Curiel se lembra de tê-lo visitado em 31 de julho de 1999, e os dois jantaram enquanto observavam um iate na baía. "Olhe, é o Phocea, o barco de Muna Ayoub", disse Edmond. Isso gerou uma conversa de vinte minutos sobre a tripulação, a administração de iates e as complicações de comprá-los em vez de alugá-los. Quando seu amigo Ted Serure o visitou em agosto, foi avisado de que Edmond estava cansado e não poderia recebê-lo por muito tempo. "Mas, quando começou a falar sobre o passado, foi como se ele se iluminasse", disse Serure.[18] Seu primo, Joseph Safra, que vivia perto dali, celebrou o aniversário de Edmond em agosto. "Ele estava muito feliz, muito alegre. [...] Estava muito contente por ter vendido o banco."

Quanto ao mal de Parkinson, administrar a doença se tornou uma tarefa de tempo integral, envolvendo uma equipe de profissionais. A dupla de jovens assistentes que sempre o acompanhava se transformou em um grande e diversificado grupo de enfermeiras; uma tabela mostrava a rotatividade de pessoal, sempre um profissional experiente trabalhando com um iniciante. Entre eles, estavam a enfermeira-chefe Sonia Casiano, a americana Vivian Torrente e uma adição recente, Ted Maher, veterano das Forças Especiais americanas que trabalhara no Hospital Columbia-Presbyterian e fora indicado por amigos da família, começando em agosto.

Lily Safra, obviamente, era a principal cuidadora. E, conforme Edmond passou a depender cada vez mais de Lily, os observadores notaram que a afeição mútua cresceu. O progresso da doença causara muitas mudanças em Edmond Safra — profissionais, físicas e emocionais. De certa maneira, ele via a luta contra o mal de Parkinson como outra de suas campanhas, um desafio a ser atacado e vencido com engenhosidade, energia e otimismo. Mas, ao contrário dos esforços para fundar um novo banco ou conquistar novos clientes, foi uma campanha na qual Edmond e Lily Safra embarcaram juntos. O dr. Alessandro Di Rocco, especialista italiano em Parkinson que tratara Edmond e se tornara um amigo, disse que o casal "lutava lado a lado contra a horrível doença que os afligia". Quando a autonomia de Edmond diminuiu, Lily adotou um papel que ia além de organizar as responsabilidades sociais, filantrópicas e familiares, passando a administrar a cada vez mais complicada rotina diária do marido. "Lily estava ao lado dele todos os dias, incessantemente presente, com muita energia e espirituosidade, rearranjando e reafirmando suas vidas e garantindo, com feroz determinação, que nada, e certamente não o mal de Parkinson, roubaria de Edmond sua saúde, dignidade, beleza e propósito", disse Di Rocco. Ela organizava os cuidados com o paciente e buscava obstinadamente por novos tratamentos, aceitando a irreversibilidade da doença, mas nunca o *status quo*. "Quando os limites do tratamento ficavam óbvios, ela dava um passo além: devia haver uma maneira melhor, e ela a encontraria", lembrou Di Rocco. "Não houve um dia na vida de Edmond com Parkinson no qual Lily não tenha lutado a seu lado, com força, vasta determinação e amor sem limites."[19]

Se os verões em La Léopolda eram restauradores, as rotinas do outono eram revigorantes, sempre fornecendo a Edmond renovado senso de propósito. Primeiro vieram os feriados judaicos, que, em 1999, caíram em meados de setembro. Normalmente, na semana que antecedia o *Yom Kippur* [dia do perdão], Edmond despachava seu funcionário de longa data, Abboud Abadi, para contatar todas as principais sinagogas sefarditas no Brooklyn e providenciar para que ele desse o lance mais alto pela recitação do *Kol Nidrei*, uma honraria particularmente especial, em memória de seus pais. Também atazanava os assistentes em todo o mundo para garantir que as doações usuais a sinagogas e instituições da comunidade judaica fossem feitas. Mesmo quando a doença se tornou mais pronunciada, ele insistiu em jejuar durante o *Yom Kippur* e ficar em pé durante a longa cerimônia realizada à tarde, para consternação de Lily. Em certo momento, um grupo de rabinos interveio e efetivamente ordenou que Edmond interrompesse o jejum, instruindo-o a tomar os remédios e beber água durante o *Yom Kippur*.[20]

Imediatamente após o feriado, Edmond e Lily viajaram para Washington, onde as reuniões anuais do FMI foram realizadas entre 25 e 30 de setembro. O Republic deu uma de suas festas na Galeria Nacional. Edmond insistiu em comparecer, viajando com dois médicos e três enfermeiras. No evento, que atraiu a típica grande multidão de nomes importantes, uma mesa foi separada em uma área discreta onde amigos podiam visitá-lo. Anne Vitale, a advogada do Republic, testemunhara perante o Congresso naquele dia sobre os exemplares protocolos do banco contra lavagem de dinheiro, e os legisladores haviam mencionado elogiosamente os esforços de Edmond e do Republic. Edmond estava efusivo. "Durante a refeição, nossos olhares se cruzaram várias vezes, e ele sempre tinha um sorriso brilhante no rosto", disse Vitale. Em outubro, Edmond retornou a Mônaco.[21]

Nesse momento triunfal, Edmond teve que lidar com um episódio que poderia atrapalhar seus planos — mas que foi resolvido de maneira típica. Em 30 de setembro, o promotor do distrito sul de Nova York indiciou um proeminente investidor. Entre 1995 e 1999, Martin Armstrong, o consultor que supervisionava uma empresa chamada Princeton Global Management, fora acusado de fraudar investidores japoneses. O indiciamento alegava que ele vendera 3 bilhões de dólares em títulos para os investidores e investira o dinheiro em moedas e commodities. Quando as transações deram errado e geraram perdas de mais de 1 bilhão, em vez de admitir, ele mentiu novamente para os investidores. Armstrong tinha contas no escritório da Filadélfia da Republic New York Securities Corporation. Alegou-se que, com a cooperação de um funcionário corrupto, ele imprimira balanços enganosos no papel timbrado do Republic, escondendo as perdas de auditores internos, clientes e investigadores do Japão.[22]

Os investigadores japoneses haviam começado a analisar as atividades de Armstrong e, em agosto, a Agência de Supervisão Financeira do Japão enviara uma carta ao Federal Reserve e ao Republic sobre a inspeção do escritório de Armstrong em Tóquio. O Republic agiu rapidamente. Em 1º de setembro, um mês depois do indiciamento, acusou o recebimento da carta, conversou com as autoridades relevantes no sistema legal e regulatório americano, demitiu vários funcionários, substituiu o diretor da divisão de futuros e suspendeu o CEO da Republic New York Securities.

O *timing* foi problemático. O HSBC agendara uma reunião de acionistas para 9 de setembro, somente uma semana após o incidente, para aprovar a transação de venda do Republic. Em 3 de setembro, dois dias depois de o Republic informar sobre a investigação, o HSBC anunciou que adiaria a votação para 12 de outubro. Em 30 de setembro, quando Armstrong foi indiciado, o HSBC anunciou que adiaria a votação novamente, dessa vez para 29 de outubro. Como os funcionários de uma subsidiária do Republic estavam sendo acusados de cumplicidade nas ações de Armstrong, provavelmente haveria consequências financeiras — processos, acordos e pedidos de restituição — para o Republic. E, como era improvável que fosse solucionado rapidamente, os custos acabariam nas mãos do HSBC se ele seguisse adiante com a aquisição. Realmente, semanas após o indiciamento de Armstrong, dois processos foram iniciados por investidores, um em 7 de outubro e outro em 15 de outubro de 1999. A fusão de 10,3 bilhões de dólares estava na balança. Assim, cabia ao Republic assegurar que o HSBC não arcaria com as ações e que seria protegido de potenciais consequências. John Bond não estava particularmente preocupado. "Edmond vai nos cobrir ou usaremos uma cláusula de força maior" para sair da transação. E disse a colegas no HSBC: "Edmond vai resolver isso."[23]

Foi um momento doloroso para Edmond, para quem nada era mais importante que a reputação de integridade dos bancos. Ali estava uma série de ações de funcionários de uma subsidiária que ameaçava sua reputação. Edmond decidiu proteger pessoalmente a fusão. Ao longo dos anos, ele sempre se vira como garantidor das obrigações de seus bancos. Nesse momento, em vez de deixar os investidores que possuíam a maior parte das ações do Republic receberem menos por ação, o que seria a prática usual em tais circunstâncias, ele sugeriu que a diferença viesse de sua parte. Em 9 de novembro, anunciou que concordara em aceitar 450 milhões de dólares a menos por suas ações no Republic — e até 180 milhões a menos, além disso, dependendo do resultado dos litígios. Todos os outros acionistas receberiam os 72 dólares combinados por cada uma de suas ações. "Estou fazendo isso porque acredito que a rápida conclusão dessa transação beneficiará clientes, acionistas e funcionários do Republic, a quem minha vida profissional foi dedicada", escreveu. "Tanto o Republic quanto o HSBC sempre agiram para manter elevada a reputação de suas instituições. Esse é somente mais um exemplo do caráter de ambas organizações."

A declaração também confirmou seu apoio à integração dos dois bancos. "Não somente serei um grande cliente do HSBC, como também pretendo agir ativamente para garantir uma transição suave para todos os nossos clientes atuais", escreveu. A resposta de Bond foi de alívio e generosidade: "Temos a maior admiração pelo fato de Edmond Safra ter agido pessoalmente, o que personifica o espírito de integridade tanto dele mesmo quanto da franquia que construiu. As razões estratégicas para as aquisições permanecem atraentes."[24]

Enquanto tudo era resolvido, o HSBC queria adiar o pagamento da fusão para o ano seguinte — em parte para minimizar os riscos antecipados em relação à virada do ano 2000. Na realidade, chegava ao fim a vida independente do Republic e do Safra Republic, duas novas empresas notavelmente bem-sucedidas. Em outubro, o Republic disponibilizou seu último relatório trimestral como entidade independente. Nos primeiros nove meses do ano, o banco tivera 316 milhões de dólares de receita líquida, incluindo o lucro de 45 milhões de dólares sobre o investimento na Canary Wharf.

Com o preço de 72 dólares por ação garantido, estava claro que os investidores de longo termo se sairiam muito bem. No Safra Republic, aqueles que haviam investido na oferta pública inicial de outubro de 1988 teriam o retorno composto anual de cerca de 20%. Mesmo após ceder 450 milhões, Edmond iria embora com cerca de 3 bilhões de dólares — além de todos os outros ativos que possuía, que incluíam o Banque de Crédit National em Beirute.

Mais de um quarto de século após sua última visita a Beirute, vender o BCN, o banco de seu pai, ainda estava fora de questão. A cidade devastada e o complicado país em que estava situada ainda eram parte essencial de sua identidade. Quando Edmond foi naturalizado cidadão de Mônaco em julho de 1999, teve que tomar uma decisão. Os cidadãos de Mônaco tinham que desistir de suas outras nacionalidades. Edmond era cidadão brasileiro e libanês. Estava conformado com a perda do passaporte brasileiro, por mais que amasse o país que fora um refúgio para ele e para a família. Mas o Líbano era outra história. "Desculpe, espere um segundo. O Líbano não. Não posso", disse. No fim, as autoridades de Mônaco abriram uma exceção e permitiram que ele mantivesse dupla cidadania — ainda que visitar Beirute novamente estivesse fora de questão.

A carreira de Edmond como presidente de um banco internacional cada vez maior chegava ao fim. Tentando evitar a repetição do fiasco da American Express, ele planejou seu caminho futuro. Concordou em não competir com o HSBC durante sete anos, mas teve permissão para contratar vários associados, gerir fundos e ter certo número de clientes — um escritório familiar com no máximo 5 bilhões de dólares de capital inicial e cem clientes. No verão e no outono, começou a pensar na criação de uma *société financière*. Os confiáveis funcionários que se uniriam a ele, entre os quais Ezra Marcos, Ariel Arazi, David Joory, Marcos Zalta e Sol Gindi, chamaram o plano de "Bedrock", por causa dos Flintstones — no mundo deles, Edmond era Fred e Lily era

Wilma. O escritório seria em Mônaco, e eles alugaram 930 metros quadrados no edifício da GM, na esquina entre a Madison Avenue e a 59th Street, em Manhattan. Bedrock iniciaria formalmente suas operações em janeiro, quando recebesse os fundos da venda.[25]

A despeito dos problemas de saúde, Edmond Safra manteve-se continuamente em movimento durante novembro. Quase sempre em seu apartamento no edifício La Belle Époque em Mônaco, ele estava constantemente ao telefone resolvendo problemas, negociando transações e cuidando de seus interesses filantrópicos. Estava ansioso pela honraria que receberia do governo francês, ser nomeado *Chévalier de la Légion d'Honneur* [Cavaleiro da Ordem Nacional da Legião de Honra], em uma cerimônia agendada para 31 de dezembro. E continuava a receber visitas. Entre eles estava John Bond, que foi a Mônaco agradecer-lhe pessoalmente. Na terça-feira, 30 de novembro, Bond e a esposa Liz almoçaram com Edmond e Lily em Mônaco.[26]

A somente um mês da fusão, Safra estava constantemente ao telefone com Nova York e Genebra, resolvendo vários problemas. E olhava incessantemente para a frente, refletindo sobre o lado bom de já não ser presidente de um banco, mas meramente dono de uma empresa financeira. Desde muito jovem, ele sempre tomara o cuidado de nunca ser visto em um cassino. Mas, na primeira semana de dezembro, seu amigo Victor Smaga estava no hospital, recuperando-se de uma cirurgia. Na noite de quinta-feira, 2 de dezembro, Edmond telefonou. "Victor, agora sou um homem livre." Smaga sempre adorara as máquinas caça-níqueis. "Prometo que, se você melhorar logo, iremos juntos a um cassino, pela primeira vez em minha vida."[27]

A quinta-feira fora um dia normal e ocupado. Edmond chegara ao escritório no fim da manhã. Reunira-se com a equipe da Bedrock a fim de escolher o nome da nova empresa. Após uma vida inteira nomeando instituições em homenagem ao pai, ele finalmente usara o próprio nome: "Edmond J. Safra Asset Management." Ele telefonara para Nova York a fim de falar com o CEO do Republic, Dov Schlein, que lhe dissera ter acabado de receber a aprovação necessária para a

"VENDI MEUS FILHOS" (DEZ. 1998-DEZ. 1999)

venda, do Departamento de Bancos da Cidade de Nova York. "Que ótimo", respondera Edmond. *"Mazal tov."* Entre as reuniões, ele recebera um telefonema do rabino Ovadia Yosef, o reverenciado rabino-chefe sefardita de Israel, que lhe pedira para pagar as despesas médicas emergenciais de uma família necessitada — Edmond concordara em enviar 50 mil dólares. Ele discutira a realocação de um componente de sua coleção de arte com um assistente que viera de Milão. Então ele e Lily, que acabara de voltar de Londres, onde tinha ido à reabertura da Royal Opera House, jantaram sozinhos.[28] Foi um fim calmo para um dia tipicamente agitado.

18.
Tragédia em Mônaco
(dez. 1999)

As circunstâncias da morte de Edmond Safra, assim como as circunstâncias de sua vida, foram alvo de muitos rumores e insinuações. Mas os fatos, como declarados por muitas testemunhas e estabelecidos em um tribunal, são claros: Edmond Safra morreu por volta das 7 horas de sexta-feira, 3 de dezembro de 1999, em virtude da inalação de fumaça depois que um de seus enfermeiros, em um esquema equivocado e criminalmente negligente para provar sua lealdade, intencionalmente colocou fogo no apartamento dos Safra em Mônaco. Essas ações, uma série de erros e decisões infelizes por parte das autoridades e a compreensível reação de Edmond a uma ameaça visível a sua segurança pessoal resultaram na morte de duas pessoas — e no fim súbito de uma vida e uma carreira notáveis.

A perspectiva de alguém ser capaz de ferir Edmond e Lily em sua cobertura no quinto e sexto andares do edifício La Belle Époque parecia improvável. No verão de 1999, um extenso sistema integrado de segurança fora instalado, incluindo portas reforçadas, venezianas que se fechavam eletronicamente, vidros à prova de balas nas janelas e um sofisticado sistema de alarme (que incluía câmeras de vídeo, detectores de movimento e botões de pânico em todos os cômodos). Esses sistemas estavam ligados a uma equipe de monitoramento que, por sua vez, estava conectada à Monaco Sécurité, uma empresa privada de segurança. Devido à necessidade de Edmond de cuidados médicos ininterruptos e à presença dos funcionários na residência, os sistemas haviam sido projetados para substituir a importante presença física dos guardas — a "SAS", nas palavras de Lily. Como testemunhou o chefe de segurança Shmulik Cohen, "a ideia era construir um tipo de bolha hermética e colocar um de meus guardas dentro dela". Lily achava que não havia necessidade de uma equipe de segurança inteira no La Belle Époque. "O que pode acontecer aqui?", perguntara ela a Cohen em setembro. A presença mais visível dos guardas, muitos dos quais ex-militares de Israel, era considerada necessária somente em La Léopolda, com seus extensos terrenos e muitos pontos de acesso.[1]

A conspiração que resultou na morte de Edmond Safra começou com uma única pessoa no interior da bolha hermética, um homem instável e cada vez mais distante da realidade. Ted Maher, o enfermeiro que se unira à equipe em agosto de 1999, era competente e aparentemente confiável. Mas o ex-boina-verde estava isolado e longe da família, que permanecia nos Estados Unidos. Passando a trabalhar em tempo integral em 20 de novembro, Maher estava inseguro sobre sua posição e relativamente isolado. Morava sozinho em um hotel, não falava francês e tinha dificuldades para pagar os custos legais de uma longa batalha por custódia contra a ex-mulher.[2] Achava que os outros membros da equipe conspiravam contra ele e alegou que a enfermeira-chefe, Sonia Casiano, propositadamente lhe dava turnos ruins. Seu comportamento, que incluía fazer perguntas sobre como as venezianas se fechavam e ficar em pé sobre uma cadeira para levantar o forro do teto e ver o que estava acima, pareceu estranho a alguns colegas. No início de novembro, ele caminhara de Mônaco até San Remo, uma jornada de 40 quilômetros, levando um colega a compará--lo ao personagem Forrest Gump.

Depois que a enfermeira Vivian Torrente lhe disse que ouvira alguém repetir o comentário sobre Forrest Gump para Casiano, Maher ficou furioso e aparentemente perdeu o controle. Como Maher disse aos investigadores alguns dias após o ataque, ele tomou vários comprimidos de clozapina [um antipsicótico] que roubara de Edmond e iniciou uma ação que, como acreditava, melhoraria sua posição na residência. Ele encenaria e então reportaria um ataque, alegando tê-lo evitado — aparentemente, ferindo-se gravemente no processo. Mais tarde, ele disse aos investigadores: "Eu queria fazer um sacrifício a fim de provar que era digno de confiança."[3] E assim, nas primeiras horas da manhã, enquanto todos dormiam, Maher começou a agir. Logo após as 4h30, ele abriu uma janela no salão de ginástica, no sexto andar, adjacente à central de enfermagem e ao quarto de Edmond. (Edmond insistia que Lily dormisse em um quarto separado no sexto andar.) A janela seria o suposto local de entrada. Na área da central de enfermagem, arranhou o rosto e a barriga com uma lixa de papel para dar a impressão de que se ferira durante uma luta. Então se esfaqueou com a faca que comprara na caminhada até San Remo, criando ferimentos superficiais na perna e no estômago.[4]

Então Maher, sangrando visivelmente, acordou Edmond por volta das 4h45 e deu a alarmante notícia: havia um intruso no apartamento. Juntamente com Vivian Torrente, a outra enfermeira de plantão, Maher tirou Edmond da cama, com a assistência de um guindaste médico, levou-os para o closet de Edmond, entregou seu celular e os instruiu a trancar a porta. Edmond, acreditando em Maher, imediatamente telefonou para Lily. Disse que havia intrusos no apartamento e que ela devia ficar em seu quarto, com a porta trancada. Lily telefonou para os guardas de La Léopolda e para o chefe de segurança, Shmulik Cohen.[5]

Maher limpou seus ferimentos com álcool e jogou a garrafa e o algodão que usara em um cesto de lixo. Então, no ato que transformou em crime sua tentativa de cair nas boas graças do patrão, ateou fogo no cesto e o posicionou sob o detector de fumaça, o que fez com que o alarme de incêndio disparasse por volta das 4h50. Alguns minutos depois, Maher fechou a porta da central de enfermagem e pegou o elevador para o saguão. Ao ver Maher sangrando, o porteiro chamou uma ambulância.[6]

Subitamente, em uma manhã calma em Mônaco, havia duas crises na avenue d'Ostende — um relato de intrusos armados e perigosos e um incêndio. Os alertas deram início a uma série de reações que, longe de mitigar a ameaça, agravaram a situação.

A delegacia e o quartel dos bombeiros ficavam a somente alguns minutos do La Belle Époque. E, entre as 5 horas e as 5h15, policiais e bombeiros, equipados com veículos e escadas, chegaram. A despeito da presença de muitos indivíduos importantes, as autoridades de Mônaco não estavam acostumadas a lidar com criminosos violentos. Além disso, não estavam familiarizadas com a situação específica no apartamento. Assim, quando entraram no saguão, viram Maher sangrando e ouviram a história sobre os agressores, seu instinto foi se movimentar lentamente e com cautela. Em vez de simplesmente pegar o elevador para o quinto andar, entrar no apartamento por qualquer meio disponível e evacuar os moradores, eles prosseguiram metodicamente, avançando um andar de cada vez. Enquanto a polícia cuidava dos ferimentos de Maher, residentes da área começaram a alertar os bombeiros sobre a fumaça e as chamas visíveis no topo de prédio.

Quem também chegou à cena por volta das 5h20, após ter descido a toda velocidade as colinas desde La Léopolda, foi Shmulik Cohen. Sabendo o que sabia sobre o sistema de segurança, ele estava cético sobre a presença de um intruso. Mas, embora estivesse intimamente familiarizado com o layout do apartamento e soubesse precisamente onde Edmond e Lily estavam, a polícia não o deixou subir. E quando ele escapou e pegou o elevador até o quarto andar, os policiais, sem saber quem era, o detiveram e algemaram.[7]

Desde que haviam entrado no closet, Edmond e Vivian Torrente falavam ao telefone que Maher lhes deixara. Telefonaram para Sonia Casiano, a equipe em La Léopolda, a segurança do La Belle Époque e a polícia de Mônaco. A mensagem era clara e consistente: eles estavam trancados no apartamento, e havia alguém com uma faca no edifício. A polícia finalmente permitiu que Cohen acessasse o terraço do sexto andar, onde ele e os policiais abriram à força as venezianas do quarto

TRAGÉDIA EM MÔNACO (DEZ. 1999)

em que Lily dormia. Às 6 horas, ajudaram Lily, ainda de camisola, a rastejar pela abertura até a saída de incêndio e a levaram para a rua, onde uma pequena multidão se formara, incluindo vários membros da equipe do banco na cidade. Em função do uso de acelerante (a garrafa de álcool que Maher jogara no cesto de lixo) e da grande quantidade de material inflamável, o fogo se transformara em um incêndio letal. Com as janelas e venezianas fechadas, os sistemas de ar-condicionado começaram a espalhar a fumaça pelo apartamento. Enquanto isso, os bombeiros tentavam apagar o incêndio pelo lado de fora do edifício.[8]

Assim como bombeiros e policiais, Edmond Safra não estava preparado para lidar com a situação. O mal de Parkinson o debilitara tão seriamente que ele precisava de ajuda para se mexer antes de tomar a primeira dose do medicamento, às 9 horas. A doença também pode ter afetado sua capacidade de pensar claramente em um momento de crise. A insegurança pessoal fora uma característica de sua vida, já que ele crescera em um mundo no qual sua comunidade e sua família eram alvos rotineiros de violência: em Alepo, onde os tumultos da década de 1940 haviam feito membros de sua família fugirem; em Beirute, onde sua escola fora bombardeada e o apartamento da família fora revirado; no Brasil e na Argentina, onde colegas e familiares haviam sido sequestrados. A saga da American Express deixara ainda mais claro que havia no mundo muitas pessoas cruéis que não hesitariam em prejudicá-lo. Mas ele talvez jamais tivesse esperado uma traição interna.

Anos antes, na década de 1970, Edmond e Lily estavam na sede do Ponto Frio no Rio de Janeiro quando ladrões invadiram o local. Eles se esconderam no escritório, com o cuidado de não serem detectados, até que os ladrões partiram. Agora, em uma situação que parecia similar, o instinto de Edmond era se esconder até que a ameaça desaparecesse. Assim, quando a polícia falou com ele ao telefone e o instou a abrir a porta e tentar atravessar o apartamento até uma saída ou ponto de acesso, ele se recusou, acreditando no aviso de Maher sobre agressores do lado de fora.[9]

Após às 6 horas, os supostos intrusos não eram o problema mais óbvio: o fogo era. Espalhando-se pelos dutos de ar, a fumaça saía pelo teto e havia chamas em uma janela do sexto andar. Novamente, as medidas de segurança agravaram a situação. Os bombeiros lutando contra o fogo do sexto andar conseguiram chegar à janela de Safra através de uma escada, mas foram incapazes de abrir a veneziana, em parte porque o incêndio destruíra o circuito elétrico que a controlava. E, como resultado, não puderam quebrar o vidro para criar uma abertura para pessoas e oxigênio. Quando Cohen conseguiu destrancar as portas do quinto andar do lado oposto do closet, a fumaça e o calor eram tão intensos que os membros da equipe de resgate não conseguiriam entrar sem tanques de oxigênio, que não tinham.[10]

Por volta das 6h30, a fumaça começou a entrar no closet. Quando Casiano telefonou para Torrente e disse a ela para colocar toalhas molhadas na base da porta e se deitar no chão, ela ouviu Edmond tossindo. O telefonema foi interrompido abruptamente. Com os pulmões tomados pela fumaça, tanto Edmond quanto Vivian Torrente perderam a consciência. O que deveria ter levado minutos — proteger o local; encontrar Edmond, Lily e os funcionários; levá-los para um lugar seguro; e extinguir o fogo — terminou levando quase três horas. Edmond Safra e Vivian Torrente estavam mortos.[11]

A chocante notícia, comunicada pelos policiais aos familiares e associados presentes no local, espalhou-se rapidamente pela rede Safra. Trevor Robinson, chefe de operações em Londres, recebeu um telefonema de seu vice: "Edmond Safra está morto." Michel Elia, genro de Edmond e Lily, acordou Sol Gindi, assistente de Edmond, às 3 horas em Nova York, e lhe disse para ir imediatamente para o sul da França.[12]

A notícia migrou rapidamente para as redes eletrônicas de comunicação que eram o sistema circulatório da rede financeira global, através de telefonemas e mensagens de texto, chats internos e telegramas. Por volta das 4 horas, horário de Nova York (9 horas no fuso GST), manchetes começaram a aparecer nos terminais da Dow Jones, Bloomberg e Reuters. Os poucos corretores que trabalhavam no turno da noite na sede do Republic no décimo andar do n° 452 da Quinta Avenida ficaram pasmos ao lerem a incompreensível notícia nas telas: "Acredita-se que Edmond Safra esteja morto." Durante toda a manhã, funcionários chocados foram para seus escritórios e se reuniram em frente aos edifícios, tentando entender as manchetes.[13]

A reação foi um misto de choque, descrença e pesar — e rápida ação. Na tradição judaica, a engrenagem do luto e do enterro começa a funcionar imediatamente após a morte. Antes de as pessoas sequer entenderem o que acontecera ou começarem a processar a perda e suas implicações, já havia planos a serem feitos. Para os judeus, é obrigatório enterrar o falecido em 24 horas — levando em conta a pausa para o *shabat* e, no mundo moderno, a necessidade de viagens. Assim, ao saberem da morte, as sociedades funerárias imediatamente se puseram em movimento, criando planos de funeral, enviando assistentes para acompanhar o corpo e ler os Salmos e organizando demais preparativos.

Edmond Safra sentia-se em casa em tantos lugares que era complexo decidir onde seria enterrado. Não havia um jazigo familiar propriamente dito. Sua mãe Esther fora enterrada no cemitério judaico em Beirute, a menos de 2 quilômetros da casa da família na rue Georges Picot. Seu pai Jacob fora enterrado no cemitério do Butantã em São Paulo. Seu irmão mais velho Elie fora enterrado em 1993 no monte das Oliveiras, com vista para a Cidade Velha de Jerusalém. Havia muito tempo, Edmond também comprara um jazigo no mesmo local. Mas, naquele momento, decidiu-se que ele seria enterrado no lugar que chamara de lar por mais tempo: Genebra.

Novamente, como nas ocasiões em que haviam sido convidados para uma suntuosa festa em La Léopolda em 1988 ou para a celebração dos cinquenta anos de carreira de Edmond em Nova York em 1997, os membros da vasta diáspora Safra começaram a se reunir — dessa vez, em profundo pesar. Chegaram de avião particular, trem e carro; do Brasil e do Brooklyn, da França, de Israel e da Itália. Rabinos, associados, funcionários, familiares e amigos lotaram aviões para Genebra.

Em um centro de crise improvisado no Safra Republic, foi planejada a cerimônia fúnebre, a ser realizada em Hekhal Haness, a sinagoga sefardita que ele frequentava em Genebra. Ocorreria na segunda-feira, 6 de dezembro.[14]

Em paralelo, a névoa de incerteza cobrindo os eventos de sexta-feira, 3 de dezembro, começou a se dispersar. Durante as primeiras 24 horas após a morte de Edmond, as circunstâncias permaneceram um mistério. Não havia, é claro, assaltantes para prender. Inicialmente, Maher, recuperando-se no Hospital Princess Grace, parecera o herói do episódio, e a equipe de Edmond fez com que sua esposa viajasse até Mônaco para ficar com ele. Mas uma história diferente foi rapidamente revelada, mesmo enquanto centenas de pessoas se dirigiam a Hekhal Haness. No sábado, ao iniciar uma cuidadosa investigação, a polícia de Mônaco percebeu que algo estava errado na versão de Maher. As câmeras do circuito interno de TV não mostraram os supostos intrusos. Nenhum funcionário da residência vira um intruso. As evidências físicas também eram confusas. Maher dissera ter sido ferido com uma faca, mas não havia rasgos em suas roupas. Ao entrar na ambulância, ele tinha duas facas. Sua história era inconsistente — com os fatos e com suas próprias palavras. Inicialmente, ele disse à polícia que houvera dois intrusos mascarados, um dos quais o atingira na cabeça enquanto o outro o esfaqueava. Então disse que havia um único assaltante, sem máscara. Na segunda-feira, 6 de dezembro, Maher confessou que se cortara sozinho e iniciara o incêndio. "Eu estava sozinho", escreveu ele em sua confissão, "nunca houve um ataque. Eu me cortei e mutilei, comecei o incêndio e saí de lá para criar a impressão de um ataque."[15]

Nada disso era sabido pelas setecentas pessoas que se reuniram na Hekhal Haness na manhã de 6 de dezembro. A congregação, constituída por pessoas que tinham conexões pessoais, comerciais e comunais com Edmond Safra, era espantosa em diversidade e alcance. Havia titãs das finanças, banqueiros, rabinos de Beirute e Alepo, líderes muçulmanos, amigos de infância da Alliance, funcionários dos bancos e autoridades do governo israelense. John Bond chegou de Hong Kong. Somente um evento para Edmond Safra poderia ter atraído Elie Wiesel, o estilista Hubert de Givenchy, o príncipe Sadruddin Aga Khan e David Levy, ex-ministro do Exterior de Israel.[16]

Após a morte de Edmond, o louvor veio dos poderosos, famosos e ricos. Henry Kissinger elogiou seu "humor e simpatia, sua sabedoria e integridade". Margaret Thatcher falou de sua "grande inteligência e inesgotável energia", que o tornou "um dos banqueiros de destaque do pós-guerra".

Mas a cerimônia em si foi, em grande parte, uma ocasião para as humildes e atemporais tradições judaicas. Como cabia a um homem que gozava de conexões com sinagogas em todo o mundo, quatro rabinos participaram: Joseph Sitruk, rabino-chefe da França, nascido na Turquia e amado por judeus sefarditas de todo o mundo; Mordechai Eliyahu, reverenciado ex-rabino-chefe sefardita de Israel e fundador da Hechal Yaakov de Jerusalém (uma sinagoga financiada por Edmond e seus irmãos em memória do pai Jacob); Alexandre Safran, rabino-chefe de Genebra, amplamente admirado, nascido na Romênia e então com 89 anos; e o rabino *chabad* Mendel Pevzner. O santuário lotado ecoava com os comoventes Salmos, cantados nas antigas entonações sefarditas que haviam reverberado durante séculos na Grande Sinagoga de Alepo; na sinagoga arruinada de sua infância, Magen Avraham, em Beirute; e nas humildes sinagogas do Brooklyn. O rabino Sitruk fez breves comentários sobre a filantropia de Edmond. Elie Wiesel e John Bond também falaram.[17]

O carro funerário liderou um lento cortejo pela rota de 5 quilômetros ao longo de estradas tortuosas que se afastaram da plácida margem do lago, cruzaram o rio Avre, subiram a Route du Pas de l'Echelle e desceram por uma estreita rua que passou em frente a uma modesta chácara no pé do monte Salève, até o cemitério judaico de Veyrier, perto da fronteira francesa.

Há finalidade e humildade em um funeral judaico. Em frente ao jazigo, canta-se a perturbadora melodia da prece memorial "El Maleh Rachamim", e os presentes recitam o *kadish*. Depois que o ente querido é baixado ao solo, como ato final de gentileza e dever, a família e os amigos realizam a *mitzvah* de jogar terra sobre o caixão. Dessa maneira, em um cenário inconfundivelmente europeu e alpino, o filho de Wadi Abu Jamil repousou. A multidão se dividiu entre várias recepções e deixou a família para a semana de *shivá*.

Ao meio-dia de 31 de dezembro de 1999, somente 25 dias depois, conforme o *shloshim* — os tradicionais trinta dias de luto — chegava ao fim, o último golpe de mestre do banqueiro Edmond Safra foi executado. Nas semanas após sua morte, o longo e complexo processo de aquisição do Republic e do Safra Republic continuara. Em 29 de dezembro, 36,25 milhões de ações da Safra Republic Holdings foram oferecidas ao HSBC, as quais, combinadas às ações já em posse do Republic, representavam 99,4% das ações do Safra Republic. Às 12h15 do último dia do século XX, os marcos finais foram atingidos e o HSBC completou a aquisição do Republic.

Dali em diante, o Republic operaria sob a bandeira do HSBC EUA, e as unidades do Safra Republic se tornariam HSBC Republic Bank. Todos os acionistas receberam os prometidos 72 dólares por ação, em um total combinado de mais de 10 bilhões de dólares — com exceção de Edmond, que concordara em receber menos para cobrir os custos do caso Armstrong. As ações foram retiradas das listas das bolsas de valores onde haviam sido negociadas (Nova York e Londres no caso do Republic, Luxemburgo e Suíça no caso da SRH) e o processo de integração teve início. "Embora estejamos extremamente tristes por seguir adiante sem Edmond Safra, a fusão entre nossas organizações e a manutenção dos mais altos padrões de integridade e serviço ao cliente serão a melhor maneira de honrar sua memória", disse John Bond.[18]

A vida de Edmond, cheia de tantas campanhas bem-sucedidas e triunfos, também fora tocada pela tragédia e pelas dificuldades, da morte precoce da mãe ao exílio forçado de Beirute, da campanha de difamação da American Express a dolorosas rixas familiares. E também, na finalidade dessas transações, havia um sabor agridoce. A venda representou um triunfo e o ponto alto de sua vida e carreira,

TRAGÉDIA EM MÔNACO (DEZ. 1999) 331

embora não necessariamente o que ele teria imaginado. Em certo nível, havia o desapontamento com o fato de os bancos da família Safra não continuarem a existir. Mas os eventos de dezembro provaram decisivamente por que a venda fora a decisão certa. Na ausência de Edmond, os bancos, os clientes e os depósitos dos clientes foram entregues nas mãos seguras do HSBC, a quem caberia levar adiante o legado e as tradições comerciais de Edmond. Igualmente importante, o dinheiro da venda forneceria os meios para perpetuar seu legado e sua visão filantrópica.

Nas semanas após sua morte, vários serviços memoriais espontâneos ocorreram em sinagogas e escolas dos Estados Unidos, da Europa e da América do Sul. Amigos e associados discursaram, agora incluindo *Alav hashalom* ("Que a paz esteja com ele") a cada menção de seu nome; vídeos sobre sua vida foram exibidos; amigos e colegas compartilharam memórias; e Salmos em hebraico foram cantados à moda sefardita. No trigésimo dia após seu enterro, 9 de janeiro de 2000, um serviço memorial na sinagoga espanhola e portuguesa de Nova York atraiu grande número de colegas e familiares. Lily Safra leu uma carta de sua neta, também Lily. Zubin Mehta regeu os músicos da Filarmônica de Israel. Entre os que discursaram estavam Shimon Peres; Neil Rudenstine, ex-presidente da Universidade Harvard; James Wolfensohn, ex-presidente do Banco Mundial; e Javier Perez de Cuellar, ex-secretário-geral das Nações Unidas. No mesmo dia, no cemitério de Genebra, a lápide de Edmond foi desvelada. O rabino Yaakov, de Alepo, Beirute e, agora, Bat Yam, escolheu dois versículos breves para a inscrição: *Imru tzadik ki tov, ki pri m'alaleihem yochelu* ("Dizei ao justo que bem lhe irá; porque comerão do fruto de suas obras"), de Isaías 3,10; e *Tzadik b'emunato yichyeh* ("O justo pela sua fé viverá"), do Livro de Habacuque.

As cerimônias e reuniões foram ocasiões de catarse comunal, de declarar o que Edmond Safra realizara durante seus 67 anos, de reconhecer o que ele significara para as pessoas, de lidar com sua perda e ausência e de lembrar as grandes distâncias que viajara em quase sete décadas de movimento constante. Após o *shloshim*, a vida deve retornar ao normal, mesmo que as pessoas empreguem seu tempo, sua energia e suas emoções para rememorar. E assim, nos primeiros dias do novo século e do novo milênio, foi escrita a última página do livro sobre a vida de Edmond, sobre uma carreira empresarial única na segunda metade do século XX e sobre os dois bancos que ele construiu do zero e transformou em vastas empresas globais. Embora marcassem a abrupta e definitiva conclusão de uma era, o *shloshim* e essas transições também significaram o início de um legado duradouro.

19.
Legado duradouro

A imagem dos momentos finais da vida de Edmond Safra, de um homem fisicamente diminuído, preso em circunstâncias perigosas, não podia ser mais distante da realidade de seus 67 anos. Ele jamais fora limitado pelas circunstâncias históricas de seu nascimento, pelas vastas mudanças geopolíticas que reformaram o mundo, pelas súbitas viradas de mercado que destruíram instituições ou pelas campanhas orquestradas por aqueles que desejam macular seus negócios e seu nome. Por mais de cinquenta anos, Edmond Safra fora o instigador, fundador e criador que moldara a história e influenciara milhares de vidas ao construir bancos — com um recorde ímpar de sucessos. Seria difícil pensar em um banqueiro mais bem-sucedido na segunda metade do século XX.

Os 67 anos de Edmond Safra contiveram suficientes viagens, relacionamentos e realizações para durar várias vidas. A sua foi uma jornada notável que tocou todo continente e envolveu fazer negócios com uma extraordinária variedade de clientes, de bancos centrais a criadores de ovelhas, de empresas *blue chip* a pequenos mercadores. Quando Edmond fundou e construiu imensas instituições do zero, criou sua própria atmosfera — havia uma maneira distinta pela qual os bancos Safra agiam, falavam e trabalhavam.

Embora não houvesse cura para a doença degenerativa que o afligia, o fim de sua vida foi notavelmente abrupto. O funeral, o *shivá* de uma semana e o *shloshim* passaram rapidamente. O senso de tragédia foi intensificado pelo fato de que Edmond sentia que sua vida como banqueiro fazia parte de um chamado multigeracional. "O que devia ser uma história de mil anos acabou sendo uma história de 33 anos", disse Jeff Keil, ao menos em relação ao Republic New York.

Após sua morte, não haveria mais bancos Edmond Safra. Não haveria a empresa Edmond J. Safra Asset Management para conquistar novos clientes. Nos anos após sua morte, tanto Joseph quanto Moïse continuariam seu notável sucesso no Banco Safra no Brasil e chamariam os filhos para continuar seus negócios. Mas suas carreiras seriam atormentadas por conflitos e divisões familiares. Com ambos também sofrendo do mal de Parkinson, Moïse morreu em 2014, aos 80 anos, e Joseph em 2021, aos 82 anos.

Os eventos de 3 de dezembro de 1999 puseram fim a uma vida de campanhas e obrigações alegremente assumidas. A despeito do enorme peso que carregava, Edmond Safra se conduzia com leveza e facilidade As mais assustadoras tarefas e conceitos eram fáceis para ele, fosse entrar em novas arenas, conversar com clientes ou negociar em mercados incertos. Quando ele saiu de cena, o mesmo aconteceu com o característico estilo Safra: cortês e com um charme de velho mundo; baseado na confiança, na reputação e nas garantias pessoais; alimentado pela atenta avaliação e prevenção de risco, por excelentes *insights* sobre o mercado e pela ambição. O banqueiro, como Edmond Safra o concebia, devia ser um guardião de ativos e um credor cuidadoso. Devia manter seus compromissos mesmo na ausência de acordos escritos e formais e garantir as ações, os depósitos e outras obrigações de sua empresa. Podia ganhar dinheiro, muito dinheiro, sem usar alavancagem demais ou fazer empréstimos irresponsáveis. Embora muitos dos que trabalhavam com Edmond tivessem internalizado e praticado esses valores, tais qualidades foram raras no sistema bancário global desde sua morte. Sua abordagem única apresentou um contraste ainda maior durante a crise financeira de 2008, quando banqueiros, após uma orgia de empréstimos irresponsáveis, faliram em massa e receberam grandes resgates do governo a fim de evitar que suas ações perdessem o valor — e então pagaram imensos bônus a si mesmos. Em meio à falta generalizada de responsabilidade e cuidado da indústria, o jornalista Gary Weiss perguntou, retoricamente: "Edmond Safra, para onde você foi?"

Edmond Safra acreditava que o lugar de origem devia ser um guia, não um obstáculo; que legado e tradição eram fontes de apoio, força e identidade. E, embora o influenciassem e dirigissem, não limitavam seu caminho. De fato, como ele demonstrou várias vezes, os limites da capacidade humana estão na imaginação, no trabalho, na inteligência, nos relacionamentos — não nas circunstâncias ou no local de nascimento. Edmond não precisava consultar livros ou profissionais de gestão para decidir qual era o curso correto de ação. Parte de sua capacidade de julgamento fora instilada pelo pai, mas muito mais vinha dos instintos e também da vivência: ele aprendia continuamente com suas experiências e aplicava essas lições a sua própria vida.

Em um mundo globalizado, Edmond Safra personificava os atributos que os teóricos da gestão identificam como agilidade e resiliência. Ele se sentia confortável com uma identidade multifacetada, em casa no Brasil e na Suíça, em Beirute e Nova York. Ele podia estar à vontade nos corredores do poder ou em uma pequena sinagoga sefardita. Mesmo tendo deixado a escola aos 15 anos, ele acreditava passionalmente no poder transformador da formação universitária. O patrono de místicos como os rabinos Meir Baal HaNess e Shimon Bar Yohai também era grande apoiador da ciência médica. Devotado às tradições e aos rituais, ele continuamente adotava novas tecnologias e maneiras de fazer negócios. Viajante constante com casas em vários lugares, ele estava determinado a criar espaços seguros e dignos para que os judeus pudessem rezar e se reunir em lugares que ocupavam havia muito — ou que acabariam ocupando. Após viver a experiência da diáspora judaica, ele queria tornar a vida dos judeus mais confortável.

Edmond Safra viveu em grande escala e inegavelmente estava interessado no acúmulo de riqueza, arte, propriedades e objetos finos.

Guerreiro para seus clientes e protetor para seus funcionários, assumia voluntariamente mais e mais obrigações porque podia, porque era o que se esperava dele e porque o deixava feliz e satisfeito. *Crédito* vem de uma raiz latina que significa *crença*. E Edmond acreditava — em si mesmo, na família, em seu Deus, em seus funcionários, em sua comunidade, no potencial para o futuro.

Qual é, então, seu legado? É uma pergunta complexa, mais complicada ainda devido às suas tradições de origem, às quais aderia. Ao contrário de outros negócios familiares multigeracionais, o seu não deixou para trás uma empresa em operação. Por mais importante que fosse seu sucesso comercial, ele era apenas uma dimensão de seu trabalho. As lições de sua vida são muitas — a serem aprendidas, mas também vividas e experimentadas. De fato, parte substancial de seu trabalho não continuou após sua morte. Seu legado não consiste meramente nos ativos que deixou para trás e que financiam uma fundação. Seu legado é uma mentalidade, um conjunto de ideias e um etos sobre como banqueiros devem se conduzir, como as pessoas devem se tratar mutuamente e como os judeus devem se relacionar com suas comunidades.

Em sua vida, Edmond Safra demonstrou a ideia de responsabilidade para com os outros em círculos concêntricos: família, comunidade judaica local, sefarditas em todo o mundo, Israel e, por fim, o mundo inteiro. Em seus últimos anos, expressou ocasionalmente frustração com o destino de seu império bancário: "Eu construí tudo isso, e para quem?" Também tendia a citar o Eclesiastes, em poéticas passagens bíblicas que falavam da futilidade e da evanescência da labuta humana. Mas Edmond Safra construiu sua riqueza para um propósito duradouro e para benefício do mundo. Quando a venda para o HSBC foi encerrada em dezembro de 1999, suas ações foram convertidas em dinheiro, formando a maior parte de seu espólio. O valor foi estimado em 3 bilhões de dólares, mesmo depois que concordou em receber menos do que tinha direito, a fim de concluir o litígio com Armstrong.

Mas havia muito mais. Edmond possuía vários edifícios comerciais extremamente valiosos à beira do lago em Genebra. Havia as residências que dividia com Lily em Genebra, Londres e Mônaco. E, é claro, havia La Léopolda — uma das residências independentes mais valiosas do mundo. Essas casas estavam cheias de notáveis coleções de pinturas, esculturas, móveis, relógios, livros e outros objetos que ele e Lily haviam assiduamente colecionado ao longo dos anos.

Uma de suas menores propriedades talvez fosse a mais importante. Ao morrer, Edmond ainda era dono do Banque de Crédit National em Beirute, o banco que seu pai fundara como Banque Jacob E. Safra na rue Allenby várias décadas antes — e onde Edmond aprendera as primeiras lições do ramo.

O testamento de Edmond tinha provisões para Lily e os filhos dela, Adriana Elia e Eduardo Cohen; para os filhos de Adriana; e para suas irmãs, Arlette, Huguette e Gaby. O restante foi para a Fundação Filantrópica Edmond J. Safra, instantaneamente criando outra instituição que investiria no futuro. Presidida por Lily, a fundação tinha o encargo de levar adiante as obras de caridade de Edmond de maneira institucionalizada, dando ainda mais estrutura e propósito a suas doações, que haviam começado na década de 1940, quando ele fornecera equipamento de refrigeração para a Alliance em Paris.

A fundação levou algum tempo para começar a funcionar. E, nos meses após sua morte, ainda havia negócios que seus entes queridos precisavam finalizar. Caberia aos herdeiros de Edmond e seus associados continuar a defender sua honra e negar mentiras, rumores e insinuações — do tipo que sempre o cercara, simplesmente em virtude de seu *background*, os que haviam sido ativamente fomentados pelos agentes da American Express e os que eram rotineiramente disseminados por pessoas maliciosas ou simplesmente ávidas por atenção.

Os meses após a morte de Edmond foram difíceis para Lily e a família Safra, enquanto eles esperavam pacientemente que a engrenagem da justiça começasse a funcionar. As circunstâncias de sua morte inevitavelmente levaram pessoas maliciosas e sujas a iniciarem rumores.

Dias após a morte de Edmond, Ted Maher confessara: nunca houvera intrusos; ele agira sozinho.[1] Mas as engrenagens da Justiça giram lentamente, e Maher só foi julgado em Mônaco no outono de 2002, quase três anos depois. Isso criou uma espécie de vácuo. Certamente, imaginavam muitos, havia mais coisas naquela história que somente o infame plano de Maher e a desafortunada série de eventos na manhã de 3 de dezembro. A mistura de dinheiro, tragédia e fama se provou irresistível para jornalistas e contadores de histórias querendo atenção.

Dominick Dunne, o jornalista da *Vanity Fair* especializado em escândalos dos famosos e bem-nascidos, iniciou sua própria "investigação". Em "Morte em Mônaco", que foi publicado na *Vanity Fair* em dezembro de 2000, Dunne, que frequentemente ignorava as convenções jornalísticas, deu voz a fontes anônimas que faziam sugestões espúrias e sem fundamento, apresentando-as como perguntas. Duas balas haviam sido encontradas no corpo de Edmond? Fora obra da máfia russa? Edmond fora assassinado porque ajudara pessoas a lavar dinheiro? Ou, inversamente, porque denunciara a lavagem de dinheiro russa? Ou podiam ter sido terroristas palestinos. Transformando-se em protagonista da história, Dunne deu grande importância ao fato de Lily Safra obviamente não estar interessada em responder suas perguntas. Em um sinal de que a campanha da American Express continuava a poluir o fluxo de informação mesmo quinze anos depois, Dunne também reciclou as desacreditadas alegações de que Edmond negociara com cartéis colombianos e que seu avião fora usado durante o escândalo Irã-Contras. Essas histórias, contadas duas ou três vezes, não eram mais verdadeiras por estarem sendo repetidas. A diferença era que Edmond já não estava presente para se defender.

Vale a pena repetir — novamente — que não havia evidência de nenhuma das grandes teorias da conspiração ou das "controvérsias" inventadas pelos colunistas, como a de que os vídeos de segurança haviam sido destruídos (não foram); que os guarda-costas dos Safra estavam "misteriosamente ausentes" naquela noite (após a instalação do sistema de segurança, nunca havia guardas no apartamento de

Mônaco, somente em La Léopolda); ou de que Maher fora obrigado a assinar uma confissão em francês, sem tradução para o inglês, sem entender o que estava escrito (minutas dos interrogatórios e do julgamento, durante o qual houve tradução simultânea, provam que isso é falso). Em vários momentos na manhã de 3 de dezembro, os eventos poderiam ter sido diferentes. Mas a verdade fundamental, como revelada pelo tribunal, é a de que Maher agiu sozinho e suas ações levaram às mortes.

Enquanto o Estado buscava punição para as mortes de Edmond e Vivian Torrente, os sobreviventes buscavam indenizações simbólicas de 1 euro — Lily, Joseph e Moïse, as irmãs de Edmond e seu sobrinho Jackie, assim como a família de Torrente. A defesa, composta por dois distintos advogados monegascos, Georges Blot e Donald Manasse, assim como pelo americano Michael Griffith, tinha pouco com o que trabalhar, dadas as evidências e o fato de que Maher confessara. Eles não contestaram os fatos básicos: de que Maher criara o cenário e iniciara o incêndio de forma internacional. Mas tentaram evitar a culpa e confundir as coisas. A defesa argumentou que a morte de Edmond fora causada pela equipe de resgate. Se tivesse chegado mais rapidamente, os dois teriam sobrevivido; assim, Maher não devia ser responsabilizado. Uma segunda linha de defesa tentou discutir o relatório do legista sobre a morte de Vivian Torrente. Havia sangue em sua tireoide e ferimentos em seu pescoço, o que, segundo a defesa, eram sinais de que ela fora estrangulada. A defesa sugeriu que Edmond impedira a enfermeira de sair do quarto, pois temia que ela revelasse sua localização. Consequentemente, Maher seria responsável somente pela morte de Edmond Safra.[2]

O tribunal decidiu que esse argumento não resistiria às evidências físicas nem aos fatos apresentados durante o julgamento. O fato de Edmond sofrer de mal de Parkinson tornava impossíveis mesmo os movimentos mais básicos. Os legistas afirmaram que os hematomas se deviam ao fato de Torrente ter engasgado em função da asfixia. Eles determinaram que o envenenamento por dióxido de carbono fora a causa da morte de Torrente e Edmond. Além disso, em nenhum dos muitos telefonemas daquela manhã, incluindo o último, logo antes das 6h30, Torrente dera qualquer indicação de discordância ou conflito de qualquer tipo. Maher foi condenado em 2 de dezembro de 2002, recebeu ordens de pagar as indenizações simbólicas e foi sentenciado a dez anos de prisão. Como era seu direito, ele recorreu. Sua apelação foi ouvida em 2003 e rejeitada.[3]

Embora a sentença não diminuísse o pesar ou a perda, forneceu a medida disponível de justiça. E limpou o caminho para focar no futuro — e o que a fundação podia fazer para honrar a vida e os desejos de Edmond. Ele jamais manteve um diário, escreveu suas memórias ou deu longas palestras sobre sua filosofia de vida. Mas, através de seu exemplo, a fundação tinha um mapa claro e definido do caminho a seguir.

Este seria seu legado: uma entidade profissionalmente gerida para preservar e aumentar a fortuna que ele construíra, empregando-a estrategicamente e de maneira consistente com seus princípios e sua obra. E Lily Safra garantiria que Edmond Safra fosse explicitamente associado ao trabalho da fundação. Durante sua vida, Edmond hesitara em associar seu nome a doações de caridade, por uma questão de tradição. Como chefe da família, ele assumiu a responsabilidade de fazer doações em memória de Jacob e Esther Safra. Isso podia ser visto em diversos e incontáveis lugares ao redor do mundo: em livros e placas comemorativas em sinagogas e seminários na Europa e nas Américas, nos nomes das escolas comunitárias judaicas de Manhattan a Nice, em cátedras na Universidade Harvard e na Wharton School of Business da Universidade da Pensilvânia, em placas assinalando a praça Safra, o novo complexo municipal de Jerusalém que ele ajudara a financiar.

Mas agora cabia a outros assegurar que seu nome fosse honrado. "Em suas decisões, o conselho da fundação será inspirado pelas preocupações, valores e ideais defendidos por Edmond J. Safra durante sua vida", proclamava o estatuto da fundação. O foco estaria em três áreas principais.

Religião: "Manutenção de organizações religiosas judaicas, construção e renovação de sinagogas e apoio às autoridades morais e religiosas judaicas."

Medicina: "Criação de hospitais e clínicas, renovação das instituições médicas existentes, contribuições para sua operação e contribuições para pesquisa."

Educação: "O benefício da educação e do treinamento no sentido mais amplo, incluindo a criação de universidades, cátedras e bolsas de estudos, renovação das instituições educacionais existentes e contribuições para sua operação (nas quais os estudos e as instituições judaicas terão preferência)."[4]

De modo coerente com a vida e a carreira de Edmond, os esforços da fundação têm sido geograficamente diversos. De fato, é possível retraçar o arco da vida de Edmond olhando para o trabalho da fundação. Ela não apoiou iniciativas em Alepo, que foi destruída, ou em Beirute, onde a comunidade judaica praticamente já não existe. Mas, em Milão, onde Edmond realmente começou sua carreira, a praça em frente à estação central, que abriga o Museu do Holocausto, é a Piazza Edmond J. Safra. Na esquina da 63rd Street com a Quinta Avenida, a apenas alguns passos de seu apartamento em Nova York, a sinagoga Edmond J. Safra, projetada por Thierry Despont, foi inaugurada em 2003 — a primeira sinagoga levantina a ser construída em Manhattan. Em Aventura, na Flórida, a cidade de férias ao norte de Miami onde os judeus sírios se reúnem no inverno, a sinagoga Edmond J. Safra foi criada em 2001.

Um dos legados de Edmond foi o fato de seu exemplo ter incentivado aqueles que trabalhavam ou estavam em contato com ele a devotarem ainda mais tempo e recursos para projetos de caridade. Em Deal, Nova Jersey, o enclave de verão da comunidade judaica sírio-americana, seu amigo Joe Cayre criou a sinagoga Edmond J. Safra, comentando: "Essa sinagoga é nomeada em homenagem a meu querido amigo Edmond Safra, que foi meu mentor e me ensinou a doar para a caridade."

No âmbito da assistência e da pesquisa médica, a fundação devotou significativos recursos à pesquisa e ao cuidado com os pacientes do mal de Parkinson, incluindo algumas das instituições onde Edmond foi tratado: Toronto Western Hospital, University College London Institute of Neurology e a universidade e centro médico de Grenoble. O tema que permeia esses e outros investimentos é a ideia de apoiar a qualidade de vida dos afligidos, ecoando o pedido de Edmond a Lily, para que ela não permitisse que a doença roubasse sua dignidade. Além de financiar pesquisas relacionadas a essa preocupação com a qualidade de vida através de uma parceria com a Fundação Michael J. Fox, a Fundação Edmond J. Safra financiou uma iniciativa que fornece aos pacientes do mal de Parkinson um kit de recursos, com o objetivo de ajudá-los a obter o cuidado adequado se forem hospitalizados; um serviço que leva uma equipe de cuidados às casas dos pacientes em estágios avançados; programas inovadores para ensinar os cuidados com o paciente de Parkinson em escolas de enfermagem e às equipes de cuidados domésticos; tratamento comunitário e apoio em locais com poucos recursos; e apoio direto a pacientes necessitados para que tenham acesso a medicamentos, andadores, barras de segurança nos banheiros e outros itens essenciais. A fundação também ajuda as famílias a obterem o apoio de que necessitam. O Edmond J. Safra Family Lodge, no Instituto Nacional de Saúde em Washington, por exemplo, oferece quartos de hóspedes e acomodações para as famílias dos participantes de testes clínicos.

Os interesses religiosos, médicos e educacionais convergem para Israel. Fundado em 2002, o Hospital Infantil Edmond e Lily Safra no Centro Médico Sheba, em Tel Hashomer, trata pacientes de todo o Oriente Médio. Na Universidade Hebraica de Jerusalém, cujo campus de Ciências leva o nome de Edmond, a fundação criou o Centro de Ciências do Cérebro Edmond e Lily Safra. A fundação continua a apoiar o ISEF, que, em 2021, já concedera mais de 16 mil bolsas a estudantes universitários de Israel, incluindo mais de mil bolsas para estudos avançados. E, é claro, há as sinagogas. Em sua vida, entre as muitas que apoiou em memória do pai, Edmond passou vários anos supervisionando todos os detalhes de uma sinagoga com escola que construiu para a comunidade judaica libanesa em Bat Yam, liderada por seu rabino em Beirute, Yaakov Attie. A fundação, trabalhando com comunidades locais em toda Israel, construiu 71 sinagogas em homenagem a Edmond. Também renovou os túmulos dos rabinos Meir Baal HaNess e Shimon Bar Yochai, locais de peregrinação que tinham muita importância para ele.

Outros projetos apoiados pela fundação ecoam os triunfos, as tragédias e os marcos de sua vida. Na Galeria Nacional de Arte, onde ele ofereceu tantas das cintilantes recepções do Republic durante as reuniões do Banco Mundial/FMI, a fundação criou a cátedra para professores visitantes Edmond J. Safra no Centro de Estudos Avançados em Artes Visuais. Em Harvard, onde Edmond financiou cátedras em memória do pai e de Robert F. Kennedy, a fundação criou o Centro de Ética Edmond J. Safra, que promove o estudo avançado e as pesquisas sobre questões éticas na vida pública.

A Alliance em Beirute fora uma importante experiência formativa para o jovem Edmond, e a rede de organizações educacionais francófonas no Oriente Médio tivera papel importante em sua vida e carreira. Muitas das comunidades atendidas pela Alliance e sua rede de escolas já não existem. Mas a comunidade judaica da França, fortificada por ondas de imigração do Norte da África e do Oriente Médio, agora é a maior da Europa. E é lá que o trabalho da Alliance está focado. A École Normale Israélite Orientale, o *hub* educacional e lar tradicional da organização em Paris, foi renovada e expandida, e hoje é conhecida como Centre Alliance Edmond J. Safra. Ela inclui uma escola primária e um instituto para educação e pesquisa histórica judaica. Reconhecendo a continuada vitalidade do mundo judaico francófono, a fundação financiou a tradução para o francês moderno da Bíblia hebraica (incluindo uma edição digital), a *Houmach Edmond J. Safra*, e uma abrangente tradução para o francês do Talmude, *L'Edition*

Edmond J. Safra du Talmud Bavli, ambos publicados pela renomada editora ArtScroll-Mesorah.

Esses esforços não são impulsionados por um senso de nostalgia ou pelo desejo de preservação histórica. Seguindo o espírito de Edmond, são investimentos em antigas tradições que continuam a evoluir com o mundo moderno. De certa maneira, o Oriente Médio no qual Edmond cresceu, no qual um banqueiro judeu de Beirute podia viajar livremente e fazer negócios no Egito, na Arábia Saudita, na Síria e no Kwait, no qual o comércio e a língua funcionavam como elos, já não existe. Não resta literalmente nada dos dois milênios de presença judaica em Aram Tzova, que abrigou a família Safra durante gerações. A rue Georges Picot, nomeada em homenagem a um dos arquitetos franceses da ordem levantina pós-otomana, é agora rue Omar Daouk. Aley, Magen Avraham e outros pontos de referência da Beirute judaica só existem na memória de pessoas idosas e em grupos de Facebook. Mas um componente do legado Safra em Beirute subsiste. O BCN, o banco que Jacob Safra fundou na década de 1920, o banco cuja autorização e cujo lugar, na 36ª posição da lista de bancos do Líbano, foram fonte de tanto orgulho, o banco que Edmond nunca conseguiu se obrigar a vender, é uma instituição pequena, mas funcional, com três agências em Beirute. Seu website afirma orgulhosamente que o banco foi fundado por Jacob Safra.

Conforme os anos e as décadas se sucedem, cada vez menos pessoas podem dizer que conheceram Edmond Safra pessoalmente, trabalharam ou fizeram negócios com ele. Mas, todos os dias, graças ao trabalho de sua vida, milhares de pessoas em todo o mundo vão para o trabalho, buscam e recebem tratamentos médicos, tentam solucionar mistérios científicos, preservam antigas tradições, vão à escola, rezam ou simplesmente encontram conforto na presença de outras pessoas. Tanto quanto o notável caminho que ele trilhou no mundo bancário do século XX, as boas obras de Edmond Safra constituem um incrível e duradouro legado.

Nota do autor

"Você nasceu para escrever esse livro." Foi o que minha mulher disse quando descrevi o projeto para ela. E, de certa maneira, nasci. Sou historiador. Passei a vida adulta estudando e escrevendo sobre história comercial e finanças globais, cobrindo a maneira como o dinheiro se movimenta pelo mundo. E sou judeu sírio. Gross, claro, é um sobrenome asquenaze. Mas meu pai é filho único e seus pais morreram antes de eu nascer. A única família que tive ao crescer foi a de minha mãe, um grande clã de Dwek e Nasar no Brooklyn, Nova York, e Deal, Nova Jersey. Meus bisavós nasceram e foram criados em Alepo no fim do século XIX. A família de meu avô era de Damasco e passou a década de 1910 em Jerusalém, antes de se estabelecer permanentemente em Nova York.

O que sempre soube, desde a infância, é que nosso povo não era súdito dos Habsburgo ou dos czares, mas dos otomanos. Os xingamentos e as palavras de carinho que eu ouvia eram em árabe, não iídiche. Comíamos arroz no *Pessach* e homus muito antes de ele ser a comida saudável da moda. Eu tinha uma *sitto* ["avó", em árabe], não uma *bubbe* ["avó", em iídiche]. E ela fazia *kibbe* [quibe], não *kneidl* [sopa com bolinhos de matzá]. As origens das histórias contadas à mesa durante o *seder*, das melodias das rezas, de nossos nomes e sobrenomes remontavam a Alepo (Halab) e Damasco (al-Sham). Os sírios têm um forte sentimento de solidariedade, de comunidade e de serem diferentes. Para os *outsiders*, e para a cultura americana-judaica asquenaze dominante, essas pessoas e práticas parecem estranhas e insulares; elas são "os outros". Para mim, são normais. E por que não? Os judeus estavam em Alepo muito antes de estarem na Europa Oriental.

Assim, quando um colega me perguntou, há vários anos, se eu sabia quem era Edmond Safra, a resposta foi: é claro que sim. Eu sabia que ele era um herói e um ícone da comunidade judaica síria — uma espécie de Warren Buffett, Rothschild e Schindler misturados em uma única pessoa. E, de meus anos como jornalista, sabia *um pouco* sobre sua carreira. Sabia que ele fora um banqueiro de sucesso. Sabia especificamente como fora atacado pela American Express (como demonstrado no livro de 1992 de Bryan Burrough, *Vendetta*, que eu já lera). Sabia como ele morrera, em razão da extensa cobertura da mídia. Sabia que várias sinagogas e instituições judaicas em Nova York levavam seu nome, assim como um centro e várias cátedras na Universidade Harvard, onde fiz faculdade.

Mas, quando comecei a pesquisar, percebi que não fazia ideia de quem fora Edmond Safra. Nem tampouco as outras pessoas. Por causa de sua riqueza, seu círculo social e suas atividades filantrópicas, ele certamente era uma figura pública. Mas era um banqueiro e um homem privado, desconfiado da publicidade e de modo nenhum parte do complexo industrial de finanças e mídia que eu habitava. Cobrindo o mundo financeiro e a interseção entre finanças e política há décadas, eu entrevistara meia dúzia de secretários do Tesouro e diretores do Banco Central, e a maioria dos principais financistas daquela era: os CEOs do J.P. Morgan Chase, Citigroup, Merrill Lynch e Goldman Sachs; os presidentes do Blackstone e do KKR; titãs dos fundos de *hedge* como George Soros e Ray Dalio, e um punhado de bilionários do mercado imobiliário. Mas nunca encontrara Edmond Safra em meu trabalho jornalístico. Ele não era do tipo que frequentava Davos (embora seu banco de Genebra tivesse sido patrocinador da conferência nos primeiros anos), a sala verde do CNBC ou jantares de arrecadação de fundos em Nova York.

NOTA DO AUTOR

Normalmente, se mencionasse o nome de Edmond Safra para alguém, ele ou ela partilharia uma anedota, uma história ou uma opinião — que, quase certamente, seria inexata ou, em muitos casos, simplesmente errada —, o que não surpreende. Porque, para o observador interessado, não havia porta de entrada. O Republic, o TDB e o Safra Republic tinham capital aberto. E os relatórios anuais contavam a história dessas instituições. Mas não havia praticamente nenhum vídeo ou fita de Edmond Safra. Ele jamais escrevera memórias e raramente dera entrevistas. E, como tinha uma visão única do mundo bancário e de como ele devia funcionar, mesmo os mais experientes profissionais têm dificuldade para explicar a combinação de notáveis lucros e baixo risco de seus bancos.

Mas havia recursos para reconstruir sua vida. Edmond Safra mantivera registros meticulosos. Ele mantinha um vasto arquivo pessoal — cartas, telexes, passagens de avião, documentos, agendas e itinerários e registros financeiros. Pessoais e profissionais, mundanos e profundos, eles estavam em árabe, hebraico, português, italiano, francês, alemão, espanhol e inglês. Havia até mesmo alguns documentos em húngaro e polonês. Além disso, esses documentos eram suplementados por muito material secundário — artigos de jornais e revistas, memórias, relatórios de analistas — que podia ajudar a reconstruir a vida de suas instituições e das comunidades em que vivera.

Rapidamente descobri que havia um tesouro de outras fontes. Após sua morte em 1999, a Fundação Edmond J. Safra iniciou dois esforços abrangentes para compilar entrevistas com centenas de pessoas que haviam conhecido Edmond Safra em cada estágio de sua vida, da escola elementar em Beirute ao titã das finanças globais. Eram amigos, familiares, professores, colegas, rivais, associados, clientes; alguns muito íntimos, outros pessoas que ele só encontrara algumas vezes. O primeiro esforço foi liderado por Yossi Chetrit, professor de Linguística da Universidade de Haifa, alguns anos após a morte de Edmond. Uma década depois, John Seaman e Isabelle Lescent-Giles, historiadores do Grupo Winthrop, realizaram dezenas de entrevistas. As transcrições das entrevistas — feitas em francês, hebraico, português e inglês — são incrivelmente ricas. Em suas investigações, os historiadores do Grupo Winthrop também digitalizaram arquivos, rastrearam fontes primárias e secundárias e estruturaram parte da história, em particular as atividades iniciais de Edmond Safra no Brasil. Também tive acesso a fotografias e documentos fornecidos por familiares e amigos.

E assim, quando Lily Safra perguntou se eu tinha a habilidade necessária para usar esse material a fim de construir uma história que era simultaneamente humana e institucional, uma história de bancos, de um banqueiro, de um homem, de uma comunidade, achei que podia. Enquanto lia os arquivos à noite, sentado em frente a meu computador em Fairfield, Connecticut, era transportado para mundos tanto estranhos quanto familiares: Beirute na década de 1940, Rio de Janeiro e São Paulo na década de 1950, Nova York na década de 1960, sul da França na década de 1980. O passado surgia diante de mim em cores vívidas. Podia ouvir o timbre e o tom de meus familiares.

A exuberância e o otimismo da diáspora dos judeus sírios, a nostalgia e o sentimento de perda. O tino para negócios, a importância da família, da tradição e do ritual. As experiências de um grupo de pessoas que se aculturaram, mas não se assimilaram, frequentemente perseguidas e incompreendidas, mas orgulhosas e resilientes. A insistência em uma identidade conectada a um mundo que já não existia. Tudo isso era familiar para mim. Encontrei correspondências com os líderes das sinagogas que meus avós haviam frequentado e vi o nome de meu bisavô em listas de doação para caridade. Meus bisavós haviam sido contemporâneos do pai de Edmond, Jacob Safra, em Alepo. Eu sabia que tínhamos familiares que haviam se mudado para Cuba, para o Brasil e para a Colômbia. Em 1980, quando minha família morava em Israel, conhecemos primos distantes que haviam fugido da Síria e chegado a Tel Aviv.

Também familiar era a história do crescimento das finanças globais nas décadas do pós-guerra que figura na vida e na carreira de Edmond Safra. É fácil estereotipá-lo, e as pessoas fizeram isso durante grande

NOTA DO AUTOR

parte de sua vida. O banqueiro cheio de segredos com múltiplas identidades. Mas sua personalidade e sua vida eram muito mais complexas. É verdade que muitas pessoas teriam reconstruído a história de como o Republic Bank cresceu de uma empresa nova para o 11º maior banco dos EUA. Mas suspeito que não muitas teriam entendido por que, ao enviar as posses da família para o Brasil, Edmond Safra incluiu um quilo de zátar. Ou por que nenhuma sinagoga levou seu nome enquanto ele estava vivo. Ou o que é *ka'ak*, e por que ele sempre os enviava a seus amigos.

Grande parte da história foi reconstruída através de entrevistas e fontes primárias. Os registros digitalizados da comunidade judaica de Alepo que indicam as cerimônias de *brit milá* e de casamentos podem ser acessados em JewishGen.org.

Há várias outras fontes secundárias, vitais, a quem devo minha gratidão. Qualquer historiador está sobre os ombros daqueles que percorreram terrenos similares. Embora um volume histórico baseado em arquivos seja sempre um esforço solitário, várias outras pessoas desempenharam papeis vitais — antes e durante meu trabalho. Para os capítulos iniciais, o livro de Kristen Schultze, *The Jews of Lebanon: Between Co-existence and Conflict* (Sussex Academic Press, 2001) foi uma fonte importante. Joseph Sutton é o historiador da diáspora judaica síria. Seus livros, *Magic Carpet: Aleppo-in-Flatbush* (Thayer-Jacoby, 1979) e *Aleppo Chronicle* (Thayer-Jacoby, 1988), estavam em minha casa. Para as seções sobre a década de 1980, apoiei-me em *Vendetta: American Express and the Smearing of Edmond Safra*, de Bryan Burrough (HarperCollins, 1992) (Edição brasileira: *Vendetta: American Express e a difamação de Edmond Safra*. São Paulo: Harbra, 1996). Entre os muitos artigos sobre Edmond, um foi particularmente útil: "The Secret World of Edmond Safra" (*Institutional Investor*, maio de 1979), de Cary Reich, um grande historiador financeiro, autor das biografias de Andre Meyer e Nelson Rockefeller. E, como mencionado antes, os historiadores do Grupo Winthrop realizaram entrevistas, reuniram material e pesquisaram arquivos em todo o mundo.

Foi Prosper Assouline, um editor muito refinado, quem sugeriu que eu poderia gostar de escrever este livro. Ele foi um conselheiro extremamente útil durante todo o processo, ajudando-me a avançar em vários momentos-chave. Max Coslov, da Fundação Edmond J. Safra, foi uma imensa fonte de ajuda e constante estímulo, continuamente me oferecendo documentos, transcrições e dados e me conectando a fontes. Outros que leram o manuscrito ou comentaram e forneceram *feedback* foram: Jeff Keil, Marc Bonnant, Anita Smaga, Ezra Marcos, Neil Rudenstine, John Bond, Ronald Wilson, Stephen Gardner, Dov Schlein, Peter Cohen, Jean Hoss, William "Rusty" Park e Anne Vitale.

Acima de tudo, gostaria de agradecer a Lily Safra, viúva e parceira de Edmond — e principal guardiã de seu legado —, sem a qual este livro não teria sido possível. Madame Safra, que presidiu a Fundação Edmond J. Safra, deu-me liberdade para vasculhar arquivos, concedeu-me entrevistas e forneceu valiosa perspectiva.

Este manuscrito se beneficiou da atenção e do trabalho de vários profissionais editoriais. Geoff Shandler editou cuidadosamente o manuscrito. Victoria Beliveau fez o copidesque — um grande desafio, considerando-se a quantidade de transliterações e as múltiplas línguas. Laura Stempel criou o índice. Na Radius Book Group, Scott Waxman, Mark Fretz, Evan Phail e toda a equipe trabalharam diligentemente para produzir este livro. Alan J. Kaufman, advogado editorial nos EUA, e Simon Heilbron fizeram leituras cuidadosas e forneceram conselhos úteis. Como fez com cada livro que já escrevi, Candice Savin leu cada palavra e forneceu constante encorajamento. Seu destino tem sido compartilhar a vida de um escritor constantemente lutando contra prazos, e sou grato por sua sólida paciência e por seu amor. Meus filhos, Aliza Gross e Ethan Gross, foram, como sempre, uma fonte de apoio e inspiração.

Muito mistério e desinformação cerca o nome de Edmond Safra, por causa da vida que ele teve e de onde veio. Assim, é natural que haja conflitos sobre sua história de vida. Não vejo este livro como esforço para determinar definitivamente os fatos. Eu o vejo como

NOTA DO AUTOR

tentativa de colocar sua vida em contexto, expor o que é conhecido e que pode ser provado. A jornada de Edmond Safra é tão fascinante e impressionante que não requer embelezamento ou especulação. Reconheço que contar a história de uma vida é tanto um ato de ação quanto de omissão. Existe um livro de 494 páginas sobre somente um ano da vida de Edmond Safra. Tentei me ater aos eventos, fatos e figuras que foram registrados e documentados contemporaneamente ou testemunhados por múltiplas fontes. É claro que grande parte do mundo de Edmond Safra está perdida e foi literalmente destruída. Mas fiz meu melhor para documentar sempre que possível e deixar de fora as especulações, fossem maliciosas ou fúteis.

Nas notas, frequentemente citei entrevistas e documentos de arquivos. Um punhado de entrevistados desejou permanecer anônimo. A menos que seja especificado em contrário, cartas, documentos e entrevistas pertencem à coleção da Fundação Edmond J. Safra. Esta é uma biografia, sim. Mas é também uma história das instituições que ele fundou, uma janela de como o mundo bancário funciona e uma história sobre a diáspora judaica libanesa, vista através da jornada notável de um de seus membros.

Muitas pessoas sentem que Edmond Safra "pertence" a elas — as pessoas que trabalharam para ele nos bancos, a diáspora síria, a diáspora libanesa, os judeus sefarditas em geral e sua grande rede de amigos e colegas. Sua vida é a história de uma família, de uma comunidade — várias comunidades, na verdade — e de grande parte do povo judeu no século XX. Mas, no fim das contas, a história de Edmond Safra é dele, e somente dele.

Notas

1. A JORNADA DE UM BANQUEIRO

1. Observações de James Wolfensohn durante a cerimônia memorial de Edmond J. Safra, Nova York, 9 de janeiro de 2000.
2. Entrevista com John Bond.
3. Entrevista com Maurice Levy.
4. Vídeo do 50º aniversário de Edmond J. Safra, outubro de 1997.
5. Steven Mufson, "American Express Offers $4 million and Apology", *Washington Post*, 29 de julho de 1989.

2. ALEPO (1860-1920)

1. Entrevista com Marc Bonnant.
2. Albert Hourani, *Minorities in the Arab World* (Oxford: Oxford University Press, 1947), 15-32; Sarina Roffé, *Branching Out from Sepharad* (Brooklyn: Sephardic History Project, 2010). A base de dados sobre as cerimônias de *brit milá* em Alepo entre 1848 e 1945 e a base de dados sobre cerimônias de casamentos em Alepo entre 1847 e 1934 podem ser acessadas em JewishGen.org. Os originais estão na Biblioteca Nacional e Universitária Judaica, Instituto de Manuscritos Hebraicos Microfilmados, Jerusalém.
3. Lee I. Levine, *A History of Caesarea under Roman Rule* (Nova York: Columbia University Press, 1970), 55; Ronald L. Eisenberg, *Essential Figures in the Talmud* (Lanham: Jason Aronson, 2013), 211; Catherine Hezser, *Jewish Travel in Antiquity*, Texts and Studies in Ancient Judaism (Tübingen: Mohr Siebeck, 2011), 144.

4. Walter P. Zenner, *A Global Community: The Jews of Aleppo, Syria* (Detroit: Wayne State University Press, 2000), 155; Joseph A. D. Sutton, *Magic Carpet: Aleppo-in-Flatbush: The Story of a Unique Ethnic Jewish Community* (Nova York: Thayer-Jacoby, 1979), 33-35; Matti Friedman, *Aleppo Codex: In Pursuit of One of the World's Most Coveted, Sacred and Mysterious Books* (Nova York: Algonquin, 2013).
5. Bernard Lewis, *The Jews of Islam* (Princeton: Princeton University Press, 1984); Howard N. Lupovitch, *Jews and Judaism in World History* (Londres: Routledge, 2009), 63-65; Bruce Masters, *Christians and Jews in the Ottoman Arab World: The Roots of Sectarianism* (Cambridge: Cambridge University Press, 2004).
6. Stanford Shaw, *The Jews of the Ottoman Empire and Turkish Republic* (Nova York: Palgrave Macmillan, 1991), 143.
7. Charles Issawi, *The Fertile Crescent, 1800-1914: A Documentary Economic History* (Oxford: Oxford University Press, 1988), 28.
8. Philip Mansel, *Levant: Splendour and Catastrophe on the Mediterranean* (New Haven: Yale University Press, 2011), cap. 7; Issawi, *Fertile Crescent*.
9. Zenner, *Global Community*, 64-65.
10. Para discussões sobre Alepo e o status das minorias no Império Otomano, ver Edhem Eldem, Daniel Goffman e Bruce Masters, *The Ottoman City Between East and West: Aleppo, Izmir, and Istanbul* (Cambridge: Cambridge University Press, 2015); David Abulafia, *The Great Sea: A Human History of the Mediterranean* (Oxford: Oxford University Press, 2013); Zenner, *Global Community*.
11. Arquivos da Alliance Israélite Universelle, Paris: Paris e Kaspi, 2010.
12. Shaw, *Jews of the Ottoman Empire*, 165.
13. Registros de nascimento, casamento e *brit milá* em Alepo, JewishGen.org.
14. Entrevista com Joseph Masry.
15. Diário pessoal de Edmond Safra, 1999.
16. Entrevista com Joseph Masry.
17. Sutton, *Magic Carpet*.
18. Georges Corm, *Le Liban contemporain: Histoire et société* (Paris: Poche/Essais, 2005), 86n13.
19. Mansel, *Levant*, cap. 15; Kais M. Firro, *Inventing Lebanon: Nationalism and the State under the Mandate* (Londres: Bloomsbury, 2003), 18-25.

20. Bruce Masters, *Christians and Jews in the Ottoman Arab World* (Cambridge: Cambridge University Press, 2004), 182-85.

3. BEIRUTE (1920-1947)

1. Kirsten E. Schultze, *The Jews of Lebanon: Between Coexistence and Conflict* (East Sussex: Sussex Academic Press, 2001).
2. Diário pessoal de Edmond Safra, 1999; entrevista com Ezra Zilkha; entrevista com Elie Krayem; entrevista com Joseph Masry.
3. Entrevista com Ezra Zilkha; entrevista com Elie Krayem; entrevista com Joseph Masry; entrevista com Emile Saadia.
4. Entrevista com Isaac Obersi.
5. Joint Distribution Committee, "Report on Jewish Communities in Damascus, Beirut and Sidon, 13 February 1919", JDC archives.
6. Schultze, *Jews of Lebanon*.
7. Entrevista com Isaac Obersi; Fundação Safra, base de dados histórica de doações, Arquivos da Alliance Israélite Universelle, Paris: Paris e Kaspi, 2010.
8. Entrevista com o rabino Yaakov Attie; Zenner, *Global Community*, 43-45. Entrevista com Isaac Obersi. Depoimento da srta. Srour, da comunidade judaica de Beirute, no YouTube, http://www.youtube.com/watch?v=f0Qi8sdgGPg (vídeo particular).
9. Carteiras de imigração para o Brasil, disponíveis em familysearch.org. O túmulo de Paulette no cemitério judaico de Beirute está inscrito com a data de sua morte (1937).
10. Nagi Georges Zeidan, história oral dos judeus libaneses: http://www.farhi.org/Documents/La%20communaute_juive_du_liban.htm; entrevista com Ezra Zilkha.
11. Entrevista com Maury Mann; entrevista com Emile Saadia.
12. Schultze, *Jews of Lebanon*, 7-8.
13. Schultze, *Jews of Lebanon*, 46.
14. Arquivos da Alliance Israélite Universelle, Paris: Paris e Kaspi, 2010.
15. Entrevista com Maurizio Dwek; entrevista com Raimundo Shayo; entrevista com Emile Saadia; entrevista com Albert Zeitoune.
16. Entrevista com Simon Alouan.
17. Entrevista com Ernest Sasson.

18. Entrevista com David Braka.
19. Bryan Burrough, *Vendetta: American Express and the Smearing of Edmond Safra* (Nova York: HarperCollins, 1992), 33; entrevista com Albert Nasser.
20. Entrevista com Ernest Sasson; Nagi Georges Zeidan, "The Jews from Aley", https://www.discoverlebanon.com/en/forum/viewtopic_t_283.html.
21. Rachel Mizrahi Bromberg, *Imigrantes judeus do Oriente Médio: São Paulo e Rio de Janeiro* (Cotia: Ateliê Editorial, 2003); "The Mystery Man of Finance", *Business Week*, 6 de março de 1994.
22. Mansel, *Levant*, iv; "Etre levantin, c'est vivre dans deux mondes à la fois, sans vraiment appartenir à aucun d'eux", citado em Gabrielle Elia, *Les Funambulistes: Chronique des Juifs du Liban*, de 1925 a 1975 (edição privada, 2010), 175.
23. Entrevista com Albert Zeitoune; Entrevista com Meir Ashkenazi.
24. Entrevista com Adriana Elia.
25. Entrevista com Jacques Nasser; entrevista com Michelle Nasser.
26. Entrevista com Albert Zeitoune; entrevista com Jimmy Hallac; entrevista com Yehuda Levi; entrevista com Maury Mann; entrevista com Maurizio Dwek; entrevista com Albert Zeitoune.
27. Entrevista com Emile Saadia.
28. Entrevista com Emile Saadia; entrevista com Albert Zeitoune; entrevista com Maury Mann; entrevista com Michelle Nasser.
29. Para uma visão abrangente das perspectivas de nação, ver Firro, *Inventing Lebanon*; Michelle U. Campos, *Ottoman Brothers: Muslims, Christians and Jews in Early Twentieth-Century Palestine* (Stanford: Stanford University Press, 2011), 232-44.
30. Para uma discussão da lei de imigração de 1924 e seu impacto na imigração de judeus sírios e libaneses, ver Zenner, *Global Community*, cap. 8.
31. Alessandra Casella e Barry Eichengreen, "Halting inflation in Italy and France after World War II", *NBER Working Paper* nº 3.852, setembro de 1991; Youssef Cassis e Eric Bussière (ed.), *London and Paris as International Financial Centres in the Twentieth Century* (Oxford: Oxford University Press, 2005); Charles Kindleberger, *The Formation of Financial Centers: A Study in Comparative Economic History* (Cambridge: Working Paper, Department of Economics, MIT, 1973); John Lambertson Harper, *America and the Reconstruction of Italy, 1945-1948* (Cambridge: Cambridge University Press, 1986).

32. Entrevista com Albert Buri Nasser; entrevista com Maury Mann.
33. Entrevista com Albert Buri Nasser; Burrough, *Vendetta*, 34 (daqui em diante, simplesmente *Vendetta*).
34. Entrevista com Jacques Tawil; entrevista com Minos Zombanakis; entrevista com Albert Manila Nasser; entrevista com Moïse Khafif.

4. Maioridade na Europa (1947-1954)

1. Entrevista com Jacques Tawil.
2. Entrevista com Jacques Tawil; entrevista com Jeff Keil; entrevista com Emile Saadia; entrevista com Minos Zombanakis.
3. Entrevista com Ezra Zilkha; entrevista com Simon Alouan.
4. Entrevista com Jacques Tawil; entrevista com Jeff Keil.
5. Entrevista com Moussi Douek; entrevista com Moïse Khafif; entrevista com Maurizio Dwek; entrevista com Simon Alouan.
6. Caixa de cartas Safra 1969, notas da família Treves sobre a história familiar, para renovação de seu passaporte italiano, Arquivos La Repubblica, "Addio Camillo, finanziere discreto e tenace", 31 de janeiro de 1993.
7. Entrevista com Jacques Tawil.
8. Brendan Brown, *The Flight of International Capital: A Contemporary History* (Londres: Routledge, 1987).
9. Timothy Green, "Central Bank Gold Reserves: An Historical Perspective Since 1845", Research Study N° 23 (World Gold Council, novembro de 1999).
10. Tony Judt, *Postwar*, cap. 3; Green, *World of Gold*, 121, 124; entrevista com Jacques Tawil; entrevista com Ezra Zhilka; entrevista com Moïse Khafif; entrevista com Maury Mann.
11. Entrevista com Simon Alouan.
12. Adrian Tschoegl, "Maria Theresa's Thaler: A Case of International Money", *Eastern Economic Journal* 27, n° 4 (2001): 443-62. Ver também Green, *World of Gold*, 123; entrevista com Jacques Tawil.
13. Entrevista com Ezra Zilkha; entrevista com Albert Buri Nasser; entrevista com Eduoard Schouela; Catherine Schenk, "The Hong Kong Gold Market and the Southeast Asian Gold Trade in the 1950s", *Modern Asian Studies* 29 n° 2 (maio de 1995): 387-402; Green, *World of Gold*, 49-52, 167-200.

14. Entrevista com Edouard Schouela; entrevista com Jacques Tawil; entrevista com Ezra Zhilka; entrevista com Maury Mann; Carolyn Gates, *Merchant Republic of Lebanon: Rise of an Open Economy* (Oxford: Centre of Lebanon Studies, 1998), 116; entrevista com Raimundo Shayo.
15. Notas particulares de Rahmo Nasser, 2003; Reeva Spector Simon, Michael Laskier, Michael Menachem e Sara Reguer (ed.), *The Jews of the Middle East and North Africa in Modern Times* (Nova York: Columbia University Press, 2002); entrevista com Camille e Rafael Kassin.
16. Entrevista com Camille e Rafael Kassin; carta de Rahmo Nasser, 2003.
17. Entrevista com Jacques Nasser.
18. Entrevista com Edouard Schouela.
19. Entrevista com Jacques Tawil.
20. Entrevista com Maury Mann.
21. Entrevista com Isaac Obersi; entrevista com Emile Saadia.
22. Entrevista com Maury Mann.
23. Entrevista com Maury Mann.
24. Entrevista com Jacques Tawil; entrevista com Simon Alouan; entrevista com Maury Mann.
25. Entrevista com Minos Zombanakis; entrevista com Jacques Tawil; Entrevista com Sammy Cohn.
26. Entrevista com Elie Krayem.
27. Entrevista com Victor Smaga; entrevista com Rahmo Sassoon; entrevista com Albert Hattena; entrevista com Victor Hattena.
28. Carta de Rahmo Nasser, 2003.
29. Entrevista com Albert Zeitoune.
30. Entrevista com Albert Manila Nasser.
31. Carta de Elie J. Safra, 21 de outubro de 1949; Edmond Safra para Michael Picini, embaixada americana em Roma, 20 de junho de 1966; entrevista com Albert Buri Nasser; entrevista com Albert Manila Nasser.
32. Cartas, recortes de jornal e fotografias nos arquivos da Alliance Israélite Universelle, Paris; Schultze, *Jews of Lebanon*, 90-91.
33. Entrevista com Camille Kassin; carta de Rahmo Nasser, 2003.
34. Entrevista com Elie Krayem; entrevista com Moïse Khafif; entrevista com Jacques Khafif; entrevista com Albert Buri Nasser; carta de Rahmo Nasser, 2003; Cary Reich, "The Secret World of Edmond Safra", *Institutional Investor*, maio de 1979. Cartas de imigração para o Brasil de

Arlette Hazan, N 004550584, imagem 138, Brasil, Cartas de Imigração, 1900-1965, disponíveis on-line em FamilySearch.org.
35. Green, *World of Gold*, 120-25; entrevista com Elie Krayem.
36. Hansard da Câmara dos Comuns, 10 de março de 1948, parágrafos 1371-73.
37. Raffaele Pinto para Leon Sassoon, 17 de fevereiro de 1955 e 21 de agosto de 1955; Errol Flynn para Edmond Safra, 14 de dezembro de 1952.
38. Raymond Haiat para Leon Sassoon com cópia para Edmond Safra, 11 de novembro de 1955; Edmond Safra para Raffaele Pinto, 19 de setembro de 1956 e 3 de novembro de 1960.
39. Carta de Rahmo Nasser, 2003.
40. Entrevista com Jacques Nasser.
41. Entrevista com Rolando Laniado.

5. Uma nova base no Brasil (1954-1959)

1. Para a imigração judaica do Oriente Médio para o Brasil, ver Jeff Lesser, *Welcoming the Undesirables: Brazil and the Jewish Question* (Berkeley: University of California Press, 1995), 79; Jeff Lesser, "From Pedlars to Proprietors: Lebanese, Syrian and Jewish Immigrants in Brazil", em *The Lebanese in the World: A Century of Emigration*, editores Albert Hourani e Nadim Shehadi (Londres: I. B. Tauris; Nova York: St. Martin's Press, 1992), 393-410; Ignacio Klich e Jeff Lesser (ed.), *Arab and Jewish Immigrants in Latin America: Images and Realities* (Londres: Routledge, 1998); e Zenner, *Global Community*.
2. Cartas de imigração em familysearch.org.
3. *Diário Oficial da União*, 30 de setembro de 1955, 21 de março de 1957, 10 de abril de 1957 e 18 de novembro de 1954; a subsidiária foi chamada de Brascoton Indústria e Comércio de Algodão Limitada. Conta Brascoton.
4. Cédula com a estampa de 9 de novembro de 1955, OTIM; carta de Milão para Moïse e Menahem Khafif, 11 de novembro de 1955; Leon Sassoon para Selim Hamoui, 25 de novembro de 1955.
5. Entrevista com Rolando Laniado; *Diário Oficial da União*, 11 de outubro de 1955, documentos de companhia N. 99.875; *Diário Oficial da União*, 21 de setembro de 1956. Carta do Banco Credito, 12 de dezembro de 1956; Werner Baer, *The Brazilian Economy: Growth and Development*, 5ª ed. (Westport: Lynne Riener Publishers, 2001), 53-56.

6. Paulo Fontes, "'With a Cardboard Suitcase in My Hand and a Pannier on My Back': Workers and Northeastern Migrations in the 1950s in São Paulo, Brazil", *Social History* 36, n° 1 (fevereiro de 2011): 1-21.
7. Leon Sassoon para Selim Hamoui, 25 de novembro de 1955; "Foundation of Sudafin in Switzerland", publicação oficial em 9 de outubro de 1956; Sudafin para Samuel Montagu, 20 de outubro de 1959; Sudafin, *Balance Sheet*, 31 de outubro de 1959.
8. *Diário Oficial da União*, 21 de setembro de 1956; Carta do Banco de Crédito, 12 de dezembro de 1956. Umberto Treves para Edmond Safra, 7 de agosto de 1957; Edmond Safra para Moïse Safra, 15 de outubro de 1957; Edmond Safra para Philip Habbouba, 8 e 30 de novembro de 1957; Edmond Safra para Moïse Khafif, 29 de novembro de 1957; Philip Habbouba para Edmond Safra, 8 e 30 de novembro de 1957.
9. Entrevista com Rolando Laniado; Mark Pendergrast, *Uncommon Grounds: The History of Coffee* (Nova York: Basic Books, 2010).
10. Entrevista com Rolando Laniado.
11. *Invoice* da OTIM: Organization Trasporti Internazionali e Marittimi, 1956.
12. Edmond Safra para o diretor de admissões, Escola Wharton, Universidade da Pensilvânia, 9 de outubro de 1957; diretor-assistente de admissões, Escola Wharton, Universidade da Pensilvânia para Edmond Safra, 21 de outubro de 1957.
13. Carta "Sobre Elie".
14. Alberto Milkewitz, "The Jewish Community of São Paulo, Brazil", *Jerusalem Letter* 124 (1° de dezembro de 1991); entrevista com Jacques Khafif; entrevista com Albert Buri Nasser; entrevista com Rahmo e Emily Shayo; entrevista com Moïse Khafif.
15. Leon Sassoon para Murad Shayo, 11 de agosto de 1958; entrevista com Rolando Laniado.
16. Pagamento de Edmond Safra ao Union Bank of Israel, para a conta do rabino Meir Baal HaNess, Tiberíades, 3 de maio de 1956; Edmond Safra para Isaac Shalom, 25 de julho de 1958; Isaac Shalom para Edmond Safra, 30 de julho de 1958.
17. Moïse Safra para Leon Sassoon, 13 de setembro de 1957; *Diário Oficial do Estado de São Paulo (DOSP)*, 6 de fevereiro de 1956, 3839; *DOSP*, 20 de março de 1957, 6499-6501; International Directory of Company Histo-

ries, vol. 20 (Detroit: St. James Press, 1998). Para um relato detalhado dos planos da Panamerica para a fábrica de papel em Mogi Guaçu, ver *DOSP*, 12 de dezembro de 1957, 27905-7; entrevista com Jacques Khafif.
18. Joe Michaan para Edmond Safra, 1º de março de 1962; entrevista com Marty Mertz; entrevista com Albert Manila Nasser.
19. Relatórios da ECSA publicados no *Diário Oficial da União*, 30 de abril de 1955; *Diário Oficial do Estado de São Paulo*, 20 de fevereiro de 1958, 59; entrevista com Moïse Khafif.
20. Entrevista com Jacques Nasser.
21. Entrevista com Rahmo Shayo; Edmond Safra para Isaac Shalom, 13 de setembro de 1959.
22. Relatório médico, resultados da radiografia de Jacob Safra, Clínica Columbus, 28 de outubro de 1954; professor G. Melli, declaração sobre Jacob Safra, 20 de maio de 1958; Edmond Safra para o dr. Morris Bender, 22 de junho de 1961; entrevista com Moussi Douek.
23. Entrevista com Raimundo Shayo.
24. Balancete do Banque Jacob Safra, 22 de abril de 1958.
25. Schultze, *Jews of Lebanon*, 100-3.
26. Irene Genzier, *Notes from the Minefield: US Intervention in Lebanon, 1945-1958* (Nova York: Columbia University Press, 2006); entrevista com Emile Saadia.
27. Jacques Douek para Edmond Safra, 24 de julho de 1958; Edmond Safra para Jacques Douek, 21 de agosto de 1958.
28. Schultze, *Jews of Lebanon*, 100-6.
29. Entrevista com Eli Krayem.
30. Entrevista com Eli Krayem; Edmond Safra para Henry Krayem, 9 de junho de 1959.
31. Carta no papel timbrado do Banque Jacob Safra, 6 de agosto de 1959; Jacques Ades para Edmond Safra, 8 de agosto de 1959.
32. Edmond Safra, telex para Schwabach & Co., 5 de novembro de 1959.
33. Edmond Safra para George Rabbath, maio de 1960.

6. O Rockefeller de Genebra (1960-1964)

1. Entrevista com Rolando Laniado; entrevista com Moïse Khafif; entrevista com Moïse Douek.

2. TDB, *Balance Sheet*, 31 de dezembro de 1960; Edmond Safra para Leon Sassoon, 10 de fevereiro de 1961; entrevista com Roger Junod.
3. Entrevista com Albert Manila Nasser; Edmond Safra para Cesar Safdiye 25 de maio de 1960; entrevista com Edouard Douer.
4. Edmond Safra para o TDB Genebra, 17 de março de 1961.
5. Entrevista com Raymond Maggar.
6. Entrevista com Emile Saadia; entrevista com Alexis Gregory.
7. Edmond Safra para David Braka, 9 de novembro de 1961.
8. Entrevista com Sem Almaleh; entrevista com Moussi Douek; Alberto Benadon Saporta, *Live* (Spain: Cultiva Communicationes, 2014).
9. Edmond Safra para Leon Btesh, 28 de janeiro de 1961.
10. Entrevista com Raymond Maggar; entrevista com Rolando Laniado.
11. Entrevista com Simon Alouan.
12. Entrevista com Roger Junod; relatórios da EJS, recibos de viagem, 1961-1962; Edmond Safra para Henry Krayem, 16 de março de 1962.
13. Entrevista com Raymond Maggar; Libanaise de Ski para Edmond Safra, 22 de março de 1962; entrevista com Moussi Douek.
14. Entrevista com Simon Alouan.
15. Entrevista com Albert Cohen; entrevista com Roger Junod.
16. Edmond Safra para Lionel Citroën, Portland Finance Company, Londres, 21 de fevereiro de 1962; Edmond Safra para o TDB, 25 de julho de 1960, 22 de novembro de 1960 e 1º de dezembro de 1960; Edmond Safra para Motores Cummins Diesel do Brasil Ltda, 6 de dezembro de 1960; TDB para Edmond Safra, 23 e 27 de julho de 1960.
17. Entrevista com Roger Junod; entrevista com Moïse Khafif; Edmond Safra para M. R. Lasser e Albert Marini, 24 de julho de 1964 — correspondência com as empresas de Lasser (decorador) e Marini (eletricistas).
18. Entrevista com Sem Almaleh; Edmond Safra para Joseph Safra, 6 de abril de 1962.
19. Entrevista com Moussi Douek; entrevista com Roger Junod; entrevista com Albert Manila Nasser.
20. Entrevista com Roger Junod; entrevista com Simon Alouan; entrevista com Jacques Khafif; entrevista com Michelle Nasser; entrevista com Rosette Mamieh.
21. Edmond Safra para Selim Chehebar, 27 de março de 1961.

NOTAS 363

22. Entrevista com o rabino Yaakov Attie; entrevista com Edouard Schouela; Edmond Safra para o TDB, 15 de dezembro de 1960; memorando ref. compra do Golden Mile Shopping Center (Toronto), s/d [1961].
23. Jacques Douek para Emmanuel Barouch, 15 de maio de 1961; Edmond Safra para Emmanuel Sella, 15 de junho de 1961.
24. Edmond Safra para Joe Dwek, 11 de fevereiro de 1963; Edmond Safra para William Feingold, 10 de julho de 1961; Edmond Safra para Henry Krayem, 22 de março de 1961; Louis Baz, presidente do Club de Naguers em Beirute, para Edmond Safra, 5 de janeiro de 1962; entrevista com Rosette Mamieh.
25. Entrevista com Elie Krayem; entrevista com Ernest Sasson; entrevista com Albert Buri Nasser; entrevista com Jacques Khafif.
26. Edmond Safra para John Slade, 20 de julho de 1961; Edmond Safra para C. M. Van Vlierden, Bank of America, 20 de julho de 1962.
27. E. B. Williamson, Chase Manhattan, para Edmond Safra, 15 de março de 1963; R. C. Boreall, Chase Manhattan, para Edmond Safra; Edmond Safra para Umberto Treves, 8 de julho de 1963; Edmond Safra para Joe Michaan, 27 de maio de 1963.
28. TDB, *Balance Sheet*, contabilidade interna, 1963; TDB, *Annual Reports*, 1960-65.
29. Entrevista com Moussi Douek; entrevista com Maurizio Dwek; Edmond Safra para Isaac Shalom, 21 de maio de 1960; Isaac Shalom para Edmond Safra, 26 de maio de 1960.
30. Congregação e Beneficência Sefardi Paulista para Edmond Safra, 11 de dezembro de 1961; Edmond Safra para dr. Morris Bender, 22 de junho de 1961; Edmond Safra para Rosette Mamieh, 24 de fevereiro de 1961; entrevista com Moussi Douek.
31. Dos 100 milhões de cruzeiros de capital da Safra S.A. em 1960, Jacob Safra possuía 5 por centro, e Edmond, Moïse e Joseph possuíam 4%, 1,5% e 5%, respectivamente. Edmond controlava o restante através de suas ações na Sudafin (62%), ECSA (24%) e Comersul (1%); *Diário Oficial da União*, 19 de agosto de 1960, relatando a reunião extraordinária de acionistas de 21 de junho de 1960. "Safra, histórico do grupo financeiro", Arquivos Carouge, caixa 3, folder de correspondência Saban S.A.; Joseph Safra para Edmond Safra, 22 de dezembro de 1960.
32. Cyril Dwek para George Rabbath, 15 de junho de 1963.

364   A JORNADA DE UM BANQUEIRO

33. Rahmo Nasser para Edmond Safra, 17 de junho de 1963.
34. Documento: Beirute, 13 de junho de 1963. Joseph Safra para Edmond Safra, 27 de setembro de 1963.
35. Edmond Safra para Rahmo Nasser, 18 de julho de 1963.
36. Rahmo Nasser para Edmond Safra, 29 de julho de 1963.

7. Indo para os Estados Unidos (1964-1968)

1. Edmond Safra para Edmund de Rothschild, 2 de março de 1964.
2. Donald Schnable para Edmond Safra, 21 de maio de 1964.
3. Donald Schnable para Edmond Safra, 21 de maio de 1964.
4. Entrevista com Ernest Ginsberg; *RNB News, 20th Anniversary Issue* (1986): 174.
5. George S. Kaufman para Edmond Safra, 9 de junho de 1964.
6. Entrevista com Marty Mertz.
7. Carta do Republic para o Federal Reserve, 1966.
8. Entrevista com Ernest Ginsberg; entrevista com Marty Mertz.
9. Claudine Favre para William Baumann, 13 de agosto de 1965; Jacques Douek para Cyril Dwek, 13 de julho de 1965; Edmond Safra para Henry Krayem, 1º de novembro de 1965; entrevista com Marty Mertz.
10. Entrevista com Jeff Keil.
11. "Kheel a Backer of New Bank", *The New York Times*, 1º de julho de 1966.
12. Edmond Safra para Herman Cooper, 5 de julho de 1965; Herman Cooper para Edmond Safra, 6 de julho de 1965.
13. Edmond Safra para Henry Krayem, 14 de outubro de 1965; Edmond Safra para Joseph Safra, 22 de outubro de 1965.
14. *Report on Republic*.
15. Minutas da reunião do conselho diretor do Republic, 15 de novembro de 1965.
16. "Kennedy Cuts Ribbon at a New Bank on 5th Ave", *The New York Times*, 25 de janeiro de 1966.
17. *The New York Times*, 25 de janeiro de 1966; entrevista com Marty Mertz; *Report on Republic*; Republic Statement of Condition, *American Banker*, 25 de julho de 1966.
18. Carta do Republic, 30 de junho de 1966; Republic Bank, *Annual Report*, 1966.
19. Leon Gell para Edmond Safra, 17 de março de 1966; entrevista com Moïse Khafif.

20. Edmond Safra para Michael Picini, 20 de junho de 1966.
21. Entrevista com Marty Mertz.
22. Douglas Denby para Edmond Safra, 29 de abril de 1966; Joseph Mouadeb para Edmond Safra, 21 de dezembro de 1966.
23. Entrevista com Selim Kindy; entrevista com Marwan Shakarchi; Edmond Safra para Mahmoud Shakarchi, 22 de novembro de 1968.
24. Edmond Safra para Fortunee Tarrab, 1º de dezembro de 1966; telegrama de Barcelona para Isaac Sutton em Beirute, 25 de junho de 1966.
25. Entrevista com Joe Cayre; entrevista com Charles Andre Junod; entrevista com Rahmo Sassoon.
26. TDB, *Balance Sheet*, dezembro de 1967.
27. Claudine Favre para Moïse Safra, 3 de junho de 1966.
28. Moïse Safra, documento de naturalização, 28 de janeiro de 1966.
29. Joseph Safra para Jacques Douek, 22 de setembro de 1966.
30. Entrevista com Ezy Nasser.
31. Entrevista com Ezy Nasser; entrevista com Ernest Sasson.
32. Entrevista com Fred Bogart.
33. Entrevista com Marty Mertz; Edmond Safra para Cyril Dwek, 3 de novembro de 1966.
34. Entrevista com Sem Almaleh; entrevista com Jacques Tawil.
35. Entrevista com Clement Soffer; entrevista com Raimundo Shayo.
36. Entrevista com Rolando Laniado; entrevista com Maurice Benezra; entrevista com Saleh Shohet.
37. Entrevista com Simon Alouan.
38. Henry Krayem para Jacques Douek, 28 de novembro de 1967 e 16 de dezembro de 1967; Joseph Mouadeb para Edmond Safra, 2 de julho de 1968.
39. Selim Chehebar para Edmond Safra, 11 de dezembro de 1967; entrevista com Selim Chehebar; entrevista com Raimundo Shayo; entrevista com Nathan Hasson.

8. CRESCENDO EM PÚBLICO (1969-1972)

1. Republic National Bank of New York, comunicado de imprensa, s/d [1966]; entrevista com Greg Donald; entrevista com Eli Krayem; entrevista com Bill Segal.

2. Entrevista com George Wendler; entrevista com Fred Bogart; entrevista com Marty Mertz.
3. Entrevista com Ernest Ginsberg.
4. Entrevista com Hershel Mehani; entrevista com Thomas Robards; entrevista com Selim Chehebar; Republic, *Annual Report*, 1970.
5. Henry G. Jarecki para Edmond Safra, 5 de junho de 1970; entrevista com Dov Schlein; entrevista com Fred Bogart; entrevista com Victor Hattena; entrevista com Albert Hattena.
6. "Japanese Business Activities in Brazil", Economic Commission for Latin America and the Caribbean, 23 de março de 1989.
7. Edmond Safra para Hiyo Hiyamo, Marubeni-Lida Co., 25 de maio de 1969; Edmond Safra para Peter M. S. Yagi, 17 de julho de 1969.
8. Andras Kalman para Edmond Safra, 18 de junho de 1968.
9. Entrevista com Albert Buri Nasser; Edmond Safra para Robert Bonfil, 22 de maio de 1968; Magen David Yeshiva para Edmond, 22 de janeiro de 1968; entrevista com o rabino Abraham Hecht.
10. Entrevista com Jacques Tawil.
11. Entrevista com Lily Safra.
12. Entrevista com Simon Alouan.
13. Entrevista com Peter Cohen; entrevista com Jeff Keil.
14. Entrevista com Jeff Keil.
15. Entrevista com Jeff Keil.
16. George Soros para Edmond Safra, 1972.
17. Rabino Abraham Shreim para Albert Benezra, 2 de agosto de 1971.
18. Entrevista com Selim Kindy; Vicky Mamieh para Edmond Safra, 28 de dezembro de 1971; Chahoud Chrem para Edmond Safra, 31 de agosto de 1971; entrevista com Freddy Salem.
19. Entrevista com Ezy Nasser; entrevista com Jo Romano.
20. Republic New York, *Year End Report*, 31 de dezembro de 1972; Equity Research Associates, Inc., nota.

9. SALTOS DE FÉ (1972-1975)

1. "Where are the Gold Bugs' Yachts", *Forbes*, julho de 1975; entrevista com Jeff Keil.
2. Entrevista com Jeff Keil, *Wall Street Journal*, 27 de setembro de 1972.

3. *The New York Times*, 24 de novembro de 1971; FBI para John De Palma, 23 de fevereiro de 1972; *Wall Street Journal*, 9 de agosto de 1972.
4. "A foreign banker invades Brooklyn", *Business Week*, 17 de agosto de 1972; *The New York Times*, 27 de setembro de 1972.
5. TDB, *Report from Chairman*, 1972.
6. Entrevista com Roger Junod.
7. "Safra Comes to London", *The Economist*, 30 de setembro de 1972.
8. Entrevista com Minos Zombanakis; entrevista com Jean Hoss.
9. TDB, comunicado de imprensa, 27 de setembro de 1972; *Wall Street Journal*, 27 de setembro de 1972.
10. TDB, *Report from Chairman*, 1972; *The Guardian*, 27 de setembro de 1972.
11. "Collector of Banks is Going Public", *The New York Times*, 27 de setembro de 1972.
12. Entrevista com Simon Alouan; *Exame*, novembro de 1972.
13. Entrevista com Roberto Faldini.
14. Entrevista com Jeff Keil.
15. Mark Kelman para Eli Krayem, 31 de maio de 1974.
16. Entrevista com Selim Kindy; "Banks Lend Philippines $50-Million", *The New York Times*, 27 de fevereiro de 1973; Emile Saadia para Albert Benezra, 20 de julho de 1973; First Washington International Corp. para Edmond Safra, 12 de março de 1974; Edmond Safra para Mahmoud Shakarchi; Mahmoud Shakarchi para Edmond Safra, 18 de dezembro de 1973.
17. Lista de notas Sudafina Mexicana, folder Sudafina Mexicana, 1º de abril de 1974.
18. Entrevista com Albert Buri Nasser.
19. Entrevista com o rabino Yaakov Attie; Yehuda Ades para Edmond Safra, 7 de maio de 1974; anúncio de Kol Yaakov, 18 de junho de 1974.
20. Jacob Rothschild para Edmond Safra, 9 de setembro de 1974.
21. Entrevista com Raymond Maggar.
22. Entrevista com David Braka; entrevista com Fred Bogart; telexes entre Banque National de Hongrie e Edmond Safra, 10 de junho de 1975; Hungarian Foreign Trade Bank para TDB, 30 de abril de 1974.
23. Entrevista com Minos Zombanakis; entrevista com Moïse Tawil.
24. *Finance*, janeiro de 1973.

25. TDB, *Report from Chairman*, 1972.
26. Entrevista com Bruce Littman; entrevista com Edouard Schouela; entrevista com Jeff Keil.
27. Edmond Safra ao escritório de admissões da Universidade Harvard, 1º de fevereiro de 1974.
28. TDB, *Communique to Personnel*, 3 de julho de 1974.
29. Organização do TDBH, 11 de julho de 1974.
30. Rodney Leach para Edmond Safra, 9 de agosto de 1975; "Men and Matters", *Financial Times*, 30 de janeiro de 1976.
31. Entrevista com Bill Segal; Mac II (empresa de design) para Edmond Safra, 31 de janeiro de 1975.
32. Entrevista com Victor Hattena.
33. Entrevista com Marty Mertz.
34. Maury Mann para Edmond Safra, de 10 agosto de 1975; Claudine Favre para Maury Mann, 1º de setembro de 1975.
35. Memorando para Edmond Safra, 22 de abril de 1975.
36. "Where are the Gold Bugs' Yachts", *Forbes*, julho de 1975.
37. Entrevista com Ernest Ginsberg.
38. Lee Poole para Edmond Safra, 11 de dezembro de 1975.
39. Mourad Mamieh para Edmond Safra, 19 de dezembro de 1975.

10. Investindo em Instituições (1976-1980)

1. Cesar Sassoon para Edmond Safra, 17 de fevereiro de 1976.
2. Entrevista com Simon Alouan.
3. Entrevista com Lily Safra.
4. Entrevista com Martin Mertz; entrevista com Roger Junod.
5. Edmond Safra para Edmund de Rothschild, 8 de dezembro de 1976.
6. Edmond Safra para Edmund de Rothschild, 6 de setembro de 1977.
7. Edmond Safra para Sir Siegmund G. Warburg, 3 de março de 1977.
8. David Rockefeller para Edmond Safra, 24 de junho de 1977.
9. Rodney Leach para Albert Benezra, 14 de outubro de 1977; entrevista com Lily Safra; entrevista com David Mehani.
10. "A Conversation with Edmond Safra", *Finance*, 12 de maio de 1977.
11. Minutas da reunião de coordenação de executivos da TDBH, 23 de março de 1976; Rodney Leach para Roger Junod, 15 de agosto de 1977; Rodney Leach para TDB, 22 de junho de 1977 e 11 de novembro de 1977.

NOTAS

12. Jeff Keil para Roger Junod, 4 de abril de 1977; entrevista com Bruce Littman.
13. Entrevista com Fred Bogart.
14. Cesar Sassoon para Edmond Safra, 10 de junho de 1977.
15. Memorando de Rodney Leach, 15 de novembro de 1977.
16. Masako Ohya para Lily Safra, 26 de outubro de 1977.
17. Entrevista com Isaac Obersi.
18. Entrevista com Oury Lugassy; Joseph Gross para Albert Benezra, 15 de novembro de 1978.
19. Fundação Terris, 14 de setembro de 1975; Elie Krayem para Shlomo Toussia-Cohen, 24 de maio de 1976; Elie Krayem para Toussia-Cohen, 13 de outubro de 1976; memorando: *Meeting with Solel Boneh*, 11 de dezembro de 1976; rabino Yaakov Attie, telegrama para Edmond Safra, 25 de março de 1977.
20. "ISEF: My Two Thousand Children", 6 de dezembro de 1993.
21. Entrevista com Joe Cayre; entrevista com Nina Weiner; Edmond Safra para Nessim Gaon, 30 de novembro de 1978.
22. Entrevista com Jacques Laoui.
23. Rabino Ishac Hadid para Edmond Safra, 15 de setembro de 1977 e 18 de outubro de 1977; Selim Chaya, telex para Edmond Safra, 11 de maio de 1977.
24. George Balamut para Edmond Safra, 24 de maio de 1978; George Balamut para Henry Rosovsky, 31 de agosto de 1978; Henry Rosovsky para Edmond Safra, 14 de fevereiro de 1977; Daniel Patrick Moynihan para Edmond Safra, 2 de março de 1979, citado em David N. Myers e Alexander Kaye (ed.), *The Faith of Fallen Jews: Yosef Hayim Yerushalmi and the Writing of Jewish History* (Boston: Brandeis University Press, 2014), 141.
25. TDBH, *Annual Report*, 1977; TDBH, *Report from Chairman*, 1978.
26. Entrevista com Jeff Keil.
27. Entrevista com Jeff Keil; Keil citado em "The Secret World of Edmond Safra", *Institutional Investor*, 1979; *Fortune*, 25 de setembro de 1978.
28. Banco Safra para Bankers' Almanac; dados sobre os lucros em *Institutional Investor*, maio de 1979.
29. Entrevista com Michelle Nasser.
30. Edmond Safra para o rabino Ovadia Yosef, 16 de maio de 1979.

31. Edmund Sonnenblick para Edmond Safra, 19 de setembro de 1978 e 16 de maio de 1979.
32. "A Conversation with Edmond Safra", *Finance*, 12 de maio de 1977
33. "A Conversation with Edmond Safra", *Finance*, 12 de maio de 1977; "The Secret World of Edmond Safra", *Institutional Investor*, maio de 1979.
34. Entrevista com Raymond Maggar; entrevista com Walter Weiner.
35. Protocolos de segurança, 23 de junho de 1978.
36. Memorando de Laperrouza & CIE, 11 de maio de 1979.
37. Rabinos de Alepo para Edmond Safra, 16 de setembro de 1979 e 17 de outubro de 1979.
38. Entrevista com Menahem Yedid; entrevista com o rabino Yaakov Attie.
39. TDBH, *Annual Report*, 1979.

11. Buscando Segurança (1981-1984)

1. "Head Office of Hanover Bank Sold", *The New York Times*, 25 de agosto de 1981.
2. "New Tower for Republic National Bank", *The New York Times*, 16 de agosto de 1981.
3. Registro das viagens de Edmond Safra em 1981.
4. Anthony Bliss para Edmond Safra, 15 de dezembro de 1981; Edmond e Lily Safra para Don Regan, 15 de setembro de 1981. Para a exposição, ver https://www.nga.gov/exhibitions/1981/ganz.html.
5. Entrevista com Eli Krayem.
6. Selim Zeitouni para Edmond Safra, 20 de maio de 1981.
7. Entrevista com William Rosenblum.
8. Republic, *Report of Examination*, 1982; reunião do conselho do TDB, 31 de março de 1982.
9. Reunião do conselho da TDBH, 11 de maio de 1982.
10. Entrevista com Jeff Keil; entrevista com Dov Schlein; entrevista com Raymond Maggar.
11. Reunião do conselho administrativo do TDB, 4 de maio de 1982.
12. Balanço patrimonial da TDBH, 30 de setembro de 1982.
13. Republic, *Ratio of Foreign Loans to Total Assets*, 1982; Republic, *Annual Report*, 1982; Republic para a Bolsa de Ações de Nova York, 18 de janeiro de 1983.

14. Robinson citado em *Financial Times*, 19 de janeiro de 1983, e em *Vendetta*, 94.
15. Entrevista com Cohen; entrevista com Keil; *Financial Times*, 19 de janeiro de 1983.
16. M. Wetztein para Walter Weiner *et. al.*, 23 de novembro de 1982.
17. William Ollard para Edmond Safra, 17 de novembro de 1982; Edmond Safra para William Ollard, 22 de novembro de 1982.
18. *Financial Times*, 19 de janeiro de 1983; *Wall Street Journal*, 21 de janeiro de 1983; *Vendetta*, 89.
19. *Wall Street Journal*, 21 de janeiro de 1983; entrevista com Peter Cohen; *Vendetta*, 90.
20. Entrevista com Suzan Pearce; entrevista com Raymond Maggar; *Wall Street Journal*, 21 de janeiro de 1983; entrevista com Sandy Weill.
21. *Vendetta*, 91.
22. *Wall Street Journal*, 21 de janeiro de 1983.
23. TDB, *Balance Sheet*, 31 de dezembro de 1982; *Financial Times*, coluna "Lex", 19 de janeiro de 1983; minutas da reunião do conselho da TDBH, 17 de janeiro de 1983.
24. Entrevista com Ernest Ginsberg; *Vendetta*, 93-94; *Financial Times*, 19 de janeiro de 1983; *Wall Street Journal*, 21 de janeiro de 1983.
25. Entrevista com Ernest Ginsberg; entrevista com Peter Mansbach.
26. American Express, comunicado de imprensa, 18 de janeiro de 1983; telex do TDB para Edmond Safra, 20 de janeiro de 1983.
27. *Vendetta*, 98; entrevista com Jeff Keil.
28. *Vendetta*, 95; Jacob Rothschild para Edmond Safra, 1º de março de 1983.
29. Entrevista com Eli Krayem; entrevista com Isaac Obersi.
30. *Vendetta*, 71.
31. Entrevista com Raymond Maggar; Rodney Leach para James Robinson, 15 de abril de 1983 e 19 de maio de 1983.
32. Memorando, 28 de janeiro de 1983.
33. Anúncio da organização, 27 de abril de 1983.
34. Entrevista com Dov Schlein; entrevista com Peter Cohen.
35. Entrevista com Jacques Laoui; entrevista com Michel Cartillier; *Vendetta*, 101.
36. Entrevista com Michel Cartillier.

37. Edouard Schouela para Edmond Safra, 28 de novembro de 1982 e 18 de agosto de 1983.
38. James Robinson, memorando, 5 de agosto de 1983; James Robinson para Lily e Edmond Safra, 18 de julho de 1983; lista de convidados do FMI, 1983.
39. Pesquisa de patrimônio da EF Hutton, 26 de outubro de 1983; entrevista com Sandy Weill; entrevista com John Tamberlane.
40. *Vendetta*, 103.
41. James Robinson, memorando para o comitê de gestão, 21 de dezembro de 1983; Edmond Safra para James Robinson, 20 de janeiro de 1984.
42. American Express, comunicado de imprensa, 16 de fevereiro de 1984; emenda ao contrato com a American Express, 17 de fevereiro de 1984.
43. Charles Teicher para Edmond Safra, 25 de abril de 1984; Edmond Safra para James Robinson, 29 de fevereiro de 1984; Stephen Halsey para Michel Cartillier, 26 de julho de 1984.
44. Entrevista com Jeff Keil; entrevista com Sem Almaleh; "AEB Adapts to Life Without Safra", *Euromoney*, maio de 1985.
45. Roger Junod para François Lugeon, Edmond Safra e Albert Benezra, 21 de junho de 1984.
46. *Vendetta*, 108.
47. Maurice Antoniades para Edmond Safra, 14 de novembro de 1984; telex de Beirute para Ezra Marcos, 18 de janeiro de 1984.
48. Safrabank, comunicado de imprensa, 4 de maio de 1984.
49. *Vendetta*, 107-9.
50. James Robinson, memorando, 23 de outubro de 1984; *The New York Times*, 23 de outubro de 1984; *Wall Street Journal*, 24 de outubro de 1984.
51. Memorando, 29 de outubro de 1984.

12. Novos Inícios (1984-1988)

1. Roger Junod para François Lugeon, 3 de dezembro de 1984.
2. Roger Junod para Edmond Safra, 9 de novembro de 1984.
3. Memorando, 16 de julho de 1987.
4. Edmond Safra para James Robinson, 11 de dezembro de 1984.
5. "AEB Adapts to Life Without Safra", *Euromoney*, maio de 1985; entrevista com Eli Krayem.

NOTAS 373

6. Walter Weiner para Robert Smith, 29 de maio de 1985; *Vendetta*, 122; entrevista com Ken Cooper; entrevista com Dov Schlein; entrevista com Minos Zombanakis.
7. *Los Angeles Times*, 30 de junho de 1985.
8. Entrevista com Eli Krayem; "AEB Adapts to Life Without Safra", *Euromoney*, maio de 1985; *Wall Street Journal*, 26 de agosto de 1985.
9. J. Safra Sarasin, *Annual Report*, 2015.
10. Keil citado em *The New York Times*, 17 de abril de 1986.
11. *Wall Street Journal*, 26 de agosto de 1985.
12. *The Banker*, abril de 1985.
13. Memorando de Leon Weyer sobre o Republic Luxemburgo, 1º de outubro de 1986.
14. Memorando para Edmond e Lily Safra, não assinado, referente: Funcionários para o verão, Vallauris, 1986.
15. "40 Millions pour une Villa", *Tribune de Genève*, 28 de fevereiro de 1986; *Vendetta*, 4-5.
16. Entrevista com Peter Mansbach; entrevista com Ariel Elia; entrevista com Lily Elia.
17. Em 1979, Edmond comprou seus primeiros dois Rothko, "Purple and Black" e "Dark Red, White, Light Red on Red", em um leilão da Sotheby's. Carta da Sotheby's a Parke Bernet, Nova York, 8 de novembro de 1979; entrevista com Eduardo Cohen; entrevista com Michel Elia; entrevista com Charles Cator; documento: "Inventário da coleção de arte, apartamento de Paris, 11 de agosto de 1983"; listagem da coleção Safra, 1999.
18. Entrevista com Charles Cator; entrevista com Kenneth Cooper.
19. Entrevista com Walter Weiner, *The New York Times*, 16 de agosto de 1981; entrevista com Greg Donald.
20. ISEF, *Statement of income*, 1986; ISEF, *Newsletter*, primavera de 1987.
21. Memorando de Vincent Funke, 6 de outubro de 1986; publicação interna do Republic, janeiro de 1987.
22. Republic New York, elementos de risco do portfólio, 30 de setembro de 1986.
23. Entrevista com Leigh Robertson.
24. Senior Operations Committee, 22 de janeiro de 1987; Republic, comunicado de imprensa, 30 de abril de 1987.

25. Jorge Kiminsberg para Dov Schlein, 22 de dezembro de 1986.
26. Entrevista com Ezra Zilkha.
27. *Crain's New York Business*, 12 de janeiro de 1987; Jeff Keil para George Ulich, 11 de novembro de 1986; "Republic in Brooklyn Bank Deal", *The New York Times*, 25 de dezembro de 1986; Republic, comunicado de imprensa, 31 de dezembro de 1986.
28. *Wall Street Journal*, 27 de fevereiro de 1986; documento: Commission fédérale des Banques, 1987, "Chronologie des faits concernant la formation du groupe em charge de la création de la future Banque RNB Suisse"; documento: "TDB seeks to mislead and deceive the commission federal des banque", 31 de agosto de 1987.
29. TDB, documento para a Commission fédérale des banques, 8 de outubro de 1987; Memorando sobre o TDB de Genebra, 31 de agosto de 1987.
30. "A Look Inside Republic", *RNB News*, setembro de 1986.
31. Documento: "Employees Ex-TDB Amex Directly Hired by US"; Controladoria da Moeda dos EUA para Kurt Hauri, diretor da Comissão Federal de Bancos Suíços, 30 de dezembro de 1987; lista de ativos, 13 de agosto de 1987.
32. Ernest Ginsberg para Mark Ewald, 2 de julho de 1986; comunicado de imprensa, 16 de junho de 1987.
33. Memorando sobre esboço da discussão, 16 de julho de 1987; documento para a Commission fédérale des banques, julho de 1987; *Vendetta*, 141.
34. Press release, 16 de junho de 1987.
35. Press release, 16 de junho de 1987; "Concerning the Memorandum of Trade Development Bank", 31 de agosto de 1987.
36. S.A. Senior operations committee, 23 de julho de 1987; Republic, comunicado de imprensa, 10 de novembro de 1987; Senior operations committee, 19 de novembro de 1987.
37. Entrevista com Ted Serure.
38. Registro dos horários programados de Safra.
39. Entrevista com Michel Cartillier; apresentação do RNYC Swiss Bank, 1987.
40. Entrevista com Isaac Obersi.
41. *Financial Times*, 20 de setembro de 1988.

42. Republic, *Annual Report*, 1988; entrevista com François Curiel; entrevista com Judah Elmaleh; declaração consolidada, Safra Republic Holdings, 30 de novembro de 1988.
43. Entrevista com Albert Manila Nasser; entrevista com Stanley Cayre; entrevista com Peter Cohen; entrevista com Marwan Shakarchi.
44. Entrevista com Peter Cohen; entrevista com Ezra Zilkha.

13. UM ANO CRUEL (1988-1989)

1. Entrevista com Peter Mansbach; entrevista com Peter Cohen.
2. Entrevista com Walter Weiner.
3. "Edmond Safra Targets Geneva", *Institutional Investor*, março de 1988.
4. *Vendetta*, 146.
5. *Vendetta*, 155.
6. *Vendetta*, 157-58; citação de rabinos, xii.
7. *Vendetta*, 159-74.
8. Entrevista com Walter Weiner; entrevista com George Kiejman; entrevista com Marc Bonnant; *Vendetta*, 164-66.
9. Entrevista com Ezy Nasser.
10. Entrevista com Peter Mansbach; *Vendetta*, 171-72.
11. *Vendetta*, 182-83.
12. *Vendetta*, 188-93.
13. *Vendetta*, 198.
14. Entrevista com Boaz Ben Moshe; entrevista com William Rosenblum; entrevista com Dov Schlein.
15. *Vendetta*, 198-99.
16. *Vendetta*, 202-20.
17. Entrevista com Judah Elmaleh.
18. *Vendetta*, 251-52.
19. *Vendetta*, 260-68.
20. *Vendetta*, 404.
21. *Vendetta*, 432-36.
22. Republic para Philippe Mottaz, 30 de junho de 1989.
23. Entrevista com Walter Weiner; entrevista com Roger Junod; *Vendetta*, 441-42.
24. *Vendetta*, 445.

25. James Robinson para Edmond Safra, 24 de julho de 1989.
26. *Vendetta*, 308, 423-24.
27. Entrevista com Fred Bogart; entrevista com Dov Schlein.

14. DE VOLTA AO TRABALHO (1989-1991)

1. Republic, *Annual Report*, 1989; "Manhattan Savings Bank, Williamsburgh Announce Merger Plan", *United Press International*, 18 de dezembro de 1989; "Republic Sets Purchase of Manhattan Savings", *International Herald Tribune*, 20 de dezembro de 1989.
2. Safra Republic Holdings, *Balance Sheet*, 30 setembro de 1989; Safra Republic Holdings, *Newsletter*, junho de 1990.
3. "Dispute over Jewish Cemetery Rages amid Jewish Decline in Egypt", *Los Angeles Times*, 29 de fevereiro de 1990; entrevista com Clement Soffer.
4. Jean Hoss para Pierre Jaans, 11 de setembro de 1990.
5. Nina Weiner para Lily e Edmond Safra, 14 de agosto de 1990.
6. William Park para Marc Bonnant, 14 de agosto de 1991; entrevista com Anne Vitale; *Vendetta*, xi.
7. Entrevista de Edmond Safra para *Finanz und Wirtschaft*, 10 de setembro de 1990.
8. Republic, *Annual Report*, 1990; Safra Republic Holdings, comunicado de imprensa, 11 de setembro de 1990.
9. Roger Junod para Controladoria da Moeda dos EUA, 30 de novembro de 1989.
10. Entrevista de Edmond Safra para Anne M. Hegge-Lederman, editora do *Finanz und Wirtschaft*, 10 de setembro de 1990.
11. *Jerusalem Post*, setembro de 1990.
12. Entrevista com Yehuda Levi.
13. Yehuda Levi para Edmond Safra, 16 de novembro de 1990; *Israel Commercial Economic Newsletter*, 23 de novembro de 1990.
14. Entrevista com Shlomo Piotrkowski; entrevista com Yehuda Levi; FIBI, comunicado de imprensa, 14 de maio de 1991.
15. Entrevista com Shlomo Piotrkowski.
16. Entrevista com Anne Vitale.
17. *Vendetta*, 463.

18. *Vendetta*, 465-67.
19. *Vendetta*, 468.
20. Entrevista com Marc Bonnant.
21. *The New York Times*, 28 de abril de 1992; entrevista com Elie Elalouf.

15. UM BANQUEIRO TRADICIONAL EM UMA ÉPOCA DE MUDANÇAS (1992-1994)

1. Entrevista com Clement Soffer; entrevista com Marcos Zalta; entrevista com Hillel Davis.
2. Entrevista com Jeff Keil.
3. *Investment Dealer's Digest*, 23 de novembro de 1992; *Wall Street Journal*, 12 de novembro de 1992; entrevista com Peter Cohen.
4. Apresentação para os bancos, contrapartes e analistas, junho de 1993.
5. Entrevista com Ken Cooper; entrevista com Dov Schlein; entrevista com Sandy Koifman.
6. Entrevista com Leslie Bains.
7. Republic, *Proxy*, 16 de março de 1994.
8. Entrevista com Bill Segal; entrevista com Moshe Nissim.
9. Entrevista com Lily Elia.
10. Entrevista com Yigal Arnon.
11. Peter Cohen para Edmond Safra, 22 de abril de 1994; relato de Mark Alpert, CFA, 5 de maio de 1994; Republic 10-Q, segundo trimestre, 1994; entrevista com Sol Gindi.
12. Republic, comunicado, 20 de abril de 1994; Republic, *Proxy*, 16 de março de 1994.
13. Republic 10-K, 1993; entrevista com Fred Bogart.
14. BCN Beirute, telex para Ezra Marcos, 19 de outubro de 1994; Republic para o consulado suíço em Damasco, 12 de janeiro de 1995.
15. "Syrian Rabbi Reaches Israel via N.Y.", *Washington Post*, 19 de outubro de 1994.
16. Entrevista com Clement Soffer.
17. Entrevista com Ken Cooper.
18. Entrevista com Sandy Koifman.
19. Entrevista com David Joory/Ariel Arazi.

20. Entrevista com Ariel Elia; entrevista com Samuel Elia; entrevista com Lily Safra.
21. Entrevista com Roger Junod.
22. Entrevista com Eli Krayem.
23. Entrevista com Thomas Robards.

16. Transições (1995-1998)

1. Entrevista com John Tamberlane; entrevista com Jim Morice.
2. Entrevista com Vivette Ancona; entrevista com Phil Burgess.
3. Entrevista com Joseph De Paolo; entrevista com Fred Bogart; entrevista com Shlomo Piotrkowski; Republic, 1999, 10-K.
4. Republic, terceiro trimestre de 1995, 10-Q ; Republic, 1996, 10-K.
5. Entrevista com David Joory/Ariel Arazi.
6. Entrevista com Bill Browder.
7. "The Money Plane", *New York Magazine*, 22 de janeiro de 1996; entrevista com Henry Kravis.
8. Entrevista com Dov Schlein.
9. Ezra Marcos para o BCN, 25 de novembro de 1996; entrevista com Sol Gindi.
10. Entrevista com Sol Gindi; entrevista com Andrew Pucher.
11. "Nick and Christian Candy Renovate a Penthouse in Monte Carlo", *Architectural Digest*, 19 de junho de 2017; Relatório da coleção Safra, 16 de janeiro de 1997; Teddy Kollek para Edmond Safra, 13 de maio de 1996.
12. Entrevista com Alberto Muchnick.
13. Entrevista com Peter Kimmelman.
14. Entrevista com Rodney Leach; entrevista com Dov Schlein; entrevista com Alberto Muchnick.
15. Entrevista com David e Gabriel Elia; entrevista com Ariel Elia.
16. Entrevista com Steve Saali; "Just in Time for the Millennium: An Issue of 1,000-Year Bonds", *The New York Times*, 8 de outubro de 1997.
17. Entrevista com Adriana Elia; entrevista com Ariel Elia.
18. Roteiro de vídeo Edmond Safra, 3 de novembro de 1997; Evento Safra: Programa para a noite, 9 de novembro de 1997; entrevista com Sophie Nadell.

19. Entrevista com David e Gabriel Elia.
20. Republic, 1997, 10-K.
21. Entrevista com Marcos Zalta.
22. Republic, comunicado de imprensa, 2 de julho de 1998.
23. Entrevista com Dov Schlein.
24. Entrevista com Ernest Ginsberg.
25. Entrevista com Marc Bonnant.
26. Entrevista com Anthony Brittan.
27. Entrevista com Ron Wilson; entrevista com Dov Schlein.
28. *The New York Times*, 3 de dezembro de 1999; Marc Bonnant para Etienne Leandri, 6 de janeiro de 2000; *Times of London*, 6 de janeiro de 2000.
29. Entrevista com Sandy Koifman.
30. Entrevista com Sol Gindi; entrevista com Ariel Arazi.
31. Entrevista com Lily Elia; entrevista com Ariel Elia.
32. Republic, comunicado de imprensa, 16 de dezembro de 1998.
33. Republic, *Annual Report*, 1998.
34. Entrevista com Simon Alouan.

17. "Vendi meus filhos" (dez. 1998-dez. 1999)

1. Entrevista com Jean-Pierre Jacquemoud.
2. Entrevista com Marcos Zalta; entrevista com Sem Almaleh.
3. Republic, primeiro trimestre de 1999, 10-Q.
4. Entrevista com Marc Bonnant.
5. Entrevista anônima.
6. Entrevista com Anthony Brittan; entrevista com Anne Vitale.
7. HSBC, *Annual Report*, 1998.
8. Entrevista com John Bond.
9. Entrevista com Dov Schlein; entrevista com Kenneth Cooper.
10. Entrevista com Dov Schlein.
11. Entrevista com John Bond.
12. Republic, formulário da SEC, 10 de maio de 1999, https://www.sec.gov/Archives/edgar/data/83246/0000083246-99-000003.txt.
13. Entrevista com Trevor Robinson; "HSBC to Pay $10.3 Billion for Republic", *The New York Times*, 11 de maio de 1999.
14. Entrevista com Jeff Keil.

15. Entrevista com Ariel Arazi; entrevista com Anita Smaga.
16. Edmond Safra para os funcionários do Republic, 10 de maio de 1999.
17. Entrevista com Anthony Brittan; entrevista com John Bond.
18. Entrevista com Ted Serure; entrevista com François Curiel; entrevista com Joseph Safra.
19. Comentários de Alessandro Di Rocco.
20. Entrevista com o rabino Haim Pinto.
21. Entrevista com Phil Burgess; entrevista com Anne Vitale.
22. "Fund Adviser Indicted in $3 Billion Fraud Case", *The New York Times*, 1º de outubro de 1999; Republic New York, terceiro trimestre 1999, 10-Q.
23. Entrevista com John Bond.
24. HSBC, comunicado de imprensa, 9 de novembro de 1999.
25. Entrevista com Sol Gindi; entrevista com David Joory/Ariel Arazi.
26. Entrevista com George Kiejman; entrevista com John Bond.
27. Entrevista com Michelle Nasser.
28. Entrevista com Lily Elia; entrevista com Anthony Brittan; entrevista com Dov Schlein; entrevista com Adriana Elia; entrevista com David Joory/Ariel Arazi.

18. Tragédia em Mônaco (dez. 1999)

1. Carta de Shmulik Cohen, 22 de janeiro de 2001; Shmulik Cohen; minutas do depoimento da testemunha, 26 de janeiro de 2000.
2. A narrativa desta seção se baseia em vários e detalhados documentos, depoimentos, relatórios de especialistas, decisões, argumentos e sentenças. Entre os documentos-chave estão as minutas da entrevista com Ted Maher em 6 de dezembro de 1999; o relatório de Olivier Jude, inspetor-chefe (polícia) de Mônaco, 5 de julho de 2000; "Minutas da inquirição", 25 de julho de 2001; Sentença de indiciamento, Tribunal de Apelação do Principado de Mônaco, 18 de junho de 2002; Decisão de 6 de fevereiro de 2003", Tribunal de Revisão; e Cronologia detalhada, procedimento penal, parte 1.
3. Decisão de indiciamento, Tribunal de Apelação do Principado de Mônaco, 18 de junho de 2002; Henri Viellard, Relatório de especialista, 5 de maio de 2000; Ted Maher, Minutas 991206, Relatório de Olivier Jude, Inspetor-chefe (polícia) de Mônaco, 5 de julho de 2000.

4. Ted Maher, Minutas, 6 de dezembro de 1999.
5. Cronologia detalhada, Procedimento penal, Parte 1; documento de 3 de dezembro de 1999: As horas-chave.
6. Cronologia detalhada, Procedimento penal, Parte 1.
7. Depoimento de Shmulik Cohen, 3 de dezembro de 1999.
8. Depoimentos de Shmulik Cohen, srta. Lily Safra, policial Gilbert Garcia; Cronologia detalhada, Procedimento penal, Parte 1; Shmulik Cohen, Minutas do depoimento da testemunha, 21 de fevereiro de 2000; Decisão de indiciamento, Tribunal de Apelação do Principado de Mônaco, 18 de junho de 2002.
9. *Veja*, 8 de dezembro de 1999; Depoimentos dos policiais Jean Marc Farca e Serge Giet; Cronologia detalhada, Procedimento penal, Parte 1; Decisão de indiciamento, Tribunal de Apelação do Principado de Mônaco, 18 de junho de 2002.
10. Depoimentos de Shmulik Cohen, policial Alain Van Den Corput; Cronologia detalhada, Procedimento penal, Parte 1
11. Decisão de indiciamento, Tribunal de Apelação do Principado de Mônaco, 18 de junho de 2002; Minutas 991203; Relatório de Gilbert Garcia, inspetor de divisão (polícia) de Mônaco; Depoimento de Sonia Casiano; Cronologia detalhada, Procedimento penal, Parte 2.
12. Entrevista com Trevor Robinson; entrevista com Sol Gindi.
13. *New York Daily News*, 5 de dezembro de 1999.
14. Entrevista com Marcos Zalta; entrevista com Ariel Arazi.
15. Minutas, entrevista de Ted Maher a Oliver Jude, 6 de dezembro de 1999; Decisão de indiciamento, Tribunal de Apelação do Principado de Mônaco, 18 de junho de 2002.
16. *Revue juive de Geneve*, 24 de dezembro de 1999.
17. Entrevista com François Curiel.
18. Formulário da SEC, 10 de janeiro de 2000. https://www.sec.gov/Archives/edgar/data/83246/000090342300000022/0000903423-00-000022.txt

19. LEGADO DURADOURO

1. Ted Maher, minutas, 6 de dezembro de 1999.
2. Tribunal Criminal do Principado de Mônaco, julgamento de 2 de dezembro de 2002; Tribunal de Apelação do Principado de Mônaco, "Julgamento de 6 de fevereiro de 2003".

3 Tribunal Criminal do Principado de Mônaco, julgamento de 2 de dezembro de 2002; Tribunal de Apelação do Principado de Mônaco, "Julgamento de 6 de fevereiro de 2003".
4. Os estatutos estão no documento "The concerns, values, and ideals held by Edmond J. Safra during his lifetime". A lista de projetos que a Fundação apoiou pode ser vista em seu website: https://www.edmondjsafra.org/.

Índice

Edmond J. Safra é o tema desta biografia e as referências a ele ocorrem em todo o texto. Para tornar mais fácil encontrar referências a Edmond J. Safra no índice, as entradas e subentradas abreviam seu nome para EJS. O livro também menciona frequentemente a esposa de Edmond, Lily Safra. Nas subentradas, ela é identificada simplesmente como Lily.

A
AIU, 36-37
   em Paris, 73
   escolas, 49, 52-53
Alepo (Aram Tzova), 33-34, 71, 192
   comunidade judaica em, 31-32, 43-44
   escolas, 36-37, 40
   história, 31-34
   últimos judeus sírios a partir, 269-71
   Ver também Beirute; *halabi*(s)
Alepo/Beirute, raízes em
   necessidade de conexão com as, 110-11
   Ver também halabi(s); comunidade(s) judaica(s)
Algobras Indústria e Comércio de Algodão Limitada, 87-88
Alliance Israélite Universelle (AIU)
   Ver AIU
América do Sul
   emigração dos judeus para a, 82
American Express, 195-96
   acesso às habilidades e conexões de EJS, 207
American Express International Banking Corp. (AEIBC), 201, 205-6

campanha contra EJS, 27-29, 240-44, 249-50
conflito público com a, 227
demissão da AEIBC, 215-16
EJS deixa o conselho, 230-31
impacto da campanha em EJS, 338
venda do TDB para a, 228-27
Ver também Vendetta: American Express e a difamação de Edmond Safra (Burrough)
Arbitragem, 166, 271, 288
aricha. Ver vida judaica, caridade como valor na comunidade judaica
Assad, Hafez el
reunindo-se com George H. W. Bush, 269-70

B

Banca Commerciale Italiana, 62-63
Banco Mundial
importância das reuniões para EJS, 226-27
Banco Safra, 19, 94, 229, 293
Ver também Banque Jacob E. Safra
Banque de Crédit National (BCN).
Ver Banque Jacob E. Safra
Banque Jacob E. Safra (Banque J. E. Safra), 17, 21, 96-98, 130, 197, 337, 344
aumento das medidas contra os judeus, 59-60
BCN. Ver Banque Jacob E. Safra
Beirute, 55, 262-63
crescimento da infraestrutura da comunidade judaica, 48-9, 78-9

EJS encontrando oportunidades em Milão, 18-20
fundação, 24-25
mudanças no pós-guerra, 70
persistência em Beirute, 172
principais famílias judaicas, 49
Ver também Alepo; Beirute, *halabi*(s); comunidade(s) judaica(s)
Bond, John, 308, 311-12, 315-18
CEO do HSBC, 308
sobre o sucesso de EJS como banqueiro, 17
Brasil, 87-98
Banco Safra, 94
cidadania, 94
Burrough, Bryan, 53-54, 252, 259, 265
Ver também Vendetta: American Express e a difamação de Edmond Safra
Bush, George H. W., 269-70

C

Caso Irã-Contras. Ver American Express
Centre Alliance Edmond J. Safra
ENIO renomeado como, 73-74
chefe de família
como pai substituto dos irmãos, 293
como *pater familias*, 256-57, 293
EJS como, 117
treinando os familiares mais jovens, 133
clientes
discordância entre EJS e a American Express sobre, 213-214
importância do relacionamento pessoal com os, 224-25
interações com os, 85, 187

ÍNDICE

negociação de commodities, 87
Ver também comércio e armazenamento de ouro; metais preciosos
cobertura da imprensa, 221
   do RNB, 124
   Ver também American Express; difamação
coleção de arte, 26-27, 147, 176-77, 224, 291, 319, 337
comércio de moedas, 165-67, 288-89
   Ver também negociação de commodities; comércio de ouro
comércio e armazenamento de ouro, 165-66
   com a Rússia, 288-89
   consórcio para, 70
   crescente volatilidade, 142-43
   na Índia, 70
   no pós-guerra, 68-69
   Republic Mase Bank Limited, 278
   Ver também comércio de moedas; metais preciosos
comunidade judaica síria
   em Milão, 67
   Ver também diáspora, síria
comunidade(s) judaica(s), 101, 151, 163-64
   apoio à, 182
   apoio de EJS aos judeus sírios, 269-71
   como clientes Safra, 315
   em Beirute, 46, 48, 276
   importância para EJS, 129-30
   no Líbano, 262-63
   sefardita, 24-25, 81
   Ver também diáspora; Israel; relacionamentos pessoais, filantropia

conselho comunal, 54
Conselho para o Resgate dos Judeus Sírios, 269-70

D

Damasco. *Ver* diáspora, síria
derivativos, 274-75
detalhes
   atenção de EJS aos, 20, 109-10, 114, 170, 180, 211-212, 311, 342-43
   atenção de Lily aos, 176-77
   e clientes individuais, 171
   estética, 23, 109, 124, 134
   pós-American Express, 252
diáspora de Alepo, 39-41, 43, 54-55, 103, 145, 180-81
   Ver também diáspora; judeus sefarditas
diáspora, 43
   família Safra, 327-28
   judaica, 192-93, 335
   persa, 181-82
   sefardita, 23, 261, 269
   síria, 67, 111, 119, 269-70, 351
   Ver também Alepo, diáspora
difamação, 240-41, 246, 257-58, 264-65
   pedido de desculpas público de James Robinson, 251-52
   Ver também American Express; *Vendetta: American Express e a difamação de Edmond Safra*

E

École Normale Israélite Orientale (ENIO), 24, 52, 73-74, 343
economia global, 117-18
   instabilidade da, 201

mudanças na, 271
   Ver também American Express
escândalo. Ver American Express;
   difamação
estilo de gestão, 167, 169, 207-8, 220
   da American Express, 207-8
   EJS para a American Express
      sobre, 208
   Ver também práticas bancárias;
      relacionamentos pessoais
Europa Oriental, 133
Expansão Comercial Sul Americana
   S.A. (ECSA), 87

F
FIBI (First International Bank of
   Israel), 262-63
filantropia, 24-25, 144
   em Israel, 111-12, 164, 182-84,
      200, 276, 342-43
   escolas e sinagogas, 91-92, 182-84
   Ver também Fundação Filantrópica Edmond J. Safra; ISEF
filmes
   investimento em, 81-82
Fireman's Fund, perdas, 211-12
Flynn, Errol, 81
FMI (Fundo Monetário Internacional)
   importância das reuniões para
      EJS, 226-27
   funcionários, 20, 23, 52-53, 90, 98-99,
      162
   expectativas em relação aos, 99,
      134
   relacionamento com os, 219-20,
      241, 286-87, 311, 336
   Ver também American Express;
      clientes

Fundação Filantrópica Edmond J.
   Safra, 337
   foco, 340
   parceria com a Fundação Michael
      J. Fox, 342
   pesquisa sobre o mal de Parkinson, 342
Fundação Internacional de Educação
   Sefardita (ISEF). Ver ISEF
funeral, 245-46

G
Genebra, 18-20, 26-28, 32, 69, 76, 78,
   89-92, 95, 97-98
   como centro das atividades bancárias de EJS, 231, 236
gestão de ativos
   como novo serviço do RNB,
      261-62
   e o negócio de títulos, 272-73
globalização
   EJS como avatar da, 19
Grande Sinagoga de Alepo, 33, 39, 71,
   329
Guerra do Golfo, 269-70
Guerra dos Seis Dias, 136
   EJS, 136
   restauração da sinagoga pelas
      famílias de Alepo, 150-51

H
halabi(s) (judeu(s) nativo(s) de Alepo), 17, 32-35, 41
   diáspora dos, 34-35, 270, 278-79
   Ver também Alepo; identidade(s);
      comunidade(s) judaica(s), em
      Beirute; judeus sefarditas

ÍNDICE

Hamsá
  número 5 como boa sorte, 25, 111, 203
  Ver também superstições
HaNess, Meir Baal (rabino), 24
  organização de caridade, 24, 92, 111
  túmulo de, 193, 342-43
  yeshivá Rabbi Meir Baal HaNess, 114,
Hekhal Haness (sinagoga), 176, 188, 327-28
Hongkong and Shanghai Banking Corporation (HSBC). *Ver* HSBC
honra. *Ver* reputação
Hourani, Albert
  sobre a cultura levantina, 55
HSBC, 307-8, 316
  venda dos bancos Safra para o, 18
  Bond, John, 18
  venda do Republic para o, 18

I
identidade(s)
  halabi, 32
  identificação da autoimagem com os negócios, 135-36, 170
  múltiplas, 50-51
Império Otomano, 32-35, 38-39
  colapso do, 16, 42-43
  era integrada do, 276
Índia
  comércio de ouro, 80-81
Intra Bank (Beirute), 129
investimentos
  café, 87
  câmbio, 80-81
  em metais preciosos, 142

impacto dos tumultos políticos nos, 101
ISEF, 24-25, 183, 225-26, 258-59, 342-43
  Ver também caridade; comunidade(s) judaica(s), apoio à
Israel, 25, 92, 111-12, 114-15, 259-60, 270
  apoio financeiro para, 182-83, 192, 263-63, 276-77
  compra do FIBI, 262-64
  estabelecimento de, 78-79
  evitando laços públicos com, 150-51
  identificação cada vez maior com, 163-64
  relacionamento com, 111
  Shimon Peres, 226, 331
  visitas a, 92, 262-64, 276
  Ver também Palestina; filantropia, em Israel

J
Japão, 60, 76, 127-28, 143, 152, 180-81, 234
jornais
  papel na campanha da American Express contra EJS, 240-41
  Ver também American Express; difamação
judaísmo
  sinagoga Magen Avraham, 48-49
  Ver também comunidade(s) judaica(s); vida judaica; superstições
judeus sefarditas, 25-26, 270
  apoio de EJS aos imigrantes sírios, 232

proteção da história dos, por EJS, 270
rua Abolição, sinagoga sefardita da, 91-92
Ver também Alepo; diáspora, síria
juventude, 57
como aprendiz do pai, 17
como estudante, 61
continuada ligação com o negócio original, 290
impacto das perdas pessoais, 57

K
Khoury, Bechara el- (presidente do Líbano), 59
Kings Lafayette Bank
aquisição do, 155-57, 162, 229-30, 272
fusão com o Republic, 155-56
integração do, 167

L
L'Hebdo
julgamento por difamação, 244
Ver também American Express
La Léopolda, 223, 236-37, 279-81, 293, 297
como refúgio, 258
Líbano, 16, 20
derrubada do rei Faisal II em 1958, 97
independência do, 55-56
início da guerra civil, 172-73
invasão de Israel, 197
resgate dos rolos da Torá, 279
Ver também diáspora; vida judaica
líder comunitário, 5-6

EJS como *moallem* [líder, professor], 23-24

M
Magen Avraham, sinagoga, 48-49, 63, 77, 80, 263
apoio à, 129-130
Ver também Alepo; *halabi*(s); comunidade(s) judaica(s), em Beirute
mal de Parkinson, 282, 296-98, 306, 312-13
crescente impacto, 296-98
progressão, 296-297
marketing
de bancos, 106, 113, 126
mercado de ouro. *Ver* comércio e armazenamento de ouro
metais preciosos
Banque Jacob E. Safra, 46-47
comércio de, 46-47, 68, 75, 76-77, 89-90, 169, 171
como negócio básico dos Safra, 47
TDB, 157-58
Ver também comércio de ouro
Milão, 51, 60-62
comunidade judaica síria em, 62-63
modernização
das instituições em Beirute, 69
das operações bancárias, 100
Monteverde, Lily. *Ver* Safra, Lily
morte, 294

N
negócio de títulos
aumento em resposta às mudanças na economia global, 271-72

desconforto de EJS com o, 277
negócios bancários
    dívidas dos mercados emergentes, 300
    gestão de ativos, 261
    globais, 119-120
    modernização, 99-100
    private banking, 27, 102, 231
    títulos, 272, 277
    Nova York, 112-17, 202, 203, 214-16
        como motor do crescimento, 153
        negócios bancários em, 21, 112
        RNB em, 20, 29, 37, 121-38
        vida em, 185, 196-97, 209-10
        Ver também Kings Lafayette Bank; RNB

O

organização horizontal, 92, 93
organizações judaicas, 279
    EJS como benfeitor, 135
    Ver também vida judaica; filantropia

P

Palestina, 15, 59-60
    Declaração de Balfour, 43
    divisão, 63, 85-86
    Ver também Israel
Paris, 157-58, 177, 181, 188
    casas em, 26, 216, 222, 258, 263, 276
    primeiro negócio de EJS em, 73-74
    TDB, 107, 131, 157-58
planejamento da sucessão, 282, 292--93, 299
    falta de, 267, 275-76, 283
    formalmente anunciado, 302

prata. *Ver* metais preciosos
práticas bancárias, 21
    atenção aos detalhes, 22-23
    confiança de EJS nos relacionamentos pessoais, 39
    conflito entre EJS e a American Express, 207-210
    derivativos, 274
práticas corporativas, 167-68
    necessidade de adotar, 156
    Ver também práticas bancárias; comércio e armazenamento de ouro
Primeira Guerra Mundial, 42-43

R

Rasmal Finance, 231, 232
reguladores americanos
    e o RNB, 127-28
reguladores
    e o RNB, 127-28, 141
    EUA, 271
relacionamentos pessoais, 219-20
    acesso da American Express a EJS, 207, 210-11
    centrais para as operações de EJS, 207
    com clientes, 219
    confiança nos, 90, 126
Republic National Bank of New York. *Ver* RNB
Republic New York Securities
    criação da, 272
reputação, 265, 337
    impacto da campanha da American Express sobre, 257
    importância para EJS, 240-41, 316

RNB (Republic National Bank of New York), 126-27, 139-40, 195, 271
  como "importador de capital", 126-27
  compra o TDB da França, 222
  criação em Nova York, 122
  e mercado do ouro, 142-43
  expansão, 198
  ganhos em queda, 302-3
  no serviço aos consumidores, 131-32, 141
  planos após a ruptura com a American Express, 232-36, 255-56
  proteção de curto e longo prazo, 281-83
  reestruturação, 286
  uso das conexões em Beirute, 128, 273-74
  visão de EJS como empresa multigeracional, 294-95
  Ver também American Express
Rota da Seda
  conexão dos Safra com a, 34, 37-38
Rothschild, família, 26, 35-36, 47, 72, 119, 131-32, 159, 164, 177-78, 207, 262
rua Abolição, sinagoga sefardita da, 91-92

S
Safra Frères & Cie, 38, 41-42
Safra Republic Holdings, 232-33, 236, 256, 259-60, 273-74
Safra S.A. Financiamentos e Investimentos, 94
Safra S.A. Importação e Comércio, 88
Safra, Esther (mãe), 25, 43-44, 49-50
  morte, 56-57
Safra, Jacob, 16, 25, 39-41, 79, 82
  Beirute, 45
  continuada influência sobre EJS, 172
  doença, velhice e morte, 114-17
  fundando o Banque Jacob E. Safra, 30-31
  papel na comunidade judaica de Beirute, 46
  sobre EJS, 53-54
Safra, Lily, 145-46, 161-62, 173, 211
  casas, 183, 197
  como cuidadora, 313
  família, 200, 222-23, 245-46
  noivado e casamento, 26, 175-81
  reuniões do FMI e Banco Mundial, 226
  vida social, 178, 197, 214, 224-29, 237
  Ver também coleção de arte; La Léopolda; vida pessoal
Safra, Rav, 32-33
Safrabank California
  inauguração, 215
saúde. Ver mal de Parkinson
Schouela, família, 72, 111-12, 168, 210, 226-27
Segunda Guerra Mundial
  impacto em Beirute, 55-56
  mudanças no mercado de ouro do pós-guerra, 19-20
sinagogas, 26-27, 33, 39-40
  Grande Sinagoga de Alepo, 39-40
  Ver também vida judaica; Magen Avraham, sinagoga; filantropia
Soditic, 219-20

Soros, George
    investimento no RNB, 150
Suíça, 101-5
    papel no mercado de ouro, 68-69
    Ver também Genebra
superstições
    EJS, 25-26, 111-12, 192, 203, 205
    Ver também hamsá

T

TDB Holdings (Luxemburgo)
    risco dos investimentos, 198
TDB, 20
    cobertura da imprensa, 123
    como banco de serviços, 132
    expansão, 157-58
    oferta pública, 157
    subsidiárias, 162-63
    tentativa de recomprar o, 215
    venda para a American Express, 201-3, 205-6
TDB/American Express
    novo modelo operacional, 211
    Ver também American Express; TDB
Trade Development Bank (TDB). Ver TDB

V

Vendetta: American Express e a difamação de Edmond Safra (Burrough), 29, 207-8, 242, 249, 266, 308, 346
    Ver também Burrough, Bryan
vida judaica
    ensinamentos e tradições, 144-45
    importância, 313-14
    judaísmo ditando o ritmo da vida, 25-26
    rituais, 54, 110-11, 116-18, 144-45
    tradições sobre a morte, 329
    Ver também caridade; diáspora; comunidade(s) judaica(s); Israel; sinagoga Magen Avraham
vida pessoal, 112-13, 117-18, 133, 136, 145-146, 200
    Ver também Safra, Lily

W

Wiesel, Elie, 200, 258-59, 281, 328-29
    como testemunha do julgamento por difamação, 265

Z

Zurique, 69

best.business

Este livro foi composto na tipografia Dante LT Std,
em corpo 12/16, e impresso em papel off-white no Sistema
Cameron da Divisão Gráfica da Distribuidora Record.